TRAITÉ COMPLET

DE

LA PEINTURE

Cet ouvrage se trouve aussi :

Chez DEFLORENNE, libraire, quai de l'École, n° 16,

H. BOSSANGE,

'Et les principaux libraires de l'Étranger..

Paris. — Typographie Panckoucke, rue des Poitevins. 8 et 14.

TRAITÉ COMPLET

DE

LA PEINTURE

PAR

M. PAILLOT DE MONTABERT.

TOME CINQUIÈME.

DESSIN.

PARIS,

J.-F. DELION, LIBRAIRE,

Quai des Augustins, n° 47.

1829-51.

DESSIN.

DESSIN.

CHAPITRE 171.

DÉFINITION DU DESSIN.

Le dessin est un moyen de la peinture par lequel on représente avec des traits ou des délinéations les formes des objets; et, comme la peinture est un art libéral qui exige non-seulement la vérité et la vraisemblance, mais aussi la beauté, on doit, pour définir complètement le dessin en peinture, dire qu'il est l'art d'imiter par des délinéations les formes des objets dont la beauté optique plaît aux yeux, et dont la beauté intellectuelle ou la convenance plaît à l'esprit.

Cette définition, qui comprend la justesse de représentation et la beauté dans le choix, nous donne en même tems la division de tout l'art du dessin.

Le choix des beaux objets est donc nécessité par le principe même de la beauté, principe qui doit servir de base à toutes les productions des beaux-arts. Quant à la justesse de représentation, elle est comprise toute entière dans la géométrie ou la perspective.

La connaissance artistique des objets est indispensable pour parvenir à l'imitation expressive de leurs caractères et de leur beauté : je dis artistique, c'est-à-dire, relative à l'art vraisemblable et libéral du dessin, car la connaissance générale ou physique des objets naturels comprend des sciences trop infinies et trop étrangères à l'art proprement dit, pour qu'on doive les exiger toutes.

On peut encore donner en d'autres termes la même définition de l'art complet du dessin, en disant qu'il est fondé sur trois sciences principales : 1° la philosophie, 2° l'histoire naturelle ou l'anatomie, et 3° la géométrie. Cette définition est entièrement conforme à la première. Cependant, il faut le faire remarquer de suite, on a donné par extension le nom de dessin au résultat nonseulement des traits ou des délinéations, mais aussi au résultat du clair-obscur, c'est-à-dire, de l'effet des lumières et des ombres, ou des clairs et des bruns sur les corps, et cette extension ne semble point forcée. En effet, si par les lignes seules ou le trait de circonscription sans clair-obscur, on obtient une signification très-puissante des formes, il est certain que, par le trait et l'effet du clair-obscur réunis, on arrive à une imitation encore plus complète de ces formes, c'est-à-dire, à une imitation telle qu'on a droit de l'attendre de l'art du dessin pris dans sa plus générale acception.

Ainsi donc, s'il est permis, lorsqu'on veut désigner le dessin d'un tableau, de comprendre la partie du clairobscur relative à la représentation des formes, on ne doit cependant en théorie et dans l'analyse didactique entendre d'abord par dessin que ce qui est obtenu par la délinéation seulement ou le trait, c'est-à-dire, par la graphie linéaire proprement dite, qui est un moyen particulier de la représentation ; en sorte que, si dessiner très-bien une tête, un œil, une jambe, c'est en effet les bien conformer autant par les lignes que par l'expression des jours

et des ombres, si de plus par le terme dessinateur on
entend dire l'artiste qui excelle dans la connaissance de
l'anatomie, des caractères et de la beauté, on n'en doit
pas moins dans la théorie traiter séparément et en particulier ce qui est relatif à la graphie et au moyen linéaire
exclusivement. Les Italiens ont senti que dans la critique
il fallait employer à ce sujet des termes distinctifs : ils ont
appelé *disegno externo*, dessin externe, la silhouette ou
circonscription, et *disegno interno*, dessin interne, le
dessin des milieux, dans lequel ils comprennent aussi parfois l'expression des plans rendus par le clair-obscur ; car
nulle part le vocabulaire de la peinture n'a été fixé, et
chacun s'en est servi à sa manière. (Voy. ce qui est dit
aux mots Dessin, Dessinateur, Graphie, dans le Dictionnaire, tome 1er.)

CHAPITRE 172.

DE L'IMPORTANCE DU DESSIN DANS L'ART DE LA PEINTURE.

Redirai-je, après tant d'autres, que le dessin est presque
à lui seul toute la peinture ; que, sans le dessin, il n'y a
point de véritable expression, ni de véritable grâce ; que,
sans le dessin, on n'obtient qu'une image factice, qu'un
fantôme fugitif dont on rougit bientôt d'avoir goûté la
représentation, comme on rougit d'avoir été dupe des
illusions de la nuit ? Dirai-je que, par le dessin seul, l'ouvrage ressemble déjà à la nature, et que, sans le dessin, il
ne ressemble à rien qui soit naturel ou touchant ? Tous

ces avertissemens ne seront pas entendus, si l'on ne comprend pas avant tout et parfaitement ce que c'est que le dessin ; si l'on n'en a pas acquis une idée nette, fixe et précise, et si l'on n'a pas soi-même éprouvé par la pratique toute l'efficacité de ce premier moyen de l'art. Or j'espère démontrer suffisamment son importance dans les chapitres qui sont relatifs à la perspective. Ainsi nous ne nous occuperons ici que de considérations générales sur ce point.

On peut dire que s'il est vrai que la puissance du dessin ait été et soit sentie par les peintres vraiment habiles, cette grande condition de l'art est cependant une espèce d'énigme pour plusieurs ; et, si cela rend excusable leur ignorance en cette partie, ce n'en est pas moins ici le cas de rappeler cette ancienne vérité, que presque toujours les hommes méprisent ce qu'ils ignorent.

On s'empressera de m'objecter qu'il n'est pas croyable que la plupart des peintres ne sentent pas, ne comprennent pas l'importance et la valeur du dessin, et on ajoutera que c'est seulement le degré de génie naturel de chaque artiste, et non l'idée plus ou moins juste qu'ils ont acquise du dessin, qui cause cette différence remarquée dans leurs ouvrages respectifs. Cette objection est vaine. Car, lorsque les artistes ne sont pas maintenus par la force des maximes, par l'excellence, je puis dire par la perfection des écoles, il arrive qu'ils ont les idées les plus fausses ou les plus confuses sur de très-importantes parties de leur art : et dans ce cas il n'est point surprenant que leurs propres fantaisies, que les séductions des maîtres étrangers à la philosophie, que la mode enfin et la grande considération que tant de louangeurs ridicules portent aux qualités subalternes, fassent diriger l'estime et les prédilections, non sur le dessin, mais sur des conditions moins importantes et plus faciles à discerner. Je dis donc que, s'il faut accorder que chacun conçoit le dessin comme étant une des parties fondamentales de la peinture et même comme étant son principal soutien, bien peu d'artistes cependant en comprennent réellement l'étendue, les ressources, les moyens et la fin, presque tous n'ayant qu'une idée fort imparfaite de la perspective et même de la science des proportions.

Néanmoins les efforts évidens des habiles peintres du 15ᵉ siècle, et même les efforts des coloristes, révèlent cette grande vérité et cette prépondérance du dessin. Paul Véronèse, Rubens, Vandick et Tiziano laissent assez remarquer les fatigues qu'ils ont soutenues, pour faire valoir par le dessin ce coloris que nous nous obstinons à regarder comme la seule partie qu'ils aient ambitionnée dans leurs peintures, et nous serions peut-être fort étonnés, si ces peintres revenaient parmi nous, de leur entendre dire que c'est le dessin qui les a le plus occupés, le coloris s'étant présenté, pour ainsi dire, de lui-même sous leurs pinceaux, sans qu'ils aient fait d'efforts particuliers pour l'obtenir. Il existe au reste d'autres témoignages sur ce point dans les livres sur la peinture. (Voyez dans Bellori une lettre du Dominiquin, qui y traite de la préférence qu'on doit donner au dessin sur le coloris ; voyez ce que Varchi en écrivait plus anciennement du sein de l'école florentine, etc.)

Les écrivains qui n'ont pu apercevoir, faute d'idées élevées et précises sur le dessin, que ce fut à cette grande condition que Raphaël, Léonard de Vinci, Albert-Durer,

Holbein, etc., durent ce qu'il y a de vivant et d'expressif dans leurs peintures, ont donc été jusqu'à dire que cette partie s'apprenait avec le simple exercice, tandis que les autres étaient le résultat du génie et de ce sentiment qui fait les peintres. Depiles n'a pas hésité à dire que l'on compte un grand nombre d'habiles dessinateurs, mais qu'on ne peut citer que quatre ou cinq coloristes; et il en conclut que le dessin est plus facile que le coloris. Cette proposition était une conséquence de la marche vicieuse des arts dans le tems où écrivait cet auteur. Nous devons donc penser tout le contraire, et dire qu'il se trouve des peintures vénitiennes et flamandes dont le coloris est, ou a été, sinon excellent, au moins aussi près du but que pouvait y atteindre la peinture à huile. Elles sont rares, il est vrai, mais il en existe. Où sont au contraire les tableaux dans lesquels le dessin ait été porté jusqu'à l'excellence? Car qui dit dessin, ne dit pas seulement contours recherchés, raccourcis hardis, etc. : qui dit dessin, dit science et connaissance de l'homme, science mécanique, anatomique et morale de l'homme et de la nature collective. Qui dit dessin, en parlant d'un bras, d'un genou, ne dit pas contour fier et senti, arrondissement ingénieusement et adroitement exprimé; tout cela n'appartient qu'à une manière d'artiste : qui dit dessin d'un bras, d'un genou, dit justesse, vérité de forme et de perspective, harmonie parfaite dans la partie avec le tout, beauté, convenance, unité et perfection.

Le clair-obscur et le coloris sont deux parties de l'art auxquelles des génies ordinaires peuvent facilement atteindre, parce que leurs principes, quoiqu'assez nombreux, suffisent lorsqu'on peut les suivre et qu'on les a une fois

bien compris. Les Vénitiens, ainsi que les Flamands et
les Bolonais, en ont donné très-souvent la preuve. De
plus, on réussit mieux et on est moins fautif dans le clair-
obscur que dans le dessin, parce que dans la nature les
mêmes objets apparaissent de mille façons, quant aux
tons plus clairs ou plus bruns, tandis qu'en fait de délinéation, la nature n'a qu'une manière d'être et de paraître, et que, hors de cette manière d'être et de paraître,
l'imitation est fausse et manquée. Enfin, si nous comparons
les difficultés et l'étendue du clair-obscur et du coloris
à celles du dessin, nous remarquerons qu'en admettant
que ces deux parties exigent autant d'études de géométrie
et d'optique l'une que l'autre, relativement à la représentation seulement, elles diffèrent essentiellement, quant aux
recherches physiques, métaphysiques ou morales nécessaires à l'imitation de l'homme. Or, puisque c'est l'homme
qui est l'objet par excellence, il faut mettre au premier
rang tout ce qui se rapporte à son image parfaite dans
la peinture.

On est encore surpris de lire dans Depiles, qui manifeste d'ailleurs tant de bon sens, les deux passages suivans dans son Cours de Peinture. « Ce que nous avons
» dit, etc., ne permet pas que nous préférions les tableaux
» mieux dessinés que coloriés, pourvu que dans ceux-ci
» le dessin n'y soit point trop mal. La raison de cela est
» que le dessin se trouve ailleurs que dans les tableaux.
» Il se rencontre dans les bonnes estampes, dans les sta-
» tues et dans les bas-reliefs. Mais une belle intelligence
» de couleur ne se trouve que dans un très-petit nombre
» de tableaux (pag. 322). — Chacun sait que, bien que
» les ouvrages de Titien et de tous les peintres de son

» école n'aient presque point d'autre mérite que celui du
» clair-obscur et du coloris, ils ne laissent pas d'être payés
» d'un grand prix, d'être très-recherchés et de soutenir
» dans les cabinets des curieux leur mérite à côté des ta-
» bleaux de première classe (pag. 19). »

Mais est-ce raisonner avec justesse que de conclure de
ce que l'on paie cher les tableaux des coloristes, et de ce
que le dessin n'est point particulier à la peinture, mais
bien le coloris, qu'il faille préférer celui-ci au dessin ? La
prévention de Depiles s'est propagée jusqu'à ce jour, et
on lit dans un écrit tout récent que par le dessin la peinture ne s'acquiert que l'admiration des pédans.

Si nous comparons le plaisir que produit le coloris à
celui que produit l'expression résultant du dessin, nous
verrons que le premier nous plaît, en ce qu'il nous fait
reconnaître au prime-abord l'aspect toujours coloré de la
nature ; et c'est là en partie ce que Depiles entend ailleurs
par appeler la vue. Mais à moins que cet aspect n'offre le
spectacle de ce que la nature a de plus admirable et de plus
séduisant en coloris, nous nous accoutumons bientôt à ce
charme, et il faut être nécessairement savant en coloris,
pour le goûter, l'admirer long-tems et avec un nouveau
plaisir. Mais l'art de la peinture doit-il donc se borner à
plaire seulement au prime-abord et aux coloristes ?

L'expression qu'on obtient par le dessin a un attrait,
une puissance qui s'adresse à toutes les ames directement,
qui saisit le cœur, l'intéresse et l'ébranle fortement : ce
charme se renouvelle toutes les fois que les yeux revoient
le tableau. Ce n'est plus la surprise de prime-abord, ce
n'est plus l'exécution de l'art qui nous préoccupe et qui
nous force à l'admiration, c'est un sentiment qui prend

naissance au fond du cœur, qui s'y développe en mille
façons en présence de ces figures, de ces têtes frappantes
de vérité et attachantes par leur caractère ; ce sont des
figures humaines, c'est l'homme enfin que le dessin nous
fait contempler et que nous étudions. Or cette étude est
un véritable charme, un véritable aliment pour l'esprit.
Si donc le coloris nous appelle sur le champ par la conformité de sensation que produit la couleur imitée avec
celle que manifeste l'objet imité lui-même, le dessin qui
n'appelle peut-être pas aussi vîte, prolonge bien plus long-
tems la durée de l'idée et de la sensation : et d'ailleurs combien n'exprime-t-il pas davantage ? Les enfans, qui comprennent si aisément ce que représentent les estampes bien
dessinées sans coloris, le font voir assez tous les jours.

Une autre considération doit faire mettre encore au
premier rang le dessin, c'est que le perfectionnement du
clair-obscur et du coloris dépend beaucoup du matériel
plus ou moins imparfait de la peinture. En effet, comment
peindre l'air, comment faire que les couleurs posées sur
la toile et souvent vues de près, soient les mêmes, quant à
l'apparence, que les couleurs fuyantes, diaphanes, incertaines, profondes, tantôt mates, tantôt luisantes, tantôt
immatérielles de la nature ? Le dessin au contraire atteint
son but sans de pareils obstacles ; car la géométrie, la
perspective et la convenance ayant déterminé les points
sur le tableau, tous les contours qui en résultent sont
tels qu'ils doivent être par rapport au spectateur qui n'at-
tend rien de plus. Philostrate, dans la vie d'Apollonius,
nous fait connaître aussi cette même vertu qu'il attribuait
au dessin. « Les premiers peintres de l'antiquité, dit-il, ont
» peint avec une seule couleur, et rien n'empêche qu'on

» ne distingue, dans de pareilles peintures, les formes, les
» caractères et les passions. Avec un crayon blanc, ajoute-
» t-il, vous pouvez portraire un nègre : le trait ne lais-
» sera pas, il est vrai, de paraître blanc aux spectateurs ;
» mais la forme de son nez camus, de ses cheveux crépus,
» de ses joues, de son cou, le noircira à leurs yeux. »

Certes, si l'on définit la peinture l'art de représenter,
on pourra décider que le coloris est presqu'aussi essentiel
à cette représentation que le dessin. Mais, si la peinture
est définie, l'art d'exprimer la beauté par les proportions,
par les actions du corps, par la propriété des formes, il
est évident que c'est le dessin, et non le coloris qui procure ces moyens. D'ailleurs, sans la perspective des lignes,
que signifierait le coloris ? Ne semblerait-il pas trop souvent un contresens ? Tout le malentendu dans la préférence du dessin sur le coloris, provient donc d'une définition vicieuse de la peinture. S'il s'agit de donner en
peinture l'idée d'une rose, il est certain que le coloris est
aussi et peut-être plus efficace que le dessin ; car combien
peu nous touche l'image d'une rose dessinée et obtenue
par un lavis froid, pâle et monotone ? Mais, s'il s'agit d'exprimer la beauté des formes de la rose, sa pesanteur, ses
degrés d'épanouissement, le nombre et la variété de ses
boutons, son feuillage léger et élégant, le duvet plus ou
moins piquant de ses tiges, et les groupes heureux, gracieux, que tout l'ensemble de cette plante charmante offre
par ses enlacemens, ses balancemens et toute son attitude,
c'est au dessin qu'il faut recourir, c'est le dessin qui fera
obtenir la plus grande beauté de ce spectacle : des couleurs vraies, sans le grand art du dessin, ne nous inté-
resseraient que fort peu.

Ajoutons que les moyens du dessin sont complets; car le dessinateur peut représenter en grand ou en petit, c'est-à-dire, les grands et les petits objets, mais le coloriste ne peut atteindre à l'énergie de toutes les couleurs, ni à l'éclat de tous les tons de la nature.

De plus, le dessin est en même tems la partie la plus durable et la moins altérable de la peinture. Car le coloris peut se perdre, le clair-obscur peut être détruit par des jours, des aspects, des emplacemens défavorables; mais le dessin reste et ne périt qu'avec le subjectil qui le reçoit. Pausanias cite des peintures célèbres altérées par le tems; mais il en cite les sujets, les figures, les expressions. On sait que les peintures du Pœcile, faites par Polygnote, durèrent neuf cents ans sans altération; or, quand même leurs teintes auraient été altérées, on eût toujours retrouvé la grande science de Polygnote, on eût toujours reconnu les mœurs, qualité éminente qui fit mettre ce peintre au-dessus de Zeuxis par Aristote. A Rome, on voit dans l'église de la Paix des peintures de Raphaël fort noircies, et cependant l'ame de Raphaël se reconnaît dans ces peintures. Le Jugement dernier de Michel-Ange est plutôt un camayeux qu'un tableau colorié; et cependant Michel-Ange est tout entier dans cette fresque surprenante.

Au surplus, pour se convaincre de cette grande puissance du dessin, puissance qui est le produit de la justesse des lignes perspectives et du sentiment des plans, il ne suffit pas de comparer le résultat de tableaux très-vivement dessinés à celui de tableaux lâches et sans vivacité d'expression; il faut comparer des figures très-justement et très-naïvement dessinées avec des figures médiocres de dessin, mais pathétiques, très-expressives d'ailleurs, et

dans lesquelles les passions, malgré cette faiblesse du dessin, sont si fortement indiquées, qu'elles nous en donnent
une idée vive. Citons un exemple. J'interrogeai quelques
personnes en présence de deux tableaux, qui dans le
musée de Paris se trouvaient rapprochés l'un de l'autre.
L'un est cette célèbre Descente de Croix d'Annibal Carracci, dans lequel la douleur des S^tes Femmes, la divinité
du Christ et les pleurs de deux enfans, sont peints avec
une énergie et une grandeur remarquable, n° 87 ; l'autre
est un tableau rare de Beltraffio, élève de Léonard de
Vinci, n° 748, et représentant, de grandeur naturelle
aussi, St Sébastien, la Vierge, un Ange jouant du luth,
St Jean et deux donataires. Ce tableau n'offre point d'intérêt par la composition, et le sujet en est presque nul.
Quant à la combinaison optique, le coloris en est aride,
noirâtre, l'effet dur et peu agréable : et cependant tous
les spectateurs sont retenus par ce tableau ; et aussitôt que
l'œil s'est porté sur les têtes de ces donataires, de cette
Vierge, de ce St Jean, etc., il est comme fixé et enchanté
par la vie qui s'exhale de ces figures, par un naturel tout
particulier qui semble faire respirer, faire vivre ces personnages. Tous ceux que j'interrogeai convenaient donc
que le pathétique tableau d'Annibal était admirable, que
ces figures en larmes étaient belles et touchantes ; mais
ils disaient que l'autre tableau avait une vie, une verdeur
qui les saisissait davantage, que ces têtes les faisaient
tressaillir, que ces images enfin allaient au cœur, sans
que l'intelligence fût pour quelque chose dans cette émotion, tandis que le chef-d'œuvre d'Annibal en disait plus
à l'esprit qu'à l'ame, paraissant plus convenable que vif
et naturel. Pourquoi cette différence si marquée ? C'est

que le tableau de l'école lombarde n'offrait que des idées
au lieu d'offrir la nature. Cette réalité toute perspective
rappelle ce mot de Pétrone au sujet d'une peinture de
Protogène : « Je ne puis mettre le doigt sur ces figures,
» dit-il, sans éprouver un certain frémissement. »

On répétera peut-être que nos Correggio, nos Albani,
nos Le Brun, etc., sont expressifs ; mais si à cette même
expression qui consiste en idées, ils eussent ajouté ce que
donne le dessin, qui ne produit pas seulement l'idée de
la chose, mais le calque de la chose elle-même, quelle
force n'eussent-ils pas obtenue ? Ils eussent doublé le résultat. Leurs idées pouvaient donc être bonnes, excellentes mêmes, mais leur imitation était défectueuse. Aussi
combien ceux-là sont dans l'erreur, qui croient que
l'aspect par la seule excellence des teintes et des tons
suffit dans l'imitation, et que le dessin n'est pas suscep-
ceptible d'une excellence bien plus efficace encore. Ils
savent dans un contour insignifiant placer avec adresse,
avec recherche des teintes fines, belles, savantes et vraies ;
mais leur dessin n'étant ni fin, ni vrai, ni beau, ni savant,
il ne résulte rien de touchant, rien d'attachant de toutes
leurs peines.

Si on demande maintenant pourquoi les Grecs faisaient
entrer le dessin dans l'éducation des jeunes gens, nous
répondrons que c'était d'abord pour rectifier la vue, puis
pour faciliter la connaissance des objets, mais surtout
pour faire sentir et goûter la beauté, et inspirer ainsi l'a-
mour de l'ordre et de l'harmonie ; c'était pour familia-
riser avec l'étude de l'homme et de son admirable mécanisme, pour rendre les jeunes gens sensibles à l'analogie
qu'ont les formes physiques avec le moral ou avec les

passions. Nous répondrons encore, qu'on leur apprenait
le dessin, afin de les rendre capables de juger des beaux-
arts et des monumens qui influent tant sur les mœurs et
les sociétés, et afin peut-être de leur rendre attachante la
géométrie par l'application qu'ils en feraient à l'art attrayant du dessin.

Comparerons-nous à ces idées des Grecs celles qui dirigent nos écoles gratuites de provinces? Nous serons tous
forcés dans ce cas de reconnaître et d'avouer notre barbarie. Dans ces écoles donc, je l'ai déjà dit, on s'imagine
qu'il ne s'agit que de répéter des dessins, que de lutter,
à l'aide du crayon, avec le burin; de miniaturer, de polir
et d'être soigneux ouvriers : et comme des récompenses
semblent y fixer les limites de l'art, les élèves ne sauraient
apercevoir son vrai but.

Non, sans le dessin, il ne saurait y avoir de véritable
expression des caractères de la nature : sans le dessin, il
n'y a point de grâce, point d'images des mœurs, point de
passions. Les figures des tableaux n'auront rien de moral,
rien qui lutte avec la nature, rien qui trouble, qui enlève,
et qui bouleverse l'ame. Mais quels lecteurs comprendront
cette assertion, ou voudront même l'entendre? Ceux-là
seulement qui auront compris ce que c'est que le moral
du dessin et ce que c'est que la perspective. Enfin le
dessin est la vie de la peinture, l'ignorance ou le mépris
du dessin est la mort de l'art.

Un grand nombre de personnes se figurent qu'un dessin
savant consiste dans la hardiesse des contours, dans l'exagération fière des mouvemens, des lignes et du trait :
cependant, si elles jetaient un coup-d'œil sur les productions antiques, elles verraient que rien n'est plus simple

que les contours des statues, des camées, des bas-reliefs ou
des peintures; que rien 'n'est plus vif et plus pénétrant
que le sentiment et l'art avec lequel ces mêmes contours
et ces mêmes mouvemens si simples sont dessinés; ce
qui prouve que la véritable énergie, celle de la nature, est
admirable, tandis que la fausse chaleur ne produit rien
de vrai et nous irrite; ce qui prouve enfin que les habiles
dessinateurs du 15ᵉ siècle ont animé leurs figures par cette
grande justesse de représentation, et non par l'effet de
dispositions innées, ni par l'effet d'organes privilégiés ou
d'un génie particulier. ·

S'il est vrai que le plus et le moins constituent les caractères divers de la nature; si une tête, par exemple,
plus ou moins penchée de gauche à droite, de derrière en
avant; si un pied plus ou moins tourné en dehors, plus
ou moins aplati ou poussé en avant par le tibia, ou bien
encore, comprimé vers l'orteil; si, dis-je, ces variétés sont
des caractères significatifs de la nature, c'est-à-dire, des
caractères appartenant aux personnages, aux actions, et
qu'il convient à l'art de représenter, peut-on douter que
l'exacte imitation de ces différences ne soit d'une extrême
importance? Or comment obtenir cette imitation, sans
l'excellence du dessin ou de la perspective? N'est-il pas
vrai encore que le jeu des os les uns par rapport aux autres, que la puissance plus ou moins apparente des muscles et des tendons, que les compressions de la chair,
ainsi que les refluemens et aplatissemens des parties en
général, constituent l'espèce et la vie de l'espèce? On en
convient. Eh bien, comment exprimer ce plus ou ce moins,
ces angles relatifs, ces lignes diverses, ces plans variés;
comment rendre, dis-je, ces nuances si essentielles, sans

le vrai dessin, sans les recherches savantes de l'anatomie, de la géométrie pratique ou de la perspective, et sans l'aide de ce sentiment des plans et des formes, ou sans cette force dans l'acte d'observer, de connaître, de mesurer et de représenter ?

Un peintre ignorant dans le dessin, mais rempli d'émotions et de sensibilité, veut exprimer une pensée intéressante ; il prend ses pinceaux, il nous indique à peu près cette pensée, cette idée, cette expression : mais que ses moyens sont faibles ! Sommes-nous long-tems affectés en présence de ses peintures ? Sommes-nous troublés de plus en plus ? L'art disparaît-il peu à peu pour laisser notre ame aux prises avec les effets moraux et avec la puissance des caractères naïvement et énergiquement dérobés à la nature ? Découvrons-nous plus que dans la nature elle-même, c'est-à-dire, sommes-nous comme accablés par le nombre des effets concordans, cumulés par l'art ? Le tableau produit-il cette économie, et ce spectacle qui d'abord nous excite et nous force enfin par la justesse de l'expression, par l'effet de l'unité et de la propriété du choix ? Non vraiment, le peintre qui n'est ni savant, ni vif dans son dessin, ne peut nous émouvoir que faiblement. Au lieu d'agiter et d'émouvoir notre ame, il la laisse dans la langueur : au lieu de violenter le cœur et d'étonner l'intelligence, il ne fait que les appeler vaguement, sans leur commander avec autorité. Ses spectacles sont des fantômes indéterminés, faibles et oscillans ; ses attaques ne sont point des triomphes. O Zeuxis ! ô Protogène ! ô Timanthe ! où sont vos chefs-d'œuvre ? O Phidias, Polyclète, Miron ! où sont vos statues vivantes ? Illustres régénérateurs de l'art moderne, célèbre Léonard, immortel

Raphaël, vous repreniez l'art où les anciens l'avaient laissé; vous luttiez pleins de valeur et d'intrépidité avec cette même nature dont vous tâchiez de ravir de nouveau les caractères, la force, le charme et toute la physionomie; artistes immortels, vous retraciez la route antique, vous nous révéliez les grands secrets des Grecs : mais quelle fut la folle ingratitude des artistes qui parurent après vous ! Quel fut l'aveuglement des académies modernes ! On dédaigna vos préceptes, on méprisa vos leçons, on rougit de répéter vos études positives et vos savantes pratiques; mille et mille spectacles mensongers, sans vraisemblance, pleins d'affectation et insipides par leurs manières, remplacèrent ces images vives et fidèles, ces formes animées et correctes, ces mouvemens de la vie, et toutes ces finesses qui brillent dans les productions de vos pinceaux.

Mais, que dis-je ? Une école toute renouvelée et guidée par un chef à jamais classique, vient de remonter aux sources antiques, et les leçons des Grecs viennent d'être reprises de nouveau. Puissent ceux qui influent sur la marche de l'art être assez éclairés pour reconnaître cette route, comme la seule que nous ayons à suivre ! Puissent-ils être assez de bonne foi pour ne jamais détourner les élèves du véritable but ! Cependant plusieurs critiques signalent déjà l'abandon qu'on commence à faire des véritables documens. Voici ce que vient d'écrire à ce sujet un observateur : « On a dit souvent que l'école française actuelle, à laquelle on refuse d'ailleurs des mérites plus » élevés, brille par le dessin. Nous ne savons si on entend » parler de quelques grands peintres sortis de l'atelier de » David, ce qui ne serait pas un fort bon argument pour » la foule des peintres médiocres; mais ce que personne

» n'ignore, c'est que les tableaux admis aux concours qui
» ont lieu tous les deux ans, ne présentent généralement
» aucun titre à cette louange. Ces ouvrages offrent, pour
». la plupart, les défauts de dessin les plus grossiers. Des
» bras trop longs, des jambes trop courtes, des torses trop
» grands, des têtes mal posées sur les épaules, et presque
» toujours une myologie inexacte : voilà ce qu'il est im-
» possible de ne pas remarquer. Ces élèves reçoivent
» pourtant des éloges, au moins dans les journaux. On
» ne saurait trop se persuader que, pour devenir peintre
» un jour, il faut d'abord se faire habile dessinateur. »
Cependant je ne puis me détacher de l'idée consolante
que l'Europe s'achemine vers l'époque où tous les arts
seront enfin basés sur des connaissances certaines; que
dans l'Europe fermente et germe le sentiment du beau,
le sentiment du goût attique ou du naturel; et que ces
précieux modèles que nous venons de recevoir d'Athènes,
et que Londres possède, mais qui se multiplieront et se
répandront par les empreintes, produiront d'heureux
fruits, comme ils ont dû en produire après Phidias dans
toutes les écoles antiques ultérieures : puissent les artistes
qui étudient ces chefs-d'œuvre, les regarder comme un
abri, comme une égide tutélaire, sous laquelle ils peuvent
braver tous les préjugés et tous les efforts que dirigent
la mauvaise foi et la barbarie contre le bon goût et contre
la vérité !

Que ce mot de mauvaise foi ne surprenne point ici :
il ne faut qu'avoir observé, avoir écouté et posséder quelques connaissances en théorie, pour reconnaître qu'il
existe des artistes influans, qui, se gardant bien de blâmer
l'état ridicule de nos institutions artistiques, cherchent

au contraire à éloigner. des écoles les vrais moyens qui pourraient élever les jeunes gens et les faire parvenir au vrai talent. On les entend déclamer contre l'étude des sculpteurs du Parthénon, contre les élèves qui recherchent le goût grec. Ils parlent avec froideur de la perspective, et cela, parce que la perspective est le grand secret et la moitié de la peinture; ils perpétuent exprès les routines d'école, et entr'autres cette pratique qui consiste à expédier une figure d'académie en quelques heures; ils disent avec affectation que Pierre de Cortone et Boucher avaient, malgré leurs défauts, des qualités précieuses, et que, si Raphaël est inimitable, c'est parce qu'il était privilégié; ils vont même jusqu'à parler avec considération de la fortune et de la richesse des peintres intrigans et parvenus, et le tout, pour décourager les élèves ardens, honnêtes et qui aspirent au véritable terme de leur art.

Qu'on s'enquerre donc maintenant pourquoi nous ne voyons plus aujourd'hui de ces peintres si vifs, si touchans par le dessin, de ces peintres qui paraîtraient animés même à côté des Holbein et des Raphaël ? La réponse est facile. Les gouvernemens, en encourageant tant de peintres, ne font rien pour maintenir les grandes doctrines dans les écoles qui, par toute l'Europe, sont faites plutôt pour empêcher les progrès de l'art que pour les favoriser; et ils trouvent plus naturel de les protéger telles qu'elles sont, que de déplaire par de nouvelles et de meilleures institutions à des milliers d'artistes, puissans par leur nombre, et qui prétendent que les choses doivent rester en cet état, redoutant les effets certains que produiraient de véritables écoles, où les jeunes gens deviendraient promptement des maîtres.

Cependant, dira-t-on, ces Holbein que vous citez, ces
Raphaël sont venus sans le secours des écoles; et pourquoi ne verrions-nous pas, sans ce même secours et sans
tant de soins, d'aussi heureux dessinateurs? Je l'accorde;
sans les écoles, il en peut survenir: mais jamais tant que
subsisteront les nôtres. Car il est presqu'impossible de se
figurer qu'un élève puisse de nos jours parvenir à la fortune même et à des succès ordinaires, s'il ne se range
sur les bancs et sous la domination des académies. Il ne
peut absolument s'y soustraire. D'ailleurs ne consultera-
t-il pas indirectement et malgré lui d'autres élèves, et par
eux les routines et les manières de l'école? Ou bien il
faut admettre que seul il inventera son art. Au tems de
Raphaël au contraire, ce qu'on cherchait était ce qu'il
fallait chercher pardessus tout, c'est-à-dire, la naïveté,
la force par la justesse du dessin; mais aujourd'hui tous
les deux ans on se demande quelle est la route à la mode
et les manières qu'il est lucratif d'apprendre et de singer.
Il faut bien que de tels élèves s'égarent, puisque le vrai
chemin leur est fermé et qu'on les attire dans toutes sortes
de routes plus ou moins trompeuses.

Concluons que le dessin est le premier, le plus important et le plus efficace moyen de la peinture; que c'est
cette partie qu'il est essentiel de faire revivre, d'encou-
rager, de maintenir et de perfectionner dans tous les tems.
Or est-il une époque plus favorable à cette amélioration
que celle où nous nous trouvons aujourd'hui, puisque c'est
le tems où toutes les sciences cherchent à s'appuyer sur
des principes positifs et puisés dans la nature, le tems enfin
où ce qui est factice et maniéré ne séduit plus que quelques vieux admirateurs routiniers?

CHAPITRE 173.

DIVISION DU DESSIN.

Le dessin se divise en quatre conditions fondamentales, qui sont : 1° le vrai ou le possible, ainsi que le vraisemblable, 2° le beau intellectuel ou la convenance, 3° le beau optique, et 4° la justesse de représentation. Le possible comprend la connaissance des objets; le vraisemblable est relatif aux équivoques et à la clarté des idées que donnent les signes produits par l'art; le beau ou la convenance s'obtient à l'aide de la philosophie, qui prescrit le choix dans l'espèce de formes qui sont propres à tel ou tel mode ou caractère; le beau optique s'obtient par les lignes ou les traits qui résultent de la disposition générale de l'objet et de ses formes particulières; et enfin la justesse de représentation linéaire s'obtient à l'aide de la géométrie et de la perspective.

Ajoutons que, quand on dit vaguement vérité de dessin, il faut s'entendre, puisqu'il peut y avoir vérité perspective, sans vérité de formes. C'est ainsi, par exemple, qu'on imitera très-bien perspectivement un mannequin, quoique ce mannequin soit une figure fausse comparée à la nature; c'est ainsi qu'il peut de même y avoir vérité approximative d'anatomie, de mouvemens et d'expression, sans grande vérité de perspective. De plus, quand on dit beau de dessin, il faut s'entendre encore, puisqu'on peut obtenir une espèce de beauté d'imitation individuelle que l'on confond souvent avec la beauté de choix ou la

philosophie de dessin ; c'est ainsi que la beauté d'idée ou
de goût dans le dessin peut avoir lieu, sans beauté d'imitation et sans grande justesse de représentation. Mais je
pense que toutes ces équivoques disparaissent devant
notre définition et notre division analytique du dessin.

CHAPITRE 174.

DU VRAI PROPREMENT DIT OU DU POSSIBLE ET DU NATUREL DANS LE GÉOMÉTRIQUE DES OBJETS.

Pour pouvoir exprimer avec vérité des objets en peinture, il est nécessaire de savoir reconnaître ce qui constitue le caractère naturel, ou, si l'on peut s'exprimer
ainsi, la vérité même, le géométrique enfin de ces objets.
En effet, on ne conçoit guère, par exemple, qu'un peintre veuille jamais représenter un animal qu'il ne connaîtrait pas ; car, comment rendrait-il des idées qu'il ne
possède point, des proportions, des formes qu'il ignore,
et cela, bien qu'il sache représenter perspectivement avec
justesse ? Il faut donc, pour produire une image vraie,
connaître l'objet même qui est à représenter. Or voir cet
objet est autre chose que le connaître ; et le représenter
est autre chose encore. Expliquons maintenant ce qu'on
doit entendre par connaître les objets.

CHAPITRE 175.

DE LA CONNAISSANCE DES OBJETS.

Tout artiste doit acquérir la connaissance des caractères de l'objet qu'il se propose d'imiter, et particulièrement celle des caractères de l'homme, objet prédomi-
nant de l'art. Cette connaissance est d'une étendue infinie, mais on doit la faire consister surtout dans l'anatomie, les proportions selon les caractères, la pondération,
les mouvemens et le mécanisme humain. Exiger des artistes qu'ils acquièrent par avance la connaissance de tous
les caractères des objets soumis à la peinture, ce serait
les obliger à acquérir la connaissance de toute l'histoire
naturelle.

Ici je dois faire remarquer avant tout que l'on peut
connaître un objet en naturaliste, par exemple, ou en géomètre, sans le connaître en peintre, c'est-à-dire, sous le
rapport des obligations imposées par l'art ; car l'art, par ses
imitations vraisemblables, doit faire voir, pour ainsi dire,
plus sensiblement et plus fortement les objets, qu'on ne les
voit dans la nature. En effet, l'art possède des moyens à
l'aide desquels l'unité de caractère des objets est très-mani-
festée, et leur beauté rendue très-évidente, très-frappante
enfin : ces moyens de vraisemblance, de disposition optique
et d'harmonie consistent en des calculs fort étrangers à la
connaissance pure et simple des objets. Ainsi, un élève
se tromperait, s'il disait : Je connais l'homme, je connais
la perspective ; donc je suis peintre. Il doit connaître aussi

les principes du beau et les savans calculs de l'art. Il résulte de ceci que, outre la connaissance générale des objets, il y a pour le peintre une connaissance artistique et particulière.

Puisqu'il n'est point nécessaire que l'artiste possède à l'avance la connaissance des caractères de tous les objets soumis à la peinture, et qu'il lui suffit de posséder seulement celle des parties qui sont relatives au spectacle qu'il veut produire, cette connaissance est par cela même possible et toute à sa portée. Ainsi, c'est surtout au moment et à l'instant même où le peintre considère les objets pour les saisir et les imiter, qu'il doit en avoir présens à l'esprit, en sentir et en comprendre tous les caractères. En effet, l'intervalle qui sépare l'étude d'observation de l'étude d'imitation, causant toujours plus ou moins d'affaiblissement dans la mémoire du peintre, il doit tâcher de copier toujours immédiatement d'après nature, afin d'être plus frappé, plus pénétré de ces caractères, et de pouvoir les exprimer de suite avec similitude, énergie et précision. Je ne prétends pas dire cependant que l'étude des caractères ne doive se faire seulement qu'au moment de l'imitation, je veux dire qu'elle doit être renouvelée et rappelée à l'esprit au moment où l'artiste exécute. Cette étude complète est interminable, il est vrai, la vie de l'homme n'étant pas trop longue pour connaître l'essence et les propriétés des choses, et même pour connaître l'art; mais l'artiste n'en est pas moins dans la nécessité et l'obligation de ne présenter aucun objet, sans être ardemment excité par le désir d'en communiquer vivement les caractères, désir ou disposition d'esprit, qui amène toujours les plus heureux résultats. Comment

se fait-il néanmoins que tant de peintres entreprennent de
copier, et se mettent même à représenter, on pourrait dire
à improviser, avant que d'avoir seulement considéré leurs
modèles ? Combien n'en voit-on pas qui, sans avoir ni
compris, ni senti le caractère de l'objet qu'ils prétendent
imiter, croient avoir fini leur imitation, lorsqu'ils n'ont
pas même indiqué avec ressemblance cet objet ?

L'histoire naturelle, la physique, l'optique, la chimie,
la géométrie, sont donc souvent nécessaires pour étudier
et connaître certains caractères des objets. Ainsi, par
exemple, pour imiter un cheval, il faut connaître la construction, l'allure et l'habitude d'un cheval. Son œil, son
pied, ont des caractères relatifs à telle ou telle qualité ou
propriété, et il faut avoir une idée positive de ces parties,
si l'on veut les représenter naturellement. Un botaniste
ne retrouvera point les caractères de la nature sur une
plante imitée par un peintre factice et routinier qui n'aura
point observé les caractères de cette plante. Pour imiter
avec vérité l'effet des nuages, il faut savoir suffisamment
de physique et d'optique, afin de bien voir ce qu'on ne
verrait que vaguement sans ces sciences; aussi n'y a-t-il
aucun doute que les tableaux qui, dans l'imitation de ces
objets, offrent des caractères frappans de vérité, n'aient
été exécutés par des peintres qui avaient beaucoup réfléchi
avant tout sur les causes, sur les caractères et sur les
propriétés des objets.

« Les cheveux, la barbe, dit d'Hancarville, les pau-
» pières, les ongles, l'orbe de l'œil, les oreilles, les na-
» rines, les différentes chairs, étant des parties d'une
» composition différente, chacune doit par conséquent
» avoir un caractère qui lui soit propre : l'art de le leur

» donner fut particulièrement connu des anciens, et ils y
» ont excellemment réussi, même dans le tems de la dé-
» cadence de la peinture. »

Il est facile de s'apercevoir que Vanderwerf exprimait
mal les caractères des objets, que ses chairs ressemblent
plus à de l'ivoire et à de la cire qu'à de la chair, et que
ses terreins et ses draperies n'ont pas leur caractère propre et différencié, le tout étant représenté d'une manière
molle, lisse et polie. On citerait une foule d'autres peintres qui, travaillant de routine et sans étudier la nature,
n'ont point donné aux objets leurs vrais caractères. De là
sont venues toutes les comparaisons, toutes les épithètes
dont on s'est servi dans la critique. On a dit de Balechou,
graveur, qu'il faisait des montagnes de velours, que Rubens faisait des chairs de satin. Mengs a reproché même
à Corrégio une certaine dureté dans les chairs, et une
manière qui, ôtant l'idée de transparence et de mollesse,
donne celle de corps durs et opaques.

En effet, combien dans les tableaux n'aperçoit-on pas
de chairs lourdes sans élasticité, de chevelures sans légèreté, de ciels sans transparence, d'étoffes sans souplesse
et sans vérité de tissu ? Combien d'yeux sans humidité,
sans délicatesse ou sans éclat ? Un plaisant passant un
jour devant un portrait de Léon X, dont la main très-
sèchement peinte par Raphaël ou par un de ses élèves,
ressemblait à une main de bois, fit l'observation suivante :
« Le pape, dit-il, n'a pas besoin de cette sonnette qui est
» là, pour appeler ses gens, il n'a qu'à frapper avec ses
» doigts sur sa table, on l'entendra d'assez loin. »

Il faut qu'en voyant en peinture certains objets très-
légers, tels que les cheveux, les fourrures, les gazes, les

vapeurs et tant d'autres objets, on ait l'idée de l'effet du
souffle qui pourrait les agiter ; il faut qu'en voyant une
pêche peinte, on croie sentir la douceur de son velouté ;
qu'en voyant l'imitation du crystal, on pense de suite à
sa contexture, à sa fragilité ; il faut enfin qu'on juge de
la pesanteur des corps, de leur compressibilité, de leur
élasticité, etc. ; il faut faire paraître l'agitation de toutes
les choses mobiles, et la stabilité ou solidité des corps
stables et solides. Une étoffe légère, fine et diaphane, doit
être légère et fine par ses plis, par la composition de ses
plans, le jet de ses masses et la manière dont elle est touchée par le pinceau. Les graveurs qui n'ont pas à leur
secours le moyen des couleurs, sont forcés de rendre, par
le contour seul et le clair-obscur, la propriété des caractères et des objets. Aussi ont-ils soin de bien différencier
les choses ; ils distinguent le linge de la chair, les cheveux
du linge et les corps durs des corps mous, imitant l'ab-
sorption de la lumière sur quelques-uns, et sa réflexion
plus ou moins vive sur d'autres. Un pinceau uniforme
qui donnerait à tous les corps la même apparence, répan-
drait sur les ouvrages une monotonie très-voisine du dégoût. Ce seraient des fruits différens, il est vrai, mais qui
auraient tous la même saveur. En un mot, de tels tableaux
loin d'offrir la vie de la nature, sont l'œuvre engourdie
d'un copiste sans pénétration et sans énergie.

Ce défaut est plus commun qu'on ne pense. Le Brun,
par exemple, dans ses batailles d'Alexandre, a peint les
chairs, les pieds des chevaux, les casques, les draperies,
les terreins, avec la même fonte, la même douceur fade
qu'il avait mis en mode dans toutes les productions de la
peinture et de la sculpture, si étrangement soumises à son

influence, à sa seule juridiction. Ce pinceau douçereux plaisait à la cour, et Mignard, qui épiait l'occasion, ne manqua pas d'en tirer parti. Vingt-cinq ans plus tard, Jouvenet au contraire peignit tout par plans taillés carrément, et par touches à vives arrêtes. Les étoffes molles, les formes du corps humain, les fruits, tout était carré dans ses peintures. Aussi d'habiles graveurs corrigèrent-ils et la mollesse pesante de Le Brun, et la touche à facettes de Jouvenet.

N'oublions pas à ce sujet, que le but n'est pas de tromper entièrement la vue au prime-abord, mais bien de donner à l'esprit, par certaines déceptions de la vue, les idées les plus nettes des caractères des objets : ceci prouve encore que la connaissance de ces caractères est la première connaissance du dessin. Aussi peut-on assurer, au sujet de deux statues représentant le même sujet, que, si l'une est très-merveilleusement exécutée et très-finie à la superficie, mais sans art et sans vérité dans les plans, dans le jeu des os, dans la construction enfin, elle sera moins conforme à l'idée que chacun peut se faire du modèle, que celle qui, quoique peu terminée superficiellement, offrira la vie par la science des mouvemens et par la justesse des plans. Voilà le caractère différenciel de l'ancienne école grecque et de l'école romaine ; et je puis répéter ici, qu'à l'époque où l'on raffina sur la souplesse, la délicatesse et la morbidesse des chairs, on abandonna cette sévérité exquise des Phidias, des Alcamènes, et même des Lysippe et des Praxitèle.

Au reste, comment croire que le peintre soit dispensé de cet examen actif et pénétrant qu'apportent même les personnes qui ne veulent qu'examiner les objets ? Avec

quelle attention n'observe-t-on pas en général l'objet que
l'on voit pour la première fois, surtout si c'est une plante,
un fruit, un animal qui appartient à quelque contrée
étrangère ? Voyez comme on le tourne sous tous les sens,
comme on le considère de près, de loin, de face ou de
biais ! On le flaire, on le palpe, on le fait résonner, on le
goûte même quelquefois, et le tout afin de le mieux connaître ; et le peintre aurait la prétention de représenter
les objets les plus composés de la nature, l'homme enfin,
pour en donner aux autres l'idée, sans avoir acquis lui-
même cette idée par l'étude ! Et des artistes osent aujourd'hui représenter la figure humaine au premier coup,
et comme par une seule touche de pinceau, c'est-à-dire,
à vue et à tâtons, sans même aucunes mesures préparatoires ! Quelle routine barbare ! Quelle extravagance !

Celui-là ne peut donc pas se flatter d'être peintre, qui
n'est ni naturaliste, ni géomètre, ni philosophe. S'il n'est
naturaliste, il ne connaît pas, à l'aide de l'anatomie et
de la physiologie, le caractère des corps, caractère qui ne
saurait être analysé sans le concours de plusieurs autres
sciences. S'il n'est géomètre, il n'a pour instrument que
ses yeux, pour régulateur et pour mesure que sa sensation, et il ne part d'aucune donnée certaine et positive.
S'il n'est philosophe enfin, il n'est instruit ni des causes
du beau visuel, ni de celles du beau moral, et il ignore
même quelle est la destination de l'art, et quels sont les
besoins du cœur et de l'esprit.

Finissons par citer un passage emprunté à Sulzer.
« Entre les objets qui existent dans la nature et l'esprit de
» l'homme, il y a une harmonie aussi intime qu'entre
» l'élément dans lequel un animal est destiné à vivre et

» l'organisation et la structure de son corps; nos sens et
» notre sensibilité sont coordonnés avec les objets de la
» nature qui doivent nous intéresser, et nous n'avons de
» sentiment que pour les objets que la nature a destinés
» pour nous. Lors donc qu'on veut nous toucher par l'art,
» il faut nous offrir des objets qui ont le caractère du
» naturel; plus l'artiste est heureux à cet égard, plus il
» peut être sûr d'obtenir l'effet qu'il veut produire par
» son ouvrage. »

Bientôt nous apprendrons le moyen que doit posséder
le peintre pour connaître géométriquement les objets,
connaissance sans laquelle il ne saurait les représenter
perspectivement avec justesse; nous apprendrons aussi
comment il peut confier au papier cette connaissance par
des graphies particulières convenues dans l'art de la sté-
réographie; enfin nous verrons qu'il faut que le peintre
connaisse l'objet, non-seulement en étudiant sa structure,
mais en mesurant ses proportions, ses superficies, et en
analysant très-rigoureusement le caractère géométrique
de ses formes.

CHAPITRE 176.

DE L'ACCIDENTEL CONSIDÉRÉ COMME NE DEVANT JAMAIS ALTÉRER L'UNITÉ DE CARACTÈRE DES FORMES DES OBJETS.

Ce serait mal observer que de ne pas distinguer ce qui
est accidentel d'avec ce qui constitue l'unité des objets.
L'accidentel produit toujours du superflu, ou cause un

manque de matière, ou un désordre quelconque sur l'objet.
Un cube, par exemple, chargé accidentellement d'un corps
étranger, tel que de mousse épaisse, ou bien brisé en
quelque partie, n'est plus un cube. En anatomie, comme
en architecture, une irrégularité est un désordre, et,
comme on dit, une difformité. Les meubles, les tables à
lignes festonnées, contournées et récoquillées, ont fini par
déplaire non-seulement à l'œil, mais à l'esprit, qui ne reconnaissant plus de caractère ou d'unité dans ces lignes
et dans ces formes, n'y apercevait au contraire que de
l'accidentel, et par conséquent que de la laideur et de
l'invraisemblance, car cette question se lie beaucoup à
celle du vraisemblable.

Ainsi tout ce qui est accidentel, et qui, en détruisant
l'unité de l'objet, engendre la laideur et la difformité,
est à rejeter de la peinture, laquelle ne doit admettre cet
accidentel que lorsqu'il appartient à l'unité et qu'il n'est
point hors de cette unité. C'est ainsi que la ligne creuse
du nez des faunes, bien que paraissant être un accident,
ainsi qu'on le trouve chez tant d'individus des nations du
nord, n'est point une laideur, mais une propriété, un caractère propre dans l'espèce des faunes, de même que
leurs oreilles allongées en pointes : dans ce cas donc, cet
accidentel doit être respecté, parce qu'il est un caractère
essentiel.

CHAPITRE 177.

DE L'IMAGE DE L'HOMME DANS L'ART DE LA PEINTURE. — CONSIDÉRATIONS GÉNÉRALES.

De tous les objets que présente l'univers, il n'en est point pour l'homme qui soit plus susceptible de beauté que l'homme même, il n'en est point qui puisse plus l'intéresser. L'image de l'homme peut donc être d'une grande influence dans la société, et les arts imitateurs ont donc la faculté de devenir très-utiles, lorsque, choisissant l'homme pour objet, ils le font voir sous tous les rapports qui peuvent nous toucher, nous élever l'ame et nous rendre meilleurs : telle a été la source de la perfection de la sculpture et de la peinture chez les Grecs. Aussi mal imiter l'homme, c'est non-seulement ne pas être utile aux hommes, mais c'est leur nuire en effet, car les images fausses, vicieuses, triviales, laides, immorales, concourent au rabaissement moral et physique des hommes exposés à contempler souvent ces images.

Si on objectait aujourd'hui, à propos de peinture, que dans nos mœurs les vertus physiques et morales intéressant peu les gouvernemens, la représentation de l'homme sera toujours une chose indifférente ou inutile, je répondrais qu'il n'est pas indifférent pour les gouvernemens que les hommes deviennent pires au physique et au moral. Or, si l'on m'accorde cette proposition, je poursuivrai en prouvant que l'image dégradée de l'homme ou de l'homme dégradé, doit concourir à le dégrader lui-même : je prou-

verai qu'une nation qui serait inondée d'images dans lesquelles l'homme serait toujours représenté laid, affecté
ou indécent dans ses gestes, maniéré et sans réserve dans
sa physionomie, d'une contenance audacieuse, au lieu
d'être d'une contenance noble, ne faisant jamais voir le
calme et la dignité de l'ame, mais bien les calculs et les
ruses des passions; qu'une telle nation, dis-je, atteindra
plus tôt le terme de sa corruption, que si elle savait discerner et empêcher tout le mal que peuvent lui faire les
arts, et aussi les diriger à son profit.

« L'art, dit Winckelmann, doit commencer, comme la
» sagesse, par la connaissance de nous-mêmes. » Or quels
sont, parmi les hommes sages, ceux qui doivent et qui
sont toujours tenus d'étudier l'homme le mieux et le plus
long-tems, sinon les artistes, sinon les peintres et les
sculpteurs, puisque non-seulement leurs images doivent
représenter l'homme physique, mais aussi l'homme moral, soit qu'on exprime son caractère dans l'état de calme,
soit qu'on l'exprime dans l'état d'action? Et remarquons
même que presque toujours les actions ne doivent être
considérées que comme moyen de faire voir et d'exprimer les mœurs ou les caractères.

Avant d'entreprendre nos recherches sur l'homme,
donnons ici un aperçu de l'ordre que nous avons cru devoir apporter dans cette étude.

Nous commencerons donc par examiner l'homme physique, et nous traiterons des mesures et du mécanisme du
corps humain, en le considérant par parties. Nous passerons ensuite aux différentes natures ou variétés de l'espèce humaine. Les êtres différens par l'âge et par les
propriétés physiques seront indiqués, ce qui nous con-

duira à l'étude de l'homme moral. Nous parlerons par
conséquent des mœurs en général et des caractères, puis
des mœurs en action, qu'on a appelées les passions, lesquelles s'expriment soit par la forme, soit par le geste,
soit par la physionomie, car nous ne traiterons ni des attributs, ni des vêtemens, ni d'autres propriétés affectées
aux mœurs et faisant partie du mode propre à tel ou tel
sujet. Nous passerons ensuite aux caractères consacrés,
tels que ceux des héros en général, des dieux ou êtres mythologiques, etc.

 Ayant ainsi envisagé l'homme sous le rapport du vrai
et du possible, et de ce qu'il est, nous l'envisagerons sous
le rapport du vraisemblable, et enfin sous le rapport de
ce qu'il doit être dans l'art, c'est-à-dire, sous celui du
beau, ce qui comprendra le beau optique et le beau intellectuel ou la convenance, lequel beau général ne peut
s'obtenir qu'en perfectionnant les individus servant de
modèles, ou servant naturellement à ce beau général et
essentiel à l'art. Ce beau physique et moral de l'homme
sera donc l'archétype, et pour y atteindre à l'aide des individus, il faudra composer l'unité des caractères propres
à cet archétype. Or, pour cela, il est nécessaire d'employer
la ressource des changemens et des perfectionnemens;
et, comme ces changemens doivent se faire d'après nature, c'est-à-dire, d'après les individus d'une part, et d'une
autre part d'après le canon, et enfin conformément à
l'archétype, il résulte que cet art de produire des embellissemens doit être un art de changemens proportionnels:
c'est donc cet art très-important des changemens proportionnels qui fera l'objet des derniers chapitres relatifs à
la beauté du dessin.

Mais il restera encore à exposer le moyen de représenter avec justesse cet individu, ainsi que les changemens convenables et adoptés. Je dirai donc, au sujet de cette condition finale par rapport au dessin, qu'aucun des moyens qui jusqu'ici ont pu être imaginés dans les écoles par les modernes, n'est préférable à celui que nous donnons dans ce traité, et qu'il doit être employé avec d'autant plus de confiance et de plaisir par les peintres, que, loin de paralyser le sentiment, il est très-propre à le soutenir et à l'exciter. Je ferai encore observer que, aussitôt qu'ils auront goûté et reconnu la beauté et la justesse de ce moyen, ils reviendront bientôt du préjugé qui leur faisait croire qu'on peut de caprice mettre ou ôter, grandir ou diminuer, charger ou retrancher, et le tout par inspiration ou à simple vue en présence du modèle. Tous sentiront au contraire que la nature est toujours, comme ils disent, contrastée, chaude et animée, et que, si les images qu'on en fait sont si souvent froides, malgré les contrastes et les charges, c'est qu'on en répète très-faussement les rapports, et qu'on n'en donne nullement l'image selon les exactes proportions. En dire davantage ici à ceux qui n'auront pas pratiqué ce moyen, me semble inutile, vu la prévention où tout le monde est que le sentiment a fait et fera toujours de grands dessinateurs, tandis qu'on devrait être convaincu que ce qui fera de tout tems les grands dessinateurs, c'est la perspective, l'anatomie et la philosophie, mais non la verve ou le seul sentiment.

Passons à l'anatomie qui est la science relative au vrai, au possible ou au naturel dans la figure humaine.

CHAPITRE 178.

DE L'ANATOMIE APPLIQUÉE A L'ART DE LA PEINTURE. — DE SON IMPORTANCE ET DE SA DIVISION.

Si l'on reconnaît que l'étude de la nature est indispensable pour le peintre, on doit reconnaître par conséquent la nécessité où il est de posséder l'anatomie relative à son art. Cette science seule renferme un certain nombre d'autres sciences fort étendues, et toutes les connaissances qu'elle comprend, exigeraient une fort longue étude. Cependant il faut être persuadé que, sans cette connaissance et ces études, l'artiste ne saurait devenir un imitateur fidèle de la nature, et que ses images resteront sans vie et sans caractère.

Les peintres grecs, pénétrés de cette vérité, firent de l'anatomie leur principal moyen ; et l'on conçoit, d'après la grande vérité de leurs figures, jusqu'à quel point ils ont poussé leurs recherches en cette partie. Les modernes semblent au contraire n'avoir point envisagé l'art sous ce même rapport, et ils ont le plus souvent imaginé que l'étude de l'anatomie servait seulement à rappeler la vérité et à empêcher les erreurs grossières, en sorte qu'une figure passablement dessinée en perspective, et dans laquelle les principaux os et les principaux muscles sont indiqués et hardiment prononcés, doit, selon eux, produire tout ce qu'on a droit d'attendre de cette science considérée comme moyen de l'art.

Cette différence de doctrine entre les Grecs des beaux

tems de la peinture et les modernes, on pourrait dire aussi
et les artistes romains du tems de la décadence, a occa-
sionné une des grandes différences que l'on remarque
entre les ouvrages des uns et des autres ; et si quelques
artistes modernes ont reconnu l'importance de l'anatomie, ils ne l'ont point sentie dans tous ses rapports et
toutes ses conséquences.

On peut donc affirmer qu'en général aucune figure,
dans nos meilleurs tableaux, ne saurait, en cette partie,
soutenir la comparaison avec les meilleures figures grecques qui nous sont parvenues ; on doit même avancer de
plus, sans hésiter, que, dans aucune figure moderne entière, en sculpture ou en peinture, on ne trouve cette vie,
cette naïveté, cette grâce de mouvemens, cette aisance,
cette vérité enfin et cette propriété qui frappent, qui ra-
vissent dans l'Apollino, dans le Discobole, dans la Vénus,
dans le Gladiateur, dans les Niobés, etc., qualités qui dépendent exclusivement, pour ainsi dire, de l'anatomie
artistique. Cette opinion semblera d'abord un paradoxe
bien extraordinaire aux personnes qui sont prévenues en
faveur de l'art des modernes ; mais bientôt elles reconnaîtront que cette manière de voir n'a rien qui ne soit
juste et raisonnable, et que, s'il nous faut convenir que
Raphaël et Michel-Ange ont exécuté des figures où l'anatomie a été étudiée et très-recherchée, il n'en est pas
moins vrai qu'elle n'a point été envisagée par ces maîtres
comme elle aurait dû l'être, et comme l'ont fait les anciens avec tant de succès.

On croirait, à entendre tous les écrivains, que Michel-
Ange a excellé admirablement dans l'anatomie relative à
la sculpture et à la peinture. Mais en conscience dépouil-

lons-nous des préventions suggérées par la célébrité;
analysons les qualités, et nous verrons que cè terrible
dessinateur péchait presque toujours contre la vérité du
mécanisme, qui est la base de l'anatomie. Tout le monde
comprend la différence qu'il y a entre la science de l'anatomie morte et la science de l'anatomie vivante, dont les
lois sont immuables. Qu'eussent dit les Grecs en présence
de cette myologie fausse, affectée et étalée partout avec
une parade grossière sur les figures délicates des femmes,
comme sur les corps robustes des athlètes? Car enfin il
s'agit en peinture de l'anatomie vraie et belle. Qu'a
pensé un Barthez, ce savant et profond mécanicien, qui
a si bien raisonné sur les mouvemens de l'homme, dans
son ouvrage trop peu connu des artistes, et que pensera
de tout tems le sculpteur et le peintre studieux, qui, en
présence d'une figure de Michel-Ange, raisonnera de
sang-froid sur une partie, sur un muscle, sur un mouvement ostéologique, ou sur la forme et la valeur d'une
apophyse? On n'ose pas le dire, on redoute l'enthousiasme routinier de ces louangeurs qui crieraient au blas-
phême, et les autres qualités de ce grand artiste fascinent
les yeux. Il restera toujours assez pour la gloire de cet
homme extraordinaire, de ce génie étonnant, qui s'illustra
également dans l'art du peintre, du statuaire et de l'archi-
tecte, d'avoir eu constamment des idées élevées, gigan-
tesques, violentes et pleines de feu; mais son talent vraiment éminent dans la peinture, doit être désigné sans
équivoque, et je crois qu'on doit le faire consister dans le
grand art avec lequel il exprime et écrit énergiquement
par le dessin toutes les formes; dans l'art avec lequel il
manifeste une grande puissance significative dans les plans,

dans les lignes, etc. ; dans ce sentiment perspectif qui donne une vie, un mouvement, une étendue et un développement optique et presque magique aux objets qu'il se plaisait à représenter sous des aspects raccourcis et desquels il triomphait si habilement ; enfin dans ce goût dominant et toujours soutenu, quoique trop souvent sauvage et impropre, qui décore d'une manière barbare, il est vrai, mais très-grande, très-imposante et vraiment terrible, tous les ouvrages de son pinceau. Josué Reynolds, en voulant faire l'éloge de Michel-Ange, a fait la critique la plus complète de ses défauts. « Ses personnages, dit-il, n'ont rien » dans leur air, leur attitude, ou dans le style de leurs » traits ou de leurs formes, qui indique qu'ils sont de notre » espèce. (5e discours.) »

Varchi, en parlant des sept figures de la Nouvelle Sacristie de St-Laurent, s'exprime ainsi : « Tout autre que » Michel-Ange n'en eût pas eu l'idée, quand même tous » les sculpteurs qui ont existé, qui existent, ou qui exis- » teront, se seraient réunis et auraient joint leurs efforts. » Ce sont des formes telles que la nature n'en a jamais » produites et n'en produira jamais ; et s'il se trouvait » quelqu'un qui doutât de ce que j'avance, qu'il vienne et » qu'il juge lui-même, en voyant de ses propres yeux. » — « Varchi, dit un autre écrivain (Hauchecorne), n'eût pas » fait un semblable défi, si son enthousiasme n'eût été » juste. » Presque tous les livres sur la peinture sont remplis de pareilles déclamations qui servent le plus souvent à mettre en évidence la doctrine erronée des modernes.

Quelques écrits excellens, publiés depuis la restauration du bon goût, offrent cependant des maximes différentes et justes. « Combien de fois, dit l'auteur des Recherches

» sur l'art statuaire des Grecs, des artistes emportés cru-
» rent avoir représenté des passions véhémentes, tandis
» que, négligeant la première règle de l'art, ils n'avaient
» pas même exprimé la vie ! Combien de statues privées
» d'os et de nerfs, ne se soutiennent debout, que parce
» qu'elles sont de pierre ! »

Il ne faut donc plus être étonné d'entendre si souvent
demander si l'étude de l'anatomie est pour le peintre une
étude rigoureuse et d'une grande importance, lorsque
l'on aperçoit que les écrivains qui ont entretenu des doutes
sur cette question, n'avaient sous les yeux que des tableaux
dans lesquels les formes, c'est-à dire, la structure mécanique des figures représentées, n'étaient traitées que
comme parties accessoires de l'art, et puisque les ouvrages mêmes des peintres qui ont recherché l'anatomie,
n'offraient pour la plupart que des parodies de la nature
ou de la science des Grecs.

Mais aujourd'hui de pareils doutes sur l'importance de
l'anatomie sembleraient absurdes et même indignes d'être
réfutés, et on n'a pas à craindre d'être contredit, si l'on
avance et si l'on répète que sans la connaissance parfaite
de l'anatomie artistisque, on ne parvient point à la véritable expression des caractères ; que sans l'anatomie il
n'y a point de mouvement exact et vrai dans les tableaux,
point de pantomimes, point de physionomies même réellement touchantes, réellement séduisantes par leur naturel. Il ne faut que de l'expérience, pour reconnaître la
différence du résultat qui existe entre une figure faite de
pratique et anatomisée sans l'étude du mécanisme naturel, quoiqu'elle soit d'une expression convenable, et une
figure dont l'expression est rendue très-naturelle, très-

significative et très-vivante au moyen de cette vérité de
formes qu'on obtient par la connaissance de l'anatomie.

Il est essentiel, je crois, d'expliquer ici que vérité de
formes ou vérité d'anatomie, ce n'est qu'une seule et
même chose. En effet, on ne pèche pas contre le dessin,
sans pécher contre l'anatomie. Une partie n'est pas trop
courte, trop peu développée, trop rentrante, irrégulière
enfin par l'incorrection du dessinateur, sans qu'il n'en
résulte une faute contre la vérité de l'anatomie ou du
mécanisme. Un poignet, un col mal attaché, mal en mouvement, est un col dont les parties osseuses, musculaires
et charnues sont fausses dans leurs formes et dans leur
jeu. La correction du nu et l'anatomie ne sont donc qu'une
seule et même chose. Une faute d'anatomie est donc une
faute d'expression; et remarquez que souvent l'incorrection anatomique se confond avec l'incorrection graphique
ou perspective, en sorte qu'il est impossible de dessiner
juste et perspectivement la figure humaine, si l'on ne possède, si l'on ne sent, si l'on ne comprend l'anatomie,
sans laquelle on ne peut connaître le corps humain.

Il convient encore de mettre ici sous les yeux l'influence
de l'anatomie sur la science des caractères ou des espèces
de figures qu'il faut introduire dans le tableau. En effet,
peut-on supposer l'expression des diverses natures, selon
les sexes, les âges et les espèces qui sont si variées, sans
supposer aussi l'application des connaissances anatomiques, qui sont les guides indispensables pour conduire
dans l'imitation de ces différences? Pourquoi dans tant
de tableaux ne reconnaît-on pas le tempérament, l'âge
déterminé, l'espèce enfin de l'individu représenté? Pour-

quoi cette tête, qui n'a aucun caractère déterminé, serait-
elle tout aussi bien sur cet autre corps que sur celui où
on l'a placée? Pourquoi, à la vue d'un fragment de peinture par Carracci ou par Michel-Ange, fragment qui re-
présenterait un genou, par exemple, pourquoi dirions-
nous tous : ce genou est de Carrache ou de Michel-Ange,
ce genou n'est d'aucun âge et d'aucune espèce déterminée, il est seulement fabriqué à la Carrache ou à la Michel-
Ange, mais non à la façon de la nature? C'est à ce sujet
qu'on peut affirmer que David est le plus vrai, le plus naturel, le plus exempt de manières parmi les grands dessinateurs qui ont brillé chez les modernes. Enfin, si tant
de figures peintes sont sans vérité, sans convenance, sans
unité, c'est parce que les peintres ont ignoré, pour la plupart, l'anatomie artistique, et qu'ils n'ont pas vu la nature,
tout en la regardant ; c'est qu'ils ont cru savoir l'anatomie, parce qu'ils savaient la nomenclature des os et des
muscles ; c'est qu'ils croyaient que l'anatomie consistait
seulement dans l'art d'attacher ensemble ces os et ces
muscles, et qu'ils ne firent jamais leur étude particulière
de la science de l'homme, en sorte que, ne connaissant
pas les avantages de cette science et ses rapports avec
l'imitation des caractères, ils ont souvent attribué à leur
défaut de disposition naturelle la faiblesse et le peu
d'expression de leurs ouvrages, tandis qu'ils en devaient
trouver la cause dans l'ignorance de la vraie science anatomique et dans la faiblesse de leur théorie, faiblesse
entretenue par le peu de philosophie des professeurs qui
trop souvent ont plus d'idées à communiquer sur le métier que sur la science.

Il faut donc que l'élève comprenne la science de l'ana-

tomie, telle qu'elle doit être comprise, et qu'il sache qu'elle
n'est point une science de parade et d'ostentation, mais
que, dans cette science, il faut apprendre beaucoup pour
ne montrer que ce qui est nécessaire. Connaître et les
attaches, et la forme générale, et le nom d'un muscle,
n'est rien par rapport à la connaissance de ce muscle
considéré dans son action. Il y a, il est vrai, des muscles
dont l'action est simple et dont les formes se ressemblent
presque toujours ; mais, outre que cette ressemblance
n'est qu'apparente et varie selon les individus et les caractères, ces muscles sont en petit nombre. Il est évident
que la plupart des muscles offrent des combinaisons infinies de formes, selon leur mouvement, et que d'ailleurs
non-seulement chaque muscle varie lui-même et ne se
ressemble point dans des actions différentes, mais que le
même muscle, sur mille individus, se prononce diversement, et affecte des formes qui ne sont point les mêmes.
Or ce sont ces différences qu'il est difficile de connaître,
de saisir et d'exprimer selon la convenance mécanique,
selon la beauté, et abstraction faite des accidens assez
difficiles eux-mêmes à bien discerner. On ne saurait donc
comparer à cette science infinie que je viens d'indiquer,
la connaissance fort simple de la nomenclature myolo-
gique relative au tendon, à l'attache et au corps du muscle
mort, et dont on étudie peu l'action, science de parade
et d'ostentation à laquelle parviennent une foule d'élèves
laborieux, mais qui avec tout leur butin d'hôpital et
d'amphithéâtre restent incapables de produire une bonne
figure.

Maintenant disons un mot sur la répugnance naturelle,
que l'on exagère presque toujours dans les livres, au sujet

de cette étude. La plus longue étude de l'anatomie n'est
point, comme je viens de le dire, celle qui se fait sur les
cadavres, mais bien celle qui se fait sans cesse sur la nature vivante. L'étude du cadavre peut être faite assez
promptement et renouvelée de tems en tems partiellement
pour rafraîchir la mémoire sur cette connaissance ; mais
l'étude des grandes lois et des grands effets de l'anatomie
artistique doit être faite sur les êtres vivans et animés. Au
surplus, s'il est vrai que l'étude des muscles et des os,
par la dissection des parties mortes, a quelque chose de
répugnant, il est évident que cette répugnance n'est réellement pénible et insurmontable que pour les personnes
indifférentes ou étrangères aux arts. Le médecin, le chirurgien, le naturaliste même, font des études d'anatomie
bien plus répugnantes que celles du peintre, et cependant
on n'a jamais vu que cette répugnance ait ralenti leurs
études : il semble au contraire que la gloire de triompher
de cet obstacle ait été un stimulant pour les savans. En
ceci, comme en bien d'autres choses, tout est habitude et
association d'idées, et l'artiste bien épris de son art, bien
pénétré de l'importance de l'étude de l'homme, non-seulement s'accoutumera à cette étude, mais trouvera à la
fin le spectacle d'une dissection aussi agréable que le
spectacle d'un parterre orné de fleurs, lorsqu'il méditera
sur les lois du coloris.

Au surplus, notre industrie, qui va toujours croissant,
s'est dirigée vers le besoin des artistes, et elle vient de leur
procurer des pièces anatomiques artificielles, si vraies, si
naturelles, qu'elles disent peut-être plus à l'esprit et aux
yeux des élèves que la nature elle-même. Il est à croire
qu'un secours si précieux sera recherché dans toute l'Eu-

rope; et que les arts en retireront un très-grand avantage [1].

On a répété que les artistes grecs devaient avoir les plus grands obstacles à surmonter pour parvenir à connaître l'anatomie, vu la difficulté de se procurer des cadavres qu'ils pussent disséquer, difficulté provenant des préjugés de leur religion. Des écrivains ont en conséquence témoigné ou de l'étonnement ou du doute sur l'excellence de l'anatomie des statues antiques; mais ces écrivains ignoraient probablement que c'est l'étude de l'anatomie vivante qui est la plus longue et la plus difficile, et que celle de l'anatomie morte n'est rien pour le peintre, en comparaison de la première. En supposant même que l'étude de l'anatomie dans les Gymnases et les Palestres ne fût pas la principale étude, n'est-il pas tout aussi absurde de supposer que les Grecs n'avaient pas de cadavres à leur disposition, que de supposer qu'Hippocrate et ses élèves en auraient été eux-mêmes privés? On connaît d'ailleurs des morceaux de sculpture antique, où l'imitation de l'anatomie intérieure n'a pu être faite sans consulter long-tems des cadavres disséqués. Nous savons aussi par Pausanias qu'Hippocrate avait consacré à Apollon une statue de bronze représentant un homme exténué de maladie et n'ayant plus que la peau et les os : c'était une statue de l'école d'Égyne (PAUSANIAS. Liv. 10. Chap. 35). Il avait fallu d'autres modèles que le malade représenté,

---

[1] M. le docteur Auzou, inventeur de ces figures artificielles, peut les multiplier à volonté. Toutes les parties se superposent, s'enlèvent et composent une figure complète. La pâte de carton qui forme ces pièces, est légère et d'une grande solidité. Le public a admiré pour la première fois cette invention remarquable en 1825, rue du Paon, n° 8. (Voy. le Moniteur du 14 novembre 1825.)

et d'autres études que celles du nu, pour imiter le jeu de
cette charpente, si apparente sous la peau. Je sais que
Vésale reproche fort durement à Galien de n'avoir pas
fait assez d'observations à l'aide de la dissection ; mais
Galien n'existait pas dans les plus beaux tems de l'antiquité, et néanmoins il avait employé plus souvent le scal-
pel et les cadavres, qu'aucun sculpteur des fameuses époques de l'art. Mais il est inutile de poursuivre cette réfutation. Un coup-d'œil jeté sur la statue du Gladiateur suffit pour annihiler cette objection ; d'ailleurs il n'est point
vrai que les chevaux et les animaux qu'on pouvait disséquer sans obstacle, aient été plus habilement imités que
les figures d'homme ou de femme.

Je viens de dire que ce n'est pas l'étude de l'anatomie
morte qui est la plus longue et le plus constamment difficile, mais que c'est l'étude de l'anatomie vivante : cette
vérité est de la plus grande importance. En effet, ce n'est
pas l'étude des os, dans l'état disloqué, qui apprend le
plus à connaître la nature vivante et agissante, mais bien
l'étude des os, des cartilages et des tendons vivans dans
tel ou tel mouvement, dans telle ou telle affection, et sur
tel ou tel sujet. L'étude du muscle mort, n'est, je le répète, qu'une connaissance simple qui s'entretient par
la seule activité de la mémoire, tandis que l'étude des
muscles dans toutes les actions et sur tel ou tel sujet,
est une étude immense. A cette étude se joint celle de la
chair, de la peau, de l'épiderme, et même des veines et
des glandes, et de quelques autres parties ; or les caractères divers de ces parties sont très-composés, très-variés
et très-combinés, suivant les cas. J'observerai aussi que
l'on étudie ordinairement le squelette dans l'état sec, et

sans les divers liens, sans les interstices de ses parties.
Or cela est bien différent de l'étude du squelette vu dans
l'état naturel et tel qu'il doit être étudié lorsqu'on en fait
l'application à la nature ou à l'art.

Les artistes modernes, ainsi que les écrivains sur l'anatomie de la peinture, n'ont donc presque jamais excellé
en cette partie, parce qu'ils ont toujours confondu le
moyen avec le but. L'anatomie morte, voilà un des moyens;
l'anatomie vivante, voilà le but. Tel élève qui connaîtra
le nom, la forme, la longueur, la vraie situation d'une
partie sur le cadavre, sera incapable de reconnaître cette
partie sur le modèle vivant et agissant dans lequel on
trouve une foule de déplacemens, de changemens, d'accidens, de mouvemens étrangers à l'état mort et immobile
du cadavre. Ce sont précisément ces mouvemens, ces déplacemens, ces combinaisons dont il faut étudier le mécanisme et la cause; c'est cette étude qui réellement est vaste,
intéressante et très-difficile, soit par l'application qu'il en
faut faire à l'art dans tant de cas multipliés, soit par l'impropriété des modèles qui n'offrent que rarement l'intention précise de la nature : or la perfection des statues antiques fait connaître que cette science et cette étude ont
été portées jadis au plus haut degré.

Terminons ces considérations sur l'anatomie de la peinture par une observation vraie et que suggère l'expérience.
Quand un peintre ou un sculpteur n'est pas assuré positivement de ses dessous, et qu'il veut aller en avant, il
voit bientôt arriver le moment où il ne peut plus avancer,
et il s'aperçoit qu'il s'est égaré. C'est en vain alors qu'il
cherche à déguiser l'erreur par des subterfuges; plus il
opère, plus il s'écarte de la nature, et personne n'est

dupe de ses compensations, pas même des plus ingé-
nieuses et des plus séduisantes ; ce qu'il veut faire passer
pour de la grâce, n'est que de la fausseté ou de la gaucherie ; au lieu de l'expression de la vie, il n'expose que
des efforts, que des recherches, que de pauvres moyens,
et le spectacle, en décelant l'incertitude de l'artiste, ne
rappelle plus la nature. Si au contraire l'artiste, connaissant bien les fins et les moyens de l'anatomie, n'opère
jamais de caprice et n'imite jamais sans s'être pénétré
des procédés de la nature, il retirera le fruit de sa prudence, de son travail et de sa simplicité. Tout le mécanisme osseux et musculaire étant la base de son imitation,
toutes les attitudes et les mouvemens de ses figures étant
conformes à la vérité, et toutes les parties étant exprimées
jouant les unes sur les autres, comme elles le font dans
les êtres animés, son imitation sera elle-même animée,
sera vivante et touchera tous les spectateurs ; on ne verra
pas le dehors offrir seulement un fantôme superficiel
et mensonger, ce sera le dedans qui transparaîtra, qui
remuera, qui agira, qui étonnera et troublera les regardans. « Que l'on approche un flambeau d'une belle figure
» grecque ; ô prodige ! Tout l'intérieur se dévoile ! On
» reconnaît alors que, si le marbre à l'extérieur avait
» paru vivant, c'est que le feu brûle réellement au-dedans
» de la figure. N'en doutez pas, cette illusion est un effet
» de la constance de l'artiste grec à modeler avec préci-
» sion les parties intérieures avant de terminer le dessus.
» (ÉMERIC DAVID. Recherches.) »

J'ajouterai que les vrais moyens de la graphie doivent
nécessairement s'associer à l'anatomie de la peinture, et
que savoir l'anatomie, sans la savoir graphiquement, ce

n'est pas la posséder en peintre. Si un sculpteur ne sait en
effet l'anatomie que quand il la sait modeler, un peintre
ne la sait aussi que quand il sait la peindre avec justesse. Or c'est à l'aide de la graphie géométrale et perspective qu'il peut faire cette étude. Aussi, sans l'art
graphique, ce qu'un peintre saurait d'anatomie ne servirait qu'à lui donner des regrets.

Tout ce que je viens de dire pourra peut-être faire
revenir de leur prévention les personnes qui, pour re-
procher aux peintres leurs muscles affectés, mensongers
et à prétention, semblent blâmer les artistes qui se livrent
à l'étude de l'anatomie. « N'est-il pas à craindre, disent-
» ils, que cet écorché, ce squelette, ne reste perpétuelle-
» ment dans l'imagination de l'artiste ; qu'il n'en devienne
» entêté de la vanité de paraître savant ; qu'en dépit
» de la peau et des graisses, il veuille faire voir toujours
» le muscle, son origine, son attache et son inversion ;
» qu'il ne prononce tout fortement, qu'il ne soit dur et
» sec, et que l'on ne retrouve ce maudit écorché, ce
» maudit squelette, même dans les figures de femme. »
Que ces critiques se persuadent donc bien que les auteurs
des précieuses figures du Parthénon, que les auteurs de
la Vénus Médicis et de l'Apollon du Belvédère, etc., étaient
plus pénétrés de l'enthousiasme anatomique que Puget et
Michel-Ange, en sorte que le grand savoir en anatomie
ne conduit point à une sotte parade des muscles, mais à
une vérité simple et pleine de grâce, comme celle de la
nature.

Division de l'anatomie appliquée à la peinture.

L'anatomie du peintre comprend plusieurs parties qui semblent d'abord ne pas dépendre de cette science, mais qui en sont réellement des parties constituantes. Ainsi elle embrasse non-seulement la connaissance des os, des muscles, des tendons, des veines, etc., mais elle comprend aussi la science des mouvemens et du jeu de ces parties, selon les lois de la pondération et de la mécanique vivante; elle comprend la science des meilleures proportions de toutes les parties du corps humain, selon les différentes espèces ou caractères des figures représentées. L'anatomie de l'artiste, comporte donc une étude très-étendue de l'homme en général et en particulier, et même de tous les êtres animés qui peuvent être représentés par la peinture.

Voici la division des différentes branches de l'anatomie, telle que nous la considérons dans ce traité :

L'ostéologie en général ;

La myologie en général, partie dans laquelle on parlera aussi de la chair, de la peau, des veines et des glandes ;

La mécanique du corps humain en général ;

Le mouvement et la pondération ;

Les proportions ;

La connaissance artistique de toutes les parties du corps ;

Enfin la science des caractères ou des différentes natures.

CHAPITRE 179.

DE L'OSTÉOLOGIE EN GÉNÉRAL.

Exposons ici quelques considérations générales sur l'ostéologie. Lorsque nous traiterons des parties du corps, nous reprendrons la description des os divers en particulier.

Les philosophes admirent la structure du squelette. Cette admiration provient non du plaisir de leurs yeux, car un squelette est un objet optiquement laid, mais du plaisir de leur esprit qui reconnaît dans ce merveilleux assemblage les calculs de la plus surprenante mécanique. Cette étude est donc non-seulement utile dans les arts, mais elle est digne de tout homme ami de la vérité.

C'est dans l'étude du squelette qu'est comprise l'étude des mouvemens du corps humain. En effet, qu'est-ce qui agit, qui marche, qui recule, qui se meut ? C'est le squelette. Qu'est-ce qui fait agir le squelette ? Ce sont les muscles. Le mouvement ostéologique est donc l'effet, et le mouvement musculaire le moyen ; comment remuent nos os, et comment remuent nos muscles, sont donc aussi deux questions tout à fait différentes.

Quand l'os ou quand le squelette a agi, le muscle qui a servi à cette action, cesse quelquefois d'agir ; mais la situation de l'os reste fixée. Ainsi l'action du muscle est fugitive, l'action de l'os est déterminée et permanente. Plusieurs muscles congénères opèrent le mouvement d'un seul os, et tandis que les mouvemens des muscles sont divisés, répartis, partagés, rapides, instantanés, convulsifs, le mouvement des os est un, fixe et très-démontrable mathématiquement.

Pour discerner et corriger les défauts osseux des individus, il faut posséder et bien connaître la figure canon [1]; il faut connaître cette figure canon en mécanicien, en géomètre; il faut pouvoir raisonner savamment sur les courbes de la colonne vertébrale, depuis la tête jusqu'au coccys; sur les courbes particulières de certains os; sur les angles de flexion qu'ils font les uns sur les autres; sur les saillies des apophyses articulaires, etc., etc. Sans cette connaissance, qui doit être positive et très-familière, on ne serait pas peintre, puisqu'on ne connaîtrait pas la nature humaine, et qu'on ne saurait pas donner la vie et le mouvement juste aux figures.

Toutes les diverses formes des os peuvent être appelées des formes mécaniques, car elles sont toutes relatives à des fonctions particulières, de sorte que tout anatomiste doit comprendre quelles ont été les intentions de la nature en produisant ces formes. A quoi servirait donc à l'artiste de savoir par cœur que telle tête d'os a ici une saillie, là un creux, là une gouttière, ici une épiphyse, etc., et de pouvoir même décrire et dessiner ces formes de mémoire, à quoi lui servirait, dis-je, la nomenclature stérile des tubérosités, des arêtes, des épines et de tous les caractères dont cette nomenclature accable la science moderne, si l'office de toutes ces formes n'est pas entièrement compris par l'esprit et rappelé à volonté dans la mémoire? Ce n'est que de cette façon cependant que l'anatomie deviendra pour l'artiste une science pleine d'attraits et d'uti-

[1] Voy. le chap. 184.

lité. Mais, ainsi que nous le disons, il faudrait non-seulement un squelette canon d'un seul caractère, mais autant
de canons que de caractères principaux : en effet, les variétés dans l'espèce se manifestent très-certainement dans
les proportions et même dans le jeu du squelette.

Les pièces osseuses qu'on voit dans les cabinets, sont
le plus souvent assemblées et montées en squelette complet à l'aide de ligamens artificiels. Mais ces pièces, ces
os, sont hors de leur mouvement mécanique, et ne sauraient offrir au peintre le spectacle instructif du jeu naturel du modèle vivant. Indépendamment de ce grand
inconvénient, il y a celui qui provient du peu de recherches que font les chirurgiens relativement au choix des
plus belles proportions et conformations de ces squelettes,
ne s'attachant le plus souvent qu'à se procurer des pièces
qui rendent bien sensibles les caractères des formes osseuses, tandis que ces pièces et ces squelettes assemblés
ne devraient offrir que la plus grande beauté sous le rapport de l'unité de caractère. Si on considère encore l'altération dans les intervalles et dans les pièces cartilagineuses qui dans la nature séparent les os, on reconnaîtra
combien est imparfait ce moyen d'étude que procurent
à l'artiste les squelettes, tels qu'on les trouve ordinairement dans les amphithéâtres.

Les savans ont donné aux différentes sortes de mouvemens et aux différentes sortes d'articulations qui les produisent des noms tirés du grec. Mais ces noms chargeraient
peut-être inutilement la mémoire du peintre. Sans bien
connaître ces noms grecs, l'artiste qui étudiera les modèles vivans, les statues antiques et les cadavres, connaîtra
donc fort bien la structure du corps humain ; ensorte qu'il

me semble inutile d'entretenir l'élève de leur signification ;
ainsi je n'expliquerai point le sens, par exemple, des mots
diarthrose, amphi-diarthrose, synarthrose, gynglime,
énarthrose, etc., tous noms donnés aux différens mouvemens du squelette. Je tâcherai d'employer plutôt des
termes vulgaires qui sont plus familiers aux peintres.

Le nombre des os du corps humain est fixé en général
à deux cent cinquante, et c'est par accident qu'il se trouve
certaines pièces osseuses surajoutées à ce nombre. On
compte cinquante-six os dans le tronc, soixante - quatre
dans les bras et les mains, soixante-deux dans les jambes
et les pieds, et soixante-huit autres dans la tête.

Les os sont creux pour être moins pesans ; et, comme il
fallait pour les points d'appui de certains muscles que
leurs extrémités offrissent une assez grande surface, la
nature les a encore rendus légers à ces extrémités, en les
faisant spongieuses.

Nous avons fait observer que les proportions différaient
sur les squelettes, selon le caractère de la figure à laquelle ils appartiennent ; ajoutons donc que celui de la
femme est plus fin, plus délicat que celui de l'homme,
et cela indépendamment des différences très - sensibles
qu'il offre dans la largeur et la forme du bassin, dans la
longueur et les aspérités de certains autres os, etc. Mais
nous devons traiter des proportions de la femme en particulier, de celles des enfans, et même indiquer les moyens
proportionnels d'obtenir les mesures caractéristiques des
différens âges de l'adolescence : ainsi nous ne dirons rien
de plus ici à ce sujet.

CHAPITRE 180.

DE LA MYOLOGIE EN GÉNÉRAL.

La myologie est la science des muscles. La myologie du peintre, quoique moins étendue que celle du médecin ou du chirurgien, est néanmoins une science assez vaste, puisqu'elle se compose et des règles anatomiques et des règles de l'art. En effet, elle ne s'arrête pas seulement à la vie et à l'action musculaire nécessaire à l'existence et à la conservation; mais elle s'élève jusqu'au système du plus parfait mécanisme musculaire considéré comme cause principale de la perfection ou de la beauté des formes et des mouvemens des êtres.

Comment les muscles reçoivent-ils la vie par les nerfs? Comment a lieu ce rapport si intime et si prompt entre notre volition et notre action musculaire? D'où vient cette force vitale extraordinaire dont nos calculs ne sauraient rendre compte, et qui nous étonne tous les jours? De quelle manière enfin pourrions-nous faire une science positive de l'étude difficile de tant de balancemens contrastés, de tant de précautions spontanées, de tant d'actions mécaniques rapides et composées, toutes au-dessus de notre intelligence, toutes l'ouvrage d'un Dieu qui a voulu la perfection et la conservation de l'espèce? Ces hautes recherches sortent des limites de ce traité. Nous sommes même dispensés d'aborder la question relative au principe de contractilité des muscles, de décider quelle est la véritable forme de la fibre, et si elle doit son élasti-

cité à sa direction en zig zag ou à toute autre. Il est encore
étranger à notre sujet de faire des applications de la force
de cohésion des parties, d'étudier la nature du contact
plus ou moins immédiat des corpuscules musculaires, et
d'établir enfin un système sur la laxité et l'astriction des
fibres, sur la contractilité et la distractilité des muscles, et
sur leurs combinaisons avec les vaisseaux sanguins, nerveux et lymphatiques qui les composent : contentons-nous
donc d'aperçus généraux.

Les muscles servent à soutenir les os et à les faire agir.
Les articulations des ôs rendent ceux-ci propres à obéir
aux muscles, et il doit y avoir une parfaite conformation,
un accord parfait entre la forme des os et la puissance
musculaire. Sans les muscles, les os abandonnant le centre de gravité, ne composeraient plus le squelette, et il
arriverait que la charpente animale n'offrirait qu'un amas
osseux étranger à la vie et au mouvement. Ainsi, un homme
qui se penche en avant a les muscles des vertèbres lombaires contractés et agissans pour soutenir le poids du
corps ; si la tête penche de côté, elle est soutenue par le
grand muscle mastoïde, sans lequel elle tomberait : voilà
pour la sustentation et l'équilibre des os. Quant à l'action
des os, elle est le résultat de la même cause. Le muscle
qui meut un os se contracte, se gonfle par conséquent
et attire cet os à lui, tandis que les muscles opposés sont
sans action et le laissent agir librement : aussi voit-on que
les muscles destinés à faire agir les os les plus forts, sont
les plus forts eux-mêmes ; et, comme certains os agissent
plus fréquemment que d'autres, ce qui dépend d'ailleurs
des exercices habituels des individus, il arrive que les
muscles propres à faire agir ces os sont les plus énergiques

et les plus ressentis. Un forgeron a souvent certains muscles des bras très-puissans, et ceux des jambes faibles par
comparaison. Les muscles sont donc susceptibles de se
fortifier, de se perfectionner par l'exercice ; et telle est
l'intention de la nature, qui veut que nous cultivions son
ouvrage, en sorte que les dissonances dans toute l'harmonie musculaire est l'ouvrage des hommes, et non celui
de la nature qui exige d'eux un emploi bien entendu de
ces facultés. Ceci nous explique comment, par l'exercice et
par un certain régime propre aux muscles, on est parvenu
à former des athlètes extraordinaires, de même qu'un
régime opposé produit la faiblesse et l'amollissement des
fibres et des tendons.

Lorsque les filets qui terminent chaque fibre, forment
des membranes étendues et non rondes, comme est le
tendon, on leur donne le nom d'aponévroses. Quelquefois
ces aponévroses embrassent les articulations et les tiennent
serrées, c'est ce que les anciens appelaient *strictus artus.*
Lorsqu'elles sont étendues et à plat, et qu'elles ne font
qu'envelopper et que couvrir sans serrer, on les appelle
fascia : telle est l'aponévrose dite *fascia-lata.*

Les muscles sont un composé de fibres charnues qui
sont elles-mêmes un assemblage de plusieurs fascicules
unies d'une manière peu intime, et contenant des vaisseaux de plusieurs espèces. La couleur du corps du muscle est rouge, quand il y a du sang dans les interstices des
fascicules fibreux ; mais, quand il est lavé et considéré séparément, ces fibres sont blanches. Quant aux tendons, ils
restent blancs, étant compactes et non pénétrés par des
vaisseaux sanguins ; ils ne sont qu'une extension des fibres
charnues.

Le mouvement du muscle suit toujours l'ordre des fibres, qui vont de l'origine à l'insertion, et qui sont comme autant de filets élastiques se repliant sur eux-mêmes.

On distingue dans le muscle son milieu qu'on a appelé le ventre, et ses tendons qui servent à le fixer sur les os. On peut distinguer encore son aponévrose, qui est une espèce de gaîne contenant le muscle et servant à l'isoler et à le laisser glisser sur ceux qui l'avoisinent et le touchent. De plus, les muscles sont composés dans leur milieu de fibres qui se réunissent aux extrémités et forment le tendon. Le milieu ou le corps du muscle se contracte beaucoup, puisqu'il est capable de replier l'un sur l'autre deux os qui étaient auparavant sur une ligne droite, l'un au bout de l'autre. Quant aux tendons, ils ne se contractent guère ; leur contexture forte le permettrait peu : cependant ils se roidissent, s'applatissent sur les points de l'os où ils s'appuient ; ils se détachent même de l'os, c'est-à-dire, se soulèvent en certains cas.

Maintenant en quoi consiste la bonne conformation des muscles ou la perfection du système musculaire ? C'est ce que nous allons considérer un instant. Il semblerait, puisque le caractère des muscles est l'élasticité et la force tendineuse, que la beauté anatomique ne peut avoir lieu que quand cette force est manifestée au - dehors par des saillies et des sillons très-prononcés et par une sécheresse angulaire dans les formes fibreuses; cependant, une telle prévention, qui ne peut provenir que de l'ignorance des spectateur ou des artistes, conduirait à une imitation fausse et à une manière monotone. En effet, il y a des cas où le système graisseux l'emporte chez les individus sur le

système musculaire, et cette harmonie, qui est souvent
celle de la jeunesse et de la santé, est à conserver. D'ailleurs elle est compatible même avec l'énergie et la puissance physique. En effet, un forgeron, dont les muscles
semblent arides et desséchés, ne frappera peut-être pas
un coup plus fort qu'un jeune homme dont les formes
sont pleines et embellies par les signes extérieurs d'une
fraîche santé : le système graisseux n'exclut donc point
le système musculaire, et ces figures décharnées que les
peintres représentent si souvent dans l'intention d'exprimer la force, ne sont au fait que des figures dont l'extérieur est appauvri : je veux parler de ces figures sèches
et comme sillonnées de tendons recouverts d'une peau
aride, car je sais qu'il y a des caractères dans lesquels
le système musculaire est très-apparent et dominant, et
qu'en général l'homme qu'on appelle bien musclé, est
ferme et plein de force.

A quoi tient la vraie proportion, la vraie beauté d'un
muscle ? A son juste emplacement d'abord, puis à sa contractilité. Le muscle deltoïde d'un homme fort débile va
se terminant on ne sait où : il est allongé, pauvre, indécis, plat, ou plutôt il existe à peine. Celui d'un jeune
homme ferme et plein de santé, est charnu, court, élastique et relevé : il se contracte vivement, franchement, et
son insertion paraît presque à travers la graisse et la peau,
tant la direction de sa fibre est fixe et déterminée. Que
les fibres au contraire soient molles; que les gaînes aponévrotiques des muscles soient lâches; que la graisse, la
peau, tous les canaux enfin soient distendus et flasques;
plus de force; plus de santé, plus de mécanique, plus
d'action, plus de propriété, plus de caractère. Représenter

une telle figure, c'est représenter un malade ou un individu qui n'a jamais été organisé suivant le système un de
la nature, enfin c'est peindre un individu languissant,
abject, misérable, qui n'a rien de commun avec l'espèce
humaine, sinon qu'il est né, qu'il vit et qu'il va mourir.

Qu'aucun muscle appauvri n'entre donc dans l'image
d'un homme sain; et de plus, qu'aucun muscle n'y figure
avec un caractère étranger à l'espèce du personnage
adopté. Ces considérations obligent les artistes à restituer
sur les individus dégradés l'harmonie mécanique des
formes musculaires. Les muscles doivent être non-seulement sains et puissans, chacun dans son rapport, mais
ils doivent être tous caractérisés dans leur espèce déterminée et relative, suivant la nature de l'individu auquel
ils appartiennent.

Dans la statue appelée le Gladiateur, l'agilité et l'élasticité sont les caractères dominans; aussi tous les muscles,
et par conséquent toutes les formes, participent-ils de
ces caractères. Rien de lâche, rien d'oisif; tout est prêt à
agir, et chaque muscle agit même, comme il le ferait dans
la nature, mais non peut-être comme il le faisait précisément sur le modèle consulté. Le statuaire, pour être vrai
et naturel, a cherché à restituer l'unité dans toutes les
parties. Non-seulement le mécanisme osseux est libre,
dégagé et développé dans tout son élan, mais les muscles
sont eux-mêmes libres, développés, ressentis, élastiques;
les tendons se différencient bien de la chair, et ils sont
toute fermeté; les contractions sont vives, ce qui rend
bien la vie et l'effort mécanique; le système fibreux
est partout un, il est partout énergique et léger; les os
étant exprimés avec propriété, les muscles étant chacun

en action, suivant l'économie de la nature, que restait-il
à caractériser ? La graisse, les veines, les glandes, l'épiderme, et le savant Agasias a excellé encore dans la composition une et vraie de ces caractères.

Voyez les muscles de la Vénus Médicis ; voyez ceux de
la Diane de Paris : même unité dans l'un et l'autre systèmes. Caractérisez le mastoïde dans la Vénus comme
dans la Diane ; donnez à la Diane le col doux et tendre
de la Vénus : vous faites un contresens, vous détruisez
l'unité musculaire. Ici l'on doit répéter que rarement les
individus modèles représentent réellement la nature ; que
l'unité est le grand moyen de l'artiste, et que, s'il ignore
cette théorie, il prendra pour vrai ce qui est faux, impropre et contraire à son but.

Système un dans les muscles, unité de propriété dans
ce système, convenance de ce système par rapport au
sujet représenté : voilà la règle.

Il ne suffit pas de dire aux peintres : ne mettez pas des
jambes de jeune homme sous le corps d'un vieillard ;
toutes les leçons des livres théoriques s'en tiennent là.
Il faut dire plus ; il faut démontrer la puissance et la justesse du principe qui fait rentrer dans l'unité les trois
élémens mécaniques, les os, les muscles et la peau. La
myologie d'une main ne sera belle, ne sera juste, que si
elle appartient au système adopté. Est-ce la main de Bacchus, jouissant dans l'Olympe du repos éternel réservé aux
dieux ; cette main sera pleine, unie, douce aux flexions,
sans muscles ressentis, la beauté de la chair fera oublier
le mécanisme musculaire, les muscles ne seront apparens
que là où le jeu des os produit de toute nécessité cette
apparence. Est-ce Bacchus, vainqueur de l'Inde, héros

et dieu à la fois, décoré autant des signes de la force que
de ceux de la beauté ; cette main sera plus ressentie dans
ses muscles ; ce genou, ce col et ce bras, seront plus fermes, etc. Depuis les tendons jusqu'aux aponévroses, depuis les muscles forts et anguleux jusqu'aux muscles
plats et délicats, toujours même unité, toujours harmonie complète, caractère un et soutenu : de là découle
l'expression, qui n'est autre chose que l'image vraie de la
nature ; de là découle la vie, qui n'est autre chose que
les signes uns et caractéristiques cumulés sur une seule
figure ; là enfin gît le secret des Grecs, qui appelaient tout
simplement cette science si étendue et si bien observée
par eux, l'art d'imiter la nature.

CHAPITRE 181.

DE LA CHAIR.

La chair est un composé de muscles, de graisse, de
vaisseaux sanguins, de vaisseaux lymphatiques, etc., de
peau, d'épiderme, etc.

C'est surtout sous le rapport de la forme, c'est-à-dire,
sous celui de l'élasticité, de la mollesse ou de la fermeté,
et par conséquent des plis, des refluemens, de la rondeur,
du poli, etc., que nous devons ici considérer la chair.
Au chapitre des carnations (partie du coloris) nous parlerons de la teinte de la chair, de sa transparence, de son
mat et de son luisant.

Comme il y a la chair saine, belle et une dans son espèce, quelle qu'elle soit, et que de plus il y a les variétés de

la chair, nous allons distinguer ici deux questions. Premièrement, quel est le caractère général de la chair sous le rapport des formes, soit dans l'état calme, soit dans l'état d'action ? Secondement, quelles sont les variétés particulières dans les espèces de chair ?

La graisse doit être considérée par le peintre comme une substance qui concourt particulièrement à la forme d'un grand nombre de parties du corps humain. Il est inutile qu'il reconnaisse et étudie la graisse dans toutes les régions intérieures, où elle se propage pour plusieurs fins importantes ; mais il doit savoir qu'elle règne sous la peau dans toute l'étendue des tégumens et dans les cavités du tissu cellulaire. L'usage de la graisse, placée immédiatement sous la peau, ne pouvant donc s'expliquer en entier que par une longue analyse, l'artiste se contentera de reconnaître que cette substance mettant à couvert une multitude de vaisseaux sanguins, nerveux, etc., les garantit des impressions de l'air, et surtout du froid, attendu que toutes les membranes graisseuses sont insensibles par elles-mêmes. La graisse, interposée entre les muscles et la peau, les met encore à l'abri du choc des corps durs ; d'ailleurs elle facilite et entretient libre le jeu de toutes les parties, qui sans elle se dessécheraient et produiraient le marasme.

Ce qui est le plus à remarquer par l'artiste, c'est l'influence de la graisse sur la peau, et cela par rapport aux formes. En effet, la transsudation huileuse qui s'en fait, sert d'abord à entretenir la peau flexible, douce et élastique ; elle sépare plus ou moins les fibriles et tous les liens qui forment la contexture de la peau. Indépendamment de cela, son office est de remplir les vides dans les

intervalles des muscles, et même dans certaines cavités
et dépressions osseuses, où la peau ne doit pas être si
rapprochée de l'os. Par son interposition les tégumens
sont soulevés et mis de niveau avec certaines parties saillantes, ce qui procure le bel arrondissement des formes.
La graisse tient donc la peau tendue et plus ou moins
égale à sa surface. Mais ses cellules adipeuses ne doivent
point offrir de bouffissure, comme si elles étaient remplies
d'air ou d'eau, au lieu de graisse. C'est la critique de ce
défaut que signalait David, lorsqu'il disait à quelques-uns
de ses élèves : « Vous faites enflé, pour éviter la mai-
» greur. »

Plusieurs modernes ont oublié les intentions de la nature en représentant la chair. Les uns n'ont visé qu'à la
mollesse, et leurs chairs sont ou flasques ou douillettes :
telles sont celles de Bernini, qui trouvait merveilleux d'a-
mollir la pierre et le bronze, et qui recevait, pour ces
excès, maints éloges des ignorans. D'autres ont exprimé
des chairs mollasses et pesantes, des masses et des pelottes
de graisse, mais sans muscles ni ressorts : telles sont celles
de Rubens et de ses parodistes. D'autres enfin ont représenté une chair sans souplesse et sans vie : tels ont été,
malgré tout leur mérite, les Mantégna, les Bellini, et depuis les Jules-Romain, les Vander-Werff, etc. Quant à
Mignard et même à Le Brun, ils n'ont représenté, pour
tous les sujets, que la même espèce de chair. Mignard,
tout en fondant et en adoucissant, n'a pas exprimé une
chair vraie, mais plutôt un corps dur et poli. Depuis l'é-
poque où fleurirent ces peintres, on a vu dans les écoles
une espèce d'affectation pour rendre ce que la chair des
individus servant de modèles avait de lâche, de pauvre et

même de malade. Les chairs, dans les tableaux de ce tems,
sont donc misérables, sans ressorts, et traitées enfin avec
une ignorance complète de la science de la physiologie,
ce qui, joint au peu de sévérité et de naïveté dans l'art
de représenter, a produit sur la plupart des figures la
laideur et la fausseté. Aujourd'hui encore Tiziano et Vandick sont appelés mous, parce que dans beaucoup d'ouvrages d'art modernes la chair ressemble à du bois peint,
et que les artistes ont cru faire grec et antique en évitant
de rendre les souplesses et les angles.

Pourquoi donc tant de différence en ce point entre les
anciens et les modernes ? Car les plus médiocres statues
antiques sont de chair, mais de chair saine et robuste,
et bien que dans les ouvrages du second ordre, et surtout les statues du bas tems à Rome, l'imitation de la
chair n'ait pas été très-animée ni très-délicate, on ne
saurait nier que les idées de santé et de physiologie ne
fussent possédées par les statuaires médiocres qui exé-
cutaient ces ouvrages. Ainsi il serait ridicule de conclure, d'après certains ouvrages faits à Rome lors du dépérissement de la sculpture et de la peinture, que les
anciens n'ont pas été supérieurs aux modernes en ce
point. C'est cependant ce qu'ont voulu donner à entendre
les gens qui s'engouent de tant de productions modernes,
et qui ne connaissent que fort mal les productions des
anciens. Falconet est de ce nombre. Cet artiste, heureusement né pour son art, mais qui ne vit jamais Rome, a
voulu décider sur cette question, et s'est fait plus de tort
par ses écrits qu'il n'en a fait aux artistes de l'antiquité,
qu'il cherche si souvent à ravaler.

« Dans quelle sculpture grecque, dit Falconet, trouve-

» t-on le sentiment des plis de la peau, de la mollesse des
» chairs et de la fluidité du sang, aussi supérieurement
» rendu, que dans les productions de Puget? Qu'est-ce
» qui ne voit pas circuler le sang dans les veines de Milon
» de Versailles ; et quel homme sensible ne serait pas
» tenté de se méprendre en voyant les chairs de l'Andro-
» mède, tandis qu'on peut citer beaucoup de belles figures
» antiques, où ces vérités ne se trouvent pas ? »

La découverte toute récente de la statue grecque de
Vénus, trouvée à Milo, nous tiendra lieu de réfutation,
puisque dans aucune antique les chairs, ainsi que je l'ai
déjà dit, ne sont traitées d'une manière plus vraie, plus
fine et plus grande à la fois. Ni Puget, ni Michel-Ange,
ni Bernini, ni Rubens, n'ont rien fait de semblable, malgré leurs efforts, malgré leur vive hardiesse et tout leur
sentiment.

Qu'on ne se prévienne pas, en se figurant que les anciens
ont donné dans l'imaginaire et le fantastique, quand ils ont
représenté avec tant de morbidesse, les Bacchus, les Apol-
lons, lesVénus et même les Antinoüs. C'est cependant avec
cette prévention que jugent l'antique les artistes ou les
amateurs accoutumés à contempler dans tant de tableaux
des formes pauvres et indécises, une peau molle et lâche
qui a toujours crû à l'ombre, une chair enfin qui rappelle
les travaux sédentaires des artisans misérables, les tristes
maladies des hôpitaux et l'abâtardissement de l'espèce.
C'est donc pour cela que ces critiques ne peuvent se fa-
miliariser avec les types des plus beaux climats. Ils ne
reconnaissent plus leurs modèles académiques, lorsqu'ils
sont en présence des belles statues qu'ont laissées les
Grecs et les Romains. Les pectoraux de l'Antinoüs, les

cuisses et les épaules de l'Apollon, les hanches, les pieds de Jupiter, sont autant d'objets hors de leurs comparaisons. Cependant les voyageurs qui ont parcouru l'Asie et l'Afrique, reconnaissent, en voyant les statues antiques, la nature qui les a frappés en ces pays; mais ils ne la retrouvent aucunement, s'ils lui comparent les formes académiques si étranges qu'on aperçoit dans les tableaux de Jouvenet, de Pierre, de Boucher et de Restout.

Le caractère dominant de la chair doit être un, tel qu'il est dans la nature choisie, c'est-à-dire, que son espèce doit se retrouver sur toutes les parties qui sont analogues par leur volume, leur étendue, leur épaisseur, leur finesse, etc. Un exemple de cette qualité nous est offert par la statue de la Vénus Médicis. En effet, même santé, même chair, même sexe sur toute cette figure : ce qui est plein et soutenu, l'est par la même espèce de chair, et cette chair est variée dans le même caractère, suivant les infléxions, les mouvemens, les refluemens, etc.; ce qui est fin, tendre et léger, l'est partout et par la même chair. Il en résulte que l'idée de ce caractère frappe le spectateur, le pénètre, le poursuit, et produit l'effet obtenu par les productions bien conduites des beaux-arts. Faites au coude d'une figure quelconque une inflexion pauvre, sèche, mesquine; et faites aux jointures des doigts des mouvemens doux et potelés : plus d'harmonie, plus d'unité. Donnez à la Diane de Paris un col tendre et formant des anneaux, comme on en voit au buste célèbre de l'Ariane du Capitole, vous détruisez l'unité de la chair. Changez le genou de l'Apollon du Belvédère; plissez-le comme les genoux des académies dessinées d'après Van-Loo et Natoire, vous anéantirez toute la figure.

Quand le peintre médiocre cherche à polir sous le
blaireau toutes les formes, il cherche, il est vrai, l'unité
et l'harmonie d'aspect; cependant il est faux d'ailleurs,
et l'on voit trop clairement qu'il élude l'unité anatomique
et l'imitation des caractères. Le bout d'un nez n'est jamais
rond, même dans la figure la plus délicate, et on ne fait
vrai le bout d'un nez que quand sa structure est vraie.
Émousser les angles, amollir les formes, ce n'est pas caractériser l'unité dans la délicatesse; il faut absolument
en revenir à analyser des cartilages, des muscles, de la
chair et de la peau.

Quoiqu'il faille diversifier, comme le fait la nature, les
caractères de la chair dans une même figure, et qu'il soit
nécessaire de distinguer anatomiquement ces différences,
il ne faut pas tellement les prononcer toutes que la figure
en paraisse bigarrée et perde son unité. Ce défaut est
commun à ceux qui s'appliquent entièrement à toutes les
petites choses, et qui peinent sur tous les détails qu'ils
rendent avec une étude et un soin minutieux et malen-
tendus. La plupart de ces études recherchées sont à prétention ; car, au lieu d'imiter les caractères relatifs des
formes de la chair, ils les exagèrent et font parade de
l'art de distinguer les surfaces, en sorte que, ce qui est
délicat, ils le font très-petit et très-maigre, et ce qui est
un peu ressenti, ils l'expriment sans voile et sans art :
tout leur ouvrage est pauvre, sans unité, et ne plaît
qu'aux esprits microscopiques qui admirent la peine et
les sueurs, au lieu d'estimer la science et d'admirer la
marche du génie.

Rien n'est si rare qu'un modèle dont la chair est belle
et parfaite, rien n'est si rare enfin qu'un modèle qui

conserve en toutes ses parties le caractère un et harmonieux qui lui est propre. Toujours l'artiste instruit sait
reconnaître des dissonances entre le système osseux et
musculaire; toujours il y trouve des masses qu'il faudrait
accourcir, de petites parties qu'il faudrait allonger dans
certaines actions. C'est ainsi que, si le torse offre des
contractions ou de grands développemens, il arrivera très-
rarement que le modèle donne à l'artiste un parti déterminé et propre à la signification du mécanisme demandé
et à la beauté requise. Que fera-t-il ? Attendra-t-il, pour
produire sa représentation, qu'un modèle excellent soit
offert à sa vue ? Cherchera-t-il sur plusieurs les parties
qui peuvent lui convenir ? Ce procédé serait défectueux,
et il ne résulterait point d'unité, point d'harmonie d'une
telle méthode. Se livrera-t-il à ses souvenirs, et arrangera-
t-il de génie ou de caprice ces formes et ces chairs ? Autre
erreur. Qu'il fasse donc comme les Grecs; qu'il corrige
la nature par la nature elle-même; qu'après avoir adopté
le meilleur modèle possible, il étudie avec grand soin ses
beautés et ses défauts; qu'il en mesure exactement les
proportions; qu'il reconnaisse le caractère de la chair de
ce modèle, et que, par des changemens proportionnels,
il retrouve les intentions de la nature, intentions toujours
apparentes aux yeux d'un artiste savant et persévérant.
C'est par ce moyen qu'il imitera la même chair sur toute
sa figure; car une fois que le dessinateur ou le sculpteur
se sera rendu bien familière la connaissance des formes
musculaires, osseuses et graisseuses, il aura une idée nette
du refluement ou du gonflement que telle ou telle fléxion
doit nécessiter dans un corps bien constitué; et, quoique
son modèle n'offre pas ces délicates et fines correspon-

dances, ces rapports harmonieux, il les exprimera néanmoins dans son imitation : de là cette vérité si étonnante et si caractéristique dans les ouvrages antiques du premier ordre. Ce muscle incertain, inactif, sans caractère, cette forme nulle et insignifiante, il les rendra caractéristiques, propres à exprimer une idée très-déterminée. Ces petits détails informes et misérables du modèle, il ne les rendra pas dans le même ordre, avec les mêmes divisions, subdivisions ; non : les mouvemens de cette chair seront ceux qu'aurait produit la chair de tel ou tel modèle que nous n'avons pas sous les yeux, mais que l'artiste a peut-être aperçu ailleurs et qu'il a su retenir dans sa mémoire, ou enfin qui peut exister quelque part, qui existe en effet, tel que l'artiste savant le suppose pour son tableau. On est donc vrai en retraçant les intentions de la nature, quoique ces intentions ne soient pas appliquées sous nos yeux à tel ou tel cas ; et on est moins vrai en se reposant sur l'effet qui résultera de la copie servile d'un modèle, laquelle peut-être manquera de vérité, c'est-à-dire, de propriété.

Maintenant, remarquez-le bien, il ne suffit pas de représenter la flexibilité de la chair, qui est un corps compressible, mais il faut représenter le mouvement de la chair par cette flexibilité. Il y a des statues qui sont de chair, mais qui n'expriment pas le vrai mouvement de la chair ; la chair en est en effet compressible et souple, mais la figure n'est ni souple ni vivante. La statue de l'Achille Borghèse est de chair ; mais elle n'est pas de chair en mouvement : la statue dite de Germanicus est bien de chair, mais le mouvement de la chair y est un peu froid et rendu sans cet artifice qui donne une idée vive des mouvemens.

Il nous faudrait à présent parler des variétés dans l'espèce de chair. Disons donc qu'il y en a de souples, mais sans élasticité, et alors elles sont molles; il y en a de dures sans élasticité, et elles sont rudes, grossières, et expriment peu la vie; il y en a de pauvres, sans variété ni ressort; il y en a encore de lourdes, et qui ne sont que grosses, sans être riches ni soutenues. Toutes ces variétés observées sur les individus pourraient être regardées comme des vices ou des écarts; cependant, comme elles sont souvent caractéristiques, et qu'elles peuvent être réduites à des nuances fixes et essentielles à la nature, on peut les appeler des variétés, bien que les excès soient hors du choix de l'art. Ainsi concluons qu'en réduisant par des modifications ces différences individuelles, elles peuvent être comprises dans trois principaux caractères: premièrement, les chairs tendres et délicates; secondement, les chairs fermes et fortes; et troisièmement, les chairs pleines, fortes et délicates en même tems. Le premier exemple est offert par la Vénus Médicis; le second par le groupe de Ménélas, et le troisième par la Vénus Milo.

Quant aux chairs de Rubens, elles sont aussi laides à la vue, qu'impropres et fantastiques. L'archétype qu'il avait dans l'imagination à ce sujet, et qui était le résultat en partie de la manière michel-angelesque et lombarde, et en partie de son désir ambitieux de relever sa peinture par des moyens très-exaltés, cet archétype, dis-je, lui est particulier et devient très-facile à reconnaître, puisque Rubens l'a adopté pour la plupart de ses figures, quelque différens qu'en soient les caractères. Pour ce qui est de la chair dans les tableaux vénitiens, elle est vraie de

teintes, mais trop souvent vague et sans corps quant à la
forme. Chez le peintre flamand Miéris, dont le pinceau est
si poli et trop lisse, elle est dure; chez Teniers elle est
aride et sans mollesse. Ces chairs des enfans fort vantés
de François Flamand me semblent un peu maniérées,
quoique molles et fines en même tems. En effet, les plis
creux qui les sillonnent imitent l'étranglement produit
par un fil sur une vessie, et une manière monotone règne
sur toutes ces figures d'enfans. Je ne poursuivrai pas davantage ces applications.

CHAPITRE 182.

DU CARACTÈRE DE LA PEAU, DES VEINES ET DES GLANDES.

La peau est un tissu de fibres, de nerfs et de vaisseaux,
dont l'entrelassement en tous sens forme une espèce d'é-
toffe à peu près de la nature de celle du feutre : cette
tissure fibreuse est visible dans le chamois épais et dans
le cuir mou.

La peau est collée sur toutes les parties qu'elle enveloppe par les vaisseaux sanguins, lymphatiques, nerveux,
quelquefois par des fibres charnues comme au visage,
mais, pour l'ordinaire, par une couche de feuillets très-
minces, lesquels forment entr'eux des cellules qui ren-
ferment la graisse : le tout est recouvert de l'épiderme.

Les mamelons nerveux qui s'y font apercevoir, sont
rangés dans un certain ordre. Ils sont très-visibles au
bout des doigts, où ils forment des spirales et produisent
le sens du toucher.

Cette enveloppe douce et fine suit donc toutes les formes des muscles, mais elle voile ce qu'ils ont de trop dur dans leurs insertions et de trop roide dans leurs tendons. La peau adoucit encore infiniment les impressions des glandes, des grosses veines et des aponévroses, dont les détails représentés n'offrent rien qui semble utile aux mouvemens, et qui, n'ayant rien de fixe et de résolu, produiraient, sans l'effet de la peau, des passages incertains, pauvres et souvent même désagréables à la vue.

L'épiderme, qu'on appelle aussi cuticule ou surpeau, est une membrane mince, transparente, et qui n'a point de sentiment; il recouvre la peau et est étroitement uni avec elle : l'épiderme est plus mince ou plus épais, selon les parties qu'il recouvre, sa fonction étant de garantir les nerfs de la peau des injures des corps rudes ou trop actifs. Nous ne parlerons point des parties microscopiques de l'épiderme, de ses empreintes ou sillons, de ses pores innombrables et de la variété de ses écailles, selon les différentes parties du corps.

L'épaisseur de l'épiderme dans l'intérieur des mains et aux plantes des pieds, est souvent le résultat de plusieurs couches de cuticules superposées : il prend la forme de la peau, répète ses plis et ses cavités par l'effet de sa grande souplesse dans l'état de santé, et il permet aux corps de communiquer suffisamment leurs impressions aux houppes nerveuses établies sur la peau.

Celui qui comprendra bien en quoi consiste l'office de la peau, connaîtra donc en quoi consiste sa beauté. Car, si elle est devenue aride par l'âge ou par la mauvaise santé; si, par l'effet de la maigreur accidentelle, elle est sillonnée, ridée, ayant perdu son élasticité; si, au lieu

d'être douce, pleine, souple, fine et forte en même tems,
elle est rude, plissée, sèche et grossière, il est évident
qu'elle sera contraire à la santé et à la beauté.

Mais ce n'est pas assez de connaître le vrai, le possible, le naturel, il faut représenter en ceci, comme en
tout le reste, le vraisemblable, et de plus ce qui convient
à l'art en tant qu'harmonie et beauté. Ainsi, il faut exprimer le caractère général de la peau, et éviter les détails,
les particularités, les accidens qui sortent de son caractère de santé, de beauté et d'utilité. Les rugosités, les
petits plis, les petites poches, les boursoufflures et les
taches sont en effet des détails non-seulement inutiles,
comme on dit, mais ce sont des laideurs et des imperfections contraires à la santé. Comme presque tous les individus offrent de ces rugosités, que la fréquence des mouvemens cause à la peau, et que rend plus profondes encore le desséchement des parties charnues, il faut que
ces rugosités, loin d'être mises au nombre des causes du
mouvement et de la vie, soient considérées comme une
dégradation commencée qui amènera la cessation de la
vie et du mouvement.-

Ainsi, faire trop sentir les détails de la peau est un défaut
dans lequel tombent par ignorance certains dessinateurs
ou sculpteurs, qui, ne sachant pas lire à travers la peau
les mouvemens du dedans, ne sont affectés que des détails
présentés par cette enveloppe. De même, c'est commettre
une autre faute que de ne pas faire sentir la peau, dans
l'idée de faire parade du mécanisme de l'anatomie; car
c'est se priver des détails qui font vivre les ouvrages.
Dans un portrait, souvent on atténue les rides, on les dis-
simule, on les fait disparaître même; mais cette réforme

doit s'opérer comme l'opérerait la nature. Il faut bien se rendre raison des flexions, de l'épaisseur du tissu cellulaire et de la nature de l'épiderme. Tendre la peau sur les muscles et sur les os, ce n'est pas rajeunir un modèle, c'est le faire faux ; car il n'aura point pour cela l'âge qu'on veut lui donner.

Enfin l'épaisseur et la mollesse de la peau doivent conserver leur unité sur toute la figure. Ce n'est pas qu'une figure vivante soit au même degré molle et épaisse partout; mais les doigts de pieds de la Vénus, par exemple, sont recouverts d'une peau douce et élastique, qui est du même ordre que celle de son col délicat, quoiqu'elle ne soit pas la même précisément. Ne disons ici rien sur le mérite des anciens en cette partie : contentons-nous d'observer que sur une main moulée en plâtre on aperçoit mille et mille pauvretés de peau et d'épiderme, de petites formes ou petites plissures qui n'ont rien de commun avec la perfection d'une main saine et belle, tandis qu'une main grecque en sculpture ne nous montre que les formes caractéristiques d'une peau saine, belle et convenable au sujet. En examinant beaucoup de mains sur la nature, et en étudiant l'anatomie comme l'étudiaient les Grecs, pourquoi ne parviendrait-on pas à penser et à dessiner comme eux ?

Du caractère des veines.

Nous traiterons des principales veines apparentes, lorsque nous examinerons en détail les diverses parties du corps. Quant à ce que nous pourrions dire ici sur les veines en général, cela se réduirait aux mêmes observations que nous venons de faire relativement aux détails nécessaires ou aux détails superflus de la peau.

Winckelmann a remarqué que dans les figures divinisées, on ne voyait point de veines, et il cite à ce sujet
Homère, qui nous apprend que les dieux avaient, au lieu
du sang grossier des mortels, une liqueur plus fluide et
plus convenable à sa nature, et que cette liqueur se nom-
mait *ichor*. Bien que l'on puisse admettre cette supposition poétique, doit-on, pour cela, supprimer les veines
dans la figure des dieux ; et n'en trouve-t-on pas sur beaucoup de figures antiques déifiées ? Les statues colossales
antiques nous font voir des veines ; le petit doigt colossal
que j'ai déjà cité, du palais Altiéri, offre une veine
et ses branches très-bien exprimées ; ainsi, bien que
l'observation de Winckelmann semble fort importante à
propos des grands dieux, et qu'on puisse admettre qu'en
sculpture, les artistes doivent indiquer les veines avec
beaucoup d'économie et d'intelligence, à cause de l'effet
embrouillé et trop varié que leurs saillies pourraient produire sous certains jours et sous certains aspects, il n'en
est pas moins vrai qu'en peinture l'indication des veines
contribue à l'expression de la carnation, et qu'en les
supprimant, on risquerait de se priver d'une grande ressource pour l'imitation.

Des glandes.

Quoique la plupart des glandes, qui sont assez nombreuses dans le corps humain, soient peu ou point apparentes, il y en a quelques-unes qui, sans être accidentelles
ou enflées, sont visibles dans certaines actions et doivent
être imitées avec soin. La représentation de ces glandes
se retrouve sur certaines figures de la sculpture antique ;
c'est ainsi que le Gladiateur Borghèse laisse apercevoir

la glande des aines et même celle du cou. Si l'artiste
studieux cherche à se rendre compte de certaines éminences plus ou moins incertaines qui interrompent parfois l'état lisse de la peau, il découvrira, à l'aide de son
savoir en anatomie, que ces éminences sont produites par
des glandes conglobées que la tension de la peau laisse
apercevoir. La glande jugulaire et l'inguinale sont les
seules que je crois devoir indiquer ici.

CHAPITRE 183.

DES MESURES ET PROPORTIONS DU CORPS HUMAIN EN
GÉNÉRAL, OU DE LA REPRÉSENTATION DE LA FIGURE HU-
MAINE CONSIDÉRÉE COMME-DEVANT SERVIR DE CANON
OU DE RÈGLE.—DE LA DIVISION DE TOUTE LA FIGURE EN
CENT PARTIES, ET EXPOSÉ CRITIQUE DE LA DIVISION
ORDINAIRE PAR NEZ, FACES, ETC. — DES PRINCIPAUX
POINTS D'ARTICULATION QU'IL CONVIENT D'ADOPTER
POUR CONSTRUIRE, SOIT DES MANNEQUINS, SOIT DES
FIGURES MOUVANTES, CONFORMÉMENT AUX DIVISIONS
ADOPTÉES PAR ALBERT-DURER. — NOMS D'AUTEURS QUI
ONT ÉCRIT SUR LES PROPORTIONS DU CORPS HUMAIN.

Nous expliquerons aux chapitres 225 et 226 ce qu'on
doit entendre par canon, et nous y renvoyons le lecteur.
Il convient cependant de faire comprendre dès à présent
que cette figure canon doit offrir l'image ou le type de
l'homme tel qu'il est, conformément au caractère général
de son espèce, et non la figure d'un homme portant un
caractère particulier et distinct; en sorte que cette figure
canon ne doit point répéter les mesures de la plus belle

statue antique connue ; elle ne doit offrir ni les proportions élégantes et sveltes de l'Apollon du Belvédère, ni
les formes robustes de l'Hercule Farnèse, ni celles enfin
d'aucune autre figure à caractère déterminé ; mais elle
doit être seulement un terme moyen, conforme à la structure mécanique et anatomique propre à l'homme en général ; enfin elle est simplement le possible ou le naturel
par rapport à l'espèce humaine : ces conditions font assez
apercevoir la difficulté de l'exécuter.

Ce que Pline nous apprend du canon de Polyclète,
cette statue que les artistes adoptèrent pour canon ou
règle, nous prouve qu'avant ce statuaire on n'en avait
pas encore exécuté une qui fût satisfaisante, et qu'un artiste aussi habile que lui était seul capable de la produire ;
cela prouve aussi qu'elle n'était qu'une image vraie de
l'homme en général, et non une variété ou un caractère
voulu dans l'espèce humaine : elle représentait simplement
un homme debout portant une lance.

Les artistes anciens adoptèrent donc le canon de Polyclète, afin de ne pas trop sortir du possible et du vrai
dans les changemens proportionnels qu'ils avaient besoin
de faire sur les individus qu'ils employaient pour obtenir
tel ou tel caractère particulier, en sorte que ce canon,
loin d'être un modèle ou un type, pour toutes sortes de
figures, n'est au contraire un type ou un modèle pour
aucun, bien qu'il soit un régulateur dont on ne puisse se
passer, et duquel on ne doive point trop s'écarter. C'est
faute d'avoir compris toute cette question, et c'est par
l'idée fausse qu'il n'existe qu'une seule belle mesure pour
toutes les figures, que tant de peintres, tels que Jean
Cousin, Michel-Ange, Vasari, Primaticcio, les Carracci et

tant d'autres, ont éternellement répété les mêmes proportions dans des caractères fort différens. Cependant le
moindre examen des antiques eût dû suffire, pour démontrer avec quelle variété les Grecs avaient su exprimer les
caractères divers, quels qu'ils soient. Ceci étant entendu
et devant d'ailleurs être mieux développé aux chap. 225,
226 et suiv., passons à l'étude des mesures de notre figure
canon; mais auparavant avertissons que la figure exposée
sous le n° 44 et suiv., n'a été publiée que pour indiquer
aux artistes les moyens d'en exécuter une avec plus d'exactitude, plus d'art et de vérité, une meilleure enfin, celle-ci
n'étant qu'une donnée propre à compléter notre théorie,
et étant plutôt un projet de canon qu'un véritable canon
elle-même.

Quant aux belles proportions, et pour parler plus juste,
aux proportions caractéristiques, convenables ou propres
à tels ou tels caractères, proportions qui s'obtiennent par
des améliorations que l'on peut appeler embellissemens,
et qui s'opèrent sur les individus servant de modèles, nous
n'aborderons pas ici cette question importante; elle sera
exposée au volume suivant. Il était essentiel de bien établir ici la différence qui distingue les proportions générales ou propres au canon général de l'homme, et les proportions particulières affectées aux canons caractéristiques.

Il me semble utile de recueillir une réflexion essentielle
qu'on trouve dans le Dictionnaire de Millin, au mot Proportions. « Dans les arts du dessin, dit-il, ce serait une
» entreprise absurde que de vouloir chercher, pour les
» proportions, des règles générales, et cependant précises,
» pour les parties, parce que quantité de formes considé-
» rablement variées, peuvent être belles avec des propor-

» tions tout à fait différentes, et qu'en général la beauté,
» et par conséquent aussi les proportions de la forme, dé-
» pend de la nature de l'objet auquel la forme appartient...»

De la division de toute la figure en cent parties, et exposé critique de la division ordinaire, par nez, faces, etc.

Il n'y a qu'une manière de représenter les mesures du corps humain, c'est géométriquement et en ôtant toute action au modèle ; aussi les images gravées donnant des mesures, soit perspectives, soit d'après des mouvemens, sont-elles fausses ou inutiles (pour comprendre ceci, voy. ce qui est dit au chap. 263 de l'orthographie). L'homme étant placé droit, naturellement et les bras pendans, il s'agit de connaître ses mesures, c'est-à-dire, ses dimen-sions en hauteur et en largeur (les dimensions du profil en donnant l'épaisseur). Voyez au sujet de ces mots le Dictionn. tome 1.

Quelques personnes se demanderont peut-être ici à quoi sert l'image géométrique des mesures, puisque d'une part ces mesures varieront selon les mouvemens, et d'autre part sur le tableau par l'effet de la perspective ; elles ne feront plus cette observation, dès l'instant qu'elles auront com-pris, par la suite de notre théorie, que les figures peuvent être ramenées de l'état raccourci à l'état développé et géo-métrique, en sorte que tous les objets, et la figure humaine elle-même, sont par ce procédé rendues mesurables aussi bien pour le peintre que pour le sculpteur.

Mais comment diviser la figure humaine ? Il y a deux manières de le faire. Nous nous attacherons à la plus commode. La première consiste à diviser géométrique-

ment toute la hauteur, par moitié, quart, huitième, sci-
zième, etc., etc., en sorte qu'à l'aide d'un compas de
proportion, on peut voir si une partie quelconque est la
vingtième, la trentième, la trente-unième, etc., de la
grandeur du tout. L'autre manière consiste à diviser
arithmétiquement toute la hauteur en un certain nombre
de parties, en cent, par exemple, et de voir si telle ou
telle partie, prise, soit en largeur, soit en hauteur, porte
ou 6, ou 7, ou 8, ou 30, ou 40, etc. centièmes, plus les
fractions de ces centièmes. Nous adopterons cette dernière manière, comme étant la plus facile à pratiquer.

La première manière, par laquelle on obtient une échelle
géométrique, exige des opérations assez nombreuses, et
bien qu'elle soit absolument rigoureuse, les peintres ne
s'en accommoderont pas aussi bien que de la seconde.
Quant au moyen que donne cette première manière de
trouver assez promptement, à l'aide d'un compas de proportion, le rapport de quantité de telle ou telle partie ou
portion du tout, il est à observer que, pour mesurer les
individus, il faudrait avoir un compas de proportion assez
grand, pour que l'ouverture de son angle pût comprendre
le modèle vivant. Albert-Durer a employé l'échelle géométrique dans tout son livre sur les proportions. (Voy.,
pour ce qui est relatif à la manière de construire et d'employer l'échelle de centièmes ou l'échelle de réduction
par le triangle, les chap. 229 et 241.)

J'ai donc pensé que la division par centièmes était préférable, vu notre habitude de compter par ce nombre, et
vu la facilité que ce moyen donne aux artistes de s'entendre entr'eux et de raisonner sur les meilleures proportions,
en sorte que, si, par exemple, un humérus est trop long

sur un individu, on saura qu'il est trop long de tant de
centièmes ou de telle fraction de centième. Si le ventre
est trop gros, on saura par son profil qu'il est trop gros
de tant de centièmes, et, par ce procédé si simple de
mesurer, chaque artiste retiendra facilement dans sa mémoire les différences individuelles, ainsi que les mesures
du canon. Cette échelle servira habituellement à chacun
pour fixer ses idées sur la nature des différences qui sont
aperçues d'une manière incertaine par le sentiment. En
un demi-quart d'heure on peut faire cette vérification.
On placera donc la personne droite, sans chaussure, et
contre un mur ; on fixera sur le mur le point du sommet,
et aussitôt on divisera cette hauteur en centièmes. Mais,
pour abréger, on ne tracera, comme je le dirai, que les
cinq premiers centièmes, puis les cinq divisions jusqu'à
la vingt-cinquième, enfin 5o, 75 et 100. Aussitôt on
pourra, avec le compas, mesurer, soit les mains, soit la
tête, soit toute autre partie qu'il importe d'examiner.

Maintenant on désirerait peut-être savoir quel était le
mode de division des anciens ; mais on n'a recueilli jusqu'ici à ce sujet que le mot que j'ai déjà cité de Diodore
de Sicile, qui dit que les Égyptiens divisaient toute l'étendue du corps de l'homme en vingt-une parties. Si l'on
essaie d'employer sur toute la figure cette division,
on ne trouvera pas qu'elle soit ingénieuse ; mais si l'on
part du dessous du menton ou même de la fossette du
col jusqu'au sol, cette division semblera assez bien ré-
partie. (Voy. Fr. Junius. Liv. 3. Ch. 2. §. 11.) [1]

[1] La division de toute l'étendue du corps en vingt-une parties, à la
manière des Égyptiens, selon Diodore de Sicile, produit à peu près les
démarcations suivantes, qui semblent assez commodes : la 1re, le pli

Mais disons un mot sur le moyen si usité de mesurer par têtes, faces ou fractions de têtes, telles que le nez, moyen dont on n'a jamais retiré une grande utilité, quoiqu'on le trouve copié dans tous les livres.

Tout les écrivains répètent que, pour mesurer les parties du corps, on doit se servir ou de la longueur de la tête, qu'on divise en quatre parties, ou de celle de la face, qu'on divise en trois longueurs de nez, ou de celle du pied, qu'on divise aussi en parties, ou enfin de toute autre mesure prise sur l'homme lui-même. J'avoue que je n'ai jamais pu comprendre l'utilité et la régularité de cette méthode ; je la crois au contraire tout à fait embarrassante. Quant au type, pris de la longueur du pied, je sais que Vitruve nous indique ou nous transmet ce procédé ; mais, s'il est utile en ce qu'il donne un rapport déterminé entre cette partie et d'autres, je ne conçois pas qu'il puisse servir d'échelle générale pour toutes les figures.

Quand nous saurons, au moyen des fatigues de Gérard-Audran, ou de tel autre, que l'Apollon du Belvédère a

du pied sur la jambe ; la 4e, le plus large du mollet ; la 5e, la section du mollet sur le genou au rentrant ; la 6e, le dessus de la rotule ; la 10e, le bout de la verge ; la 11e, le pli du pubis ; la 12e, le niveau des obliques ; la 13e, le dessus du nombril ; la 14e, le mince de la taille ; la 15e, le dessous des tétons, etc., etc. Denon a dit, pag. 227, en parlant d'un bas-relief de Tentyre (Dendera) : « Je fis un dessin des lignes tracées pour la divi-. » sion des proportions de la figure.... On peut remarquer que, dans les » principes égyptiens, la figure était divisée en vingt-deux parties et » demie ; que la tête en a deux et deux tiers, c'est-à-dire, la huitième » partie du tout, et que ces proportions sont celles des Grecs pour le » style héroïque. » Ce passage me paraît fort incertain ; au reste, il ne serait pas étonnant que Denon, bien qu'il pût aisément consulter beaucoup d'artistes, n'ait pas été très-instruit de ces particularités, sur lesquelles les modernes n'ont que des idées vagues ; d'ailleurs ce qu'il dit ne s'accorde pas exactement avec le passage de Diodore de Sicile.

tant de nez en telle ou telle partie; que le Laocoon,
l'Hercule Farnèse ont tant de nez : cela ne nous apprend
autre chose, sinon que le nez de ces figures est de telle
ou telle proportion par rapport à ces autres parties. Mais,
s'il ne s'agit pas du nez, s'il s'agit de la jambe, la longueur
du nez d'une figure n'étant jamais invariablement déterminée et cette longueur pouvant être ou moindre ou plus
grande, ce procédé pourrait rendre la jambe plus courte
ou plus longue dans la représentation. On conçoit que ce
moyen est impropre, et qu'il n'est point usuel généralement. Quel est le rapport du nez avec le reste du corps,
en est-il le trentième, le trente-cinquième ? Comment
mesurera-t-on un faune à nez court ? Le nez, dit-on, est
le quart de la tête ; fort bien : mais combien y a-t-il de fois
la longueur de la tête ou quatre nez dans toute la figure ?
C'est ce qui reste incertain, puisque les uns disent qu'une
figure doit avoir sept têtes et demie, d'autres huit, d'autres
moins que huit. Ainsi ce nez n'est point une fraction
connue et fixe du tout de la figure. On a divisé ensuite
le nez ou quart de tête en douze minutes, de sorte que,
si la figure a sept têtes et demie, cela lui donnerait trente
nez. Mais, si la figure doit avoir huit têtes, la minute
aura un autre rapport.

Depiles dit : « On divise ordinairement la figure en
» dix faces », et il observe en note que l'Apollon et la
Vénus ont plus de dix faces. Cette observation semble
embarrasser; on croirait que ces deux belles figures n'ont
pas des proportions conformes à la règle. Que signifie
donc cette différence ? Le voici : l'Apollon a plus de dix
faces, parce que ses cuisses et ses jambes sont sveltes et
un peu allongées, et parce que son corps est lui-même

très-développé et un peu redressé; ce n'est donc pas que
sa tête ou sa face soit petite, comme on pourrait le croire
d'après l'exposé de Depiles. De même la Vénus de Médicis
a plus de dix faces, non que son corps soit plus long que
les autres figures, mais parce que sa tête est un peu plus
petite, défaut qu'on veut justifier en disant que cette sta-.
tue est un portrait sous les traits de Vénus. Les auteurs
qui ont répété les mesures de la Vénus Médicis par faces,
ont dit qu'elle était d'une sveltesse extraordinaire. Il fallait
donc remarquer que c'est sa tête qui est petite, son corps
n'étant point précisément svelte. Telle antique n'a, dit-
on, que sept têtes; telle autre en a huit; telle autre plus;
telle autre moins : cela ne veut-il pas dire, telle figure a
la tête de telle ou telle grandeur par rapport à son corps?
Eh bien, pour exprimer la même chose, il est plus simple
de dire : la figure se divise en cent parties; telle antique
a la tête de tant de parties; telle autre de tant, en dési-
gnant les fractions de parties. Ainsi, on dira d'une figure
qui a les cuisses et les jambes longues et la tête petite :
cette figure a les cuisses et les jambes longues de tant de
centièmes. N'est-ce pas cela qu'entendait dire Mengs en
avançant que les anciens avaient divisé par parties, ensuite par subdivision de parties? Au surplus, comment
concevoir que les anciens aient pu procéder autrement?
Ceux qui ont divisé la figure par têtes en ont trouvé ou
sept, ou sept et demie, ou huit, ou plus, ou moins; aussi le
nombre des divisions pour tout le corps, est-il resté illimité.
Ceux qui ont divisé par faces, semblent avoir décidé que
la proportion de toute une figure était de vingt-neuf parties ou de vingt-neuf tiers de face. Or le tiers a été appelé
le plus souvent nez, parce que le nez, a-t-on dit, forme

le tiers de la face, assertion fort peu intelligible, soit dit
en passant, puisqu'il faudrait convenir que la face ne
commence qu'aux sourcils.

On a ensuite subdivisé le nez en douze minutes.

Après ces indications, copions ici les mesures qu'on
trouve ordinairement dans les livres au sujet des diverses
parties du corps humain. Depiles répartit ainsi les trente
longueurs de nez :

La face, 3 nez.

Le dessus de la tête, 1 nez.

Du bas de la tête à la fossette du cou, 2 nez.

De la fossette du cou au bas des pectoraux, 3 nez ou
une face.

Des pectoraux au nombril, une face ou 3 nez.

Du nombril au pénil, une face ou 3 nez.

Du pénil au dessus du genou, 2 faces ou 6 nez.

Le genou seul, 1 nez $\frac{1}{2}$.

Du bas du genou au cou-de-pied, 2 faces ou 6 nez.

Du cou-de-pied au sol, une demi-face ou 1 nez $\frac{1}{2}$.

Léonard de Vinci admet aussi, chap. 168, la division
par 10 faces, ce qui équivaut à 30 longueurs de nez,
etc., etc.

Des principaux points d'articulation qu'il convient d'adopter pour construire, soit des mannequins, soit des figures mouvantes, conformément aux divisions adoptées par Albert-Durer.

Il est à remarquer qu'on ne peut guère déterminer la
longueur du corps, ni celle des jambes, des cuisses, des
bras, etc., parce que les parties ne finissent et ne commencent à aucune section déterminée. En effet, le corps

entre dans les hanches, les hanches remontent sur le
corps, la cuisse se perd dans la jambe, et la jambe prend
en dehors sa naissance sur la cuisse. Par derrière, la jambe
et la cuisse ne se terminent à aucun point déterminé.
L'avant-bras prend naissance sur l'humérus, et le pied
commence quelques pouces au-dessus du bas de la jambe.
Quand on parle de la longueur de la jambe vue de profil,
on entend la jambe avec le talon; cependant le calcanéum
ou talon n'appartient pas à la jambe. Quant à son commencement vers le genou, même indécision. Plus tard
nous ferons apercevoir que les entrecroisemens des parties
donnent le moyen de faire paraître ces mêmes parties
grandes, et que cet effet force l'œil à poursuivre toujours,
ne pouvant s'arrêter sur des sections déterminées. Mais ici
il ne s'agit pas de cela : qu'il nous suffise de prouver que
peu de parties du corps sont sectionnées d'une manière
tranchante les unes par les autres.

Voici les principaux points d'articulation du corps humain, selon Albert-Durer. D'abord il nous donne les mesures suivantes, à propos des grandes parties essentielles,
le torse, la cuisse et la jambe. Ces trois grandes pièces se
meuvent l'une sur l'autre à des points fixes ; car le fémur
s'articule sur le torse et sur la jambe.

La longueur du torse, comprise depuis l'articulation du
bras au-dessous du niveau de la fossette du cou, jusqu'à
l'articulation de la hanche, ... 28 centièmes.

Depuis cette articulation de la hanche,
jusqu'à celle de la jambe, ... 26 centièmes.

Et depuis celle de la jambe, jusqu'à
celle du pied, là où il fait un pli en devant de la jambe, ... 21 centièmes.

Voici les autres points particuliers des articulations :

Largeur ou traverse des clavicules, .	18 centièmes.
Bras, ...	16 centièmes.
Avant-bras, ...	13 centièmes.
Main, ...	10 centièmes.
Bassin, c'est-à-dire, écartement des deux points d'articulation, ...	13 centièmes.
Cuisse (longueur de la), de son point d'articulation jusqu'à celui de la jambe,	26 centièmes.
Jambe, jusqu'à l'articulation du pied,	21 centièmes.
Pied (hauteur du), depuis le point d'articulation, ...	5 ½ centièm.
Pied (longueur du), ...	16 centièmes.
Pièces composant l'épine ou les vertèbres, la 1re à partir du trochanter, .	10 centièmes.
La 2e, à partir de ce dernier point, .	6 centièmes.
La 3e, ...	16 centièmes.
Et la 4e et dernière, au niveau de la section du col sur les épaules, . . .	3 centièmes.
Longueur de la tête, ...	13 ½ centièm.

On parlera de l'utilité de ce choix de points d'articulation aux chap. 196, 285 et 610. Il en a été déjà question au chap. 51, tom. 2, pag. 284. Dans le chap. 285, on trouvera indiqué le numéro de la figure explicative où ces points ont été marqués.

Noms d'auteurs qui ont écrit sur les proportions du corps humain.

Nous avons vu que le nombre des artistes grecs qui ont écrit sur les proportions est assez considérable : les modernes ont eu aussi leur Silanion, leur Euphranor,

et bien qu'ils se soient répétés, il est bon de rassembler
ici les noms d'un certain nombre d'entr'eux.

Albert-Durer.	Kuhns.
Arphey (De).	Lantensack.
Audran.	Liechtensteger.
Beham.	Lomasso.
Bergmuller.	Luc.
Bosse.	Nunnez.
Brown (Alex.).	Palioli.
Camper.	Perrier.
Cazati.	Preissler.
Danti (V.).	Reinhard.
Dati.	Rodler.
Elsholzen.	Schenken.
Esegrenio.	Stevens.
Foppa.	Suc.
Hagenaver.	Witt (De).
Husly.	Viviani.

Voy. encore au supplément le n° 161 du Dictionnaire
des auteurs, vol. 1er.

On peut consulter aussi le Dictionnaire de Millin, au
mot Proportions. — Franciscus-Junius. — L'Anthologia
Romana, pag. 94, etc.

CHAPITRE 184.

PROPORTIONS DE L'HOMME.

Aspect de face.—Mesure de hauteur.

Toute la hauteur de la figure étant divisée en cent parties, exprimées sur une ligne traversant verticalement le milieu, la moitié de toute la figure doit se trouver à la naissance du pénil. (Voy. la fig. 44.)

En mesurant, depuis la plante des pieds ou depuis le sol, le centre de la malléole interne se trouve au n° 5, c'est-à-dire que depuis le sol jusqu'à ce centre de la malléole il y a · . . . . 5 centièmes.

Jusque vis-à-vis le bas des gémeaux, à partir du sol, il y a . . . . . 15 centièmes.

Jusqu'au milieu de la rotule, . . . 28 centièmes.

Jusqu'au plus haut de la crête de l'os du bassin, ... 56 centièmes.

Jusqu'au nombril, ... 58 ¾ centièm.

Jusqu'au haut de l'arcade des côtes sous le cartilage xiphoïde, ... 69 centièmes.

Jusqu'aux bouts du sein, ... 72 centièmes.

Jusqu'au pli de l'aisselle, ... 75 centièmes.

Jusqu'à la fossette du cou, . . . 81 ½ centièm.

Jusqu'au haut des épaules au niveau de l'acromion, ... 81 ½ centièm.

Jusqu'au milieu de la bosse du cou, vers la section des épaules sur le cou, . 84 centièmes.

Longueur du cou, . . , . . . 5 centièmes.

Jusqu'au bout du nez,. . . . . . . 90 centièmes.

Jusqu'au sommet de la tête, . . . 100 centièmes.

. Hauteur du pied à la partie voûtée du
tarse, ... 3 ½ centièm.

Longueur du bras, depuis l'acromion
jusqu'à la saignée, ... 19 centièmes.

.Longueur du bras, depuis l'acromion
jusqu'au bout des doigts, ... 43 centièmes.

. Longueur de la main, une face, ou . 10 centièmes.

Longueur du médius, ... 4 ½ centièm.

Longueur de la tête, ... 13 ¼ centièm.

La tête, comme nous le verrons en parlant de la proportion particulière de cette partie, se divise en quatre.
La première division a lieu sous le nez; la seconde aux
sourcils; la troisième au haut du front; et la quatrième
au sommet. L'oreille occupe la division contenue depuis
le bas du nez jusqu'au-dessous des sourcils.

Aspect de face.—Mesure de largeur.

Largeur du pied, ... 6 centièmes.

Au plus mince de la jambe, . . . 3 ½ centièm.

Au plus large, ... 6 ¾ centièm.

Largeur du genou, ... 6 centièmes.

Au plus large de la cuisse, . . . 9 centièmes.

Largeur des hanches aux obliques, . 16 centièmes.

Au plus mince du corps, ... 14 ¾ centièm.

Au plus large du thorax ou des côtes, 16 ½ centièm.

Écartement des bouts du sein, . . 12 ½ centièm.

Largeur de tout le corps, y compris et ·
vis-à-vis les têtes de l'humérus, . . . 21 centièmes.

Même largeur prise plus bas, vis-à-vis
le plus saillant des deltoïdes, ...   25 centièmes.

Largeur du cou, prise au milieu de sa
hauteur, ...   6 centièmes.

Largeur de la tête aux pariétaux, .   10 centièmes.

Largeur du bras au plus large, vis-à-
vis le coude, ...   5 ½ centièm.

Largeur du poignet vu de face, . .   3 ½ centièm.

Largeur de la main au plus large du
carpe, ...   5 ½ centièmes.

Profil. — Mesure de largeur.

Mesure du pied, prise dans sa longueur, · 16 centièmes.

Largeur de la jambe, au plus large
vers les gémeaux, ...   7 centièmes.

Largeur du genou, ...   6 ⅔ centièm.

Largeur au plus bombé de la cuisse,   10 centièmes.

Largeur de la cuisse et de la fesse, .   12 ½ centièm.

Largeur vis-à-vis les obliques, . . .   12 centièmes.

Largeur au plus mince du corps, .   ·11 centièmes.

Largeur vis-à-vis les tétons et l'omoplate, ...   14 centièmes.

Largeur au plus mince du cou, . .   6 centièmes.

Grosseur de la tête vue de profil, vis-
à-vis les sourcils, ...   11 ½ centièm.

Largeur du bras vers le deltoïde, .   7 centièmes.

Largeur du poignet vu de profil, . .   2 ½ centièm.

Dos. — Mesure de hauteur.

Le milieu de toute la figure, nº 50, se trouve situé un
peu au-dessus du fondement : le bas de la fesse se trouve
situé entre 45 et 50.

Depuis la plante des pieds ou le sol, jusqu'à l'attache
du tendon d'Achille sur le talon, . .   3 centièmes.

   Jusqu'au pli du jarret, ...   27 $\frac{3}{4}$ centièm. :

   Jusqu'au bas du coccis, là où les fesses
commencent à se toucher, ...   55 centièmes.

   Jusqu'au milieu du coude, . . .   62 $\frac{1}{2}$ centièm.

   Jusqu'au bas de l'omoplate, . . .   73 centièmes.

   Jusqu'aux plis de l'aisselle, . . .   76 centièmes.

   Jusqu'au haut de l'omoplate, . .   82 centièmes.

Dos. — Mesure de largeur.

Largeur du dos, vers et entre les plis
de l'aisselle, ...   19 centièmes.

   Largeur du talon, ...   4 centièmes.

Pour le reste, voyez la figure vue de face en la supposant transparente.

Ajoutons ici quelques observations sur certains rapports qu'ont entr'elles des portions ou parties de la figure
canon, rapports bons à connaître dans certains cas.

Si on divise la figure de face en quatre parties égales,
le quart d'en-bas se trouve sous la rotule au-dessous de
la tête du tibia; l'autre quart à la naissance du pénil; le
3e au-dessous du pli de l'aisselle, et le dernier quart au
sommet.

Si on divise en trois parties égales le tronc, c'est-à-
dire, l'espace compris depuis la fossette du col jusqu'au
milieu du pénil, on trouvera la première au-dessous des
tétons sur le cartilage xiphoïde; la seconde au nombril,
et la troisième au milieu du pénil. Cette même mesure
est celle de la main, prise jusqu'aux plis du poignet.   '

Voici encore trois rapports égaux : 1° depuis la fossette

du cou jusqu'aux plis du pubis; 2° depuis le bas de l'o-
blique, là où il est le plus renflé, jusqu'au-dessus de la
rotule, et 3° depuis ce dernier point, jusqu'en bas sur le
sol. Cette proportion quoique douteuse est fort usitée.

Par le dos, on peut trouver aussi trois divisions égales :
du sol au pli du jarret ; du pli du jarret jusqu'au bas du
coccis, là où les fesses commencent à se toucher ; et du
bas du coccis à l'articulation de l'épaule.

On peut encore trouver cette mesure depuis le sommet
de la tête jusque vers le bas de l'omoplate.

On trouve deux distances ou mesures égales dans la
main vue de dos : la première est toute la longueur du
médius jusqu'au bas de la fente de ce doigt ; et la seconde,
depuis cette fente jusqu'au niveau du premier os du pouce,
là où s'arrondit la main avant le poignet.

Le pied est long à peu près comme la ceinture est large,
prise de face.

Les bras étendus forment, en comprenant la poitrine,
toute la longueur du corps : le quart de cette longueur
se trouve à la saignée.

Chez l'homme, le nombril est le centre d'un cercle qui
touche le bout des doigts lorsque le bras est étendu et
levé au niveau de la tête ; ce cercle passe donc par la
plante des pieds ou le niveau du sol.

Voici encore les proportions, telles qu'on les trouve
dans presque tous les livres français sur ces questions.
Je les donne ici, afin qu'on les confronte, si l'on veut,
avec la division par centièmes ou toute autre. (Cette division est faite par nez ou par tiers de face, ou trentième
de toute la figure. On a subdivisé ces parties en douze
minutes.)

Le cou, vu de face, ...	1 part.	10 min.
Le cou, vu de profil, ...	1	10.
Les épaules, vues de face, ...	8	10.
Les deux mamelles, ...	5	9.
Les mamelles et le dos, vus de profil,	4	4.
Au-dessous des mamelles, de face, .	5	5.
Idem de profil, ...	4	1.
Au plus étroit du corps, ...	5	0.
Idem de profil, ...	3	3.
Le ventre, vu de face, ...	5	3.
Idem de profil, ...	3	9.
Le haut de la cuisse, vu de face, . .	2	10½.
Idem de profil, ...	3	2.
Le plus gros de la fesse au bas du ventre,	4	0.
Le genou de face, ...	1	9.
Idem de profil, ...	1	11.
Le mollet de face, ...	2	0.
Idem de profil, ...	2	0.
Le dessous du mollet, de face, . .	1	7.
Idem de profil, ...	1	3.
Le bas de la jambe, vu de face, . .	0	11.
Idem de profil, ...	1	3.
Le pied, vu de face, ...	1	7.
Idem de profil, ...	4	4.
Largeur du bras sous l'épaule, . .	1	7.
Largeur au-dessus du coude, . . .	1	3.
Idem au coude, ...	1	7.
Id. au gros du bras, ...	1	10.
Au plus étroit du bras, ...	1	0.
Longueur de la main, ...	3	0.
Largeur de la main sans le pouce, .	1	9.

CHAPITRE 185.

PROPORTIONS DE LA FEMME.

Il y a une infinité de caractères qui différencient la figure de la femme de celle de l'homme. La plus sensible, quant aux proportions, c'est la hauteur et la forme des hanches, vues de face et de dos. Je dis des hanches, pour parler en général, car l'os du bassin n'a pas plus de hauteur proportionnellement que celui de l'homme, bien qu'il soit plus large. Cette largeur des hanches est d'autant plus sensible, que la ceinture, chez la femme, est toujours mince et déliée. Outre cette différence, on peut signaler la forme inférieure des obliques, qui ne font pas, comme chez l'homme, un bourrelet ressenti en raison de l'exercice qui a distendu les fibres en cette partie. Les obliques vont donc se lier doucement avec la cuisse et s'attacher insensiblement aux muscles qui recouvrent les côtes. On doit remarquer aussi la forme qu'affecte le ventre vers la poitrine au-dessus du nombril. Chez les jeunes filles, cette partie est un peu resserrée, ce qui provient du peu d'action et de dilatation des fausses côtes. Chez les femmes cette même partie est moins déliée.

Le bassin a ordinairement deux ou trois centièmes de plus en largeur que celui de l'homme, ce qui écarte les deux têtes du fémur.

Les épaules sont plus étroites de trois ou quatre centièmes, et l'écartement des bouts des seins est moindre de trois ou quatre centièmes.

L'os sacrum est plus reculé, et les os du pubis sont plus écartés.

Le pied est moins long aussi de deux centièmes, et la main dans les mêmes rapports.

Remarquons de plus que le torse de la femme étant un peu plus long que celui de l'homme, la place de la rotule ne doit pas se trouver à la même hauteur proportionnellement que celle de l'homme, mais un peu plus bas, les jambes et les cuisses étant plus courtes que dans la figure de l'homme.

Quant aux os en général, ils sont plus délicats chez la femme ; le thorax est plus plat vers les seins, mais plus large que chez l'homme : les cartilages intervertébraux sont plus épais, ce qui donne plus de souplesse et d'élasticité à l'épine du dos. Les cartilages des fausses côtes sont plus longs, et les dernières fausses côtes décroissent plus que chez l'homme, ce qui permet la finesse et la souplesse de la taille. Le fémur a le col situé plus horizontalement, ce qui, dans la grossesse, empêche le contre-coup du fémur sur le bassin. Le fémur est plus bombé en avant, et sa direction est plus oblique latéralement, vu l'écartement des coudyles, etc., etc.

Je crois inutile d'entrer dans d'autres détails, et je ferai observer de nouveau que toutes ces notes sur les proportions, ainsi que les figures explicatives 47, 48, 49, ne sont publiées ici que pour mettre les artistes sur la voie et pour donner la méthode d'un travail qui peut devenir l'objet des études profondés de quelque peintre savant ou de quelque sculpteur ami de la sévérité.

CHAPITRE 186.

PROPORTIONS DE L'ENFANT MESURÉ A L'AGE DE DEUX A
TROIS ANS, ET POUVANT ÊTRE CONSIDÉRÉ COMME FI-
GURE CANON POUR CET AGE.

Toute la figure de l'enfant peut se diviser en quatre
parties égales : la première est comprise depuis le sommet
de la tête jusqu'au bas du col ; la seconde est comprise
depuis le bas du col jusqu'au nombril ; la troisième, depuis le nombril jusqu'au-dessus du genou, c'est-à-dire,
à égale distance du pli du jarret et du dessous de la
fesse ; et la quatrième, depuis ce point jusqu'en bas de
toute la figure.

Süe place de même au nombril la moitié de toute la
figure de l'enfant.

La main descend jusqu'au niveau du bas des fesses ou
des testicules.

Face. — Mesure de hauteur. — Fig. 50.

Depuis le sol jusqu'au pli qui joint la
jambe au pied, ...   5 centièmes.

Jusqu'au milieu du genou, . . .   22 centièmes.

Jusqu'à la naissance du pénil, . .   35 centièmes.

Jusqu'au pli du pubis, ...   38 centièmes.

Jusqu'aux obliques, ...   47 centièmes.

Jusqu'aux bouts des seins, . . . $63\frac{1}{2}$ centièm.

Jusqu'à la section des épaules sur le
col, ...   77 centièmes.

Du haut de l'humérus jusq. la saignée,   19 centièmes.

Du haut de l'humérus jusqu'à la naissance des doigts, au-dedans de la main, deux fois la mesure précédente, ou   38 centièmes.

La main a de long, ... 21 centièmes.

Face. — Mesure de largeur. — Fig. 50.

Largeur du pied, ... 7 centièmes.

Au plus mince de la jambe, ... 5 centièmes.

Au plus large, ... 9 centièmes.

Au plus gros de la cuisse, sous les testicules, ... 12 centièmes.

Au plus large, vers les obliques, . 24 centièmes.

Écartement des bouts des seins, . 14 centièmes.

Aux épaules, vers le point le plus saillant du deltoïde, ... 29 centièmes.

Largeur du col, ... $11\frac{1}{2}$ centièm.

La tête aux pariétaux, ... 21 centièmes.

Profil. — Epaisseur. — Fig. 51.

Le pied a de long, ... 15 centièmes.

Au plus mince de la jambe, . . . $7\frac{1}{2}$ centièm.

Au plus gros de la jambe, vers le mollet, ... 10 centièmes.

Au genou, ... $9\frac{1}{2}$ centièm.

Au plus gros de la cuisse sous la fesse, 14 centièmes.

Mesure de la fesse et de la cuisse, . $17\frac{1}{2}$ centièm.

Mesure du ventre et du dos, . . . 20 centièmes.

Au plus mince de la taille, . . . 17 centièmes.

Au plus large du dos et de la poitrine, $18\frac{1}{2}$ centièm.

Mesure du col, ... 11 centièmes.

Mesure de la tête vis-à-vis les sourcils,   24 centièmes.

Mesure du bras au plus gras du biceps, ...   9 centièmes.

Au plus épais, vers le bourrelet du
poignet, ...   4 ½ centièm.

Épaisseur du profil de la paume de
la main , ...   4 ⅓ centièm.

Dos. — Mesure de hauteur. — Fig. 52.

Du sol jusqu'au haut du talon, . .   5 centièmes.

Jusqu'au bas du mollet, ...   10 centièmes.

Jusqu'au pli du jarret, ...   21 centièmes.

Jusqu'au bas de la fesse, ...   32 centièmes.

Jusqu'aux obliques, ...   48 centièmes.

Jusqu'au pli de l'aisselle, ...   65 centièmes.

Jusqu'au pli que forme la section du
haut du col sur la tête, ...   79 centièmes.

On désirerait peut-être trouver ici une ou deux autres figures d'enfans d'âges plus avancés ; mais on comprend où nous conduirait une telle recherche : il nous faudrait aussi parler des adultes, des adolescens. Voici ce qu'on trouve dans Jean Cousin, au sujet de la proportion des enfans :

« A l'âge de trois ans, dit-il, l'enfant arrive à la moitié » de toute sa croissance ou grandeur, et à cet âge de trois » ans toute sa grandeur est de six têtes. L'enfant plus » jeune, et qui n'a que cinq têtes, arrive à la moitié de la » cuisse de son père, et l'enfant de six mois n'arrive que » jusqu'à ses genoux. » Martinez dit que la main de l'enfant, comme celle de l'homme, fait le dixième de sa hauteur. C'est la seule partie de l'enfant qui, ainsi que les os, croît et reste toujours dans ce rapport. On a très-

souvent consulté Jean Cousin au sujet de la proportion
de l'enfant : il lui donne cinq longueurs de tête, ce qui
place le nombril plus haut que la moitié du corps, et le
pénil plus haut aussi. En effet, en croissant, le corps des
enfans devient moindre proportionnellement que les jambes et les cuisses qui s'allongent davantage.

Mesures particulières de la tête de l'enfant.

En comprenant la tête de l'enfant, depuis le dessous
du gras du menton ou du double menton, jusqu'au sommet, on retrouve cette même mesure dans son profil vis-
à-vis la partie la plus saillante du front.

Le bas du sourcil et le haut de l'oreille arrivent à la
moitié de cette mesure ou de toute la hauteur de la tête.

Le bout du nez n'est guère plus saillant que le front.

Le trou auditif est situé à peu près au milieu de la largeur de la tête vue de profil.

Profil de la tête. — Mesures de hauteur. — Fig. 53.

En divisant toute la tête en cent centièmes (v. l'échelle
fig. 54 bis), on trouve, depuis le bas de la tête jusqu'au
milieu de la bouche, ...   20 centièmes.

Jusqu'au-dessous du nez, ...   27 centièmes.

Jusqu'au haut de l'aile du nez, . .   34 centièmes.

Jusqu'à la glande lacrymale ou la ligne
des yeux, ...   40 centièmes.

Le double menton seul a de haut, .   5 centièmes.

Profil de la tête. — Mesures d'épaisseur. — Fig. 53.

L'épaisseur ou profondeur du nez, vu de profil, depuis
l'aile du nez jusqu'au bout du nez, .   10 centièmes.

La largeur de la bouche, vue de profil,

depuis le coin jusqu'au point le plus sail-
lant en dehors de la lèvre supérieure, .   5 centièmes.

Face de l'enfant. — Mesures de largeur. — Fig. 54.

Largeur de la bouche, vue de face, .   15 centièmes.
Largeur de tout le nez, ...   14 centièmes.
Largeur du bout du nez, ...   8 centièmes.
Largeur de l'œil, ...   15 centièmes.
Largeur du menton, ...   20 centièmes.

CHAPITRE 187.

PROPORTIONS PARTICULIÈRES DE LA TÊTE DE L'HOMME,
CONSIDÉRÉE COMME DEVANT SERVIR DE CANON OU DE
RÈGLE.

Profil. —Fig. 55.

Pour former le profil, construisez un carré parfait,
fig. 55. Divisez la hauteur de ce carré en quatre parties
égales par les cinq lignes 1, 2, 3, 4, 5. La première division du bas contiendra l'espace compris depuis le dessous
du menton jusqu'au-dessous du nez; la seconde contiendra l'espace compris depuis le dessous du nez jusqu'aux
sourcils; la troisième, depuis les sourcils jusqu'à la naissance des cheveux; et la quatrième, jusqu'au sommet.

Subdivisez ensuite en quatre la partie du bas. Sur la
seconde ligne de subdivision *a* sera le milieu du menton;
sur la troisième ligne de subdivision *b* sera le haut du
menton; et sur la quatrième ligne de subdivision *c* se
trouvera la ligne du milieu de la bouche.

Quant à la hauteur des yeux, il faut diviser en cinq

parties la seconde division contenant le nez, et placer la ligne des yeux en *d*, ligne indiquant la cinquième partie de cette seconde division.

On observera encore que l'aile du nez a de hauteur la distance qu'il y a du bas du nez au milieu de la bouche.

Il est à remarquer que les sourcils sont toujours un peu plus élevés que la ligne marquant régulièrement la moitié de la tête.

Quant à l'oreille, elle occupe toujours la même hauteur que le nez.

Voilà ce qui concerne les mesures de hauteur du profil.

Quant aux mesures de largeur du profil, divisez cette largeur ou épaisseur en sept parties égales, par les huit lignes verticales *A B C D E F G H*.

Par la verticale *B* passeront les points extrêmes de la bouche, de l'aile du nez et du globe de l'œil.

L'oreille est contenue entre la ligne *E* et la ligne *F*.

Quant au contour postérieur de la tête, on ne lui a donné autant de largeur ici que pour la régularité. Le point de hauteur où la tête sectionne le derrière du col, a lieu au niveau du haut du menton.

Il y a encore à signaler la régulière mesure de la largeur de la bouche vue de profil, dont la lèvre supérieure est saillante jusqu'à la moitié de la division *A B*.

Il est à remarquer que le point le plus avancé du menton arrive juste au tiers de cette même division *A B*.

Cette même mesure est aussi celle de la largeur de l'œil vu de profil.

Il reste à parler de l'inclinaison ou obliquité de la ligne du nez et du front. Pour obtenir cette obliquité, il faut tirer une ligne qui, partant du bout du nez, là où il

touche la ligne du carré, aille sectionner le point *I* sur la
ligne qui détermine la première division en haut du carré.
On saura ensuite retrouver dans cette oblique, les sinuo-
sités que commande toujours la nature.

Face. — Fig. 56.

Pour construire la face, il faut réduire d'un cinquième,
sur un des côtés, le carré qui a servi à faire le profil, et diviser le parallélogramme en cinq parties. (Voy. fig. 56.)

La division du milieu contiendra la largeur du menton,
de la bouche, du nez et de l'entre-deux des yeux.

Les divisions suivantes contiennent chacune la largeur
d'un œil.

Quant à la dernière division, subdivisez-la en quatre
par les cinq lignes *a b c d e*. Par la ligne *b* passe le col ;
par la ligne *c* passe le point de section du col sur la mâchoire ; l'oreille vue de face, est comprise dans les deux
dernières subdivisions.

La fig. 57 représente la tête vue par derrière.

Quant à la différence qui doit distinguer la tête de la
femme, chacun la caractérisera selon son savoir, en se
conformant toutefois au canon général dont nous venons
de donner le projet. Je ferai observer toutefois que la face
de la femme est plus étroite que celle de l'homme ; que
sa partie postérieure est plus saillante ; son crâne plus
élevé, et les sinus frontaux plus étroits.

On conçoit qu'à l'aide de cette proportion servant de
règle et de canon, on sentira bien mieux les diversités
infinies et les différences sans nombre des individus dont
on observera la tête. Il y a dans la nature individuelle
des monstruosités qu'il est impossible de connaître et de

sentir véritablement, si l'on n'a pas, pour comparaison, l'idée d'un canon régulateur. C'est ainsi que, quand on a une idée nette de la vertu ou du beau moral, on sait distinguer aisément tout ce qui est vice.

CHAPITRE 188.

PROPORTIONS PARTICULIÈRES DE LA MAIN DE L'HOMME, CONSIDÉRÉE COMME DEVANT SERVIR DE CANON OU DE RÈGLE.

Longueur de la main vue de dos, comprise depuis le pli du poignet, et divisée en cent parties.—Fig. 58.

De l'extrémité du médius jusqu'à l'articulation de son milieu, on trouve la mesure du tiers de toute la main, ou . . . . 33 centièmes.

De l'extrémité de l'annularius jusqu'au bas de la main, ... 96 centièmes.

De l'extrémité de l'index jusqu'au bas de la main, ... 92 centièmes.

De l'extrémité du minimus jusqu'au bas de la main, ... 78 centièmes.

De l'extrémité du pouce jusqu'au bas de la main, ... 62 centièmes.

Longueur du médius, comprenant ses trois articulations, ... 57 centièmes.

Longueur de la grande phalange du médius, ... 23 centièmes.

Longueur de l'annularius, . . . 56 centièmes.

Longueur de tout l'index, . . . 5o centièmes.

Longueur du minimus, ... 45 centièmes.

La mesure de ce qui excède le niveau
de l'ongle au bout du médius, est de . 3 centièmes.

Longueur du même ongle, . . . 5 centièmes.

Largeur du même ongle au plus large, 4 centièmes.

Longueur de l'ongle de l'annularius, 5 cᵉˢ faibles.

Largeur du même ongle, ... 4 cᵉˢ faibles.

La mesure de ce qui excède le niveau
de l'ongle au bout du pouce, est de . 4 centièmes.

Longueur de l'ongle du pouce, . . 5 centièmes.

Sa largeur, ... 6 centièmes.

Largeur de la main vue de dos. — Fig. 58.

Au plus large de la main, . . . 55 centièmes.

Au plus étroit ou au bas du poignet, 37 centièmes.

Largeur des doigts, sans le pouce, vers
le haut du petit doigt : un tiers de la
longueur de toute la main, ou . . . 33 centièmes.

Largeur du médius à sa base, . . 11 centièmes.

Largeur du bout du pouce, . . . 11 centièmes.

Profil de la main. — Épaisseur. — Fig. 59.

Épaisseur, au plus large de la paume
de la main, ... 3o centièmes.

Au plus étroit du poignet, . . . 25 centièmes.

Épaisseur du pouce, vers l'ongle, . 11 centièmes.

Épaisseur de l'index, vers l'ongle, . 8 centièmes.

Nous avons placé ici (fig. 60) la main de la femme,
pour faire mieux sentir les différences de l'un et de l'autre
caractère.

CHAPITRE 189.

PROPORTIONS PARTICULIÈRES DU PIED DE L'HOMME,
CONSIDÉRÉ COMME DEVANT SERVIR DE CANON OU DE
RÈGLE.

Profil. — Fig. 61.

La hauteur du pied, depuis le sol jusqu'à sa section sur
la jambe, peut se diviser en trois parties. La première
donne la hauteur des doigts ; la seconde donne la section
du calcanéum sur le tendon ; et, la troisième fixe le pli
du cou-de-pied. Quant au pied, vu par-derrière (voy. fig.
62), il peut être divisé de même en trois parties dans sa
hauteur, par les lignes *A B C.D*. *B* est le milieu du talon;
C est son point le plus élevé, et *D* est le centre de la malléole interne.

Plan. — Fig. 63.

Toute la longueur étant divisée en cent centièmes, le
pied, au point de sa plus grande largeur, a 35 centièmes.

La largeur des deux malléoles est de   25 centièmes.

Le plus étroit du pied, vu en dessus
et vers le cou-de-pied, est de.   .   25 centièmes.

La largeur du talon est de . . . 21 centièmes.

Du bout du petit doigt jusqu'au ni-
veau du bout du pouce, ... 23 centièmes.

Longueur du pouce, ... 15 centièmes.

Largeur du pouce, au plus large,. . 10 centièmes.

Largeur du pouce, au plus étroit, . 8 centièmes.

Largeur du médius, au plus large, . 7 centièmes.

Largeur du médius, au plus étroit, . 5 centièmes.

La mesure de ce qui excède le niveau
de l'ongle au bout du pouce est de . .   3 centièmes.

Longueur de l'ongle du pouce, . .   4 centièmes.

Largeur de l'ongle du pouce au plus
large, ...   6 centièmes.

De l'extrémité de l'ongle du médius
jusqu'au bout de ce doigt, ... $1\frac{1}{2}$ centièm.

Longueur de l'ongle du médius, . .   3 centièmes.

Largeur de l'ongle du médius, au
plus large, ...   4 centièmes.

La naissance de la fente des doigts du pied forme une
courbe ou portion régulière de cercle. Pour l'obtenir dans
l'imitation, il s'agit de déterminer le centre de ce cercle.
Or ce centre ou ce point A est donné par le milieu d'une
des grandes lignes du parallélogramme dans lequel on
enfermera le plan du pied.

CHAPITRE 190.

INDICATION DES PRINCIPALES PARTIES DU SQUELETTE
ET DE LEURS MESURES.

On conviendra facilement que les mesures qu'il impor-
terait de bien connaître et de bien posséder, ce sont les
mesures des os. En effet, l'os est invariable, malgré les
flexions et les influences musculaires. Il peut se déplacer,
mais il reste un et fixe dans sa dimension et sa forme.
C'étaient donc les os qu'il fallait s'attacher à mesurer; et,
si les dessinateurs d'après l'antique eussent pris l'habitude
de reconnaître et de mesurer les proportions des os sur

les belles figures dont ils ont essayé de nous donner les mesures, en les rapportant à la longueur de la tête, ils eussent réellement rendu service à l'art. Comment mesurer, par exemple, la longueur du cou, quand la tête est tournée ? En effet, un des mastoïdes semble dans ce cas se prolonger en descendant sur le sternum. On ne sait quel endroit adopter pour la section du cou sur la poitrine. Si au contraire, on détermine la longueur des vertèbres cervicales, on aura déterminé par ce moyen la longueur réelle du cou. On la déterminera encore, si on connaît la position plus ou moins élevée des clavicules, des omoplates, et de tout le haut de la cage osseuse. Léonard de Vinci a dit que c'était sur la longueur invariable des corps, et non sur leur largeur, que devaient s'observer les proportions ; or les longueurs invariables, ce sont les os. Maintenant y a-t-il des diversités, quant aux proportions, dans les squelettes ? On ne peut en douter. Chaque caractère doit avoir sa diversité. Cependant, comme la structure de la charpente osseuse est établie par la nature d'après des lois immuables, les différences qui peuvent distinguer un squelette d'homme d'un autre squelette d'homme doivent être très-peu considérables, du moins à nos yeux, car aux yeux de la nature ces nuances ont de grandes différences. Lorsqu'un homme passe de l'état maigre à l'état très-gras, son squelette n'a point changé ; ce sont les allures et les mouvemens de cet homme qui changent. Il ne faut donc pas attribuer à la brièveté des os, ce qui est l'effet de l'embonpoint qui épaissit les parties. De même un homme très-svelte n'a peut-être pas les os plus allongés que l'homme gras, qui pourtant est si différent de cet homme svelte.

Noms des os indiqués par les numéros des figures explicatives 64, 65 et 66, avec les mesures de quelques-uns par centièmes [1].

1. Frontal.
2. Pariétal.
3. Temporal.
4. Occipital.
5. Zigomatique.
6. Maxillaire supérieure.
7. Maxillaire inférieure.
8. Os du nez.
9. Clavicule. $7\frac{4}{2}$.
10. Sternum.
11. Cartilage xiphoïde.
12. Côtes.
13. Vertèbres.
14. Dernière cervicale.
15. Vertèbres dorsales.
16. Vertèbres lombaires.
17. Os sacrum.
18. Os des iles.
19. Os pubis.
20. Humérus. $18\frac{3}{4}$.

21. Cubitus. 15.
22. Radius. 15.
23. Os du poignet.
24. Os du carpe.
25. Os du métacarpe.
26. Grande phalange du médius. $4\frac{4}{2}$.
27. Os du pouce.
28. Os des doigts.
29. Fémur depuis le grand trochanter. 24.
30. Grand trochanter.
31. Rotule. 2.
32. Tibia. $23\frac{4}{2}$.
33. Péroné. 21.
34. Calcanéum.
35. Os du tarse.
36. Os du métatarse.
37. Os des orteils ou doigts du pied.

Nous avons vu qu'on fait monter à deux cent cinquante le nombre de tous les os du corps humain.

---

[1] Comme il est impossible de toucher et de mesurer la sommité des os sur la nature, nous avons pris pour point de mesure le point le plus saillant des apophyses en dehors. Nous mesurerons donc à partir de ces points. Ainsi le centre des malléoles, par exemple, sera le point duquel on partira pour mesurer le tibia.

CHAPITRE 191.

INDICATION DES PRINCIPAUX MUSCLES DE LA FIGURE
HUMAINE.

Les figures 67, 68 et 69, font voir les principaux muscles du corps humain à découvert, et tels qu'ils sont sous la peau.

Noms des muscles indiqués par les numéros des figures explicatives 67, etc.

1. Les frontaux.
2. Sourcillier.
3. Pyramidal.
4. Cratophite.
5. Masseter.
6. Buccinateur.
7. Canins.
8. Mentonnier.
9. Sterno-cleido-mastoïdien.
10. Sterno-hyoïdien.
11. Larynx.
12. Pectoral (grand).
13. Pectoral (petit).
14. Dentelé (grand).
15. Intercostaux.
16. Grand oblique.
17. Droits (les).
18. Trapèzes (les).
19. Splenius.
20. Complexus.
21. Rhomboïde.
22. Sus-épineux.
23. Sous-épineux.
24. Grand dorsal.
25. Sacro-lombaire.
26. Deltoïde.
27. Biceps.
28. Brachial interne.
29. Extenseurs du coude.
30. Long supinateur.
31. Rond pronateur.
32. Radial interne.
33. Palmaire grêle.
34. Fléchisseur des doigts.
35. Fléchisseur du pouce.

36. Extenseur des doigts.
37. Biceps de la cuisse.
38. Demi-tendineux.
39. Couturier.
40. Fascialata.
41. Triceps.
42. Droit.
43. Vaste interne.
44. Vaste externe.
45. Poplité.

46. Extenseur commun des orteils.
47. Jambier.
48. Péronier.
49. Jumeaux.
50. Solaire.
51. Tendon d'achille.
52. Plantaire.
53. Extenseur des orteils.
54. Ligament annulaire.

En exposant ici ces figures, on a pensé à mettre sous les yeux des élèves une image qui pût leur rappeler au besoin quelques idées générales sur la myologie, plutôt qu'à leur offrir une figure très-correctement exprimée. En traitant de chaque partie du corps, nous mentionnerons tous les muscles qu'il importe de connaître et qui n'ont pas pu être figurés ici, à cause de la petitesse et de la confusion que cela n'eût pas manqué de produire.

CHAPITRE 192.

DE LA MÉCANIQUE VIVANTE DU CORPS HUMAIN. — DE LA STATION, DU MARCHER, DE LA COURSE ET DU SAUT.

Un peintre instruit sait, en présence d'une figure vivante exposée à sa contemplation, pénétrer par la vue de l'esprit dans tout l'intérieur de cette figure. Il y aperçoit, il y saisit le mouvement mécanique des parties, le jeu des os, l'action relative des muscles, la pondération, et par conséquent

la place respective qu'occupent les corps graves et mobiles qui se trouvent situés et qui flottent quelquefois de
telle ou telle façon au centre de cette machine. Ces muscles, qui soutiennent le squelette, qui le font s'élancer,
s'étendre, se replier; qui font croiser ses parties, et quelquefois les tordre en les groupant sur elles-mêmes : ces
muscles, dis-je, et ces tendons si actifs, il les voit sous la
peau se contracter et quelquefois se serrer contre les os;
il prévoit leurs tressaillemens, leurs énergiques contractions, et le rôle étonnant de leur relâchement et de leur
tension, si bien combiné avec tout le système mécanique
de la vie. Quel artiste, indigne des faveurs et des nobles
jouissances de son art, oserait en dédaigner l'étude la plus
relevée, celle du mécanisme du corps humain?

Eh quoi ! le spectacle d'un individu contrefait intéresse
et attache ; la démarche d'un bossu, les genoux fléchis du
vieillard, son dos courbé, son bras en avant et anguleux
appuyé sur un bâton, certaines démarches enfin, et certaines allures particulières et vicieuses fixent notre attention, et le spectacle admirable d'une structure régulière,
la mécanique de la santé et de la force agissante nous
serait indifférente ! La cause d'une telle inconséquence
ne peut provenir que de notre ignorance.

Savant Polyclète, n'est-ce pas à l'aide de cette étude
que tu créas des images toutes vivantes ? Studieux et modeste Protogène, ce furent tes longues et profondes méditations sur la mécanique de l'homme qui t'éclairèrent
dans l'art d'animer et de faire respirer les couleurs. Non,
sans le secours de cette science admirable, Apelle n'eût
point su ravir à Vénus ses charmes, ni Zeuxis perpétuer
la beauté des Vierges de Crotone.

J'ai dit que, pour dessiner parfaitement un objet, il fallait le connaître; or comment connaître l'homme, cette machine animée qui est si variée et si compliquée, si on néglige de l'observer dans ses dedans, si on se fie à un premier coup-d'œil jeté sur ses dehors; et comment, dans l'imitation, donner l'idée de la vie intérieure, du jeu de cette machine étonnante, si on est étranger à ses principes mécaniques, si on s'en rapporte à ses formes extérieures, sans comprendre la cause de leur extrême variété?

On pourrait dire que la mécanique est la science générale de l'homme physique, et que l'anatomie n'est qu'un des moyens de cette science. En effet, la vie et la santé, voilà la mécanique de l'homme vivant : les actions de la vie ne sont que des particularités de cette mécanique générale et vivante. Par la mécanique, on comprend donc beaucoup de sciences fort étendues. Mais ici il ne s'agit que d'exposer les principaux rapports mécaniques sous lesquels l'artiste doit envisager cette question.

Parmi les auteurs qui sont à consulter sur cette matière, Barthez tient, sans contredit, le premier rang. Ce savant médecin, dans son livre intitulé Nouvelle Mécanique des mouvemens de l'homme et des animaux, semble s'être proposé surtout d'être utile aux peintres et aux statuaires.

Tous les mouvemens de l'homme devraient être expliqués par le peintre à la manière dont Barthez explique la station, le marcher et le saut. Qui croirait cependant que dans la plupart des académies, on voit des modèles posés dans des attitudes que ce modèle ne sent pas lui-même? Qui croirait que les élèves ont le courage de dessiner ce modèle, sans en comprendre le mouvement? Enfin non-seulement l'action ou le mouvement d'un modèle doit être déterminé et sensible, mais il doit même être analysé, expliqué et démontré au besoin par l'artiste qui le dessine et par le professeur qui préside à cette étude.

« C'est un vaste sujet de recherches curieuses, dit cet » auteur, que de déterminer comment chacun des mou- » vemens progressifs de l'homme et des animaux est » produit immédiatement, suivant les lois connues de la » mécanique, par l'action combinée ou successive que » différens muscles exercent sur les os auxquels ils sont » attachés. Ce genre de recherches est encore entièrement » neuf, quoiqu'on l'ait cru épuisé, parce qu'on n'avait lu » qu'imparfaitement et qu'on ne connaissait que de répu- » tation le fameux Traité de Borelli : *De Motu animalium.* » Mais ce traité est essentiellement défectueux. »

Barthez réfute aussi l'opinion de plusieurs autres écri- vains sur ces questions. Ailleurs il dit : « Un grand nom- » bre de faits relatifs à l'histoire naturelle de l'homme et » des animaux n'ont point été observés par les auteurs qui » ont écrit sur cette science, quoiqu'on les trouve indiqués » par les grands poètes ou dans la langue de certains » peuples, à qui leur genre de vie et la nature des lieux » qu'ils habitent n'ont présenté qu'un petit nombre d'ob- » jets. Les grands poètes, et surtout Homère, qui est cer- » tainement le premier de tous, dans les peintures qu'ils » ont faites des mouvemens de l'homme et des animaux, » ont marqué plusieurs traits qui n'ont été bien saisis » par aucun de leurs commentateurs, mais qui frappent » d'un sentiment de vérité singulière les yeux exercés d'un » physiologiste et l'excitent à en rechercher les causes.

» Entre les peuples à qui leur genre de vie et les déserts

» où ils habitent ne permettent de connaître qu'un petit
» nombre d'objets, les Arabes doivent être regardés comme
» les premiers, parce que leur imagination ardente les aide
» à voir les objets dans tous leurs sens. C'est pourquoi leur
» langue est riche en expressions qui désignent beaucoup
» de mouvemens divers de l'homme et de plusieurs ani-
» maux, tandis que les autres peuples n'ont point remar-
» qué ces mouvemens, ou ne les ont point assez bien vu,
» pour sentir la nécessité de leur attacher des noms par-
» ticuliers. »

Barthez explique donc la station, le marcher, le saut,
le nager, celui des poissons, le vol des oiseaux, la mécanique des animaux, etc., etc. Rien n'est aussi intéressant
que ces savantes recherches, et il faut espérer qu'un jour
elles seront reprises par quelque dessinateur savant et ami
de la nature, qui saura mettre à la portée des peintres
l'application de la mécanique à l'art de représenter
l'homme et les animaux.

L'anatomie comparée de Cuvier présente encore un
champ précieux où il y a beaucoup à moissonner. Heureux
les artistes qui plus tard jouiront du plaisir attaché à une
étude aussi attrayante et aussi profitable !

Nous allons donc appeler l'attention seulement sur les
questions suivantes : la station, le marcher, la course et
le saut, et citer différens écrivains sur ce point.

De la station.

Les articulations des extrémités de l'homme et des animaux qui jouissent d'une santé vigoureuse, sont dans un
degré de flexion faible entretenue par une contraction
déterminée, énergique et constante de leurs muscles ex-

tenseurs. Cette contraction soulève une partie du poids
du corps en le tenant ainsi suspendu, et diminue d'autant
la charge de ce poids sur les articulations des membres
inférieurs.

Lorsqu'au contraire un animal est considérablement
affaibli, le poids du corps sur ses appuis au sol n'éprouve
aucune diminution. On donne ainsi la raison pour laquelle
nous nous sentons plus pesans, quand nous sommes plus
faibles qu'à l'ordinaire, et comment le bœuf fatigué imprime plus profondément ses pas.

L'état de station est un état de mouvement tranquille,
quoique l'individu ne paraisse pas se mouvoir. La station
n'a lieu que par un mouvement calme à la vérité, qu'on
appelle repos ; mais l'état de vie et de force est un état
continuel de mouvement.

« L'homme est le seul des êtres animés, dit Haller, qui
» puisse rester debout avec une contenance assurée et
» durable. On a observé, à la vérité, que le pied de l'ours
» avait une certaine largeur, et que cet animal se dressait
» pour combattre. Les singes se tiennent debout jusqu'à
» un certain point ; et parmi ces animaux l'orang-outang
» est celui qui éprouve le moins de difficulté dans cette
» position. Cependant le pied de l'homme est plus large
» que celui du singe. Il est certain que toutes les races
» humaines prendront toujours une attitude droite. Aussi
» était-ce celle qu'avaient ces filles sauvages qui furent
» trouvées en France il y a un certain nombre d'années,
» et qui, ayant vécu jusqu'alors, on ne sait par quel con-
» cours de circonstances, au milieu d'un désert et parmi
» des animaux, n'avaient rien d'humain, ni dans leurs
» mœurs, ni dans leur manière de vivre.

» Pour que l'homme se tienne debout, il est nécessaire
» que la ligne perpendiculaire que l'on conçoit passer par
» le centre de gravité, entre l'os pubis et les fesses, tombe
» sur l'espace quadrangulaire qui est entre les plantes des
» pieds, ou sous la plante même, dans le cas où l'homme
» se tiendrait sur un pied, situation qu'aucun quadrupède
» ne peut imiter, même pendant le plus petit intervalle
» de tems.

» Mais en vain tenterait-on de faire rester un cadavre
» debout, en le plaçant de manière que son centre de
» gravité fût dans la verticale qui tomberait sur l'espace
» compris entre ses pieds; car toutes les articulations de
» l'homme étant souples et mobiles, et sa tête, ainsi que
» son abdomen, se portant plus en avant que les parties
» postérieures n'ont de saillie, à l'instant toutes les arti-
» culations fléchiraient et produiraient dans la machine
» un affaissement qui ferait tomber le cadavre sur sa face.
» Pour que nous puissions nous tenir debout, il faut qu'une
» multitude de muscles concourent tous ensemble, par
» des fonctions combinées, à favoriser cette situation.

» Lorsqu'un homme est debout, les deux plantes de ses
» pieds sont posées exactement à plat sur la terre, et l'as-
» siette du corps acquiert un nouveau degré de fermeté,
» quand les deux pouces étant inclinés, les deux pieds
» font un certain écart qui élargit l'espace compris entre
» l'un et l'autre. Il paraît aussi que dans le cas où l'on
» cherche à assurer son port, les muscles fléchisseurs font
» courber vers la terre les doigts soumis à leur action.
» Mais, comme le tibia ne répond pas au milieu du pied,
» dont la plus grande partie le dépasse pardevant et le
» reste s'étend en arrière, il est nécessaire que le tibia

» soit tellement assujéti par rapport au pied, qui est l'ap-
» pui du corps, que celui-ci ne puisse tomber en avant :
» plusieurs muscles, qui ramènent en avant le tibia et
» l'extrémité du fémur, s'opposent à cette chute, en les
». empêchant de fléchir du côté opposé.

» En même tems, pour balancer ce mouvement pos-
» térieur du tibia et de la cuisse, et empêcher le corps
» de se renverser en arrière, l'articulation du pied est
» fortifiée par d'autres muscles, qui ramènent, autant
» qu'il est nécessaire, le tibia en avant; il y en a enfin
», qui sont destinés à l'empêcher de chanceler sur le pied,
» en sorte qu'il y est maintenu dans une situation immo-
» bile, des quatre côtés à la fois, comme par autant de
» cordes qui sont tendues de toutes parts vers la terre.

» Or, comme dans un homme qui se tient debout, le
» bassin s'étend un peu plus postérieurement que les ge-
» noux et les cuisses ne sont inclinés antérieurement à
» l'égard des tibia, il serait à craindre que le bassin et
» les cuisses ne chancelassent en arrière. C'est pour cela
» que différens muscles concourent, avec le muscle cru-
» ral, à ramener en avant et à assujétir le fémur sur le
» tibia, déjà fortifié par les organes dont nous avons parlé,
» afin d'empêcher que le genou ne fléchisse par un mou-
» vement rétrograde de la cuisse.

» L'effort opposé qui empêche la cuisse et le tibia d'être
» emportés en avant et de tomber, est produit par des
» muscles particuliers qui retirent suffisamment le bassin
» et la cuisse en arrière, et s'opposent à leur inclinaison
» vers la partie antérieure. Les mêmes muscles préservent
» les parties latérales du genou des mouvemens qui pour-
» raient les faire chanceler d'un côté ou de l'autre.

» Les cuisses sont plus divergentes dans l'homme que
» dans aucun des animaux, et l'angle que forme le cou
» du fémur avec le corps même de ses os, n'approche
» que dans l'homme seul de la valeur d'un angle de qua-
» rante-cinq degrés. Par cette disposition, le bassin trouve
» sur les os de la cuisse une base étendue pour lui servir
» d'appui. De plus, certains muscles empêchent que le
» bassin ne retombe en avant, et ils le ramènent dans le
» sens opposé, vers les fémurs, pourvus eux-mêmes,
» comme nous l'avons dit, de leurs soutiens. D'un autre
» côté, plusieurs muscles s'opposent à ce que le bassin
» ne s'incline trop en arrière.

  » Le bassin soutient toute la partie supérieure du corps.
» Lorsque cette partie est abandonnée à elle-même, elle
» tombe en avant, parce que les vertèbres des reins peu-
» vent bien s'incliner antérieurement, mais non pas dans
» le sens opposé; ajoutez que la tête, les bras, dans leur
» situation la plus ordinaire, et l'espèce de protubérance
» que forment les viscères de l'abdomen, tendent à porter
» le corps en avant, d'où il arrive que ceux qui se laissent
» aller négligemment tombent presque toujours sur le
» visage.

  » Les muscles extenseurs attachés au bassin, et dont
» la force est très-grande, maintiennent le corps immo-
» bile sur cette base. Le corps ayant une disposition na-
» turelle à se porter en avant, n'est mû de ce côté que par
» un seul muscle, et il est assujéti d'ailleurs par quelques
» muscles de l'abdomen.

  » Enfin, les vertèbres cervicales, ramenées en arrière
» par leurs extenseurs, donnent une assiette stable à la
» tête. Comme cette partie chancelle naturellement en

» avant pendant le sommeil, elle avait besoin d'un grand
» nombre de muscles qui la ramenassent en arrière,
» tandis qu'au contraire elle ne se penche en avant qu'à
» l'aide d'un petit nombre d'organes beaucoup plus fai-
» bles. Les parties latérales du cou sont aussi fortifiées
» par des muscles qui empêchent le cou ou la tête de
» prendre, en s'inclinant de côté, une fausse attitude.

» Tous ces organes divers, et d'autres dont il n'a pas
» été fait mention, étant dans une action continuelle,
» lorsque l'homme se tient debout, il n'est pas étonnant
» que cette position soit si fatigante, d'autant plus que les
» mêmes muscles travaillent perpétuellement. C'est pour
» cela qu'il est ordinaire aux personnes qui sont debout,
» de s'appuyer principalement sur le pied droit, tandis
» que le gauche reste oisif, quelquefois aussi sur le gau-
» che, et quelquefois de faire un petit mouvement en
» avant, pour laisser reposer quelques-uns des muscles
» destinés à maintenir le corps lorsqu'il est arrêté[1]. » Le
caractère du repos ou de la station est parfaitement
rendu sur plusieurs statues antiques, et le repos et même
la fatigue en particulier sont habilement sentis dans la figure de l'Hercule Farnèse représenté après sa course
pénible dans le jardin des Hespérides.

Chez la femme, dans l'état de station, la partie supérieure du corps est toujours un peu inclinée en avant, et
les épaules sont conséquemment légèrement arrondies,
ce qui dans nos mœurs passe pour être de très-mauvais
ton. Aussi les mères ne cessent-elles de faire des signes
de redressement à leurs filles, en sorte que les unes et les
autres font voir par cette roideur de politesse une con-

[1] Extrait de la Physiologie de Haller.

trainte qui est une vraie laideur, et qui blesse évidemment les lois de la nature.

On a attribué à la pudeur la cause de cette légère inflexion du sexe. Mais je trouve cette raison un peu métaphysique, et j'aime mieux la voir dans la nécessité où
sont les mères d'allaiter leurs enfans, cause très-importante aux yeux de la nature.

Il est à remarquer que chez la femme, l'attache des
muscles des hanches étant très-montante, cela facilite le
soutien de tout le corps sur le bassin. Mais ce sont surtout les muscles lombaires dont la force produit ce réta-
blissement de force d'où naît l'équilibre. Au surplus, le
volume des hanches et les parties nourries de graisse postérieurement contribuent aussi à cet équilibre, en sorte
que la femme, dans la station, peut incliner en avant le
haut de son corps, qui, sans ce contre-poids qui résulte
du volume des parties postérieures, serait renversé en avant
par la pesanteur des seins.

Le Marcher.

« La démarche est pour l'homme, dit encore Hallér, un
» état moins fatigant, et en même tems plus facile à dé-
» crire que l'attitude où l'on se trouve lorsqu'on est ar-
» rêté. Supposons un homme debout; l'un des deux pieds
» reste immobile, pour servir de point fixe à l'action des
» muscles qui doivent déplacer l'autre pied. Concevons
» que ce point d'appui soit dans le pied, maintenu d'ail-
» leurs par les forces qui lui sont propres; alors le pied
» gauche est soulevé par ses muscles extenseurs; la jambe
» s'élève ensuite à une hauteur médiocre, et enfin la cuisse
» elle-même est tirée puissamment, de bas en haut, par

» les muscles destinés à cette fonction, en sorte que le
» pied se trouve raccourci, et qu'en même tems le genou
» se porte en avant. Lorsque le genou se trouve comme
» suspendu perpendiculairement sur l'endroit où nous
» voulons abaisser le pied gauche, le relâchement des
» muscles releveurs donne à ce même pied la liberté de
» se redresser et de poser sur la terre, de manière cepen-
» dant que la cuisse reste inclinée en avant. Alors le pied
» gauche se fixe, et, se courbant à l'aide de ses muscles
» fléchisseurs, il s'affermit sur la terre par l'extrémité
» des doigts. Ensuite le pied droit se porte en avant au-
» delà du pied gauche. Pour cet effet, nous élevons le
» talon du pied droit, de manière que d'abord celui-ci
» ne touche plus la terre que par l'extrémité des doigts,
» et la quitte bientôt après. En même tems, nous éten-
» dons médiocrement la jambe, nous plions la cuisse pour
» raccourcir le pied, et à l'instant nous portons toutes ces
» parties en avant. Pendant ce tems, le bassin, maintenu
» sur l'extrémité gauche, assure l'action des muscles qui
» lèvent la cuisse. Il nous est ordinaire d'aider encore le
» mouvement, lorsque, guidés par la seule nature, nous
» ne cherchons point à nous conformer aux lois imagi-
» naires de la bonne grâce ; car nous inclinons en avant
» tout le tronc du corps appuyé sur le fémur correspon-
» dant au pied droit supposé en repos. C'est ainsi que
» les habitans des Alpes ont coutume de franchir les hau-
» teurs en courbant leur corps en avant, et sans se fati-
» guer comme nous, qui nous sommes persuadé que la
» situation droite du corps contribue à lui donner de
» l'agrément. »

Or, en inclinant le corps en avant, nous nous expose-

rions à tomber, parce que la ligne perpendiculaire qui
passe par le centre de gravité, aboutit alors sur la terre
devant celui des pieds qui est fixe, et nous tombons en
effet, si nous n'assurons que le pied droit, lorsqu'il a
heurté contre quelqu'obstacle. Mais en même tems que
les muscles releveurs se relâchent, et que les fléchisseurs
agissent en sens contraire, nous abaissons le pied droit
vers la terre, de manière que la perpendiculaire passe
entre ce pied et le pied gauche. Dans ce mouvement,
comme dans le premier, nous saisissons, pour ainsi dire,
la terre, à l'aide de l'inflexion que prennent les doigts.

Pourquoi, dans le transport du corps en avant, les pieds
étant inégalement avancés, la jambe postérieure (qui doit
être la première transportée), pendant que son pied arc-
boute contre le sol, reçoit-elle et transmet-elle une impulsion qui porte le corps en haut et en avant? Barthez
en voit la vraie cause dans l'action des muscles du talon
qui en deviennent de simples releveurs, qui l'élèvent en
le faisant tourner autour de la pointe du pied, et qui, par
le jeu de ce talon, poussent le tibia dans le sens de sa direction. Lorsque la course est le plus rapide possible, le
corps reçoit la plus forte impulsion en avant par une action
singulièrement énergique des extenseurs du genou de
chaque jambe mise en mouvement. Le talon reste fixe-
ment redressé, et chaque genou ne subit qu'une très-légère flexion avant chaque pas.

« Pendant la montée, dit Barthez, les muscles qui fa-
» tiguent le plus sont les releveurs du talon dans la jambe
» qui élève le corps, et les extenseurs du genou dans
» l'autre jambe sur laquelle le corps est élevé. Pendant
» la descente, les muscles qui fatiguent le plus, sont les

» extenseurs du genou dans la jambe, qui, descendant la
» première, doit porter aplomb le poids du corps ; et les
» extenseurs de l'articulation de la hanche dans l'autre
» jambe, sur laquelle articulation le corps s'abaisse et
» agit par un long bras de levier. Donc les parties des
» extrémités qui doivent souffrir le plus dans ces divers
» mouvemens, sont les jambes dans les montées, où les
» talons et les genoux travaillent surtout, et les cuisses
» dans les descentes, où les genoux et les hanches fatiguent
» davantage. »

De la course et du saut.

La course diffère de la démarche non-seulement par
la vitesse des mouvemens, mais encore par la manière
dont ils se font. Le pied, dont la partie postérieure est
soulevée par différens muscles et se raccourcit tellement
que d'abord il ne touche plus la terre que des doigts, s'en
détache ensuite et se relève tout à fait en arrière, de façon
que la plante se trouve située parallèlement au dos. C'est
pour cela que ceux des êtres animés dont le pied porte
tout entier sur la terre, sont naturellement lents, comme
l'homme et l'ours ; ceux qui posent seulement toute la
longueur des doigts sont plus prompts, et les plus légers
sont ceux qui ne touchent la terre que par l'extrémité des
doigts, comme les chiens, les cerfs et les chevaux.

En même tems la jambe est soulevée par ses muscles
fléchisseurs, le genou se porte plus en avant, la cuisse se
meut aussi par un plus grand effort, de manière que les
angles alternes formés par les os qui s'emboîtent l'un
dans l'autre aux articulations du pied, de la jambe et de
la cuisse, deviennent plus aigus, et que les mêmes os, en

s'étendant, décrivent de plus grands arcs de cercle autour
des parties qui leur servent de point fixe; ce qui fait que
le corps franchit, en s'avançant, des espaces plus considérables.

Le corps se balance en avant par des mouvemens plus
sensibles et nécessairement opposés à ce qu'on appelle
la bonne grâce; les bras suivent le même mouvement,
de manière que le corps, par son poids seul, accélère la
marche progressive, ce qui est peut-être une des causes
qui rendent alors la respiration gênée, car cette fonction
ne se fait jamais bien, lorsque le corps est courbé antérieurement.

Le saut l'emporte autant sur la course par l'agitation
qui l'accompagne, que la course l'emporte sur la simple
démarche. Le saut commence par de grandes inflexions
des membres. Les talons se soulèvent, les jambes s'abaissent en avant sur les pieds, et l'extrémité de ceux-ci s'appuie sur la terre, comme pour y laisser une empreinte
profonde; en même tems l'angle, qui a son sommet au
talon, devient plus aigu; le genou forme une saillie considérable vers la partie antérieure; les jambes se plient
vers les cuisses, celles-ci à leur tour s'abaissent sur les
jambes, et le bassin, avec tout le corps, sur les cuisses,
qui s'étendent ensuite en avant, de sorte que l'homme
se trouve raccourci de beaucoup.

Peu après, tout le corps s'étend subitement avec un
grand effort. Les pieds et les cuisses se soulèvent en arrière, le corps entier se porte dans le même sens, et en
même tems il est repoussé en haut par le point d'appui
solide et résistant qu'il trouve sur la terre pressée avec
le pied. Les mouvemens considérables de flexion et d'ex-

tension qui accompagnent le saut, le rendent extrêmement fatigant.

Il y a donc communément dans le corps humain une
aptitude cachée à beaucoup plus de mouvemens que nous
n'en exécutons pour l'ordinaire. Cette aptitude se manifeste par des effets, lorsqu'une nécessité urgente nous
force d'épuiser les ressources de la nature. Rien de plus
ordinaire que de voir des hommes qui, étant privés de
leurs mains, ont appris à y substituer leurs pieds, pour
écrire, pour filer, pour faire en un mot à l'aide de ces
membres, tout ce que nous faisons avec les mains : les
forces nécessaires à ces fonctions étaient donc toutes pré-
parées dans notre corps, mais la plupart du tems nous
les laissons comme assoupies. C'est ainsi encore qu'un
long usage nous apprend à garder l'équilibre le plus exact,
à tenir notre corps comme suspendu sur un seul doigt, à
faire des sauts extraordinaires, et tant d'autres tours de
souplesse, enseignés par le besoin, et dignes des méditations du philosophe.

Tenons-nous-en à ces aperçus. On trouvera dans Barthez une foule de savantes observations sur la course, le
nager, sur l'office de la colonne vertébrale et d'autres
parties du squelette. On peut consulter, outre les ouvrages
qui traitent spécialement de cette question, quelques ar-
ticles de l'Encyclopédie, tels que Muscles, Mécanique,
Force des animaux, etc.

CHAPITRE 193.

DES MOUVEMENS DE L'HOMME EN GÉNÉRAL.

Le corps étant un composé de parties mobiles articulées les unes sur les autres, lesquelles forment néanmoins un tout stable, mais sujet à être disposé de mille et mille façons dans cette stabilité, selon les positions des individus, on a donné à ces diverses situations ou combinaisons do parties mobiles le nom de mouvemens.

Les artistes, après avoir reconnu cette condition de l'art du dessin, appliquèrent par métaphore le nom de mouvement aux choses inanimées. Ils disent donc le mouvement de cette branche, de cette montagne, de cette draperie, de cette forme, de cette ligne, etc., et peut-être en cela veulent-ils faire allusion au mouvement de l'œil qui en parcoure les différens plans et les différentes surfaces. De l'emploi métaphorique de ce terme est résultée une certaine confusion, c'est que les artistes donnent encore à entendre, par ce mot lignes, l'apparence perspective des objets, aussi bien que de leurs lignes géométrales, en sorte que, selon eux, dessiner dans le mouvement; c'est sentir en graphie la ligne ou forme telle qu'elle est et telle qu'elle paraît, selon le jeu des parties de l'objet, et de plus le perspectif ou l'altération de cette apparence, c'est-à-dire, la ligne perspective telle que la distance et la hauteur de l'œil du regardant la détermine sur le tableau. Je dis donc qu'il faudrait toujours séparer cette dernière condition et ne jamais

entendre par mouvement que ce qui concerne le géomé-
tral des lignes telles qu'elles sont en effet. C'est ainsi
au reste que nous prétendons l'entendre ici. L'étude
des mouvemens est donc, pour ainsi dire, l'étude même
du dessin, puisqu'étudier les mouvemens, c'est étudier
la nature ou le géométrique des objets, et qu'il ne s'agit
plus ensuite que de l'art de les représenter, soit géo-
métralement, soit perspectivement.

La juste imitation des mouvemens couvre et déguise
bien des irrégularités du dessin, on peut même dire qu'elle
est la vraie source de la grâce et de la vie dans les figures.
Aussi les peintres les plus judicieux en ayant senti l'importance, s'y sont-ils fortement appliqués, et ont-ils mis
beaucoup d'expression dans leur dessin par ce seul moyen.
Paul Véronèse, par exemple, qui est si peu châtié, quant
aux formes, a su donner de la vie à ses figures par cette
seule condition de l'art.

Les Grecs n'ont pas seulement reconnu la nécessité de
représenter avec justesse les mouvemens des objets; ils
ont été plus loin, en reconnaissant celle de donner l'idée
de ces mouvemens par des artifices et des calculs particuliers. C'est ainsi, par exemple, qu'ils ont affecté
certaines dispositions à quelques accessoires, afin d'aider
par ces dispositions à l'expression ou à l'idée d'un mouvement adopté. On remarque, par exemple, dans la figure
de la mère Niobé, que l'épaule gauche baissant un peu,
l'artiste a fait baisser une mèche de cheveux de ce même
côté baissant. L'épaule droite reçoit au contraire une
masse de cheveux toute différente et propre à exprimer
son mouvement particulier. Dans la Vénus d'Arles, l'épaule
droite, qui est un peu plus basse que l'autre, reçoit aussi

l'extrémité du diadème ou du lemnisque qui retombe pardessus en festonnant. L'autre épaule est nue et semble
remonter davantage en laissant flotter derrière elle et
plus bas l'autre extrémité de ce diadème. Dans une des
jeunes Niobés, le côté baissant du sein offre des draperies
qui baissent elles-mêmes du même côté. En parlant des
draperies, des cheveux, etc., je reviendrai sur ce moyen
de l'art.

Mais je dois encore signaler un autre artifice bien ingénieux des Grecs, c'est de donner l'idée des mouvemens
par l'effet du contraste, et de décevoir tellement l'œil et
l'esprit par ces oppositions, que ce qui est droit semble
pencher, et ce qui est incliné semble droit. La mère des
Niobés peut encore me servir d'exemple. Qui penserait
jamais, en la voyant, que sa tête est droite, et qu'elle n'est
inclinée ni en avant ni en arrière, ce qui donne l'idée de
l'expression du sujet qu'elle représente ? Elle semble de
plus penchée sur l'épaule droite, ce qui est conforme à
l'effet de l'épaule et du bras qui soulèvent la draperie;
comme pour se garantir, elle et sa fille, des flèches meurtrières d'Apollon.

Voici la distinction qu'on peut faire des mouvemens
dans la figure humaine. On peut y remarquer trois espèces
de mouvemens : le mouvement de pondération, le mouvement ostéologique et le mouvement d'action. Par mouvement de pondération, j'entends le mouvement déterminé par les lois de la statique et de l'équilibre, lois selon
lesquelles toutes les parties doivent être situées rigoureusement dans certaines positions respectives. Par mouvement ostéologique, j'entends le mouvement des os déterminé par la nature de leur articulation, et conséquemment

par la forme de leurs extrémités, dont la structure ne permet pas toutes sortes de flexions ou de positions indifféremment, mais bien celles qui résultent de cette même structure : le mouvement ostéologique est donc lui-même déterminé et invariable. Par mouvement d'action, j'entends celui qui résulte de la volonté de l'individu, lequel peut, jusqu'à un certain point, violenter le mouvement de pondération par la seule force des muscles, et le soumettre à ses caprices. Lorsque le mouvement d'action contrarie le mouvement de pondération, il résulte souvent une certaine contrainte dans la pantomime; mais ceci est relatif à l'art du geste. De plus, en ne considérant le mouvement d'action que mécaniquement, on en pourrait distinguer deux espèces, les mouvemens tranquilles et les mouvemens violens.

Cette division que nous venons de donner de trois espèces de mouvemens est bonne et très-conforme à la véritable analyse de la théorie de l'art.

CHAPITRE 194.

DE LA PONDÉRATION.

La pondération, je viens de le dire, n'est pas autre chose que l'équilibre; c'est l'effet des contre-poids qui se compensent mutuellement. Or les parties du squelette étant mobiles, leur mouvement résulte souvent, il faut le répéter, de cette loi de la pondération, en sorte que, si on déplace le pied, le centre de gravité étant alors changé, et les os du bassin étant eux-mêmes déplacés, tout le reste se déplacera plus ou moins, pour rétablir ou reprendre l'équilibre. La tête se penchera, selon les cas, à chaque déplacement d'une partie et par conséquent à chaque déplacement du centre de gravité dans le tout, et la tête et les autres parties changeront de position. Les corps étrangers que soutient ou que porte le corps humain doivent être considérés comme parties du tout sous ce rapport, et ils déterminent par leur poids les positions des parties. Aussi voit-on qu'un homme qui porte un fardeau sur une épaule se penche du côté opposé. Si, après avoir dessiné cet homme, on retranchait ce fardeau, l'homme semblerait tomber de côté. Le balancement des bras dans le marcher, dans la course, est le résultat de cette même loi.

La succession d'égalité et d'inégalité de poids est plus sensible, lorsqu'on examine les danseurs et les funambules, dont l'art consiste à faire un usage bien entendu des contrepoids. En observant ces danseurs, on distingue l'emprunt qu'ils font à chaque instant d'une partie du poids de leur corps, pour soutenir l'autre et pour mettre alternativement leur poids total dans un juste balancement ; c'est alors qu'on voit dans la position de leurs bras l'origine de ces contrastes de membres qui nous plaisent, parce qu'ils sont fondés sur la nécessité. Plus ces contrastes sont justes et conformes à la pondération nécessaire du corps, plus ils satisfont le spectateur, sans qu'il cherche à se rendre compte de cette satisfaction qu'il ressent : par cela même, plus ces contrastes s'éloignent de la nécessité, moins ils produisent d'agrémens, et même ils nous choquent davantage, sans que nous puissions nous rendre clairement raison de cette impression désagréable.

Un homme qui lève le pied gauche ne peut se soutenir sur le pied droit, si l'équilibre ne s'y rencontre. S'il veut changer et se remettre sur le pied gauche, il faut en quittant l'équilibre qui le maintenait sur le pied droit, qu'il en trouve aussitôt un autre sur le gauche.

On a remarqué que, dans la station, le centre de gravité de tout le corps passait par la fossette du col et par la cheville interne du pied. Mais il y a des modifications à remarquer sur ce principe général. On peut faire observer encore que, dans les figures qui volent ou planent, la résistance de l'air modifie les règles ordinaires de la gravitation.

Plus de développement devient inutile ici, l'artiste ne pouvant bien comprendre cette question qu'à l'aide des mesures prises au compas et de certaines connaissances relatives à la géométrie et à la mécanique.

CHAPITRE 195.

DU MOUVEMENT DE PONDÉRATION.

Nous avons vu que le mouvement du corps humain consiste principalement dans le jeu de toutes ses parties mobiles, et que ce jeu n'est pas autre chose qu'une suite de rapports rigoureusement déterminés. Ils doivent faire l'objet de l'étude particulière des artistes. Changez ces rapports, faites un léger dérangement dans le placement naturel et rigoureux des parties, vous vous éloignez de la vie, de la vérité et du but de l'art.

Pour bien sentir en quoi consiste le mouvement de

pondération, il est assez convenable de l'étudier dans l'état
de mort et de sommeil, dans l'état d'ivresse et de repos;
car le corps étant alors plus indépendant du mouvement
d'action, les lois de la pondération sont plus évidentes et
leurs effets plus manifestés. La mobilité des parties du squelette et la structure irrégulière de ses points de contact ou
des apophyses font que le mouvement a lieu en divers sens et
à l'infini. Aussi faut-il que d'une manière ou d'une autre,
une partie rétablisse l'équilibre qu'une autre partie aura
rompu. Quelqu'étude préliminaire qu'un peintre puisse
avoir faite des mouvemens nécessaires possibles et vraisemblables, il ne pourra jamais présupposer toutes les
combinaisons que produit le mécanisme d'un corps bien
proportionné, et il est obligé de l'observer sur la nature.
Léonard de Vinci dit la même chose sur cette impossibi-
lité de retenir mentalement tous les mouvemens du corps
humain. (Chap. 271.)

On peut faire aisément sur soi-même l'expérience des
principaux mouvemens. Placez-vous devant une glace à
pied et verticale, et asseyez-vous d'aplomb et verticalement sur un fauteuil. Retirez une jambe; croisez-la sur
l'autre, et examinez aussitôt le mouvement de la tête et
des épaules. Puis appuyez un coude sur un des bras du
fauteuil, et considérez la tête et même les pieds. Changez,
et appuyez sur l'autre bras, vous sentirez vous-même le
besoin d'allonger une jambe ou de la retirer pour rétablir
la pondération. Quand nous changeons de position sur
notre siége, c'est souvent parce que nous voulons retrouver la pondération qui se perd, et notre intention est de
délasser par le repos les muscles qui tenaient certaines
parties du squelette dans une situation forcée et contraire

à cette loi de pondération. Il est vrai que, dans le cas où la pondération serait rompue, la force musculaire suffit pour empêcher la liberté du squelette; mais alors il y a contrainte et effort, et la grâce n'a pas lieu dans un tel cas. Si on observe d'ailleurs de quelle manière les parties se meuvent, pour rétablir cet équilibre, on verra que cette manière dépend de leur conformation. Tel est le caractère du mouvement ostéologique. Ainsi tout le poids qui sera porté par une partie au-delà du centre de gravité doit être reporté par une ou plusieurs autres parties du côté opposé. Si, par exemple, la disposition du bassin est oblique, le genou du côté baissant fléchira aussi, et cette partie inférieure sera plus basse que l'autre. Mais, comme cette situation est un commencement de chute, la partie supérieure du torse, les clavicules, par exemple, qui y sont attachées, baisseront du côté inverse pour rétablir la pondération. Or, si la tête suivait cette seconde direction réparatrice, il arriverait que le poids entraînerait le torse au-delà du centre de gravité; la tête à son tour baisse donc un peu vers l'épaule qui lève, et, par cette concordance de contre-poids, la nature conserve la station et la pondération. Il en est de même du jeu de l'épine vertébrale : vers les lombes, elle se courbe en avant, et vers le dos elle ressort en arrière. Ces effets sont modifiés, il est vrai, par la volonté de l'homme qui commande aux muscles; mais dans un individu bien conformé, rien ne blesse la pondération.

De toutes les démonstrations qui prouveront l'importance de cette partie, celle-là aura le plus de valeur qui sera faite sur un mannequin posé dans une attitude quelconque par une personne étrangère à l'art. C'est

sur cet automate que nous remarquerons tout le mauvais
effet d'un mouvement faux et contraire aux lois de la
pondération et aux lois du mécanisme ostéologique. Beaucoup de personnes cependant ne sont pas toujours cho-
quées de ce manque de vérité, et pour eux un mannequin,
ou une de ces figures en cire qu'on voit dans les foires,
est souvent un modèle. Malheur aux élèves qui ne sont
pas blessés de ces mensonges ! Jamais ils ne toucheront
le cœur, jamais leurs figures n'y porteront le trouble et
l'étonnement.

Toute la rigueur des lois de la pondération ne doit pas
empêcher l'expression de la vie, je le sais, et le mouvement d'action conserve tous ses droits. En effet, la pondération sans action musculaire serait celle d'un malade
ou d'un mort, et dans l'état de mort l'inaction des muscles laisserait toutes les parties dans un abandon incal-
culable; mais un excellent jugement saura discerner la
marche mécanique d'avec la force de volonté expressive
qui rend les mouvemens composés. Développons cette
idée. L'Antinoüs du Capitole baisse la tête suivant les lois
du mouvement simple de pondération dans l'état de vie,
et par conséquent de force contractive qui soutient seulement sa tête jusqu'à un certain degré et un peu vers la
droite; aussi remarquons-nous qu'il est dans un état de
repos et de calme. La Leucothoé qui contemple le jeune
Bacchus placé sur son bras, penche la tête gracieusement
sur l'épaule gauche par un mouvement d'action. Certes,
elle ne péche pas pour cela contre la pondération; mais
la marche mécanique de la boîte osseuse sur les vertèbres,
est déterminée par un abandon volontaire qui la fait pencher, et le caractère de son attitude n'est point celui de

l'Antinoüs. Si l'on supprimait l'enfant, ce même mouvement serait maniéré. Changez de côté le mouvement de
tête de l'Antinoüs, il n'y aura plus unité dans la pondération, elle sera rompue, et, quoique ce changement soit
possible sur un modèle par un mouvement d'action, ce
mouvement dans l'art est nécessaire, et il exprime l'équilibre des parties dans l'état de repos. En effet, cette tête
est ainsi tournée et penchée à cause du mouvement des
pieds, des hanches, des épaules et de toutes les parties,
et, comme elle est en repos, le mouvement d'action ne
saurait détruire cet ordre. N'est-ce pas par une conséquence de ce raisonnement que les anciens ont évité les
mouvemens affectés de la tête, mouvemens si fréquens chez
les modernes qui les imitent d'après les grâces du beau
monde ? Les Grecs devaient être assujétis comme nous
aux séductions de la manière et de l'affectation dans un
sexe dont la mollesse est le partage; mais les principes
solides de leur art les en garantissaient.

Les anciens nous ont laissé mille exemples remarquables de cette qualité appartenant au dessin. Ils ont
senti qu'il n'y avait point de grâce sans cette condition,
et, persuadés que cette loi était une partie constituante
de la beauté, ils ont toujours rétabli l'équilibre convenable de leurs modèles, et ont toujours exprimé avec la
plus grande justesse et la plus ferme résolution le mouvement de la pondération. Les anciens ont bien senti les cas
où le mouvement d'action devait suspendre l'équilibre, et
les cas où ce mouvement ne devait en rien le contrarier.
Aussi ont-ils excellemment exprimé le repos, et, si leurs
figures paraissent animées, si leurs corps semblent être
des corps vivans, ne doutons pas que cette qualité n'y ait

pour beaucoup contribué. Ils ont en cela, comme en tout, saisi l'esprit général et un de la nature; jamais les équivoques, provenant des individualités, ne les ont écartés de ce caractère général et essentiel des choses.

Enfin, et pour me faire mieux comprendre, qu'on charge un de nos artistes d'aujourd'hui d'imiter un de ces enfans qu'on voit tous les jours jouans par terre aux billes ou aux osselets : cette image exprimera peu, et n'inspirera guère d'intérêt, parce que l'imitation sera faible et que l'étude des mouvemens n'aura aucune sévérité; peut-être même l'artiste, occupé de toute autre chose, n'aura-t-il pas eu l'idée de cette étude et de cette partie de l'art. Un statuaire grec se chargea de ce sujet, et, de son ciseau, sortit une figure vivante, un marbre que l'on crut voir respirer, un dos et des hanches qui semblèrent moulés ou calqués sur la nature. Mais d'où provint le charme de cette jolie figure? De la force de naïveté et de l'imitation sévère, savante et gracieuse du mécanisme qui fut répété d'après le modèle. Morillos aussi a peint des enfans surpris au milieu de leurs naïves actions; mais lui et Michel-Ange de Carravagio qui procédait avec plus de fermeté que ce premier, ne reproduisirent très-bien que des dehors inanimés. Ce n'est donc pas parce qu'ils imitaient très-bien les plis arides de la peau, les ongles sales et grossiers d'un galopin, et mille laideurs insignifiantes, que ces peintres devaient prétendre à des imitations capables de rappeler les vives images des Micon ou des Polygnote.

CHAPITRE 196.

DU MOUVEMENT OSTÉOLOGIQUE.

LA structure des apophyses qui sont en contact les unes avec les autres, détermine beaucoup le mouvement nécessité par la pondération. Comme la flexion des os a lieu en certains sens, et non en d'autres; cela donne à toutes les parties du squelette ce jeu qui constitue le mouvement ostéologique. Le mannequin nous démontre encore ici l'importance de cette étude, car d'abord il est composé de moins de pièces mobiles que le squelette, et le jeu des parties les unes sur les autres ne peut avoir lieu d'une manière naturelle, puisque la structure des jointures n'est pas celle de la nature. Voilà pourquoi les mains naturelles sont si difficiles à bien dessiner dans leur caractère de mouvement ostéologique. En effet, il se fait une combinaison de flexions sur toutes les phalanges, laquelle combinaison devient très-compliquée et ne peut être saisie par le peintre, s'il ne possède la connaissance première de la conformation de ces jointures; et s'il ne possède pas en outre la pratique facile du dessin stéréographique et perspectif à l'aide duquel seulement il peut parvenir à saisir les lignes de la nature. Enfin à tout moment se présente à l'esprit cette vérité que, pour imiter la vie, il faut premièrement connaître les mouvemens des os les uns sur les autres, mouvemens dont l'étude est une des plus essentielles de l'art du dessin. En effet, si vous ne saisissez pas juste le mouvement d'un os premier, ceux qui le suivent ne pourront pas se présenter dans le mouvement propre à l'action que vous voulez exprimer, et les autres qui viennent ensuite seront encore plus difficiles à disposer selon le mouvement anatomique. C'est l'ignorance de ce vrai mouvement anatomique qui fait voir dans les tableaux tant d'emmanchemens faux, tant d'épaules, de genoux, de mains et de pieds mal assemblés.

Voici une réflexion qui peut en amener d'autres sur cette question. Chez les femmes qui ont les os des iles fort larges et qui par conséquent ont les deux têtes du fémur beaucoup plus écartées du haut qu'elles ne le sont dans le squelette masculin, il faut nécessairement que le mouvement du fémur décrive une ligne rentrante vers les genoux, pour rétablir la pondération. Ne peut-on pas en conclure que l'apophyse du tibia et celle du fémur doivent être d'une forme particulière et un peu oblique dans le squelette féminin, puisque le point de contact de ces os est différent de celui qui a lieu chez l'homme. Il est bon de faire observer cependant que, dans l'adolescence, le bassin n'est pas encore très-large, tandis que les autres os sont déjà presque formés.

Paul Lomazzo et Léonard de Vinci ont déterminé les mouvemens possibles ou faciles des os. On serait tenté de demander à quoi peut s'appliquer leur travail; mais il faut savoir que, du tems de ces artistes, on dessinait beaucoup les figures par construction, à l'aide des longueurs des mesures employées dans des dessins stéréographiques, en sorte que, puisque l'on composait des mouvemens, il fallait bien signaler ceux qui étaient invraisemblables ou contraires à la vérité. Je ne crois pas devoir traiter ici de ces mouvemens possibles, car c'est à chaque artiste à prendre note de ce qu'il a observé ou à bien étudier les modèles avant que d'en déterminer les mouvemens.

J'ai souvent pensé qu'un moyen pratique excellent, pour saisir et ne jamais perdre le mouvement ostéologique, serait d'avoir des squelettes artificiels assemblés par écrou aux articulations. On placerait un squelette exactement dans le mouvement offert par le modèle vivant, ou, pour mieux dire, dans le mouvement naturel et convenable. Les formes des articulations de ce squelette étant naturelles, les mouvemens en seraient tous vrais. Or on se figure de quel avantage serait pour l'artiste ce squelette immobile une fois placé dans la juste position qui lui serait assignée.

Je suis tenté de croire que les artistes anciens s'en servaient, et je ne vois guère à quel autre usage pouvait être destiné le petit squelette d'argent dont parle Pétrone dans le passage suivant :

« Lorsque nous buvions ainsi, et que nous admirions la
» magnificence de ce repas, un valet apporta un squelette
» d'argent, construit de manière que ses jointures et l'épine
» du dos avaient la facilité de se tourner en tous sens.
» Après avoir posé deux fois ce squelette sur la table, et
» après lui avoir donné différentes postures que permet-
» tait la liberté de ses mouvemens, Trimalcion dit : hélas !
» que l'homme est malheureux ! etc., etc. [1] »

---

[1] *Potantibus ergo et accuratissimas nobis lautitias mirantibus, larvam argenteam attulit servus sic aptatam, ut articuli ejus vertebræque laxatæ in omnem partem verterentur. Hanc cùm super mensam semel iterùmque abjecisset, et catenatio mobilis aliquot figuras exprimeret, Trimalchio adjecit : heu ! heu nos miseros ! quàm totus homuncio nihil est ! etc.*

Ne pourrait-on pas articuler même avec écrou des
squelettes naturels, ou ne pourrait-on pas en mouler en
carton? Les belles et curieuses figures anatomiques en
carton, inventées par M. le Docteur Auzou, font désirer que
cette matière soit employée à l'usage de pareils squelettes.

CHAPITRE 197.

DU MOUVEMENT D'ACTION.

Nous avons déjà défini, par ce qui a été dit précédemment, ce qu'il convient d'entendre ici par mouvement d'action; il dépend de la volition de l'individu, en sorte que, si
l'individu veut mouvoir ses membres d'une manière contraire à la pondération, ce mouvement est un mouvement
d'action qui gêne et suspend le mouvement de pondération. C'est ainsi que nous pouvons rester quelque tems
retenus hors du centre de gravité par notre seule volonté
et par la seule force musculaire; c'est ainsi que, bien que
par l'équilibre, notre tête s'incline en avant, nous pouvons
la relever par un mouvement d'action. Nous pouvons porter
d'une main un poids et rester néanmoins droits sans nous
incliner. Ces efforts sont des contraintes et des faussetés,
quand il y a gêne sans convenance, mais ils sont des naïvetés, quand le besoin les commande.

Si donc il est vrai que nous ne pouvons contrarier le
mouvement ostéologique, puisqu'il faut bien que les pièces
osseuses jouent selon les formes de leurs articulations,
nous pouvons néanmoins contrarier le mouvement de
pondération, et nous le contrarions en effet plus ou moins

dans toutes nos actions. Il paraît que l'aisance du mouvement et la grâce des poses consistent beaucoup dans le
ménagement que l'on garde à propos de cet équilibre qui
est à conserver, et que c'est par ce soin de ne jamais contrarier dans l'état de repos cet équilibre naturel ou cette
parfaite pondération, que les anciens ont donné tant de
naïveté et de charme à leurs attitudes. En effet, la beauté
est inséparable du vrai et de ce qui est aisé, facile et
commode pour l'existence, en sorte que ce ne sera jamais
représenter avec vérité un être heureux, que de le placer,
que de le poser de manière qu'il ait des efforts musculaires difficiles à soutenir pour conserver son attitude.
Ce ne sera donc ni peindre la grâce, ni peindre la félicité, que de composer des poses tourmentées, flam-
boyantes par des zig zag, torturées même et hors de nature, aussi difficiles à exécuter qu'elles sont désagréables
à contempler.

CHAPITRE 198.

RÉFLEXIONS RELATIVES AU CHOIX DES MOUVEMENS
FAVORABLES A L'ART.

Tout ce qui précède, prouve assez que l'expression des
mouvemens du corps humain est une des parties les plus
délicates de la peinture, de même qu'elle en est une des
plus essentielles. Les secrets de la nature en ce point ne
nous seront dévoilés qu'à l'aide de la science de la mécanique, de la statique et de l'anatomie, sans parler de la perspective qui concerne l'art de représenter. Concluons que

non-seulement il faut savoir répéter les mouvemens naturels, quels qu'ils soient, ce qui au reste ne peut s'exécuter avec justesse sans l'analyse par les plans et les coupes, mais qu'il faut savoir aussi choisir les mouvemens
qui conviennent sous le rapport de l'art, c'est-à-dire,
d'abord sous le rapport de la grâce et de la vive naïveté
des figures, et ensuite sous le rapport du beau, de l'aisance et des caractères. Enfin on doit assurer que ce
sera à l'aide des modèles des Grecs que nous pourrons
suppléer aux doctrines qu'ils avaient écrites sur ces questions, et c'est ici le cas de répéter, d'après Buffon, que
les belles statues antiques nous apprennent à voir la nature et à la connaître.

Je pose en fait que ni les peintres ni les statuaires modernes n'ont connu le vrai principe qui détermine la justesse mécanique ou la vraie combinaison des mouvemens
en général. Je ne veux pas dire qu'ils n'ont pas senti ou
imité les mouvemens offerts par le modèle, soit que ces
mouvemens aient été par hasard naturels et convenables,
soit qu'ils aient été bien imaginés ou arrangés. Je veux
dire qu'ils n'ont connu que par sentiment, et non par
une science positive, la justesse mécanique des mouvemens, justesse ou vérité sans laquelle il ne saurait y avoir
de grâce. Or le sentiment est trompeur et susceptible
d'être corrompu, mais la science est positive et nous met
à l'abri de l'influence des goûts particuliers. On pourrait
citer et prendre des exemples pour preuve dans les figures,
soit de Jules-Romain, soit de Polydore, soit de Michel-
Ange. Celles qui sont le plus animées sont celles qui sont
le plus vraies sous le rapport de la justesse des mouvemens. Or on remarque que les figures très-animées et

très-vraies, offrent ou des ressemblances avec des mouvemens antiques (qu'on les ait empruntés ou non, peu
importe ici), ou des données heureuses produites par hasard; mais le mélange de ces bons mouvemens, avec tant
d'autres mouvemens faux par leur mécanisme vicieux,
démontre évidemment l'incertitude des modernes sur ce
point.

Tous les jours on voit des dessins pleins de chaleur en
apparence, dans lesquels la fausseté mécanique des mouvemens refroidit le spectateur et lui fait éprouver un certain déplaisir dont il ne peut se rendre compte. L'idée est
véhémente, l'action est forte, violente même, et au résultat elle nous affecte peu; tandis que dans les imitations
antiques, toutes les actions véhémentes touchent, et les
degrés de leur expression ne dépendent que des degrés
de talent avec lequel elles sont imitées, la donnée en
étant toujours aussi vraie qu'énergique.

Je me souviens d'une composition moderne représentant le combat des Centaures et des Lapithes. Le spectacle en était imposant. Une grande énergie soutenait tout
cet ensemble, et les actions des figures principales étaient
rendues avec une chaleur remarquable et peu commune.
Ici un Lapithe accablait d'un coup terrible de massue
un Centaure élancé sur son adversaire; là un autre combattant luttait corps à corps et était effrayant par la violence de son mouvement; mais une figure qui se préci-
pitait, armée d'un glaive, était bien autrement animée que
toutes les autres. Quand j'eus payé le tribut du sentiment,
je voulus aussi payer celui de l'intelligence, et je raisonnai
les effets et les causes de ces différentes expressions. Je reconnus que le peintre, dans les deux figures citées en pre-

mier, s'était abandonné au feu de son imagination sans
consulter les règles. Il avait avancé un bras, reculé une
jambe, contourné un torse, incliné une tête, le tout par
sentiment, et en essayant par le plus et le moins ce qui ferait le meilleur effet par rapport à son idée. Mais ce bras qui
lève, cette jambe qui fuit et ce mouvement de tête ne me
semblaient pas naturels dans leurs rapports, mais plutôt
faux, et par conséquent contraires au mécanisme. Dans
mon imagination je changeais ces combinaisons, en inter-
rogeant la nature et les règles de l'art. C'était donc l'autre
bras que je levais, l'autre jambe que je faisais fuir, etc.,
et, à force de réfléchir, je découvris que le mouvement de
ces figures était factice, quoiqu'il donnât l'idée d'une action
énergique. Quand je voulus me rendre compte aussi de
la figure qui était la plus animée de tout le tableau, je ne
trouvai rien à critiquer, et la pondération, les balancemens, le mécanisme m'en semblèrent bons et naturels.
Mais je ne fus pas frappé d'abord d'une idée, c'est que
cette figure offrait la même donnée que celle du Gladiateur Borghèse; certains accessoires déguisaient cette imitation.

Faites d'idée cent croquis de figures; faites-en cent
d'après des modèles; copiez-en une d'après l'antique,
celle-ci sera juste par la mécanique et l'action du squelette, et peut-être, je ne crains pas de le dire, n'en trou-
verez-vous pas une douzaine parmi les deux cents autres
qui soient aussi justes et aussi franches de mouvement et de
justesse que celle-là. Tous les artistes qui ont emprunté
des mouvemens heureux aux anciens, ne se sont pas vantés
de leur larcin; ils étaient souvent même des dépréciateurs
de l'antique, et cela par calcul.

Cent peintres, pour vous complaire, sont tout prêts à changer l'action d'un bras, d'une jambe de leur figure. Ils pousseront en avant la jambe qui était en arrière, et en arrière celle qui était en avant, et cela sans déranger le haut de la figure. Ils tourneront une tête à droite ou à gauche, comme des soldats à l'exercice, et sans qu'ils y attachent la moindre conséquence sous le rapport du mé-canisme. Aussi voyez les restaurations de statues antiques, avec quelle gaucherie le plus souvent n'a-t-on pas rapporté des membres aux torses mutilés ! Jamais les anciens n'ont. été incertains sur cette grande question de l'art. Sans cette qualité frappante dans leurs ouvrages, quel cas fe-rait-on de tant de figurines grossières, de tant de bas-reliefs copiés par des marbriers, de tant de médailles presqu'informes, mais offrant des actions vraies et même savantes par cette seule vérité.

Presque toutes les femmes dans l'antique sont posées sur la jambe gauche. Pourquoi ? Vous n'en savez rien, ni moi non plus ; mais je dirai que celles qui sont ainsi posées ont aussi la tête et les bras placés dans de certains rap-ports avec ce mouvement. Ainsi faites poser votre figure de femme dont la tête est autrement tournée, dont les bras ont un autre mouvement, faites-la poser, dis-je, sur la jambe gauche, vous aurez peut-être fait une bévue, et vous en ferez probablement une autre, si vous voulez sou-tenir que vous avez saisi les anciens.

Je le répète, en consultant des modèles vivans, vous ne vous tirez point de ces incertitudes. Souvent et trop souvent les mouvemens du modèle individuel sont faux, et si c'est la nature qui toujours doit vous commander, c'est très-souvent à vous de commander au modèle, et cela malgré les grands inconvéniens qui peuvent en résulter, inconvéniens si sensibles dans les productions de l'école florentine.

Me promenant un jour avec un Espagnol dans un lieu de Paris où l'on jouait à la boule, je lui entendis dire que dans son pays les joueurs ne fléchissaient pas, comme faisaient ceux de Paris, la jambe et la cuisse droite, lorsqu'ils étaient sur le point de lancer la boule, mais bien la jambe et la cuisse gauche, ce qui, ajoutait-il, lui semblait plus naturel et moins gauche. Nous fîmes quelques réflexions sur cette question des mouvemens, et nous restâmes indécis à ce sujet. Mais moi, je tranchai là difficulté, en faisant valoir la définition de l'art de la peinture ou de la sculpture, et je prouvai que, quand même l'une et l'autre manière de placer la jambe serait naturelle, l'artiste ne doit adopter que celle qui en peinture semble la plus juste, la plus expressive et la plus belle à la fois ; et nous tirâmes cette conclusion que, sur cent mouvemens qu'on voit faire à un individu, il n'y en a peut-être pas dix qui soient tels que l'approuverait ou l'art ou la nature.

Placez-vous dans l'attitude de l'Apollon, puis changez et reculez la jambe d'aplomb ; vous n'éprouverez pas pour cela un grand malaise. Bien des peintres eussent donc pu adopter ce mouvement particulier dans un tableau : ils en adoptent de bien moins justes encore.

Plus je réfléchis à cette cause qui produit le meilleur mouvement, plus je suis tenté de croire qu'elle git toute entière dans cette aisance et cette unité du mécanisme, ou dans la statique ou la pondération, et ce qui me confirme en ce point, ce sont les belles statues grecques qui prouvent que les anciens, si exacts observateurs pour leurs

besoins gymnastiques et pour leurs arts, avaient pris note
de la manière dont les choses se passaient dans tel ou tel
mouvement, dans telle ou telle action, en sorte qu'ils par-
vinrent non-seulement à distinguer et à sentir le beau,
le facile, le gracieux, mais encore à découvrir la cause
qui le produisait.

Les écrivains mêmes, bien qu'ils soient moins initiés que
les artistes dans ces questions, nous font connaître par
quelques passages combien d'attention ils portaient à la
description des mouvemens propres et naturels ; et, pour
ne citer que Xénophon, remarquons comme il décrit avec
justesse l'attitude du chasseur qui combat le sanglier.
« ...Il faut alors, dit-il, s'avancer sur le sanglier avec un
» épieu, se tenant ferme, la main gauche en avant, la
» droite en arrière ; car c'est la gauche qui dirige le coup,
» et la droite qui le porte. Le pied gauche sera sur la
» même ligne que la main gauche, le droit sur celle de
» la droite. Vous porterez le coup en n'écartant les jambes
» que du pas de la lutte, et vous tournerez le côté gauche
» dans la direction de la main gauche. On observera en-
» suite et le regard de l'animal, et jusqu'au moindre mou-
» vement de sa tête. (XÉNOPHON. Ch. 10. Traité de la
» Chasse.) » N'avons-nous pas vu sur des camées et des
médailles cette pose telle que la décrit ici l'illustre général athénien ?

J'espère que ce que je viens de dire éveillera l'attention
des artistes sur le moyen de choisir des poses aussi naïves,
aussi aisées que celles des statues antiques, et qu'ils ne
penseront plus qu'il ne s'agit que de copier un individu,
pour avoir un résultat vrai et facile. Les poses les plus
simples sont donc les plus difficiles à trouver, par cette

seule raison que, dans le repos, le mouvement de pondération n'étant point dérangé par la volonté d'action, on
exige le plus heureux choix sous le rapport de l'aisance
ou de la liberté des os et de la pondération; et comme
tous les hommes sentent cette aisance et cette contrainte,
bien qu'ils ne puissent en analyser le principe, cela met
les artistes dans la nécessité de ménager tous les spectateurs et d'être très-délicats dans leurs choix.

Cette difficulté de bien poser les mouvemens tranquilles a été sentie par Millin. « Ce n'est pas une chose
« facile, dit-il, de représenter une figure assise avec toute
» l'aisance qu'elle doit avoir. Les anciens ont excellé dans
» ce genre de représentation, ainsi que le prouvent les
» deux belles figures de Ménandre et de Posidippe, qui
» sont au musée de Paris. »

Les détracteurs de l'antique conviendront que rien ne
nous empêche de choisir des modèles de pareilles attitudes dans la nature, mais qu'il faut savoir les sentir, les reconnaître et les rendre comme les anciens. Il en est de
cette objection comme de celle des belles mains, des
belles têtes, des belles draperies : tous les jours les modernes peuvent en contempler, et, malgré cela, ils ne savent pas en embellir leurs tableaux.

« Il y a, dit Bonstetten, quelque chose de si ravissant
» dans le mouvement de la beauté, que telle attitude suffit
» pour causer la même émotion que causerait une suite
» de mouvemens, et il suffit, pour trouver de la grâce, que
» le sentiment soit assez ému pour supposer les mouve-
» mens que l'on ne voit pas, mais que l'imagination crée
» et compose elle-même. » Bonstetten, en s'exprimant
ainsi, nous met précisément sur la voie pour trouver ce

en quoi consiste le choix de mouvement que l'art doit
s'approprier.

Il est évident qu'on ne saurait trop rechercher les
moyens de suppléer à l'immobilité de la matière, et qu'il
faut choisir dans les actions du corps celles qui donnent
le plus l'idée du mouvement; c'est ce qu'ont parfaitement entendu les anciens. Les poses tourmentées de l'é-
cole de Michel-Ange ne donnent point l'idée d'un mouvement subséquent, mais d'un mouvement arrêté et fixé
dans l'état de contrainte.

Selon moi, le plus bel exemple que nous connaissions
du choix heureux de mouvement, c'est la copie antique
de la célèbre Vénus de Gnide par Praxitèle. Cette figure
devait sembler être réellement en mouvement, tant elle
paraît susceptible de se mouvoir. Le Discobole est encore
un des plus beaux modèles connus en ce genre, je veux
dire le Discobole que j'ai cru pouvoir attribuer à Naucy-
dès, car je ne puis parler de celui de Myron, bien que
nous en ayions des copies bien conservées et satisfaisantes.
Enfin les chefs-d'œuvre antiques, produits depuis que l'art
eut atteint sa perfection, ont dû offrir presque tous une
délicate recherche de ce moyen de l'art.

Quant à notre Apollon si vanté, il fait plutôt voir une
recherche de contraste qu'une attention fine pour ce qui
peut faire pressentir son mouvement. En effet, cette figure
ne pourrait se mouvoir, sans changer entièrement d'attitude, et en cela il est inférieur à la statue de Diane, sa
sœur, qui est encore en train de marcher et de détacher des
flèches de son carquois. Dans l'Apollon, l'étude du contraste est sensible, la partie gauche de la poitrine est en
avant, et la partie gauche des hanches est en arrière. La

tête contraste avec la poitrine ; la cuisse gauche fuit, et
le bras gauche avance ; en un mot les balancemens des
parties y sont très-recherchés. Tous les artistes qui tra-
vaillèrent à Rome sous les Antonins, s'attachaient beaucoup à ce moyen. Finissons par une observation relative
à la pratique.

Une des opérations les plus propres à rendre le goût
délicat sur le choix des mouvemens empruntés à la nature, c'est de faire des essais au moyen de petites figures
découpées et articulées. On peut en avoir en profil, en
face, de dos, et de trois quarts même, si l'on veut. Par
ce moyen, on verra l'effet de la liberté et du dégagement
des mouvemens, et on sera surpris de la souplesse de
certaines poses que le hasard ou la volonté feront obtenir.
(Voy. sur ce point le chap. 285.)

CHAPITRE 199.

DE LA STATURE DE L'HOMME.

Nous avons considéré la grandeur de dimension des
figures sous le rapport du style ou du mode : ici il ne sera
question de la stature de l'homme que par rapport à l'anatomie, c'est-à-dire, au possible et au naturel.

Buffon regarde comme des hommes de grande taille
ceux qui ont depuis cinq pieds quatre ou cinq pouces,
jusqu'à cinq pieds huit ou neuf pouces. Selon lui, la taille
ordinaire est celle de cinq pieds ou cinq pieds un pouce,
jusqu'à cinq pieds quatre pouces.

Le terme moyen serait donc cinq pieds deux pouces.

Les femmes ont deux ou trois pouces de moins.

Suivant Haller, la vraie taille dans les climats tempérés de l'Europe est de cinq pieds cinq ou six pouces, lorsque le tempérament n'a pas été altéré par une vie sédentaire ou par quelque mauvaise qualité du sang.

Haller a fait observer qu'en Suisse les habitans des plaines sont plus grands que ceux des montagnes : il ajoute que l'on voit quelquefois un ou deux hommes qui ont jusqu'à six pieds et quelques pouces. Sont-ce des géants ? On n'a pas déterminé à quel degré de haute taille ce nom peut être appliqué.

Un Finlandois, né dans un village peu éloigné de Tornéo, fut montré à Paris en 1735, comme un géant : il avait six pieds huit pouces huit lignes de hauteur.

Un garde du duc de Brunswich-Hanovre, et le géant Margrath, vu à Londres en 1760, avaient sept pieds et quelques pouces.

La hauteur d'un paysan suédois et du géant Caianus, finlandois, était de huit pieds huit lignes.

Le géant Gilli, de Trente, dans le Tyrol, avait huit pieds deux pouces huit lignes.

La hauteur d'un garde du roi de Prusse, était de huit pieds six pouces huit lignes.

Le géant Goliath avait six coudées et une palme de hauteur, suivant le texte de l'écriture sainte, en supposant que la coudée fût de dix-huit pouces, Goliath avait neuf pieds quatre pouces.

On croit assez généralement que les Patagons sont un peuple de l'Amérique méridionale, dans les terres Magellaniques ; cependant il y a encore beaucoup d'incertitude sur leur taille, puisque différentes relations la font varier

depuis six pieds jusqu'à treize. Buffon, après avoir discuté
les faits et les opinions sur ce sujet, est porté à croire que
les Patagons ne sont pas tous des géans, mais que tous
sont plus hauts que les autres hommes, et qu'il n'est
pas étonnant qu'il y ait des Patagons de neuf ou dix pieds,
comme il se trouve presque dans tous les climats des
géans de sept pieds ou sept pieds et demi.

Haller a observé que les géans qu'il avait vus étaient
faibles, et que le géant Margrath était cagneux, parce que
ses os avaient cédé à la force de ses muscles, l'épaisseur
des os n'ayant pas été augmentée dans la même proportion
que leur longueur.

CHAPITRE 200.

DES DIFFÉRENTES PARTIES DU CORPS HUMAIN, CONSI-
DÉRÉES SOUS LE RAPPORT DE LEUR CARACTÈRE ANA-
TOMIQUE ET ARTISTIQUE.

Nous adopterons, pour division des parties, celle qui se
présente naturellement à l'esprit, c'est-à-dire, que nous
distinguerons les principaux membres du corps, afin de
les étudier séparément, en analysant leurs parties constituantes et en faisant des observations sur chacune de ces
parties, sur leurs proportions, leurs fonctions, etc. Nous
traiterons donc de la tête, du col, du tronc antérieur et
postérieur, des bras, des mains, des cuisses, etc. Par ce
moyen, l'ostéologie n'étant point séparée de la myologie,
ni de l'étude de la graisse, de la peau ou des veines, et ces
parties étant considérées tout ensemble dans l'état de vie,

selon leurs fonctions respectives, et même artistiquement, il en résultera plus d'intérêt dans cette étude, et plus de facilité et de liaison dans les rapprochemens.

Rien n'est, selon moi, plus fastidieux et plus susceptible d'être oublié que cette longue liste d'os et de muscles avec leur description, sans l'explication immédiate de leurs fonctions. L'élève a bientôt oublié que tel muscle commence et s'attache à tel endroit de tel os, pour finir et s'attacher à telle partie de tel autre, parce que ce muscle ou cet os l'intéresse peu dans le moment où on le lui décrit. Lorsque l'on veut connaître, par exemple, la forme et l'organisation du pied, n'est-il pas pénible de passer d'un chapitre à un autre, de lire ce que l'on dit ici sur les os, plus loin ce que l'on dit sur les muscles, puis de feuilleter jusqu'à ce qu'on rencontre quelque chose sur les proportions et les fonctions du pied? Il est à remarquer que par cette méthode les écrivains ont été exempts de faire de nouvelles recherches, parce qu'en isolant leur nomenclature, les observations scientifiques eussent paru hors de saison. Lors donc que l'artiste consulte les livres ordinaires d'anatomie, il lui faut un zèle et une capacité particulières, pour en tirer une véritable instruction.

De la tête.

Chacun sait que l'expression d'une belle tête bien imitée met en évidence le pouvoir magique de la peinture; chacun sait que le caractère et la régularité des traits produisent sur tous les hommes un effet imposant et un charme irrésistible; aussi serait-il superflu ici de parler de l'importance que le peintre doit mettre à l'étude de cette principale partie.

Les belles têtes sont rares dans la nature et surtout en Europe. On y voit très-souvent d'assez beaux hommes, quant à la taille, mais souvent horribles, quant au visage. Cela n'est pas très-surprenant, si l'on pense 1° à l'influence des passions qui altèrent la face de tant d'individus se disant en société, 2° à la nécéssité où se trouve la nature de constituer le corps humain de manière à toujours conserver l'espèce. En effet, une tête peut être plus ou moins difforme, et n'être pas opposée par cette difformité aux moyens de vie et de santé, tandis que, si le corps était trop difforme, il y aurait manque de fonctions vitales et dégénération. On voit donc tous les jours des yeux petits, et très-clairvoyans; de grandes oreilles, qui ne gênent point; un nez retroussé, aussi utile qu'un autre; une bouche énorme, sans inconvéniens; des mandibules disproportionnées, mais assez bonnes pour la mastication; des sourcils très-ridicules, et qui n'empêchent point la santé; enfin de vilains traits sur des individus fort bien portans, etc. Les dessinateurs qui publient des figures anatomiques, sont fort indifférens sur ce point; ils nous mettent sous les yeux les rebuts des hôpitaux, comme s'il suffisait, ainsi que cela suffit pour les médecins et les chirurgiens, que le sujet fît voir tous ses organes bien comptés, mais tant bien que mal conformés. Entre la vie et l'existence complète, il y a des degrés : il y a vivre et vivre. Un homme parfaitement constitué vit mieux, est plus homme enfin qu'un misérable réduit depuis quelques mois à la cuisine des infirmeries. Quoiqu'on se porte fort bien avec un nez épaté ou retroussé, je dirai même punais, comme on en voit sur certaines trognes, on peut affirmer que pour le sentiment de l'odorat, pour les secrétions nasales, pour l'aspiration et même pour préserver l'œil dans les chutes, ou pour mille autres raisons enfin, un nez droit et bien proportionné est préférable et convient mieux à un homme complet.

On ne doit pas dire que nous avons, comme les peintres de l'antiquité, des modèles de tête à étudier dans les tableaux de nos maîtres célèbres, puisque la marche de Léonard et de Raphaël n'a pas été une marche philosophique, ni le résultat de profondes combinaisons sur l'art. Nous sommes donc réduits encore en ceci à prendre les anciens pour modèles. Mais ce n'est pas des anciens qu'il s'agit, c'est de la vraie théorie, de la vraie pratique de l'art. Il ne s'agit donc plus de s'informer si c'était par bon goût que dans certaines écoles modernes on représentait des fronts convexes et dégarnis de cheveux, des yeux à fleur de tête, de petits creux aux joues et au menton, des nez très-petits et de convention, etc.; il s'agit des proportions régulières données par le canon, proportions vers lesquelles il faut se rapprocher, tout en conservant les caractères des individus. Or, comme nous avons découvert et défini le canon, il ne nous reste ici qu'à faire des observations générales sur les différences proportionnelles des individus relativement à ce canon : cependant il convient aussi de parler de la régularité des proportions de la tête selon ce canon.

Disons donc premièrement, quant aux variétés infinies des individus, que toutes les mesures que les cranologues ont pu et pourront faire au sujet des têtes de tous les peuples de la terre, en fournissant aux peintres des indications générales de ces variétés, ne leur apprendront rien sur les meilleures mesures qu'ils doivent suivre. Tout ce que dit Camper ne nous sert donc pas à grand'chose, puisqu'il ne nous donne pas des tables comparatives qui fassent établir des variétés distinctes et caractéristiques. Si, par exemple, les Tartares ont la face large et applatie, cette remarque, j'en conviens, importe pour les tableaux où l'on aura à représenter des Tartares; mais si cent naturalistes prescrivent les mesures de cent têtes de Tartares, cela ne servira de rien, car c'est du caractère général de l'espèce et d'un canon de beauté qu'on a besoin. Nous ne nous engagerons donc pas ici à déterminer toutes les variétés dans l'espèce des têtes humaines qui sont sur le globe. Ainsi Camper avait besoin d'un canon, comme tous ceux qui s'occupent de proportions.

La régularité de la tête que nous avons proposée pour canon (fig. 55), est remarquable, et on peut, je crois, la considérer comme naturelle, bien qu'elle diffère du plus grand nombre des individus qui peuplent l'Europe. Cependant elle semblerait bien plus naturelle chez les peuples où les formes primitives de l'homme sont le mieux conservées. Je ferai donc remarquer que la longueur du nez est convenable et belle optiquement; en effet, le nez est la partie dominante et saillante du visage, et, si le nez est court, le désordre optique a lieu nécessairement dans toute la face. L'unité du nez étant bien établie, le menton, la bouche et les joues sont déjà mieux selon l'ordre. Quant à la courte distance de la bouche au nez, il est évident qu'elle est très-conforme à la beauté, puisque la bouche ne se trouve pas située de manière à faire deux divisions égales du nez au menton. La régularité de l'entre deux des yeux et de la bouche est encore une beauté : cet ordre concourt avec la place égale des deux yeux à une agréable symétrie. L'oreille, qui correspond aussi au nez, quant à la hauteur, contribue à régulariser la tête. Enfin ce canon de la tête est aussi beau que le permettent le vrai et le possible de la construction humaine. Il sera donc une règle et un type vers lequel il faudra plus ou moins se rapprocher, selon l'espèce de l'individu et selon l'archétype que l'artiste aura formé dans son imagination, ou, pour mieux dire, dans ses souvenirs.

Faisons remarquer que dans l'antique les profils sont des profils exacts, c'est-à-dire, qu'ils n'ont rien de l'aspect de trois quarts ; par ce moyen l'unité de la forme est mieux conservée, et la beauté plus franche et déterminée. Les modernes au contraire font voir une foule de têtes tournées un peu en dessous, un peu de trois quarts et un peu penchées, et cela souvent sans que l'expression l'exige : ce sont des routines qui enlaidissent et embrouillent les figures. Il semble que les peintres se soient proposé ces problèmes comme des exercices d'école, et cependant, remarquons-le, aucun de ces mouvemens n'est représenté avec justesse dans leurs tableaux; il devait en être ainsi, car, dans ces cas surtout, l'organe visuel ne suffit pas pour produire la correction, il faut, comme nous le verrons, des opérations préparatoires faites au compas et empruntées à la géométrie pratique.

La plus belle ligne qu'on puisse donner à la tête, vue de profil, est la ligne droite, parce qu'elle harmonise avec la ligne du corps et fait partie de tout l'ensemble. Cependant la ligne droite du corps est composée de lignes courbes : la ligne de la tête sera donc elle-même composée de courbes plus ou moins analogues à celles du corps, mais ces courbes laisseront dominer la ligne droite.

Une observation importante, qui n'a pas échappé aux anciens, c'est qu'en conservant la grandeur et le volume de la tête, selon les proportions du canon, il arrive quelquefois que la face et la physionomie ne manifestent pas assez d'ampleur et de majesté, lorsqu'il s'agit surtout de la représentation des divinités. Les statuaires et les peintres ont donc souvent grandi la face aux dépens du crâne; par ce moyen le masque est imposant, et le volume n'est point changé. J'entendis un jour le docteur Gall se plaindre de la petitesse du crâne de plusieurs statues antiques; notre observation artistique eût probablement suspendu sa critique. D'ailleurs il faut remarquer à ce sujet que la capacité cérébrale peut être suffisante, bien que le front ne soit pas élevé; car un front droit et large contient autant de cervelle qu'un front élevé, mais serré et retiré en arrière. Il résulte de cette considération que, bien que le canon soit correct et régulier, on peut s'y conformer, tout en diminuant la partie supérieure d'une tête et en agrandissant les trois autres.

Je vais ajouter une réflexion relative au calcul du beau optique dans les volumes respectifs des grandes masses de la tête. Une grande masse doit dominer, et le plus souvent dans les aspects de trois quarts, cette masse c'est la joue : dans ce cas la masse du front doit lui être sacrifiée. Si cependant la tête se présente de face, et que tout l'ensemble de la tête constitue une masse unique, alors l'ampleur du front contribue à cette unité, et il ne conviendrait pas de le sacrifier. J'indique ce calcul et ces cas optiques, pour éveiller l'attention du peintre, qui, tout en suivant le canon ou la règle, doit se conformer en tout à la beauté. On sait combien la forme de la coiffure contribue d'ail-

leurs à donner à la tête une silhouette ronde ou droite,
ou ellyptique. Il résulte donc de tout ceci que le peintre
même, en se conformant au canon, peut pécher contre
la beauté, s'il combine mal les mesures exactes de ce
canon, lorsqu'il le présente à la vue sous certains aspects.

Du front.

J'ai déjà témoigné le regret de ne pouvoir pas comparer
immédiatement un nombre suffisant d'antiques à l'aide
d'empreintes qu'on pourrait aisément rapprocher et confronter ; par ce moyen, nous verrions comment les anciens
ont su donner une forme convenable aux différentes parties du corps, selon les caractères. La privation de ces
comparaisons nous obligera donc à ne donner qu'un certain
nombre d'observations, pour mettre seulement les artistes
sur la voie. C'est ici l'occasion de répéter que, si les dessinateurs et tous les élèves de talent voulaient employer le
véritable, le seul moyen de dessiner, celui que nous ensei-
gnerons bientôt, ils pourraient se procurer et procurer au
public une suite de figures exactement reproduites par le
crayon et la gravure ou la peinture ; et à l'aide de ces dessins ou tableaux, que l'on classerait par espèces de sujets, on reconnaîtrait immédiatement les propriétés de
certains caractères que les anciens n'ont jamais manqué de manifester et de perpétuer dans leurs figures, soit
humaines, soit héroïques, soit divines, soit même subalternes et participant de la nature animale : cela ferait
retrouver leurs canons particuliers pour ces caractères
de dieux, de héros, etc.

Si nous considérons la forme du front, sous le rapport
de la beauté intellectuelle ou de la convenance, nous rap-

pelerons que plusieurs philosophes ont regardé le front
comme étant le siége de l'ame. Les artistes de l'antiquité,
qui étaient aussi des philosophes, ont reconnu dans le front
divers caractères, et ils les ont saisis avec leur sagacité ordinaire, afin de les faire contribuer à l'expression. Comme
ils n'ont jamais perdu de vue les intentions de la nature,
ils se sont aidés des analyses anatomiques dans ces recherches; aussi ont-ils conservé à l'os frontal la forme
la meilleure ou la plus propre à sa destination. Les modernes au contraire n'ont imité que la forme des individus,
sans remonter au principe, et souvent un goût de mode
et d'imitation a été leur seul guide; on voit donc des
fronts formés de toutes sortes de manières dans leurs
statues et leurs peintures, et en cela ils n'ont eu aucun
égard au caractère des figures représentées.

Les anciens ont placé dans le front la sérénité et la majesté. Le plus puissant des dieux est souvent représenté
avec un front vaste, mais ombragé de sa chevelure divine.
Les déesses font voir un front ouvert, plan, et que les
anciens appelaient souvent front d'ivoire ; mais jamais
ces fronts n'étaient aussi découverts que le sont ceux que
quelques artistes modernes ont donnés, par exemple, à
leurs Vierges, ou ceux que l'on voit dans certains tableaux
de Barrocci, de Parmégiano, de Mignard, etc. Ces peintres, par cet excès, ont presque caractérisé la hardiesse,
l'effronterie, et même l'impudence ou l'audace. Ils ont
donc confondu les fronts élevés et dégarnis, avec les fronts
amples et unis, confusion qu'on ne trouve point chez les
anciens, quoiqu'ils aient critiqué les petits fronts appelés
par Horace *frontes tenues*, et *frontes minimæ* par Pétrone.

Indépendamment de l'observation précédente sur la

grandeur du front des Jupiter, il faut faire remarquer
que les sinus frontaux sont très-saillans dans ces mêmes
têtes de Jupiter, dans celles d'Hercule, de Méléagre et
des héros chasseurs. Dans quelques os frontaux sciés en
deux, on est frappé de ce développement des sinus frontaux qui forment une cavité remarquable dans l'épaisseur
de l'os, et qui produisent au-dehors cette belle saillie si
apparente dans les têtes des figures dont je viens de parler.
Qui peut douter que de pareils caractères ne procurent
chez les sujets des sens très-développés, et qui peut douter que cette conformité parmi les figures antiques d'une
même espèce ne soit le résultat d'une observation fondée
sur la nature? Aujourd'hui on trouve fréquemment ce
caractère sur les têtes des peuples de l'Orient.

Indépendamment de ces deux saillies du front, il nous
faut observer la manière dont les cheveux prennent naissance sur le front de ces mêmes personnages. Le front
semble donc repousser en l'air les cheveux, qui, après
s'être ainsi élevés, retombent d'une manière plus ou
moins sensible. Chez les faunes, on aperçoit deux cornes
très-courtes qui naissent de cette même saillie ou partie
droite du front. Cette forme du coronal est bien différente
de celle qu'on rencontre si fréquemment, et que les peintres
semblent rechercher. Celle-ci offre deux bosses luisantes
qui contrastent laidement avec le plan rapidement fuyant
en arrière de ces mêmes fronts. Dans les têtes d'Hercule,
de Jupiter, de Méléagre, et même des Satyres âgés et des
Pans, on remarque vers le milieu un sillon transversal
assez senti et plus ou moins courbe. Ce sillon large et
adouci, qui rend encore plus saillant le milieu supérieur
du front, se rencontre sur certains individus. Dans les figures

de Jupiter et d'Hercule, ce sillon semble propre à exprimer les sollicitudes des dieux et l'état actif de leur divine intelligence, etc., etc.

La peau qui recouvre les beaux fronts, doit être douce, pleine et plus ou moins délicate, selon les sujets. Une peau aride, collée sur l'os et tendue, est un signe particulier à quelques tempéramens que les portraits doivent répéter peut-être, mais avec ménagement, parce qu'elle est peu conforme à la vraie santé et à la beauté. Quant à la peau des tempes, il faut faire sentir dans la représentation qu'elle est seulement tendue au-dessus des temporaux, sans être adhérente à ces os. D'ailleurs on doit faire sentir qu'elle est fine, délicate et colorée par les ramifications de la veine qu'elle recouvre.

Os du front.

L'os principal du front est le frontal, qu'on appelle aussi coronal. Les os temporaux forment de chaque côté les tempes. L'os frontal s'attache en haut aux deux pariétaux; latéralement aux temporaux, et il se termine en faisant partie des deux arcades des yeux, arcades séparées par un intervalle un peu creux dans lequel vont s'implanter les deux os du nez. Le coronal présente supérieurement une convexité, et offre aussi quelquefois supérieurement dans son milieu une ligne verticale un peu saillante qui le divise en deux. Mais aucune antique, excepté peut-être quelques portraits, n'offre cette ligne saillante qui divise verticalement le front et qui détruit son unité. Le coronal offre deux bosses plus ou moins sensibles; elles sont situées en haut et de chaque côté de cet os : on les appelle bosses coronales. Mais dans l'antique ces bosses sont,

comme je l'ai dit, peu saillantes, afin de conserver l'unité
et la grandeur simple du front.

Des muscles du front.

Les principaux muscles du front sont les deux frontaux qui semblent à leur base n'en faire qu'un seul, et
les deux sourciliers qui sont situés sous ceux-ci. Les muscles frontaux sont très-larges et très-minces ; ils se réunissent inférieurement à la racine du nez et aux arcades
sourcilières : en cet endroit ils offrent des fibres courtes
et droites. Les muscles frontaux s'étendent en haut jusqu'aux parties moyennes du coronal, et, en montant vers
les deux bosses frontales, leurs fibres s'allongent obliquement, laissant entre ces muscles un intervalle angulaire.
De côté ils finissent par un aponévrose qui va se perdre sur
les muscles temporaux. Tout en bas ils se confondent avec
les sourciliers et les autres muscles du nez et des yeux.
Les sourciliers sont de petits muscles étendus depuis la
racine du nez jusqu'à la moitié des arcades sourcilières.
Ils sont situés sous les muscles frontaux et y sont fortement attachés par des paquets de fibres obliques,
ainsi qu'aux autres muscles qui les couvrent. Ces muscles se touchent presque du bas, et s'éloignent par le
haut en s'écartant obliquement. Les frontaux et les sourciliers agissent souvent en sens contraire. Les frontaux,
dans leur contraction, rapprochent la peau vers le centre
du front, la font plisser, et relèvent les sourcils. Les sourciliers rapprochant les deux sourcils l'un de l'autre, et
se contractant plus ou moins verticalement, effacent
les plis de la peau qui remontait, et font grimacer et re-
fluer les tégumens dans un état composé, en sorte que

les sourcils remontent par les frontaux et se rapprochent
obliquement par les sourciliers. Dans l'antique, les deux
sourciliers sont bien séparés et bien distincts, quoiqu'ils
soient recouverts des frontaux réunis.

Il y a encore deux autres muscles qu'il faut connaître,
ce sont les deux corrugateurs ou abaisseurs; ils naissent
près de la racine du nez, à droite et à gauche, s'insèrent
dans l'un et l'autre sourcils, se rapprochant mutuellement
ou se retirant en bas.

L'action de tous ces muscles se manifeste souvent plus
par le froncement de la peau que par la contraction fibreuse, car souvent ils sont plus minces que la peau n'est
épaisse. Néanmoins il faut les connaître et bien sentir leur
jeu et toute leur action, pour pouvoir exprimer le mouvement de la peau qu'ils agitent de tant de manières, soit
par leur action plus ou moins énergique, soit par la nature même de la peau, qui, selon les âges, les températures,
les sexes et les caractères, est susceptible de tant d'espèces de mouvemens, soit d'extension, soit de froncement.

Veines du front.

Au milieu du front s'aperçoit, chez le plus grand nombre, une veine assez saillante connue sous le nom de veine
préparate; elle s'étend depuis la racine des cheveux jusqu'à celle du nez.

La veine temporale jette quelques ramifications superficielles, qui dans le nombre et les figures des rameaux
varient à l'infini. Chez les femmes elle donne à la peau
des tempes une teinte tendre et violâtre.

Des yeux.

Nous remarquons une grande diversité dans les espèces

d'yeux des statues antiques, soit qu'elles représentent des
dieux ou des héros, soit qu'elles représentent des hommes
ou des satyres ? Cette remarque doit éveiller l'attention
sur une foule de nuances qui échappent aux copistes superficiels. L'œil d'un faune, par exemple, dans les images
antiques, est fort différent de celui de Junon ou de Neptune. L'œil du dieu Pan participe même de celui du bouc,
et cela, loin de heurter le bon sens, se conciliait avec
la mythologie. Diane, Minerve, Jupiter, certaines Muses,
l'Amour enfin, ont dû, quant à l'imitation même des yeux,
être représentés par les artistes excellens de la Grèce avec
des nuances caractéristiques et particulières. Or il s'agirait de retrouver toutes ces nuances et tous ces caractères.

Les peintures antiques que nous possédons ne sont point
d'un ordre assez distingué, pour que nous puissions en tirer
des inductions suffisantes sur le choix et la forme des yeux;
et le recours que nous sommes forcés d'avoir aux statues
et aux sculptures en général, peut être quelquefois trompeur. En effet, l'étude qu'on doit faire des yeux sur les
statues antiques, fait apercevoir certaines raisons toutes
relatives à la sculpture, et qui ne sont point applicables
à la peinture : telles sont entr'autres, à propos de la forme
des paupières, la saillie angulaire et aiguë du tarse, pour
indiquer l'effet des cils; telle est l'épaisseur et la fermeté
des formes de la caroncule, l'absence de l'iris et de la
prunelle, exprimée chez les Romains par un creux et un
point isolé et en relief, moyen barbare que les modernes
n'ont pas manqué de leur emprunter. Nous ne pouvons pas
étudier non plus dans les reliefs antiques la manière dont
les peintres grecs traitaient l'effet de l'humidité de cette
partie. Quant aux sourcils, mêmes regrets ; le ceintre an-

guleux de l'orbite est un artifice relatif à la sculpture,
pour exprimer les sourcils, en sorte que ce moyen n'est
d'aucune instruction pour le peintre.

On est peu éclairé par les passages des écrivains qui
peuvent avoir rapport avec l'art de représenter et de caractériser les différentes espèces d'yeux. Nous avons déjà
eu occasion de remarquer que fort souvent les poètes de
l'antiquité sont peu d'accord avec les statuaires et les
peintres, sur la belle forme de certaines parties du corps,
bien qu'ils se rencontrent avec eux sur d'autres points, et
bien qu'Homère, qu'il faut excepter, semble avoir pris de
belles statues pour modèles de ses descriptions.

Les Grecs donnaient le nom de *pathos* aux yeux expressifs; les latins donnaient à la couleur fauve des yeux le
nom de *ravus color;* à leur couleur bleu-verdâtre, celui
de *cæsius;* à leur couleur blonde, celui de *flavus;* et celui
de *ravidus color* aux yeux bleu foncé; quant à ceux dont
la couleur était blanc-verdâtre, ils les appelaient *herbei.*
Dans le Cantique des cantiques, l'époux loue l'épouse d'a-
voir des yeux de colombe; il veut sûrement parler du caractère de simplicité et de chasteté qui les distingue, mais
non de leur forme. Les yeux que les Grecs appelaient
pathos, dit un moderne, et qu'ils ont donnés à Vénus, sont
gracieux et font sortir leur regard comme à la dérobée.
Les paupières s'abaissent un peu et se ferment à demi,
comme si l'ame voulait retenir l'image qu'ils viennent de
recevoir et la considérer plus attentivement. Il n'y en a
point qui aient autant que ceux-ci de rapport avec l'Amour.

« Les anciens, dit Winckelmann, aimaient les yeux
» dont les paupières ont un mouvement ondoyant et de
» douces inflexions. » Ces caractères qu'offre la nature sur

les beaux individus sont en effet conformes à la grâce, au mouvement et à la vie. Le Jupiter Mansuétus, l'Ariane, la Vénus d'Arles, etc., en offrent des exemples. Cependant d'autres yeux que ceux-là peuvent être très-beaux aussi; la nature et l'antique le prouvent. Les yeux bien fendus et brillans témoignent, a-t-on dit, une ame sereine : ceux qui sortent de la tête indiquent de la bêtise et quelquefois de la folie; Germain-Pilon, selon Abraham-Bosse, en donnait de tels à ses statues de femmes. Ceux qui sont trop enfoncés dénotent l'envie, la perfidie; trop rapprochés l'un de l'autre, ils sont un indice de cruauté. Beaucoup d'Orientaux ont l'œil allongé en forme d'amande; les Égyptiens et les Chinois les ont un peu tirés en haut vers les coins externes. Buffon prétend que chez les Orientaux la peau de la paupière est plus longue.

« Selon M. Petit-Radel (Mag. Encycl. Octobre 1806),
» les divers phénomènes qui se manifestent dans les yeux
» que la passion anime, dérivent d'une intensité plus grande
» de vie dans leur tissu nerveux et dans les muscles qui
» servent à les mouvoir. Ces muscles en effet ont une
» bien plus grande quantité de ramifications nerveuses,
» proportion gardée, quant au volume, que toute autre
» partie musculaire... L'éducation a pu falsifier à la longue
» les sentimens du cœur, mais la nature s'est réservée
» l'œil, pour qu'on ne puisse pas entièrement la repré-
» senter sous des traits qui lui seraient étrangers... Quel-
» que chose que vous dise une belle, voyez comme elle
» vous regarde... »

Os qui composent l'orbite de l'œil.

Les cavités des orbites dans lesquelles sont logés les

yeux sont formés de plusieurs os. Leurs bords, qui ont
la figure d'un quadrilatère, sont composés des arcades orbi-
taires de l'os coronal, de ses quatre apophyses angulaires,
des apophyses montantes des maxillaires supérieures et
des bords demi-circulaires des os de la pomette, ainsi
que de leurs angles supérieurs.

C'est la grandeur de l'orbite qui fait ce qu'on appelle
un œil grandement enchâssé; car un œil grand dans un
petit orbite ne produit point la beauté. C'est donc la forme
des arcades de l'os frontal qui constitue la principale beauté
de l'œil. Si cet os est étroit, l'œil sera petit, et la tête resserrée et pointue. Ainsi dans l'antique, ce n'est pas l'œil
qui est grand, car dans ce cas, le globe serait gros, les
paupières vastes, etc., et cela sortirait de la proportion
naturelle, mais c'est l'ouverture osseuse qui est profonde
et grande, afin que l'organe de la vue soit bien abrité, bien
libre dans son jeu, et bien situé par rapport à la membrane
de la rétine. En effet, les yeux presbytes sont à fleur de
tête, et sont peu garantis sous l'orbite.

Dans la Niobé mère on distingue très-bien sous le sourcil relevé par la douleur, l'angle de l'arcade orbiculaire.

Le globe de l'œil.

Le globe de l'œil est composé d'une espèce de coque
formée par l'union de différentes couches membraneuses
appelées tuniques du globe de l'œil. La tunique la plus
externe du globe est appelée cornée ou tunique scléro-
tique; elle est elle-même recouverte de la tunique albu-
ginée, appelée le blanc de l'œil. Ce blanc de l'œil est principalement formé de l'expansion tendineuse de quatre
muscles, et son adhésion à la cornée produit ce luisant et

ce mat plus ou moins sensible, selon qu'il est pur et qu'il n'est point couvert de ramifications coloriées qui en altèrent la blancheur, comme cela a lieu souvent en quelques places et surtout vers le caroncule.

Si maintenant nous considérons l'effet du mouvement ou du jeu si varié du globe de l'œil sous les paupières qui le couvrent et le découvrent, nous apercevrons des effets dont il importe à l'artiste de se rendre compte. Le point le plus saillant du globe semble toujours dirigé là où se dirige le regard. Que cet état provienne de l'action musculaire qui darde, pour ainsi dire, le regard, ou qu'il vienne de ce que la partie la plus bombée de l'œil se trouve être exclusivement à la place de la prunelle, il n'en est pas moins vrai que ceux qui en sculpture ou en peinture n'étudient pas ces effets, ne peuvent donner un regard juste aux yeux de leurs figures et font presque tous le globe de l'œil plat et sans action. La mère des Niobés est un modèle de naturel et de vraisemblable en ce point, ainsi que quelques autres antiques du premier ordre. On comprend donc distinctement où se dirige le regard de ces statues, malgré l'absence de la prunelle. Les paupières supérieures et inférieures contribuent, il est vrai, à cet effet, car même les yeux baissés laissent deviner où se porterait précisément le regard par l'expression du jeu du globe qui transparaît sous les paupières.

A cette remarque sur le géométrique de ces parties de l'œil, associons-en une autre qui est relative à l'effet de la perspective. Nous pouvons donc faire remarquer que l'œil fuyant ou le petit œil, dans une tête vue de trois quarts, a une forme bien différente, lorsque le globe de l'œil présente la prunelle à gauche ou à droite. Si la pru-

nelle de cet œil fuyant se tourne vers le spectateur, l'œil
a sa plus grande ouverture du côté du nez, et le petit
angle paraît moins ouvert. Si au contraire la prunelle de
cet œil vu en racourci, regarde de l'autre côté et à regard
perdu, la plus grande ouverture des paupières sera vers
le petit angle, et le grand angle paraîtra plus fermé. Je
n'explique ce fait naturel que pour mettre les dessinateurs
sur la voie, lorsqu'ils étudient la nature qui est si longue
à étudier, quand on veut sincèrement la saisir et qu'on
se méfie des vains fantômes de la mémoire et de l'imagination.

Je crois devoir dire aussi un mot sur les points de luisant dont l'effet est si rarement satisfaisant dans l'imitation. On trouvera à la partie de la perspective le moyen
de représenter avec justesse le luisant des yeux, selon le
jour et selon la place du spectateur; cependant avertissons ici que, pour juger de l'effet des points de luisant
par le seul sentiment, il faut être placé exactement à la
distance et à la hauteur déterminée pour le tableau; car,
si l'on reste trop près du modèle, on court risque de ne
pas sentir l'effet du regard tel qu'il doit paraître à la vraie
distance. En général les points de luisant ne sont bien
représentés que par les peintres qui savent allier à la connaissance parfaite de la perspective le sentiment du vraisemblable et du convenable. On sait que rien n'est plus
désagréable que de voir deux espèces de taies qui non-
seulement sont loin de donner l'idée de la vie et de la
tension du crystallin, mais qui, par leur fausse position,
donnent si souvent au regard du louche et de la fausseté.

Quant au jeu de la lumière sur la substance transparente des prunelles, celles-ci doivent répéter en peinture

l'effet de deux perles régulières, égales et situées l'une et l'autre dans la même direction, en sorte qu'il y ait une certaine ressemblance et symétrie dans leurs demi-cercles éclairés, et cela malgré l'irrégularité et l'incertitude apparente dans l'effet individuel. Par ce moyen on parviendra plus aisément à faire concorder le regard. Celle des deux prunelles qui est située dans l'ombre, ne laisse pas toujours sentir cette parité d'effet, vu qu'elle mire accidentellement quelques corps lumineux; mais, comme l'effet de ces accidens manifestés sur la prunelle privée du jour n'est pas indispensable dans l'imitation, il résulte que la parité d'effet, qui est absolument indispensable, produit le naturel, le vraisemblable et l'expression.

Des paupières.

L'étude des paupières exige beaucoup d'observations à cause de la diversité des cas où elles agissent. La paupière inférieure est sujette à peu de mouvement, mais la supérieure s'abaisse entièrement pour fermer et garantir l'œil. Lorsque le globe de l'œil est dirigé en haut, la paupière inférieure est plus tendue et laisse apercevoir la forme et la direction du globe.

Dans les individus dont la chair est flétrie, on remarque sous le globe un cercle creux qui provient du relâchement de la peau, qui des joues se lie à la paupière inférieure. Sous les yeux de ces mêmes individus, on remarque souvent une espèce de poche qui ôte la simplicité et la jeunesse de la tête.

Le roulement du globe fait donc soulever diversement les paupières; la supérieure s'élève et se bombe vers le point où elle est en contact avec la plus grande saillie du globe, en sorte que dans le regard de côté, je l'explique de nouveau, le petit coin de l'œil s'arrondit par l'effet de la paupière qui se trouve plus cintrée, et tout le plan même de la paupière change dans ce cas. L'angle cartilagineux appelé *tarse*, et sur lequel sont implantés les cils, change aussi, de même que la caroncule lacrymale qui semble ou s'allonger et se resserrer, ou s'arrondir et se dilater, selon le mouvement du globe et des paupières.

Les paupières doivent leurs mouvemens aux orbiculaires qui, dans leur état de repos, se prêtent aux mouvemens des muscles frontaux et sourciliers. L'usage principal des orbiculaires est de fermer et d'ouvrir les paupières, de les froncer lorsqu'elles sont ouvertes, de faire disparaître les rides quand elles sont fermées, et de les ramener du côté externe au côté interne ; ils abaissent aussi les sourcils qu'ils approchent de la paupière supérieure. Les muscles orbiculaires ou constricteurs des paupières sont très-larges. Les fibres dont ils sont composés tirent leur origine d'un ligament tendu transversalement entre l'angle interne de chaque œil et l'apophyse montante de l'os maxillaire. Ce tendon donne naissance par son bord supérieur à des fibres circulaires qui viennent se terminer à son bord inférieur. Plusieurs fibres aussi naissent des bords supérieurs et inférieurs des angles internes des orbites. Celles qui s'étendent sur les paupières ne forment que des courbes allongées concentriques les unes aux autres, et dont les plus grandes ont leurs extrémités fort éloignées, et les plus petites les ont très-rapprochées. Ces muscles ont des connexions très-intimes avec les tégumens des paupières ; ils se confondent supérieurement avec les bords des muscles frontaux, et s'entrelacent avec les fibres des sourciliers. On a distingué aussi le releveur propre de la paupière supérieure qui prend sa naissance au fond de l'orbite, et de plus l'abaisseur de la paupière inférieure. Il est composé d'une série de fibres charnues. Cette série, plus ou moins grande, selon les sujets, naît de la peau de la joue et quelquefois de l'os zygomatique, puis s'insère dans la partie inférieure de l'orbiculaire. C'est par ces fibres que la paupière inférieure est tirée en bas, lorsque l'œil y porte ses regards.

Chaque paupière est formée d'un cartilage que les anatomistes désignent sous le nom de tarse : ce cartilage donne naissance à des poils triangulaires, longs, de la couleur des cheveux, et nommés cils. Les cils sont très-utiles, soit pour préserver l'œil des poussières, du vent, etc, soit pour l'avertir de l'approche des corps étrangers, soit pour soutenir les larmes, etc.

« Les larmes, dit Lecat, sont versées sur le devant de
» l'œil, par des conduits très-fins, et le mouvement fré-
» quent des paupières les répand et en arrose toute
» la surface polie de l'œil ; ensuite elles sont charriées
» vers le grand angle du nez par les rebords saillans des
» paupières. »

Les deux paupières se rejoignent ensemble par leurs extrémités et produisent deux angles, dont le plus grand est appelé interne, et le plus petit, externe. La peau des paupières est très-fine et laisse apercevoir une infinité de petites veinules appelées palpébrales, qui ajoutent un fond bleuâtre à sa couleur blanche. La caroncule lacrymale, située vers le grand angle de l'œil ou l'angle nasal, est une petite masse rougeâtre grenue et oblongue : elle paraît toute glanduleuse lorsqu'on la regarde. Cette caroncule lacrymale est distincte et séparée du globe de l'œil et du grand angle de l'œil ou angle interne des paupières.

Des sourcils.

La désignation des diverses espèces de sourcils et de leur caractère ne paraît pas être une chose très-nécessaire ici. Le seul bon sens suffit pour diriger dans cette observation. Winckelmann a dit que les divinités auxquelles les anciens attribuaient une chevelure blonde, telles que Bacchus, Apollon, etc., ne sont pas représentées avec des sourcils anguleux, mais arrondis, afin d'en adoucir le brun. Cette question est du domaine de la sculpture. Je ferai observer cependant à cet égard que quelques statuaires modernes, tels que Canova, ont abusé de cet adoucissement. Quant au rapprochement des deux sourcils au-dessus du nez, bien qu'Anacréon dans son portrait de Batylle les fasse se toucher et se joindre, on peut affirmer qu'aucune antique, même les figures d'Antinoüs, ne nous donne d'exemple de cet excès ; on voit au contraire qu'ils sont toujours bien séparés, bien distincts, et que leur extrémité interne doit être rendue avec beaucoup de ménagement, puisqu'elle indique ou le calme, ou l'agitation résultant de la sensibilité et de l'état moral de l'individu. Dans la figure servant de canon, nous avons vu que les sourcils étaient placés un peu plus haut que la ligne de division située au milieu de la tête.

Du nez.

Comme il n'y a rien de si rare parmi les Européens qu'un beau nez qui descende du front en ligne droite, qui soit régulier, simple de formes, carré et uni sur sa côte,

bien symétrique à son extrémité, et dont les narines soient
d'une juste proportion, il résulte que sur les statues antiques les beaux nez nous semblent un peu imaginaires, et
que les nez courts, retroussés, bossus même, concaves ou
épais, ne nous choquent guère, soit dans la nature, soit
sur les tableaux ; cependant, nous le répétons ici, cette
forme régulière du nez est une propriété essentielle à la
bonne conformation. En effet, un nez enfoncé à sa naissance sur l'os frontal, ou serré vers les cartilages, rend la
respiration gênée, et ne permet pas le développement de
la membrane de l'odorat, ni la libre et nécessaire circu-
lation des secrétions muqueuses. Si de plus le nez est ou
relevé du bout ou trop large aux narines, il en résulte
une laideur sensible. Un nez bien conformé est donc tel
qu'on en voit sur les belles antiques grecques ; aussi don-
nait-on à une femme accomplie le nez de la Minerve Les-
miène de Phidias (*Lucian imag.*) ; aussi Philostrate, pour
louer la beauté d'un homme, dit-il qu'il avait le nez carré
comme une statue.

Mais bien que les beaux nez soient très-rares parmi
nous, on en rencontre quelquefois de fort réguliers, et
c'est l'idée fausse de la perfection de cette partie qui nous
empêche de les remarquer ; car on répète, je ne sais
pourquoi, qu'un nez aquilain est un beau nez, qu'il est
un nez romain, et qu'on le considère aussi comme signe
de courage ; enfin on a appelé nez à la Roxelane un petit
bout de nez retroussé et mignon, comme si les belles du
sérail n'avaient pas plutôt des traits réguliers que des
formes de fantaisie, tels qu'on en met en mode de tems
en tems sur les théâtres et dans les salons de Paris.

Il importe d'ajouter ici que, si cette forme droite du nez

descendant par une ligne simple du front, est la belle forme
par excellence, cela ne veut pas dire que tous les nez, pour
être beaux, doivent affecter cette forme unique et archétype; car autant de variétés, autant de nuances à exprimer.
Aussi les bouts de nez de vingt figures antiques ne se res-
semblent-ils pas, bien qu'ils soient d'une belle proportion
et qu'ils ne s'éloignent pas trop du canon.

Les restaurations modernes faites aux nez brisés de tant
de têtes antiques, nous prouvent assez la difficulté de remettre d'accord cette partie avec le reste de la figure. Un
critique a dit, au sujet des figures de Raphaël, qu'on pouvait mettre à toutes ses têtes un autre nez qui y conviendrait tout aussi bien que celui qu'on en aurait ôté, tandis
que les beaux ouvrages antiques ont cet avantage que,
par une partie du visage, on peut reconnaître comment
est fait le reste de la figure. Cette réflexion explique les
discordances qu'apportent les restaurations dont je viens
de parler.

« Un beau nez ne s'associe jamais, dit Sue, avec un
» visage difforme. Un nez régulier exige nécessairement
» une heureuse analogie des autres traits. On voit mille
» beaux yeux contre un seul nez parfait en beauté, et là
» où il se trouve, il suppose toujours un caractère excel-
» lent et distingué. »

Les nez droits supposent, dit-on, une ame qui sait agir
avec énergie et souffrir tranquillement. Catulle, voulant
parler de la laideur d'une fille, ne manque pas de commencer par la critique de son nez. Les Faunes, les Satyres,
qui diffèrent des hommes par leur caractère inférieur, ont
été représentés par les sculpteurs et les peintres anciens,
avec un nez camus et un peu renfoncé à son origine; Silène

offre plus que tout autre cette particularité : tel était aussi celui de Socrate.

Dans les portraits antiques la forme du nez de l'individu est conservée, quoique plus ou moins modifiée proportionnellement d'après le canon, et cette imitation de la forme plus ou moins laide du nez des portraits est très-remarquable, en ce qu'aucune figure de divinité ne l'offre.

De tous les nez, les plus laids sont ceux qui d'abord sont disproportionnés quant au canon, mais qui sont d'un caractère différent de toute la figure. Quoique dans la nature individuelle il y ait tendance à l'harmonie, elle offre cependant des exceptions ou des dissonances portées parfois jusqu'à la difformité, jusqu'au monstrueux et l'épouvantable.

Dans les têtes antiques de Jupiter, le nez est large à sa base autant qu'il est saillant, en sorte que dans le plan il forme un triangle équilatéral.

Chez les femmes, le nez est plus délicat, les narines plus fines, les ailes du nez plus tendres, moins prononcées, et les cartilages plus minces que chez les hommes.

Anatomie du nez.

Le nez est divisé en partie supérieure ou la racine, en partie moyenne ou le dos, et en partie inférieure ou le bout. La racine et le dos sont composés des os propres du nez et des apophyses montantes des os maxillaires supérieurs. Le bout et les ailes sont formés par un cartilage triangulaire.

De chaque côté de la racine du nez, au bas des muscles frontaux et des sourciliers, se trouvent situés les deux muscles pyramidaux. Ils sont très-plats, étroits à leur prin-

cipe, là où leurs fibres se mêlent avec celles des muscles
dont nous venons de parler ; ils descendent en s'élargissant sur les côtés du nez, et se terminent par une large
aponévrose qui s'insère au cartilage triangulaire des narines.

Au bas des muscles pyramidaux sont les myrtiformes
qui sont attachés supérieurement aux bords inférieurs des
orbites, et inférieurement aux ailes du nez. Ils descendent
transversalement dans un trajet oblique de bas en haut.

On appelle constricteur du nez un petit muscle qui
naît sous le releveur du nez et de la lèvre supérieure, et
avec lequel ses fibres se confondent. Il monte de bas en
haut sur le dos du nez où il forme une arcade dont la
convexité regarde en haut et la concavité en bas. Enfin
on remarque sur la peau qui couvre les côtes du nez, des
rides obliques formées par l'action des muscles pyramidaux, des obliques latéraux et des myrtiformes. Ces
mêmes muscles soulèvent par leur contraction les ailes
des narines et les dilatent. Ils font en même tems monter
la lèvre supérieure par coopération. Le constricteur a un
usage opposé, puisqu'il rapproche les narines de la cloison
du nez. Il s'exprime fortement à travers les tégumens sur
la convexité du cartilage triangulaire dans les sujets qui
sont près d'expirer.

De la bouche.

Les bouches sont si variées par leurs formes, leur expression ou leur action, qu'elles sont très-difficiles à représenter. Point de finesse d'expression en cette partie,
sans une grande justesse d'imitation, et point de justesse,
si l'on ne s'aide de quelques moyens de géométrie ou de

perspective. L'élève qui n'a pas su dessiner le profil, la face, le plan et l'élévation d'une bouche, ne les saura jamais représenter. Qui n'a pas une connaissance exacte des plans déterminant les coins de la bouche, n'obtiendra point cette délicatesse de signification, ce charme qui est manifesté par l'émotion de l'ame, cette éloquence graphique résultant et des plans et de leur mouvement respectif; justesse enfin sans laquelle tout le sentiment qu'on voudrait ajouter ne serait que de la manière. Si donc on veut que dans l'imitation la bouche ait un caractère, il faut se persuader surtout que ce caractère consiste avant tout dans la forme et dans le mouvement.

Dans certaines mœurs de l'Europe, on recherche, on goûte beaucoup les bouches riantes, et les artistes affectent sur leurs figures une certaine émotion ou soulèvement de lèvres et de coins de bouche. Cela ne viendrait-il pas de ce qu'ils ne savent pas intéresser par la représentation juste de toutes sortes de bouches, en sorte que, pour compenser la froideur d'une bouche mal imitée, ils croient devoir l'animer et l'exciter, afin qu'elle semble exprimer quelque chose. Mais quel contresens ne produit pas cette émotion, si le caractère de la tête doit être celui du calme, celui de la pudeur ou de la dignité? N'y a-t-il donc pas dans la nature des bouches pleines de grâces et de charme, dont le tour est un peu boudeur, ou dont la tranquillité annonce la sérénité de l'ame, la beauté et la dignité morale? Rien n'est noble comme la bouche des divinités de la statuaire grecque, rien n'est noble dans la nature comme la bouche tranquille d'un chaste adolescent ou d'une vierge dont les traits sont réguliers. Si l'homme, dit un moderne, connaissait toute la dignité de sa bouche,

il proférerait des paroles divines, et ses paroles sanctifi-
raient ses actions. Quoiqu'il faille éviter les contresens
du sourire dans une bouche qui doit être calme, cela
n'exclut pas, par exemple, l'expression de félicité ou de
bienveillance, l'expression de bonté et de joie protectrice,
telle qu'on la voit peinte sur le visage du père des dieux.
La bouche du Jupiter Mansuétus représente, par exemple,
cette situation de l'Être suprême paraissant se complaire
dans sa bienfaisante autorité, dans sa toute-puissance infiniment juste. Cette tête admirable nous fait voir la lèvre
supérieure un peu soulevée et un peu applatie contre les
dents par ce léger sourire qui tire doucement cette lèvre
en arrière. Quelle belle leçon que cette bouche pour ces
artistes qui croient exprimer la douce félicité de l'ame en
retroussant stupidement et sans volonté les coins de bouche de leurs figures ! Ailleurs je parlerai du rire ; ici je
ferai seulement observer que, si on trouve sur les antiques
quelques coins de bouche relevés, ils sont l'ouvrage des
modernes, comme est la bouche de la jolie Melpomène
couronnée de pampre au musée Vatican, ou bien ces bouches appartiennent à des têtes de Faunes et de Satyres
rians, dont toutes les formes sont en harmonie dans la
même expression.

Souvent les bouches antiques sont entr'ouvertes, et
cela est un moyen ou une ressource du statuaire qui a
besoin d'exprimer la bouche par un brun, afin de suppléer au défaut d'effet causé par la blancheur de la matière. Cependant je ne crois point cet usage d'origine
grecque ; car, bien que l'image y gagne en optique, elle
y perd en naïveté et en convenance, à moins toutefois
qu'il ne s'agisse de passions fortes, telles que la douleur et

l'effroi, ainsi que le font voir les Niobés, ou de tourmens, comme dans le Laocoon, ou d'action véhémente, comme dans le Ménélas Pitti, ou de sentiment de colère s'exhalant au-dehors, comme dans l'Apollon et même dans sa chaste sœur. Au reste la peinture est en ceci plus à l'aise que la sculpture, et l'extase de Ste Cécile, par Raphaël, est très-bien exprimée par des lèvres closes.

Camper dit, au sujet de la proportion de la bouche : « La » grandeur de la bouche se détermine d'après la distance » des deux canines, chez l'homme de même que chez tous » les animaux, à l'exception d'un petit nombre ; ou, pour » m'expliquer plus nettement, les angles de la bouche » finissent à l'endroit où commence la première dent » mâchelière. » Je ne commenterai pas cette proposition ; quant à la bouche que nous proposons dans le canon, elle semble trop petite, puisqu'elle n'occupe que la largeur des narines ou la longueur d'un œil ; mais cette stricte régularité n'en est pas moins une véritable beauté vers laquelle il faut tâcher de se rapprocher.

Quant à l'espace occupé entre le bas du nez et la lèvre supérieure, remarquez que son plan, son inclinaison ou sa forme dépend de celle de l'os maxillaire supérieur. Chez les individus où cet os est proéminent et bombé, cette partie est elle-même bombée, en sorte que la gouttière est moins creuse, la peau étant tendue. Ces sortes de bouches n'ont point de bords extérieurs grandement festonnés, et leur forme est pauvre et tient de celle de certains animaux. Mais cette partie est toujours conforme à la beauté dans les figures antiques divinisées. Dans les portraits même, de telles disproportions ont été probablement atténuées et modifiées selon le canon.

La lèvre inférieure semble être disposée pour être le support de la lèvre supérieure, car celle-ci repose absolument dessus : elle y forme même une légère dépression par l'éminence qu'elle a à son milieu. On pourrait appeler cette éminence le bec de la lèvre supérieure.

Rien n'est délicat comme la manière dont la partie rosée de la lèvre va se fondre avec ce qui l'environne, et cette fusion est d'autant plus douce, que la chair en cette place est diaphane, et que les plans se retournent en divers sens. Les débutans en peinture ne manquent jamais de cerner les contours de la bouche, de profiler durement ses bords, ses coins et son milieu, comme s'ils étaient peints sur ces têtes de carton, qui n'ont de nez et de forme que par la couleur qu'on y applique. Ces peintres ne voient donc que des teintes et point de plans. Cependant, s'ils analysaient selon la méthode que nous indiquerons, les diverses coupes des lèvres, ils les représenteraient avec justesse les premières fois même qu'ils essaieraient d'en faire l'imitation.

Anatomie de la bouche.

La mâchoire inférieure, par la disposition de son articulation, peut exécuter des mouvemens en bas, des mouvemens en haut, et d'autres qui sont légèrement orbiculaires. Les puissances musculaires qui la mettent en action, sont les crotaphites, les masseters et les digastriques. L'action des crotaphites et des masseters dans l'élévation de la mâchoire, se fait voir à travers les tégumens ; leur contraction est marquée sous la peau. Ces mêmes muscles, avec le concours d'autres qu'on ne peut apercevoir, font reculer et avancer la mâchoire. Lorsqu'ils n'agissent

que d'un côté, de manière que le crotaphite et le masseter
droits deviennent les antagonistes du crotaphite et du
masseter gauches, la mâchoire exécute des mouvemens
latéraux. Il faut remarquer qu'une portion des muscles
qui la tirent de côté, forment concurremment avec le
condylle une saillie sous les tégumens. Les muscles peauciers servent aussi à l'abaissement de la mâchoire; leur
plus grand usage cependant est de rider la peau du col
dans certains mouvemens.

Quand la mâchoire est abaissée, la bouche est ouverte,
et les buccinateurs se laissent entraîner contre les dents,
ce qui offre un creux de chaque côté de la face à la partie
inférieure des joues.

Au-dessous du nez est l'orbiculaire des lèvres, qui est
plus large à sa partie supérieure, et plus étroit à sa partie
inférieure. Les fibres circulaires de cette dernière sont
convexes, et leur convexité regarde en bas; celles de la
partie supérieure ont leur convexité tournée en haut.
Les deux angles de la bouche, où s'entrelacent les fibres
de ce muscle, se nomment commissures. L'orbiculaire des
lèvres est aussi formé par le concours de plusieurs puissances musculaires. On appelle encore l'orbiculaire des
lèvres du nom de constricteur, parce qu'il sert à rapprocher
circulairement les deux lèvres et à fermer la bouche. Ce
muscle forme les lèvres elles-mêmes.

Les mouvemens opérés par le muscle orbiculaire des
lèvres sont très-multipliés : tantôt il serre les lèvres l'une
contre l'autre; d'autres fois il les fait allonger en devant,
raccourcir et reculer en arrière, ou les appuie fortement
contre les dents.

Les lèvres sont mises en action par des muscles propres.

à chacune d'elles et par des muscles communs à toutes les deux. La lèvre supérieure est relevée par les releveurs des ailes du nez et de cette lèvre supérieure. Elle est en- traînée en haut et un peu en dehors, et en même tems applatie par les incisifs. La lèvre inférieure est abaissée, élargie et applatie par ses abaisseurs. Son action contraire est exécutée par ses deux releveurs propres. Les angles ou commissures des lèvres sont relevées et approchées un peu du nez par les canins.

Les deux zygomatiques sont les principaux agens du rire ; ils relèvent la commissure des lèvres et l'écartent de celle du côté opposé. Les angles de la bouche sont abais- sés par les triangulaires.

Les dents sont au nombre de seize à la partie supé- rieure, d'un blanc d'ivoire, et distinguées en quatre anté- rieures, très-larges, appelées incisives, deux canines, et en dix autres molaires. L'os maxillaire inférieur est armé d'un même nombre de dents. La différence remarquable pour les artistes, c'est que les incisives inférieures sont plus étroites que les supérieures.

Des joues.

Une observation importante relativement aux joues, et qu'il convient de reprendre ici, c'est que, puisqu'elles forment une partie principale du visage, elles doivent paraître grandes, afin de donner à la tête elle-même un caractère de grandeur qui la fasse rentrer dans l'unité générale de la figure humaine, qui offre des masses grandes elle-même. Si au contraire les joues paraissaient petites de masses, la tête ne serait plus composée que de parties pe- tites renfoncées et saillantes, brunes et claires, et cet effet produirait une seconde unité, c'est-à-dire, un caractère trop différent de celui du corps, ce qui empêcherait la beauté. La simplicité de la silhouette des cheveux ou des coiffures, la saillie ou la plénitude du col qui vient de côté s'unir à la joue et faire masse avec elle, et d'autres moyens encore concourent à faire paraître les joues grandes et en harmonie avec le reste du corps (voy. l'article cheveux). Ces principes pris dans la nature ont fait dire que les joues, pour être belles, doivent être unies, pleines et soutenues. On a remarqué de même que le rouge et le blanc devaient y être mêlés et fondus d'une manière une et non-tranchante.

Ainsi la joue sera belle, si, prenant naissance très-haut sous les yeux, elle n'est point interrompue par les cheveux vers l'oreille et sous l'oreille, si elle est liée avec le cou, et si elle est elle-même unie et sans plans trop ressentis.

Les anciens, tout en conservant l'unité grande et simple des joues, ont fait sentir avec art et vérité la présence de l'os zygomatique, ainsi que les muscles dont le plus ou le moins de saillie contribue à caractériser l'individu et à déterminer le caractère représenté. Dans la tête de Niobé mère, on retrouve l'os de la pommette et les muscles zygomatiques et buccinateurs, et cependant ses joues sont d'une telle simplicité et d'une telle grandeur, qu'on croirait qu'elles n'offrent qu'un seul morceau lisse et tout uni.

Il résulte de ceci que si les joues doivent être grandes, elles doivent être modelées d'après les formes données par l'anatomie humaine, et que, si elles doivent exprimer les plans, les muscles, les saillies naturelles et individuelles, ces saillies et ces plans doivent être rendus grands, bien

liés et ne corrompant jamais la simplicité harmonieuse
de la tête. Quant aux joues à fossettes ou rondes, au lieu
d'être hautes, aux joues larges et bossues vers la pomette,
au lieu d'être simples et régulières, notre théorie du beau
et les leçons des anciens en feront assez la critique.

On a appelé os ou arcade zygomatique l'os de la pomette, parce qu'on a cru trouver quelque ressemblance
entre cette arcade et l'arc d'un joug. Cet os, qui est articulé avec le coronal, le temporal, le maxillaire et le sphé-
noïde, semble destiné à préserver l'œil et même toute la
face dans les chutes; il contribue aussi à soutenir la forme
pleine et unie de la joue. Sa courbe est lisse et assez régulière.

Les joues sont approchées et reculées des arcades alvéo-
laires par les buccinateurs qui retirent en même tems les
commissures des lèvres en arrière.

Deux muscles désignés sous le nom de grands zygomatiques sont situés, l'un à droite, l'autre à gauche, et s'é-
tendent depuis l'os de la pomette jusqu'à la commissure
de la bouche. Chacun d'eux est grêle, long, oblique, s'attache supérieurement au bord inférieur de l'arcade zygomatique et descend obliquement de derrière en devant à
la commissure des lèvres. Ils ont leur connexion avec les
buccinateurs.

Deux petits muscles, appelés petits zygomatiques, accompagnent quelquefois les grands; ils manquent souvent
aussi. Lorsqu'ils existent, ils sont situés au-dessus des
grands zygomatiques, et vont se terminer au muscle in-
cisif.

Chaque fosse canine donne insertion à un muscle nommé canin, qui descend un peu obliquement en croisant

l'extrémité inférieure du grand zygomatique dont il est recouvert en cet endroit. Le canin se termine à la commissure des lèvres, jette des fibres à la partie supérieure du muscle orbiculaire, et communique plus bas par quelques fibres avec le triangulaire.

Entre les muscles canins et les pyramidaux se trouvent les muscles incisifs, autrement appelés les releveurs du nez et de la lèvre supérieure. Chacun de ces muscles naît supérieurement par deux portions dont une est plus grande que l'autre. La première est attachée à l'os maxillaire, sous le tendon interne des orbiculaires des paupières; elle descend obliquement vers la joue, le long de l'apophyse montante de l'os maxillaire supérieur, et mêle tellement ses fibres avec celles du pyramidal, qu'elles se confondent quelquefois au point de ne pouvoir les distinguer. La seconde portion est large, s'insère immédiatement à l'os maxillaire supérieur, près de la tubérosité malaire externe et un peu à l'os de la pommette; elle est recouverte de la portion inférieure du muscle orbiculaire des paupières, et descend obliquement vers le nez pour s'unir avec la première portion. Ce muscle finit en s'étrécissant à la moitié supérieure de l'orbiculaire des lèvres, vis-à-vis la dent canine.

Les deux muscles buccinateurs sont chacun transversalement situés entre la partie postérieure des deux mâchoires et la commissure des lèvres. Ils ont la forme triangulaire. Ces muscles, plus larges en arrière, plus étroits en devant, sont composés de trois directions de fibres qui semblent partir de trois endroits. Les supérieures naissent le long des alvéoles de la mâchoire supérieure et descendent un peu obliquement vers l'angle de

la bouche; les moyennes, qui sont transversalement attachées au ligament inter-maxillaire [1], vont directement
vers la commissure des lèvres; les inférieures partent le
long des alvéoles de la machoire inférieure et suivent une
direction ascendante. Chaque buccinateur se cache derrière l'orbiculaire des lèvres; il offre entre lui et le muscle
masseter un creux rempli de graisse.

Les muscles apparens qui meuvent la mâchoire inférieure, sont le temporal et le masseter.

Le temporal ou crotaphyte est situé à la moitié supérieure du triangle de la tête. Il s'étend depuis le processus
sémi-circulaire jusqu'au bord supérieur de l'arcade zygomatique. Ce muscle est mince supérieurement, très-épais
inférieurement. Son attache supérieure est à la saillie
demi-circulaire du coronal et du pariétal. Son attache
inférieure est au bord supérieur de l'arcade zygomatique
et à l'apophyse coronoïde du maxillaire inférieur. Tout
ce muscle est recouvert par une portion de l'aponévrose
du muscle frontal. Le crotaphyte a connexion avec le
masseter.

Le masseter occupe la moitié inférieure du triangle de
la tête. Sa situation est entre l'arcade zygomatique et la
face externe de presque toute l'étendue de l'extrémité du
maxillaire inférieur. Il est très-épais et offre trois directions de fibres : la première, qui est en partie tendineuse
et en partie charnue, est la plus antérieure; elle descend
obliquement en arrière depuis la partie inférieure de l'os

---

[1] Chaque ligament inter-maxillaire est un fort ligament, médiocrement
large, qui s'attache supérieurement à la face externe de l'os maxillaire
supérieur, et inférieurement à la ligne saillante de la face externe de la
mâchoire inférieure.

zygomatique, jusqu'à l'angle de la mâchoire inférieure. La seconde portion prend son origine au bord inférieur de l'arcade zygomatique ; elle se porte obliquement en devant, au-dessous de la première et vers le milieu de la face externe de l'angle de la mâchoire. La troisième portion, qui est la plus courte de toutes, est en arrière et plus profondément située. Le masseter a connexion avec le peaucier, le temporal et le buccinateur.

Du menton.

Le menton est une partie qu'il importe de bien étudier, puisqu'il contribue à déterminer le caractère de la forme des têtes. En effet, s'il est rond ou effilé, pesant ou léger, s'il est relevé et carré, ou plat et effacé, ces différences font autant de têtes différentes. Ceux donc qui mettant peu d'importance à cette partie, font toujours le même menton à toutes les figures et même à tous les portraits, se privent d'un grand avantage et ne parviennent point au naturel et au beau.

Le menton offert par le canon proposé ici est conforme à la régularité et sera d'un grand secours pour embellir ou remettre dans l'ordre le menton des divers individus employés pour tous les tableaux.

Je dois dire deux mots sur la manie des amateurs de mentons troués ou divisés en deux à la manière des faunes ; c'était à ces mentons que les anciens ajoutaient deux lobes pendans, comme on en voit aux chèvres. La fossette du menton, ainsi que celle des joues, n'est pas une beauté ; elle est une laideur, parce qu'elle interrompt l'ordre ou le rapport des masses du clair-obscur. Par exemple, quand le clair-obscur du nez et de la bouche est bien en rapport avec celui des yeux et des alentours du menton, cette fossette au menton, qu'on croit un agrément, est une nouvelle masse détruisant le repos qui doit exister sur le menton, si l'on veut qu'il conserve son unité et la beauté de la tête. Je pourrais parler aussi des mentons doubles et même triples, dont la forme incertaine et par échelons termine mal l'ovale de la tête, et qui souvent la rend carrée et large du bas, et par conséquent oblongue et étroite du haut.

Le menton est recouvert du muscle carré ou mentonnier. Ce muscle s'attache à la face antérieure de la mâchoire inférieure, au-dessous de la portion inférieure de l'orbiculaire des lèvres; il est très-épais et a des directions de fibres à l'infini. Le mentonnier a connexion avec le peaucier. De chaque côté du muscle mentonnier est situé, à la face externe de la base de la mâchoire inférieure, le muscle triangulaire; il se rétrécit en montant. Sa figure est celle d'un triangle, et il se glisse entre l'extrémité du buccinateur et du grand zygomatique, pour se terminer à la commissure des deux lèvres. Parmi les divers mouvemens des muscles qui entourent la bouche, on peut remarquer celui de ce carré mentonnier, qui, en se contractant fortement, change parfois la forme même du menton.

De l'oreille.

Camper a dit qu'il ne voyait pas en quoi peut consister la beauté de l'oreille; mais on peut le démontrer, en disant d'abord que les détails qui constituent la face, font que la vue désire ce rappel du clair-obscur ou de masse offerte par l'oreille en cette partie de la tête. En effet, sans cette masse, la face, par rapport à toute la tête,

offrirait une forme sphérique, trop lisse peut-être, et produirait une trop grande variété dans le tout. Quant à la
beauté de l'oreille vue isolément, on peut penser qu'elle
doit offrir, comme toutes les autres parties du corps ou
comme tous les objets quelconques, les règles ou les
résultats du beau optique et de la convenance ; ainsi il
doit s'y trouver une certaine variété produite par la différence d'espaces entre l'ouverture principale et les autres
intervalles, de manière que l'unité dans toutes ces parties
considérées sous le rapport de la direction, de la grandeur ou de l'écartement de lignes, produise cette variété
que nous indiquons ici, et de laquelle il peut résulter en
cette partie un certain degré de beauté.

Lorsqu'on a recherché quelle pouvait être l'utilité et
l'office de la partie extérieure et cartilagineuse de l'oreille,
on a imaginé que les divers replis et concavités qui la
composent, servaient comme autant de réflecteurs acoustiques, propres à recueillir le son ou à le briser avant
qu'il arrive dans le trou auditif. Mais les physiologistes
n'ayant rien dit de positif à ce sujet, le peintre est réduit
à considérer l'oreille sous le seul rapport de la bonne
grâce ou de la beauté optique. On peut envisager sous ce
dernier rapport l'harmonie dans l'espèce de chair et de
cartilages de l'oreille, harmonie déterminée par le caractère général de la figure. En effet, l'oreille d'une jeune
fille doit avoir un autre caractère que celle d'un soldat
ou d'un vieillard ; celle d'un enfant est bien différente
encore.

La partie supérieure de l'oreille a une forme altérée
sur beaucoup d'individus ; elle est appliquée trop près de
la tête. Ce sont les nourrices qui préparent cette petite

difformité par l'usage assez général où elles sont de ceindre
la tête des enfans la nuit, et même le jour.

L'oreille doit être d'une dimension moyenne. Ælien
dit qu'Aspasie avait les oreilles courtes, et Martial met
les oreilles grandes au nombre des difformités. Chacun
là-dessus semble assez d'accord. D'ailleurs Midas, les
mulets et les ânes empêcheraient toute discussion à cet
égard. Quant à la hauteur de l'oreille, le canon la place
au niveau du nez dans une tête droite. Camper place à ce
niveau du bas du nez le trou auditif; mais ce qui a pu le
tromper, c'est qu'il a pris l'effet de quelques fronts ren-
versés en arrière, pour l'effet d'un renversement réel de
la tête. Le trou auditif ne peut pas manquer d'être toujours situé en rapport avec l'os zygomatique, puisqu'il
fait corps avec lui. L'os zygomatique fixe donc la hauteur
du trou auditif.

L'oreille a ses mouvemens, mais les coiffures de l'enfant
contribuent à les gêner. Elle suit d'ailleurs un peu les mouvemens de la peau, et quelquefois est très-mobile.

L'oreille, dans la définition des anatomistes, comprend
plusieurs parties, dont les principales portent des noms
caractéristiques. Le bord cartilagineux, qui en forme le
pourtour, se nomme *hélix* (ce qui signifie spirale) ; le second pli cartilagineux et saillant, qui est presque parallèle
au premier, mais qui ne se remarque que vers le milieu
de l'oreille, se nomme anthélix (opposé à l'hélix) ; la pro-
longation de la joue, qui finit par une espèce de bouton
cartilagineux et qui couvre un peu l'ouverture de l'oreille,
se nomme anti-trague : vis-à-vis se remarque la prolon-
gation de l'anthélix, qui forme aussi un rebord cartilagineux, et qui porte le nom de trague.

Du crâne.

On appelle crâne toute la partie supérieure et postérieure de la tête, et on le distingue du front et des tempes.

Le docteur Gall, dans ces derniers tems, a singulièrement attiré l'attention du public et des savans sur les propriétés inhérentes à la forme interne et externe du crâne.
La conformation et les saillies du cerveau forment, selon
lui, des saillies correspondantes à l'extérieur de l'os, et
cette conformation du cerveau par saillies ou protubé-
rances, serait la cause des modifications dans les facultés
morales, et par conséquent dans les caractères et les
inclinations. Si son système est vrai, la forme du crâne
et du front est de la plus grande importance dans l'expression des mœurs et des diverses variétés de l'espèce
humaine. Quoiqu'il en soit, il avance une vérité incontestable, c'est que le cerveau, pour être parfait, doit avoir
un certain développement, et que la capacité du crâne
est une condition essentielle à la bonne organisation des
êtres; mais, comme il n'a pas tenu compte de l'art, qui
veut que la face soit grande, pour donner l'idée de la
majesté, et que cette grandeur ne peut être prise qu'aux
dépens du crâne, pour ne point trop grossir la tête, il a
été choqué du peu de volume de quelques crânes sur les
statues antiques.

Ce même docteur avance que tel individu qui offre un
crâne fort rétréci et applati pardevant, et très-abondant
par derrière, désigne un individu chez lequel la partie
intellectuelle est très-limitée, mais qui a des facultés physiques et animales fort développées. Ces mêmes facultés
animales, dit-il, ont leur source dans la forme posté-

rieure du cerveau; aussi les nègres, les singes, chez lesquels le physique domine sur le moral et l'intelligence, en sont-ils une preuve. Les peintres qui auront à représenter des têtes chauves, trouveront fort intéressantes ces questions, qui n'ont probablement pas été étrangères aux statuaires et aux peintres de la Grèce.

Os du crâne.

On remarque dans le crâne trois os fort larges, qui forment le haut de la convexité de la tête; les deux pariétaux qui en font chacun la moitié latérale, et l'occipital, qui étant bien plus vaste fait le derrière et le dessous de la tête. Cet os a un trou inférieurement, où passe le commencement de l'épine. De très-petites digitations ou engrenages, en forme de scie, unissent tous ces os. On sait que dans l'enfance le point de contact de ces trois os n'est pas encore formé, et que le centre laisse un espace non ossifié, appelé la fontanelle, et qui se ferme avec l'âge.

Derrière l'oreille est située l'éminence mastoïde ou en forme de mamelon, qui sert d'attache aux grands muscles du cou.

Muscles du crâne.

Les muscles occipitaux concourent avec les frontaux à faire mouvoir la chevelure, c'est-à-dire, la peau où ils prennent naissance. Il y a des individus qui, par la force des muscles du crâne, font mouvoir leur chevelure d'une manière remarquable. Ces deux muscles minces, très-larges et courts, situés sur les parties latérales de l'occiput, s'étendent depuis les arcades supérieures de l'occipital, où ils sont charnus, jusqu'à l'aponévrose qui les unit aux muscles frontaux. Ils se terminent de chaque côté de la tête aux apophyses mastoïdes. Leurs fibres montent obliquement de derrière en devant.

Des cheveux.

Je vais, en parlant des cheveux ou plutôt de la chevelure, considérer cette question sous le rapport de la beauté optique, c'est-à-dire que je vais considérer les cheveux comme devant concourir à la grâce et à la beauté de la figure.

Toutes les masses principales de la tête doivent être constituées grandes autant que possible, pour correspondre avec les masses encore plus grandes du corps : voilà le principe que nous avons déjà fait connaître. Or, comme la chevelure, en recouvrant plus ou moins les masses du visage, peut rendre ces masses plus ou moins grandes, plus ou moins débrouillées ou équivoques dans leurs contours, cette raison a déterminé souvent les artistes anciens à choisir un arrangement de cheveux qui produise une ligne simple non interrompue autour du front, et qui se continue pardessus les oreilles et jusqu'en arrière. Un homme qui n'aurait vu qu'un instant les Niobés, et qui se rappellerait confusément leur coiffure, penserait qu'elle consiste en une ligne circulaire sans interruption, la tête étant vue de face ou de profil.

Tel était le but que ces grands artistes s'étaient proposé, je veux dire de produire dans la coiffure une ligne grande, une, et dont le caractère fût fortement senti. Cependant, combien de variétés délicates animent et donnent de la légèreté à cette grande ligne ! Combien de variétés et de naïvetés charmantes, d'ondulations gra-

cieuses à l'endroit du front où se séparent les cheveux !
Souvent des boucles flottent de chaque côté et retombent
vers les tempes, pour interrompre un peu, mais tout autant qu'il le faut, la symétrie de cette ligne, qui pour
certains sujets serait trop sévère. Que de grâce encore
dans ces masses souples qui accompagnent élégamment
les épaules de la belle Leucothoé du musée Albani, ou
celles du Bacchus déjà cité du musée de Paris ! Que de
virginité dans la chevelure si simple des Diane ! Que de
grandeur dans l'union de la barbe et des cheveux, union
qui circonscrit noblement la face des héros et des personnages graves ! Que de jeunesse et de simplicité dans
l'arrondissement des boucles courtes et vivement frisées
des Mercure, des Méléagre ou autres jeunes princes de la
mythologie !

Enfin les modernes ont-ils rien à opposer, pour disputer
aux anciens la palme, au sujet de la convenance et de
l'excellent goût dans les coiffures ? Non. Les artistes modernes, jusqu'au 19e siècle, n'ont rien entendu aux coiffures, et cependant les modèles antiques étaient là pour
leur apprendre cette importante partie de l'art. Mais en
ceci, comme dans tout le reste, les modernes n'ont suivi
que leur caprice, leur routine d'imitation, et presque
jamais la philosophie de l'art. Qu'est-ce qu'une coiffure
de caprice, arrangée et ajustée de goût ? C'est souvent
une coiffure d'une grande impropriété ; c'est souvent une
coiffure qui apporte un contresens capable de détruire le
caractère de la figure ; c'est souvent un signe qui contribue à perpétuer cette idée fausse que la peinture et la
sculpture ne sont tenues qu'à produire des choix de fantaisie, n'étant l'une et l'autre qu'un vain amusement.

On n'a donc vu dans les coiffures qu'une bagatelle de l'art, et l'on n'a fait sur ce point aucune recherche profonde. L'école florentine tortillait, enlaçait et arrangeait à sa façon des tresses, des rubans, des nœuds de perles; et les écoles vénitiennes, flamandes, etc., en firent autant. Pendant trois cents ans on n'adoptait que des ajustemens d'école, ou l'on n'inventait que des bizarreries appartenant plus ou moins aux modes de ces tems. Dire aujourd'hui que le plus souvent ces ajustemens sont laids et de mauvais goût, c'est prévenir la pensée du plus grand nombre. Mais ajouter que la coiffure d'une figure doit avoir un caractère, un style, un mode déterminé; que les convenances optiques et intellectuelles doivent toujours s'y rencontrer, et que le vrai costume y réclame ses droits, c'est peut-être avancer un précepte dont la rigueur ne sera pas goûtée de tout le monde.

Voici ce que je trouve dans un livre écrit en 1750 : « Un autre défaut dans lequel une imitation sévère de » l'antique entraîne ordinairement nos meilleurs sculp- » teurs, est relatif à la façon de coiffer. M. Pigalle a senti » à la vérité que la coiffure de sa Vénus demandait plus » d'ajustement que celle de toute autre figure; aussi l'a- » t-il traitée d'une manière très-galante. En général les » sculpteurs, sans suivre aussi servilement l'antique, pour- » raient varier davantage leur manière de coiffer, et, ainsi » que les peintres, hasarder quelque chose à cet égard. Les » coiffures que l'on voit aux femmes dans quelques cantons » d'Allemagne et d'Italie, ne pourraient, par exemple, que » produire de très-belles formes dans la sculpture. Ces li- » cences ont été employées avec succès par Germain Pilon, » dans les trois Grâces qui soutiennent l'urne, etc., etc. »

Que j'aille mettre en avant que ces coiffures de Germain Pilon me déplaisent fort, cela ne changera rien à l'idée des personnes qui, comme ce critique, les trouvaient de leur goût; mais ce que je voudrais persuader, c'est qu'il y a des principes d'optique et de convenance, sans l'aide desquels on ne peut juger ni apprécier ces coiffures.

Dire que la nature est notre modèle, et qu'il y a en Italie et en Allemagne des coiffures bonnes à répéter, c'est ce que je ne nie point; mais il reste à savoir s'il ne convient point de faire, selon les cas, des changemens dans ces coiffures; il reste à savoir si elles conviennent à tous les sujets, à toutes les dispositions, au lieu que dans l'antique, qui est l'ouvrage de l'art, la convenance et les modifications sont toutes manifestées et écrites par la science de l'artiste. Ceci ne prouve pas qu'il faille emprunter et répéter telle ou telle coiffure antique, mais qu'il faut nécessairement se conformer à la théorie antique, à l'aide de laquelle on produira autant de diverses et de belles coiffures qu'on voudra.

Ce qui charme et surprend encore dans la contemplation des coiffes antiques, c'est l'extrême fertilité qui accompagne cette grâce d'imagination des artistes d'autrefois. En effet, tout en respectant le principe qui conserve une ligne simple et très-débrouillée dans la silhouette de la coiffure, ils en ont composé de toutes sortes de caractères. Ils les ont variées à l'infini, toujours selon le mode du sujet et toujours en conservant cette unité d'aspect qui, en dessinant de loin l'ovale de la figure, attire la vue et la fixe sur la tête des personnages. C'est donc tantôt un réseau délicat qui, enveloppant par derrière tous les cheveux, en forme une masse allongée et inclinée plus ou moins, selon le mouvement et le bon effet; tantôt c'est un bandeau étroit qui serre les cheveux à des distances bien entendues; tantôt des branches légères ou des feuilles de plantes emblématiques se mêlent au pourtour onduleux et saillant des tresses de côté, et y jette une variété charmante. Cependant la voûte lisse et arrondie du crâne fait un contraste heureux et conserve de loin la forme de la tête; ici les cheveux formant un nœud élégant, viennent s'élever sur le sommet, comme ceux des vierges; quelquefois les cheveux noués très en arrière, forment une touffe ingénieusement tressée; des flots de cheveux s'échappent aussi parfois et viennent se dérouler en spirale le long du cou et sur les épaules; enfin on les voit quelquefois décorer de leurs enroulemens le tour du visage comme par des ornemens réguliers : mais de quelque manière que la main de l'artiste ait disposé, ajusté, varié et combiné ces masses, jamais on ne retrouve des formes semblables, jamais ne retrouve le même volume, le même tour ou les mêmes espaces. Quel art, quel goût dans toutes ces combinaisons ! Grâce précieuse des écoles antiques, jamais nous ne parviendrons à vous surpasser !

Mais revenons à l'exposé des lois techniques relatives à notre question.

Une observation importante et qui se rapporte à la vraisemblance, c'est qu'il faut faire concourir les cheveux ou la coiffure au mouvement de la tête. Disons donc que, selon l'inclinaison de la tête, la chevelure doit baisser un peu d'un côté ou d'un autre. Dans la plus jeune des Niobés, la tête lève un peu, mais semble lever beaucoup en arrière, parce que la masse des cheveux réunis en touffe par derrière, est située très-bas. La Vénus d'Arles

au contraire, qui baisse la tête, a cette même touffe située
très-haut. Les têtes qui penchent de côté doivent offrir
la même différence. Rien n'est plus contraire à l'unité ou
à l'idée du mouvement de penchement à gauche, que de
faire pencher plus du côté droit un des côtés ou une des
principales mèches latérales de la chevelure. Si on couvre
le haut des oreilles dans une tête qui se renverse en arrière, cela sera conforme au mouvement (V. les Niobés).
Si on les découvre dans celle qui baisse en avant, cela y
sera encore conforme (V. encore la Vénus d'Arles). Cependant il faut, quant à ce dernier choix en peinture, se
méfier de la pointe claire que forme le haut des oreilles,
et de l'échancrure que cette pointe occasionne sur la chevelure noire dont elle interrompt la ligne.

Il est encore à recommander de conserver, malgré
l'arrangement de la coiffure, la forme, et, autant que possible, la dimension de la tête ou au moins du crâne. Souvent les individus font voir des chevelures informes, équivoques, confuses, sans caractère; il ne faut pas les copier,
mais bien prendre un parti, en y reconnaissant, malgré
tout, une indication de caractère. David disait à quelques
élèves insoucians sur ce point : « Ne voyez-vous pas que
» la coiffure de votre figure ne ressemble à rien, si ce
» n'est à un nid d'oiseau. » Il voulait donc que l'on aper-
çût l'esprit de la nature dans la coiffure naturelle des individus, et qu'on tirât un bon parti de cette coiffure,
sans en faire une autre absolument. Et en effet, un contresens à ce sujet donne un air de fausseté dont on n'imagi-
nerait souvent pas la cause; de là le mauvais effet de
toutes ces perruques, toutes coupées à la mode, et qui
siéent si mal à la plupart des têtes.

Si maintenant nous nous demandons quelle est la bonne manière de représenter les cheveux en peinture, nous reconnaîtrons que cette manière tient beaucoup à la perspective, quoiqu'il y ait certains procédés plus ou moins ingénieux qui appartiennent au matériel de l'exécution et au maniement. En effet, une chevelure vue au troisième plan doit être moins détaillée que celle qui est située au premier plan ; dans celle-ci on peut compter, pour ainsi dire, quelques cheveux, on peut les exprimer séparés, distincts avec la forme et le mouvement qu'ils dessinent en particulier, tandis qu'une chevelure éloignée dans ce tableau peut être traitée par des masses douces, légères, incertaines et sans détails, car enfin ce ne sont pas des cheveux, mais l'apparence des cheveux qu'il s'agit de rendre. Pour ce qui est de l'exécution manuelle des cheveux, il y a certainement des procédés francs et heureux. Pour obtenir une juste imitation, le travail du dessous est important ; le degré de viscosité de la couleur l'est aussi sous certains pinceaux. Un peintre adroit exprimera facilement l'effet des cheveux qu'un peintre plus patient aurait mal imité, malgré plus de travail, avec des outils impropres. Des cheveux traités d'une manière peinée et pesante, faits à plusieurs reprises, ne réussissent pas comme ceux qu'un habile praticien sait peindre lestement ; mais méfions-nous de l'exemple de ces faciles praticiens. Souvent le plaisir de paraître francs, expéditifs, adroits et légers, leur fait adopter une manière au lieu d'une exacte représentation ; souvent tout leur beau travail est faux, leur pinceau facile est mensonger, et le badinage de leur touche n'est qu'une gentillesse impertinente. Consultez donc les vrais modèles et la nature, et soyez

plutôt timides et lents à exprimer, qu'affectés, hardis et
à prétention, en sorte que vos cheveux ne soient ni durs,
ni arides, comme ceux des copistes de Léonard ou d'Albert-
Durer, ni mous et incertains, comme ceux de Grimoux ou
de quelques imitateurs de Rhimbrandt, ni semblables à
des crins nettement contournés, ou à des rubans propres
et luisans, ou enfin à des masses nébuleuses, informes et
sans existence, mais qu'ils soient doux et de quelque résistance, unis sans former des lames sèches et métalli-
ques, légers et très-souples, sans être vaporeux, ou trop
incertains.

Pour ce qui est de la teinte vraie des luisans et des
surfaces vues obliquement sur les chevelures, ce que nous
dirons, en parlant du coloris, satisfera complètement sur
ce point.

De la barbe.

Plusieurs des observations que nous venons de faire au
sujet des cheveux, sont applicables à la barbe. Ce qu'il
importe le plus, je crois, de bien remarquer, c'est que les
anciens, toujours amis de la beauté et des convenances,
ont évité de donner à leurs figures des barbes de fantaisie,
et surtout de ces barbes longues et souvent fourchues
que les modernes se plaisent à étaler sans raison sur
toutes sortes de personnages. Dans l'antiquité donc la
forme de la barbe se rattachait à un caractère déterminé,
et il n'y a guère que les divinités subalternes, telles que
les Satyres et les Fleuves qui portent l'espèce de barbe
dont je viens de parler. Je ne déciderai pas s'il serait contraire à l'esprit d'humilité de plusieurs de nos saints de
les priver de cette barbe longue et négligée, comme est
celle de nos pauvres ou celle des portraits de St Antoine,

mais j'affirmerai que la forme et l'arrangement de la barbe se lie à l'expression du caractère, et qu'il n'est pas indifférent pour l'intelligence du sujet de lui donner telle ou telle disposition.

On ne peut pas dire que la différence naturelle des moyens de la sculpture et des moyens de la peinture ait été admise à ce sujet dans l'antiquité, et qu'il doit résulter de la différence entre la forme des barbes peintes et des barbes sculptées. En effet, les monumens conservés de l'un et de l'autre art, nous font voir une entière analogie en ce point. Les grandes barbes des figures peintes sur les vases grecs, sont tout aussi longues sur les bas-reliefs très-antiques, et les peintures antiques du musée Portici font voir dans la forme et le style des barbes le principe adopté sur les sculptures. Si quelques figures de Satyres nous montrent une barbe assez longue et bien fournie, jamais l'antique n'en produisit de semblables à celle du Moïse de Michel-Ange. Cette manie de l'excessif, cette ambition de tout oser, a conduit cet étonnant artiste à l'extravagante idée d'une barbe semblable à une fine crinière, ou plutôt aux torsades allongées et sans fin de ces mèches de lin servant à couvrir les quenouilles. Les anciens ont bien su pourquoi ils ne donnaient pas au plus vénéré de leurs dieux une barbe, comme on dit, vénérable, c'est-à-dire, très-allongée et couvrant la poitrine ; ils connaissaient trop bien les lois du beau pour tomber dans cette inconvenance, et, regardant d'ailleurs la forme du menton et de la mâchoire comme plus importante que la forme de la barbe, ils ont su faire sentir le dessous par la forme ingénieuse et vraie de la barbe, de même qu'ils rappelaient toujours et très-habilement le nu par la forme heureuse des vêtemens.

Du cou.

Chez les beaux individus et sur les statues antiques des
dieux, le cou est plein et uni; il s'élance de la poitrine,
comme une colonne élégante : la souplesse de ses flexions
et la variété un peu anguleuse des deux muscles qui le
dirigent, en font une des parties les plus admirables du
corps humain. De plus, le cou est d'une grande expression; car, par la réunion qu'il offre des caractères très-
apparens de la chair, de la peau, des tendons et des
cartilages mêmes, il peut signifier l'âge, la santé, le tempérament et même les passions. Quoi de plus doux, de
plus souple, de plus délicat que le cou d'une jeune fille !
Sa flexibilité et ses courbes gracieuses, ne contribuent-
elles pas à l'éclat, à la vie de la tête ? Y a-t-il rien de plus
fier, de plus énergique que le cou du Ménélas Pitti; de
plus noble que celui des Dioscures de Monte-Cavallo ?
Quelle vie, quel tressaillement sur celui du Gladiateur
Borghèse ! Enfin le cou de la Diane de Paris ne peint-il
pas l'activité, l'austérité même de la chaste sœur d'Apollon ?

Un des ornemens du cou, chez la femme, consiste encore
en ces sillons délicats que la saillie du larynx et l'épaisseur
de la peau font plus ou moins sentir, selon les différens
mouvemens, et même selon l'habitude des mouvemens,
habitudes qui laissent subsister les empreintes des plis que
produisent les flexions. Le buste de l'Ariane du Capitole
offre en cette partie des beautés d'un grand caractère;
c'est sûrement au charme de ces anneaux plus ou moins
variés que Salomon faisait allusion, en comparant le cou
de la Bien-Aimée, à des colliers travaillés par la main d'un

excellent ouvrier : *Collum tuum sicut monilia* (Chap. 1er, verset 9).

Si nous considérons maintenant le cou sous le rapport de l'anatomie et de la mécanique, nous remarquerons l'influence des proportions sur la grâce et la facilité de ses mouvemens. Le dégagement et la sveltesse des vertèbres cervicales, la courbure même qu'elles dessinent et leur juste conformation enfin, sont la cause de ces flexions, de ces tours animés, de ces contrastes qui semblent dans l'imitation animer le marbre ou les couleurs. Ces moyens de la nature sont très-délicats et échappent aux regards des observateurs superficiels; mais si Raphaël, si Léonard, si les statuaires anciens ont fait vivre leurs portraits, ont rendu le mouvement sur de simples bustes, c'est qu'ils ont senti et compris ces mêmes beautés, et qu'ils ont su les exprimer avec énergie et précision.

Il est à remarquer que, presque jamais, les anciens ne couvraient par la coiffure le passage qui lie le cou à la mâchoire au-dessous de l'oreille. Par ce moyen, ils ont obtenu de l'ampleur en cette partie où la joue se lie avec le cou, et il en est résulté une masse grande et simple qui reste en harmonie avec l'ampleur du corps. Disons en passant que la saillie de l'apophyse mastoïde du temporal, à laquelle s'attache le muscle sterno-mastoïdien, contribue principalement à déterminer la grosseur du cou.

Le mouvement latéral de la tête sur le cou se fait à l'aide de la première vertèbre pivotant sur la seconde, au moyen de l'essieu particulier à cette seconde vertèbre, essieu qui laisse librement tourner la tête à gauche et à droite.

Un autre mouvement de la tête, produit par la struc-

ture du cou, c'est le mouvement de flexion de devant en
arrière. Ce mouvement s'opère au moyen de la charnière
angulaire de la première vertèbre, charnière qui est le
résultat de ses cavités glénoïdales et de la forme inférieure
de l'occipital.

La structure des os du cou permet donc deux mouvemens principaux à la tête : celui de devant en arrière, et
celui de gauche à droite ; et le cou ayant lui-même ses
mouvemens particuliers, il résulte une combinaison assez
variée des mouvemens de la tête sur le cou, mouvemens
combinés avec ceux du cou sur le tronc. Considérons
donc les mouvemens des vertèbres cervicales, par rapport
au cou seulement.

Nous remarquerons qu'il peut 1° s'allonger, 2° se courber, 3° se porter par inclinaison en tout sens sur le torse.

L'allongement du cou, quoique peu considérable, a lieu
néanmoins, d'abord par l'élasticité des cartilages qui séparent les vertèbres, et ensuite par l'extension de la tête
sur la première vertèbre au moyen du glissement des apophyses condyloïdiennes occipitales sur les cavités glénoïdes
de l'atlas.

La courbure du cou en tout sens peut avoir lieu jusqu'à
un certain degré par la même élasticité des intervalles
cartilagineux.

Son inclinaison en tout sens a lieu par la structure naturelle des vertèbres, structure qui facilite suffisamment
les flexions des unes sur les autres.

Indépendamment de ces mouvemens composés, il faut
remarquer que la direction naturelle du cou osseux est
légèrement courbe et commence la ligne sinueuse de la
colonne vertébrale.

La tête osseuse, au lieu de pivoter comme celle du mannequin, ne fait guère de flexions ou d'inclinaisons sur le corps, sans que ces flexions ou ces combinaisons soient composées et très-variées. La nature de ces mouvemens divers doit donc être étudiée et scrupuleusement analysée par le peintre; on pourra en observer l'effet sur la mère des Niobés, sur le Discobole et sur le Léonidas de David.

Des os du cou.

Les os du cou sont les sept vertèbres supérieures de l'épine dorsale; on les appelle cervicales, du mot latin *cervix* (cou), pour les distinguer des dix-sept autres vertèbres. Ces sept vertèbres du cou sont plus petites que les autres, et elles ont en outre des particularités qui les en distinguent : elles offrent des épines plus courtes et moins couchées les unes sur les autres que les épines des vertèbres dorsales; ces épines sont fourchues à leurs extrémités.

Il y a dans le cou trois vertèbres, dont l'examen est essentiel : ce sont la première, la seconde et la troisième.

Parlons d'abord de la première ou de la plus haute. Elle n'a, au lieu d'épine saillante, qu'une petite tubérosité; elle s'articule avec la tête et avec le second os vertébral qui a une structure particulière, et est conformée à cet effet : cette articulation a lieu avec l'occipital par les apophyses condyloïdiennes de celui-ci et par les cavités glénoïdales de cette première vertèbre. On appelle ce premier os du cou atlas, parce qu'il supporte immédiatement la tête.

Le second os remarquable dans le cou, c'est la seconde vertèbre. Elle offre une éminence verticale qui, faisant les fonctions d'un essieu, reçoit la cavité de la première vertèbre ou de l'atlas. Nous allons voir l'office de cet essieu.

La troisième vertèbre cervicale, qui est le dernier os du cou, est plus saillante que les autres par son épine excédente ; et dans la nature, comme dans l'antique, cette grosse épine, caractérisée distinctement, détermine comme par un point de repère une des grandes divisions de la colonne vertébrale.

Muscles du cou.

La tête, comme tous les os, ne se soutiendrait pas en équilibre et serait continuellement renversée d'un côté ou d'un autre, sans le secours des muscles qui la maintiennent, selon que la volonté de l'individu le commande et selon que les lois mécaniques le permettent. Quatre de ces muscles sont très-apparens, deux gros par derrière, et deux autres très-puissans sur les côtés.

Les deux gros muscles qui soutiennent la tête par derrière, et qui l'empêchant de tomber en avant, la font aussi renverser en arrière ou la font pivoter, sont les deux splénius qui ont pour congénères le grand complexus et le petit, les releveurs propres et autres situés pardessous. Les deux splénius sont revêtus par le trapèze qui les couvre de sa légère épaisseur. L'attache des splénius a lieu et à la tête et aux vertèbres dorsales. Les releveurs propres s'attachent à l'omoplate.

Les deux gros muscles latéraux sont les sterno-mastoïdiens ou sterno-cléido-mastoïdiens. Ils s'attachent à l'apophyse mastoïde de la tête, derrière l'oreille, et finissent par une direction oblique chacun en un tendon atta-

ché au sternum. Il y a une portion postérieure de ce
muscle qui s'attache à la clavicule ; on l'appelle cléido :
cette portion de muscle est très-apparente et forme un
triangle avec le tendon du sterno-mastoïdien.

L'office de ces muscles est facile à comprendre. Si la
tête doit être penchée à gauche ou à droite, le sterno-
cléido-mastoïdien agit, et son tendon est saillant et en
action en raison du poids qu'il soutient ; si la tête doit se
tourner à gauche, le sterno-cléido-mastoïdien droit la fait
pivoter par sa contraction, de même que, si elle tourne
à droite, c'est le gauche qui agit. Le sterno-cléido-mastoïdien est composé de deux portions. La première appelée sternale, parce qu'elle est attachée au sternum, est
située antérieurement et extérieurement ; son attache à
la partie supérieure du sternum se fait par un tendon de
plus d'un pouce de long, lequel est situé dans une échancrure pratiquée au muscle grand pectoral. Ce tendon
donne naissance à des fibres obliques formant un corps
charnu qui s'épaissit et s'élargit vers le milieu du cou ;
les fibres montent ensuite obliquement de devant en
arrière, pour se terminer supérieurement par un tendon
qui se fixe à l'apophyse mastoïde et à une partie de l'os
occipital.

La seconde portion est postérieure-interne, plus large
et plus mince inférieurement que la première ; elle se
nomme claviculaire, parce qu'elle est attachée à la clavicule par des fibres tendineuses qui deviennent charnues
et montent avec moins d'obliquité de bas en haut et de
dehors en dedans que celles de la portion sternale ; arrivées vers le milieu du cou, elles passent derrière la
première portion et se confondent avec elle. Ces deux

portions réunies finissent par un même tendon à l'apophyse mastoïdienne. Ce muscle, qui a beaucoup de connexion avec les muscles qu'il recouvre , est lui-même
recouvert supérieurement par les tégumens, et inférieurement par le peaucier.

Les muscles digastriques sont situés au-dessous de la
mâchoire inférieure, à la partie antérieure du cou, et derrière les peauciers et les sterno-cléïdo-mastoïdiens. Des
deux ventres le premier est postérieur, le second est
antérieur. Nous dirons fort peu de chose du postérieur,
parce qu'il est tellement caché, que son action ne paraît
point au-dehors : il prend naissance dans une rainure
située derrière le mamelon de l'apophyse mastoïdienne,
donne lieu à un tendon qui se porte de derrière en devant et de haut en bas, traverse l'épaisseur du muscle
sterno-hyoïdien, et est retenu par une bande membra-
neuse très-forte attachée à l'os hyoïde. Ce tendon, dé-
barrassé de ce lien, s'élargit en montant obliquement de
bas en haut et de derrière en devant, puis se termine au
ventre antérieur qui s'attache au bord inférieur de la
mâchoire dans une direction de dehors en dedans. Par
cette disposition, les ventres antérieurs des digastriques
sont presque contigus, et ne sont séparés l'un de l'autre
que par le muscle mylo-hyoïdien.

Le mylo-hyoïdien est un muscle impair situé entre la
mâchoire inférieure, l'os hyoïde, et les deux ventres antérieurs des digastriques. Sa forme est triangulaire ; il est
mince, large, et composé de fibres obliques qui se dirigent de devant en arrière, de haut en bas, et de dehors
en dedans, de chaque côté d'une ligne tendineuse qui
sépare longitudinalement ce muscle. Le mylo-hyoïdien,

qui est supérieurement attaché à la base de la mâchoire
inférieure, et inférieurement à la partie supérieure de
l'os hyoïde, est couvert, comme nous le savons, par les
ventres antérieurs des digastriques.

Les sterno-hyoïdiens sont obliquement situés à la partie antérieure du cou; ils s'étendent depuis le sternum
jusqu'à l'os hyoïde. Tous ces muscles, dont la forme est
allongée, ont peu d'épaisseur, se trouvent derrière les
tégumens et la partie inférieure du sterno-cléido-mastoïdien, s'attachent inférieurement à l'os sternum par des
fibres tendineuses très-courtes, montent le long du cou en
s'approchant de leurs congénères, s'y unissent vis-à-vis de
la partie inférieure du larynx, et s'en écartent de nouveau
pour passer sur les parties latérales du cartilage thyroïde;
de là ils vont s'attacher, en se rétrécissant, à la partie inférieure de l'os hyoïde. Ces muscles cachent beaucoup
d'autres masses charnues, inutiles à connaître pour les
artistes.

L'hyo-thyroïdien, placé entre le cartilage thyroïde et
l'os hyoïde, est un petit muscle qui se fait à peine apercevoir dans l'espace supérieur que laissent entr'eux les
muscles sterno-hyoïdiens.

On a remarqué sur certains sujets un petit muscle attaché au mastoïde et à l'angle de la mâchoire, et quelques
artistes ont cru reconnaître ce muscle sur le cou de l'A-
pollon du Belvédère.

Les peauciers sont deux muscles très-larges et très-
minces situés aux parties antérieures du cou, immédiatement derrière les tégumens. Ils s'étendent depuis les
parties antérieures, supérieures et latérales de la poitrine,
et depuis les sommets des épaules, jusqu'à la mâchoire

inférieure. Ils sont écartés l'un de l'autre inférieurement,
et se rapprochent tellement supérieurement que leurs
bords se confondent. Leurs fibres qui ont une direction
oblique ascendante, se croisent à mesure que ces muscles
se rétrécissent, et vont se perdre aux masseters, aux triangulaires des lèvres, et s'unissent quelquefois à plusieurs
muscles de la face. Les peauciers recouvrent toutes les
parties charnues du cou. Ce sont les muscles peauciers
qui forment en partie ces saillies maigres et multipliées
qui paraissent au cou dans certaines contractions ; ils
aident aux muscles mastoïdes, sternoïdes, etc.

La partie antérieure du cou offre un os connu sous le
nom d'hyoïde ou os de la langue, qui ressemble à la lettre
u convexe antérieurement, et soutenu par des liens, soit
musculeux, soit ligamenteux. Au-dessous de la langue se
présente un amas de cartilages qui forment ce que les
anatomistes appellent larynx [1]. Ceux de ces cartilages qui
font saillie sous la peau, sont le thyroïde et le crycoïde.
Le larynx paraît avec l'os hyoïde à la partie supérieure de
la gorge, sous la forme d'une bosse plus ou moins grosse,
appelée vulgairement pomme d'Adam.

Le larynx est susceptible d'un abaissement et d'une
élévation considérables : il est très-apparent. Il concourt
à la formation des sons graves ou des sons aigus, et, dans
certaines expressions, cette différence pourrait n'être pas
à négliger. On peut se convaincre par le toucher des va-
riations dont cette partie du cou est susceptible.

Je me contenterai de dire ici que la plus apparente des

---

[1] Ce larynx est situé à la partie supérieure de la trachée-artère ; c'est
le principal organe de la voix. Il est composé des cartilages crycoïde,
thyroïde, des deux arytenoïdes, de la glotte et de l'épiglotte.

veines du cou est la jugulaire, qui est très-gonflée lors
de certains efforts physiques et dans la colère.

De la poitrine.

Par poitrine, j'entends la région qui s'étend depuis le
cou jusqu'au ventre. Les naturalistes appellent de ce nom
la partie qui contient les poumons et le cœur. Je comprends aussi les deux côtés qui en font partie et qui agissent dans la respiration.

La poitrine de l'homme, généralement parlant, doit
être plutôt vaste que resserrée, plutôt plate que bombée;
aussi la comparaison de plusieurs cages osseuses est-elle
nécessaire pour fixer les idées sur la forme de cette
grande partie du corps. Il paraît que dans les poitrines
trop vastes, les poumons, prenant trop de développement,
sont sujets à certaines maladies; aussi, bien que la poitrine des dieux paraisse très-large, même sur les statues
des anciens, et qu'Homère ait signalé celle de Mars, de
Neptune et d'Agamemnon, ils ne lui ont pas cependant
donné une trop grande extension.

Dans les belles antiques et sur les individus harmonieusement conformés, la chair qui recouvre toute la poitrine
a de la consistance, de la plénitude, et s'accorde avec
celle des autres membres; mais rarement les individus
modèles offrent cet accord heureux, et une certaine maigreur et pauvreté de formes fait disparate en ce point.

Quelques dessinateurs de pratique ayant été frappés
de cette belle carrure de la poitrine des statues, rendent
quelquefois cette partie par des formes qui semblent être
taillées au compas et qui tranchent vers leurs contours.
Ils oublient les finesses du petit pectoral, les aponévroses

qui lient ce muscle avec les côtes, et la variété des épaisseurs selon les mouvemens, en sorte que leurs formes ressemblent à celles d'une figure de pierre dégrossie, et tous leurs torses à des cuirasses. Les Romains, dans le déclin de l'art, ont un peu adopté cette manière conventionnelle, toute de pratique et expéditive, qui eût fait sourire Polyclète et surtout Praxitèle.

D'un autre côté, de froids imitateurs des individus modèles, croient faire merveille en imitant, en répétant tous les détails du squelette et toutes les pauvretés d'une chair sèche et mesquine, en sorte que, dans la crainte de faire compassé, ils ont fait laid et misérable. Cependant, si la peinture doit être étayée sur la vérité, celle-ci n'existe dans toute son intégrité qu'à l'aide de la beauté.

Poitrine de la femme.

Il y a quelques observations particulières à faire au sujet de la poitrine de la femme.

Le squelette de la femme est un peu bombé au-devant de la poitrine ; il est resserré et applati sur les côtes, et cela pour laisser plus de place pour les seins. Chez l'homme au contraire, il est plus bombé latéralement et plus plat sur le devant ; aussi l'homme a-t-il le jeu des poumons plus libre et plus fort. Cela explique pourquoi les femmes sont hors d'haleine bien plus promptement que les hommes. La poitrine de la femme semble aussi plus bombée de haut en bas que celle de l'homme ; serait-ce pour mieux garantir les seins ? Ce qu'il y a de certain, c'est que rien n'indique autant la faiblesse de constitution d'une femme, qu'une poitrine dont la structure osseuse produit une forme rentrée ou même plate pardevant.

Quant à la proportion de la poitrine chez la femme, nous avons adopté dans le canon la mesure de dix-sept centièmes pour écartement des bouts de seins; au plus mince du corps, nous donnons douze centièmes et demi, et au plus large des côtes quatorze centièmes et demi. Les modernes ont en général une tendance à faire les seins trop pleins, trop ronds, et le bout trop senti, ce qui est contraire au caractère virginal. On trouve rarement des individus dont les seins soient très-bien conformés et en harmonie avec le reste de la figure. Aussi l'idée d'un beau sein nous a été donnée plutôt par les Grecs que par les modernes. Ceux-ci, il faut le dire, imitent sans beaucoup de précision, tandis que les Grecs semblent n'avoir été guidés que par la nature.

Des clavicules.

Comme la clavicule est sujette à beaucoup de mouvemens, les plans qu'elle présente varient beaucoup. Par exemple, dans un bras situé en arrière, comme est celui du Gladiateur Borghèse, il arrive que la face supérieure de la clavicule devient antérieure, et que son bord antérieur devient inférieur. Dans un bras qui avance, c'est un autre mouvement qu'affecte cet os, en sorte que la justesse d'expression de cet os contribue beaucoup à l'imitation de la nature dans son jeu et la variété de ses actions. Sur les belles figures, la clavicule ne se fait point voir à nu avec toutes ses aspérités et ses faces; une chair ferme et nourrie en déguise les détails qui sont si apparens au contraire dans l'état de maladie ou de décrépitude.

La clavicule est placée transversalement et horizontalement à la partie supérieure, latérale et antérieure de la poitrine, à laquelle elle est attachée par son extrémité interne. Elle a la figure d'une *s*; son extrémité interne, plus grosse que son extrémité externe, est assez raboteuse, et se termine par une facette articulaire propre à la connexion de cet os avec le sternum. Son extrémité externe, qui est moins volumineuse, est applatie de haut en bas, ce qui lui donne deux faces plus grandes que celle du reste de l'os. Elle présente une facette articulaire placée sur son bord, pour s'articuler avec une apophyse de l'omoplate, appelée acromium ou acromion, mot qui signifie sommet de l'épaule. La face supérieure de toute la clavicule est légèrement convexe et marquée de quelques empreintes musculaires. Son bord antérieur est convexe du côté de l'extrémité interne, et concave près de l'extrémité externe.

Le sternum.

La face antérieure de la poitrine offre une pièce osseuse composée de trois ou quatre os, et nommée sternum. Large supérieurement, plus étroite inférieurement, elle se termine par un cartilage appelé xyphoïde ou ensiforme, nom donné à ce cartilage, parce qu'on s'est imaginé lui trouver de la ressemblance avec la pointe d'une épée. Le sternum est légèrement convexe dans toute son étendue. C'est au sternum que vont se joindre les vraies côtes. Cet os est susceptible d'un certain mouvement, pour faciliter la dilatation de la cage osseuse renfermant entr'autres les poumons, qui dans l'aspiration forcent la poitrine à se soulever et à présenter une plus grande capacité. On remarque dans les belles figures, que le sternum offre une éminence plus sensible vers l'union des quatrièmes côtes; cette élévation, qui semble faire l'effet de la clé de la

voûte de toute la poitrine, établit une division conforme
à la beauté, parce que l'espace qui existe depuis cette
éminence jusqu'aux clavicules, est beaucoup moindre que
l'espace qui existe depuis cette éminence jusqu'au bas
des pectoraux.

Des côtes.

Les côtes sont au nombre de douze de chaque côté :
sept vraies qui vont s'attacher directement au sternum,
et cinq fausses qui se lient à leurs extrémités par des cartilages montans les uns dans les autres, en sorte que la
cage en haut est ferme et solide, et en bas souple et en
partie cartilagineuse. La forme de cette cage est un peu
conique, étant étroite sous les clavicules. Sa partie la
plus large a lieu en haut vers les deux tiers de sa hauteur.
Les dernières fausses côtes sont plus déliées, plus libres
et plus souples que les autres, qui sont ossifiées dans leur
entier. Le jeu des côtes est facilité par le genre d'articulation qui les attache à l'épine du dos, en sorte que
toute cette cage, comme nous l'avons déjà dit, varie
beaucoup de formes, soit dans l'aspiration lorsqu'elle est
très-soulevée, ainsi qu'on le voit sur le Laocoon, soit
dans l'expiration lorsqu'elle s'abaisse et que l'épine du dos
se bombe par cet effet. Les intervalles qui séparent les
côtes varient aussi beaucoup, selon les mouvemens.

La forme du pourtour ou de l'espèce d'arcade qui est
produite par l'union et la saillie des fausses côtes, varie
sur les différens sujets. Les anciens, pour exprimer le libre
dégagement de la poitrine, donnèrent à ce pourtour une
forme circulaire, ce qui suppose les poumons à l'aise et
non resserrés par des fausses côtes trop rapprochées les
unes des autres vers le centre ; ainsi au lieu de dessiner la

silhouette des côtes par un triangle, ils la dessinaient par
une courbe. Cette nuance est sensible sur les figures
divinisées, car sur les figures humaines d'un ordre inférieur et sur les Satyres, ils n'observent point cette modi-
fication, et il est à remarquer à ce sujet que les animaux
en général, les chiens et les lièvres surtout, font voir dans
la réunion des deux côtés des côtes une forme très-aiguë.
Quand on a observé beaucoup de squelettes, on est convaincu que ce sont les sujets les mieux conformés qui
forment cette structure osseuse par laquelle les organes
destinés aux principales fonctions vitales, jouissent de
plus de développement et de liberté.

Des muscles de la poitrine.

Sur les parties supérieures, antérieures et latérales de
la poitrine, sont situés deux grands muscles, connus sous
le nom de grands pectoraux; chaque pectoral est large
et mince du côté de la poitrine, s'épaissit et se rétrécit du
côté du bras. Ces muscles sont composés de deux portions
de fibres. La première, qui s'appelle claviculaire, s'attache
au bord de la clavicule presqu'à sa moitié jusqu'au sternum, descend ensuite obliquement vers l'aisselle en se rétrécissant, et finit par une bande tendineuse; cette portion
du grand pectoral est distinguée du muscle deltoïde par
une ligne graisseuse. La seconde portion est nommée
thorachique; elle est large, rayonnée, et s'insère à la face
externe du sternum, à presque toutes les vraies côtes, et
à la première des fausses, par des attaches qui sont comme
autant de digitations. Les fibres de cette portion sont
courtes et tendineuses du côté du sternum; elles s'avancent sur le milieu de cet os, où elles se croisent avec celles

de son congénère qu'elles rencontrent à cet endroit. Les digitations sont plus distinctes aux attaches inférieures qui s'entrelacent avec celles des muscles droits et des grands obliques du bas-ventre. Les fibres charnues de la portion thorachique montent en se ramassant les unes sur les autres du côté du bras, et finissent par un gros tendon qui se réunit à la bande tendineuse de la portion claviculaire, pour s'attacher ensemble à la gouttière bicipitale. Ce muscle, qui a aussi sa connexion avec le grand dentelé, forme le bord antérieur du creux de l'aisselle.

Le grand pectoral a les mêmes usages que le grand dorsal ; ses mouvemens sont très-bien aperçus, et les directions de ses fibres se dessinent sous la peau. Il sert en général à approcher le bras des côtés, à l'y appliquer avec force, et à le porter vers le devant de la poitrine. Lorsque la portion supérieure du pectoral se contracte seule, le bras est levé en devant ; si c'est la portion inférieure qui agit, l'épaule est abaissée, effet produit par le concours de la contraction de la partie inférieure du grand dorsal. Ce muscle, toujours de concert avec le très-large du dos, est très-utile dans la suspension du corps par le moyen des mains.

Les parties latérales de la poitrine sont recouvertes de chaque côté du grand dentelé, qui est large, charnu, et qui s'étend depuis les côtes jusqu'à l'omoplate ; sa figure est celle d'un carré régulier. Ce muscle offre antérieurement et inférieurement des dentelures séparées les unes des autres, et présente trois portions : une supérieure, une moyenne et une inférieure. La première portion, qui a beaucoup d'épaisseur, est courte et oblique de bas en haut, et de devant en arrière ; elle s'attache à la première

et à la seconde côte antérieurement, et postérieurement
au bord supérieur de l'omoplate. La seconde portion est
fort courte et mince; elle s'étend depuis la seconde, la
troisième et la quatrième côte, jusqu'à la base de l'omoplate. Ses fibres ont une direction presque horizontale.
La troisième portion est très-épaisse et composée de digitations fort longues, attachées à la cinquième, sixième,
septième et huitième côte, et quelquefois jusqu'à la neu-
vième ; quatre de ces digitations sont cachées sous le
pectoral. Des trois digitations supérieures la première est
la plus courte, les deux autres sont plus longues et très-
larges, la dernière devient aussi plus longue que les autres. Elles sont toutes fixées par des fibres tendineuses
très-courtes au bord des côtes, et s'entrecroisent avec de
pareilles languettes fournies par le muscle oblique externe.
Quoique ce muscle soit en partie couvert par l'omoplate,
le grand pectoral et le grand dorsal, nous avons cru devoir nous étendre sur sa description, à cause du croisement de ses languettes angulaires avec les digitations des
muscles grands obliques qu'on aperçoit facilement à travers les tégumens.

Dans les vieillards dont la peau est moins adhérente aux
muscles, ces dentelures sont moins marquées.

Elles sont encore indiquées d'une manière non aride et
très-légère, dans les figures de jeunesse; aussi Mengs a-t-il
remarqué que sur l'Apollon elles sont soufflées en ondes
presqu'imperceptibles, et qu'elles sont moins sensibles à
la vue qu'au toucher.

Remarquons que, si le grand oblique d'un côté agit
avec le petit oblique de l'autre, le tronc tourne latéralement sur le bassin , de sorte que la partie latérale

droite, par exemple, de la poitrine, correspond à l'espace qui est entre l'épine du pubis et l'épine inférieure et antérieure de l'os des iles du même côté, tandis que la partie latérale gauche répond à la partie gauche du bord supérieur du bassin, partie qui se trouve après l'épine antérieure et supérieure de l'os des iles. La contraction de l'oblique externe est très-forte, bien marquée; celle de l'oblique interne est voilée par l'oblique externe, derrière lequel il est situé. Le tronc, ainsi tourné, peut se fléchir sur le côté par son propre poids; les muscles du côté opposé sont seulement modérateurs et le rendent convexe, pendant que l'autre côté offre plusieurs plis.

Pour que l'air puisse s'introduire dans l'intérieur de la poitrine, il faut que les côtes fassent un mouvement d'élévation; mais elles ne peuvent l'exécuter qu'en mettant le plus grand diamètre de leurs arcs dans un plan directement parallèle à l'horizon, ce qui dilate beaucoup la poitrine et la rend plus large dans l'inspiration. Les muscles, qui peuvent être regardés comme les principaux moteurs de cette élévation, sont les petits dentelés postérieurs supérieurs et les intercostaux externes. L'air est expiré par l'abaissement des côtes qui produit le rétrécissement de la poitrine. Ce mouvement est dû aux intercostaux internes et aux petits dentelés postérieurs inférieurs; les muscles du bas-ventre y contribuent aussi beaucoup. Il suit de ce que nous venons de dire que la poitrine monte et se dilate dans l'inspiration, et que les côtes s'expriment fortement à travers les tégumens. Les muscles du bas-ventre se laissent entraîner vers la poitrine par un mouvement passif. La poitrine au contraire s'abaisse, se rétrécit dans l'expiration, et les côtes s'effacent un peu;

elles se prononcent cependant assez pour être distinguées.
Alors les muscles du bas-ventre ont un mouvement actif,
et leur contraction, sans être très-forte, paraît au-dehors.

Des bras.

On distingue le bras de l'avant-bras. Le bras est composé d'un seul os, qui est l'humérus ; l'avant-bras est
composé de deux os, le cubitus et le radius.

Aujourd'hui les beaux bras sont assez rares en général.
Les exercices de la gymnastique, propres au perfectionnement musculaire, n'étant plus regardés comme nécessaires
depuis l'usage des armes à feu, il résulte qu'on néglige de
donner à tout le corps l'énergie et l'agilité dont on faisait
tant de cas dans l'antiquité. C'est pour cette raison que
les bras des femmes sont en général plus beaux que ceux
des hommes dans la classe qui n'est point obligée à des
travaux et à une vie qui altère la santé.

Les gens aisés donnent beaucoup d'exercice à leur estomac, un peu à leurs jambes, mais presque jamais à leurs
bras. D'un autre côté, les artisans qui exercent beaucoup
leurs bras, vivent chétivement, se soignent peu, et font voir
des formes qui, bien que nerveuses, sont sans beauté. Voyez
les gros ventrus des villes, quels petits bras, quelles pauvres
formes ! L'articulation en est grossière aux apophyses, les
doigts mêmes ont des nodus, et le corps du bras et de
l'avant-bras, ainsi que le corps des doigts est misérable et
sans élasticité, ou bien ces parties sont comme soufflées
et ne rappellent en rien leur destination. Si nous passons
de l'examen de ces membres déformés à celui des beaux
bras antiques, si nous jetons un coup-d'œil seulement
sur le biceps du Ménélas soulevant le corps de Patrocle,

nous ne pourrons nous empêcher de reconnaître combien nous sommes loin en idée de la nature héroïque et primitive, et nous regretterons les chefs-d'œuvre de l'école de Praxitèle ou de Scopas, dont la comparaison nous eût fait si bien sentir toute la pauvreté, toute la misère des bras de ces individus que les académies exposent sans scrupule aux yeux des jeunes dessinateurs réduits à suivre de si pitoyables modèles.

Des os du bras.

L'humérus peut être divisé en corps et en extrémités, l'une supérieure et l'autre inférieure; cet os ressemble à une petite colonne torse. L'extrémité supérieure offre une tête recouverte d'une substance cartilagineuse qui n'est pas placée dans une ligne parallèle à l'axe de l'os; elle fait angle avec son corps. Cette tête est appuyée sur un cou fort court, présentant deux tubérosités sur son contour; la plus grosse est externe, la plus petite est interne. Le corps de l'os qui est supérieurement cylindrique, s'applatit inférieurement de devant en arrière, et s'élargit à mesure qu'il descend. Il offre antérieurement à sa partie supérieure une gouttière relevée de deux bords qui servent d'insertion à des muscles. La partie de l'humérus qui s'applatit, offre deux faces un peu convexes dans leur milieu et terminées sur leurs côtés par des bords tranchans, connus sous le nom d'épines : ces épines, qui sont distinguées en internes et externes, finissent par deux éminences latérales observées à l'extrémité inférieure, et nommées condyles : l'une d'elles placée au côté interne, saillante, inégale dans sa surface, est située un peu en arrière; l'autre est externe, plus grosse, moins saillante

que l'interne et un peu plus en devant. Entre ces deux
condyles existe un espace rempli d'inégalités et surnom-
mé poulie ; sa direction est oblique ; il offre deux extrémités, l'une antérieure et l'autre postérieure ; ce sont
deux cavités, dont la dernière est très-profonde. Cette
poulie présente aussi deux éminences latérales : la première est interne, articulaire, plus élevée que l'autre, et
contiguë au condyle interne ; la seconde est externe et
s'appuie sur la cavité glénoïdale du radius.

L'humérus s'articule inférieurement avec l'avant-bras,
et supérieurement avec la cavité glénoïdale de l'omoplate.
Sa tête, observée seulement sur le squelette, semble être
trop grosse pour cette cavité ; mais en réfléchissant sur la
disposition des apophyses coracoïde et acromion, sur la
capsule ligamenteuse, sur les autres ligamens et sur les
muscles qui fortifient cette articulation, on reconnaîtra
bientôt que la profondeur de la cavité correspond au volume de cette tête : aussi l'humérus exécute-t-il sur l'omoplate toutes sortes de mouvemens, et c'est ce qu'on appelle une connexion par genou.

Dans la situation naturelle, l'humérus, de concert avec
les apophyses coracoïde et acromion, dessine cette forme
arrondie de l'épaule ; la convexité, qui se prononce fortement, diminue, si nous levons le bras, parce que la tête de
l'os du bras, en glissant dans la cavité glénoïdale sous
les deux apophyses de l'omoplate, va gagner la partie inférieure de cette cavité. En portant le bras en avant, la
tête de l'humérus fait saillie à la partie postérieure de la
cavité glénoïdale ; la clavicule est relevée, bien moins cependant que dans l'élévation du bras, et l'omoplate se
prononce davantage en arrière. L'humérus mu en arrière

porte la convexité de l'épaule en devant, et sa tête occupe alors la partie antérieure de la cavité glénoïdale. Ce n'est que par ces deux ou trois exemples que l'on peut faire sentir les modifications du plus ou du moins de saillie que peut faire la tête de l'humérus avec les éminences de l'épaule : il faut avertir d'ailleurs d'en calculer les degrés variés à l'infini.

La longueur moyenne de l'humérus est de dix-huit centièmes et demi.

Des muscles du bras.

Le deltoïde, ainsi nommé à cause de sa ressemblance avec le delta de l'alphabet grec, est très-épais, d'une forme triangulaire et situé immédiatement au-dessous des tégumens. Il s'étend depuis la clavicule, l'apophyse acromion et l'épine de l'omoplate, jusqu'à la tubérosité externe de l'humérus : ses attaches sont aussi à ces mêmes parties. Ce muscle est un des plus composés [1] de l'économie animale. Il présente six directions de fibres qui s'entrecroisent réciproquement : la première, fixée à la clavicule, est très-large ; la seconde, bien plus étroite, est attachée à l'acromion ; la troisième, plus large que la seconde, naît aussi de l'acromion ; la quatrième, semblable à la seconde, tient à l'épine de l'omoplate ; la cinquième, qui est toute charnue, s'insère à la même partie que la précédente ; la sixième est tendineuse. Toutes ces fibres, diversement entrelacées, sont recouvertes d'une expansion aponévrotique , laquelle se confond avec l'aponévrose qui renferme tous les muscles

[1] Lorsque la direction des fibres se trouve multipliée dans un même muscle, on le nomme muscle composé. Les muscles simples ne sont formés que par des fibres qui n'ont qu'une seule et même direction.

du bras. Le deltoïde se termine à l'humérus par un tendon presque charnu. Ce muscle est caché par l'extrémité
inférieure du peaucier ; il a connexion avec le grand pectoral, couvre une portion du biceps et tous les muscles
de l'épaule, à l'exception du sous-scapulaire.

Une des fonctions du deltoïde est de modérer l'effort
qu'exerce la pesanteur du bras dans l'abaissement.

Les deux muscles qui se trouvent à la partie antérieure
du bras, sont le biceps et le brachial interne. On nomme
le premier biceps, parce qu'il est fait de deux portions
séparées en haut et réunies en bas. Il est situé derrière
les tégumens et l'expansion aponévrotique, le long de la
partie antérieure et interne de l'humérus. De ses deux
portions, l'une est interne et l'autre externe. La première,
plus courte et plus grosse que la seconde, s'attache supérieurement à l'apophyse coracoïde par un tendon qui
s'unit au muscle coraco-brachial ; elle se joint à la portion externe, devant laquelle elle passe un peu plus bas
que la partie moyenne de l'humérus. La seconde portion,
plus mince et plus large que la première, commence
supérieurement par un tendon qui s'attache au rebord
cartilagineux supérieur de la cavité glénoïde de l'omoplate, et descend caché dans l'articulation et tout le long
de la gouttière bicipitale, où il est entouré d'une gaîne
ligamenteuse. Ce tendon, sorti de la gouttière, s'arrondit,
s'épaissit, devient charnu, et se confond avec la portion
interne. Ces deux portions ainsi réunies ne forment plus
qu'un seul muscle qui se rétrécit à la partie inférieure du
bras, et finit par un tendon, lequel passe au-devant de la
jointure du coude, et s'attache à la tubérosité du radius,
après s'être beaucoup élargi. Ce muscle a connexion avec

le coraco-brachial, le deltoïde, le tendon du grand pectoral, le court supinateur et les muscles de la partie antérieure de l'avant-bras ; il couvre une grande partie du
brachial interne. Il sera suffisant de savoir que le brachial
interne, qui est entièrement caché, a une forme oblongue ;
qu'il est assez large et assez épais, et qu'il s'étend derrière
le biceps, tout le long de la partie antérieure de la moitié
inférieure de l'humérus, jusqu'à la partie supérieure du
cubitus. Les connexions de ce muscle sont avec le biceps,
le deltoïde, le radial externe et le long supinateur. Le
biceps et le brachial interne concourent à fléchir l'avant-
bras sur le bras ; néanmoins le biceps a encore d'autres
usages : il coopère à la rotation du radius sur le cubitus
de dedans en dehors ; il fléchit le bras sur l'avant-bras,
lorsque ce dernier est retenu par une cause quelconque ;
il porte le bras en devant et un peu en dedans ; il est
aussi le coopérateur des fonctions du sus-épineux. Le
biceps, comme tous les muscles qui se contractent, s'é-
paissit et se raccourcit, lorsqu'il agit. Il forme pour lors
une convexité à la partie antérieure du bras, et son tendon inférieur se prononce d'une manière évidente. Le
brachial interne fléchit l'avant-bras, et quelquefois le bras
sur l'avant-bras ; son action est cachée par le biceps.

Les muscles qui se trouvent placés à la partie postérieure
du bras, ont été mis au nombre de trois, qui sont cou-
chés le long de la face postérieure de l'humérus, et qu'on
désigne sous les noms de long et de court extenseurs et
de brachial externe, mais, à bien le prendre, ce ne sont que
trois portions d'un même muscle qui sont écartées supérieurement, et se réunissent inférieurement en une seule
que l'on nomme le triceps brachial. Ce muscle est recou-

vert d'une substance aponévrotique et offre trois portions,
dont l'une est moyenne, et les deux autres sont externe
et interne. La première est fort longue, commence supérieurement par un tendon applati qui se fixe au bord antérieur de l'omoplate, au-dessous du tendon du petit rond,
et descend jusqu'à la partie moyenne de l'humérus, où il
prend une consistance charnue. Ce tendon est mince d'a-
bord, et s'épaissit à mesure qu'il avance vers les deux
autres portions. L'externe est plus courte que la moyenne,
et plus longue que la portion interne ; elle s'attache supérieurement au bas de la grande tubérosité de l'humérus,
au-dessous du tendon du petit rond ; continue de se fixer
à la face externe de l'humérus jusqu'au condyle externe,
et s'unit, vers la moitié de la longueur de l'os du bras,
aux autres portions par des fibres tendineuses qui se
portent obliquement en arrière et en bas. L'interne, ou
dernière portion, est la plus courte ; elle se fixe à l'humérus, au-dessous du tendon du grand rond, et descend
le long de la face postérieure de cet os, en s'unissant à la
portion interne et à l'externe. Le muscle qui naît de la
réunion de ces trois portions est très-épais, et s'attache à
la moitié inférieure de la face postérieure de l'os du bras ;
arrivé au-dessus de l'articulation de cet os, il dégénère en
un tendon qui se fixe et embrasse l'olécrâne. La partie
supérieure de la partie moyenne du triceps est cachée par
le deltoïde. Dans la flexion, le triceps brachial se relâche ;
il est moins marqué au-dehors que l'anconé. Le bras est
étendu sur l'avant-bras, ou l'avant-bras sur le bras par
le triceps. Lorsque l'avant-bras est autant étendu qu'il
peut l'être, la longue portion de ce muscle doit entraîner
le bras en arrière. L'anconé, en exceptant l'usage de

porter le bras en arrière, a d'ailleurs les mêmes fonctions
que le triceps ; il paraît aussi très-propre à maintenir la
flexion du bras sur l'avant-bras. Ces deux extenseurs
s'expriment fortement sous la peau, dans leur action, pendant que le biceps se relâche et ne paraît alors que très-
faiblement. Tous les muscles du bras sont renfermés sous
une aponévrose très-forte, qui les retient dans les grands
mouvemens. Les formes s'expriment plus durement dans
tous les endroits où se trouve une toile aponévrotique. Il
suffit, sans entrer dans de plus grands détails sur ces aponévroses, d'indiquer seulement les parties qu'elles revê-
tent. On distingue les deux puissances musculaires qui
entourent le bras : celles qui sont situées à la partie antérieure, et celles qui occupent la partie postérieure.

Une seule veine se montre sur le bras. Placée antérieurement, elle descend tout le long du bord externe du
biceps ; on la nomme brachiale ou céphalique. Elle vient
des régions de la clavicule et passe entre les tendons du
deltoïde et du pectoral.

Des os de l'avant-bras.

L'extrémité supérieure du cubitus est très-grosse ; elle
offre antérieurement une petite apophyse nommée coronoïde, et postérieurement une tubérosité qui fait une
saillie considérable en arrière. Creusée antérieurement
par une grande et profonde cavité articulaire, dont la
forme est celle d'un croissant, cette cavité se trouve
partagée en deux par une éminence qui règne sur la longueur de l'os et s'étend depuis la tubérosité postérieure,
connue sous le nom d'olécrâne [1], jusqu'à l'apophyse coro-

---

[1] Parce que cette éminence recouvre la partie postérieure de l'articulation ginglymoïde de l'humérus avec le cubitus.

noïde. A sa partie latérale externe se voit une petite facette articulaire propre à recevoir la tête du radius. L'extrémité supérieure du cubitus n'est pas tout-à-fait placée
sur la même ligne que son corps; elle se porte un peu
plus en dedans : cet os va en diminuant depuis la partie
inférieure de l'extrémité supérieure, jusqu'à la partie supérieure de l'extrémité inférieure, où il perd sa forme
triangulaire et s'arrondit parfaitement. Nous pouvons
donc observer trois faces et trois angles au corps du cubitus. De ces faces, l'une est antérieure et un peu convexe inférieurement, l'autre est interne et convexe dans
toute son étendue, la dernière est externe. Deux des
bords sont latéraux; l'interne est arrondi dans toute sa
longueur, l'externe est assez tranchant; le troisième, qui
est postérieur, tient le milieu entre l'angle interne et
l'externe : il est le plus court. Ces trois angles et ces trois
faces se confondent inférieurement, pour former le cou
du cubitus, au-dessous duquel se présente une éminence
en forme de tête, laquelle offre postérieurement une épine.
Cette conformation rend l'extrémité inférieure bien moins
grosse que la supérieure.

Le cubitus s'articule avec l'humérus, par le moyen
d'une charnière angulaire. Ses mouvemens sur l'os du
bras, se bornent à ceux de flexion et d'extension; il a
aussi, avec le radius, une connexion très-intime qui constitue deux ginglymes latéraux; elle se fait supérieurement
par la cavité articulaire latérale dans laquelle roule la
tête du radius, et inférieurement par sa propre tête, sur
laquelle se meut l'extrémité inférieure de l'os du rayon.

La longueur moyenne du cubitus est de quinze centièmes.

Le radius est situé extérieurement. Il a ses extrémités
à l'inverse de celles du cubitus, c'est-à-dire que l'extrémité la plus considérable du cubitus est en haut, et
la plus petite en bas, tandis que le radius offre son extrémité la plus large en bas, et son extrémité la plus
étroite en haut, de manière qu'il y a une égalité parfaite
de la substance osseuse, tant à la partie supérieure de
l'avant-bras qu'à sa partie inférieure. L'extrémité supérieure du radius présente une tête applatie, creusée supérieurement d'une légère cavité articulaire; au-dessous
de cette tête, l'os prend une forme cylindrique et dessine
un cou qui offre à sa partie interne une tubérosité appelée
la tubérosité du radius. Le corps de l'os commence au-
dessous du cou et de la tubérosité. Il s'agrandit en toutes
ses dimensions, et devient large de plus en plus vers son
extrémité inférieure. On remarque au radius deux faces et
deux bords. La face antérieure est un peu concave, la
postérieure convexe; le bord interne est tranchant, l'externe arrondi et obtus. L'extrémité inférieure, qui est
très-grosse et d'une figure pyramidale, relevée à sa base
d'un bourlet osseux assez saillant, offre une large face articulaire propre à la connexion de cet os avec la main.
Du côté interne de cette cavité glénoïde se voit une autre
facette articulaire, longue et étroite, qui roule sur la tête
du cubitus. Du côté externe existe une éminence appelée
l'épine du radius. Cet os s'articule par son extrémité supérieure avec l'éminence externe de la poulie de l'humérus; il glisse par le contour de sa tête applatie sur la
facette externe articulaire de l'extrémité supérieure du
cubitus; il tourne autour de la tête de ce même os, par
la facette articulaire interne de son extrémité inférieure,

et il entraîne la main dans ses divers mouvemens par sa
cavité glénoïde.

Des muscles de l'avant-bras.

Les muscles qui entourent l'avant-bras sont, comme
ceux du bras, renfermés sous une enveloppe aponévrotique. On les distingue en ceux qui sont situés à la partie interne de l'avant-bras, et en ceux qui sont placés à
la partie externe. Les muscles de la partie interne forment
deux couches, l'une est externe et l'autre interne : la
première, qui se trouve au-dessous des tégumens, est composée du rond pronateur, du radial interne, du long palmaire, du sublime et du cubital interne ; la seconde,
située sous la première, offre le long fléchisseur du pouce,
le profond et le carré pronateur. Comme cette dernière
couche ne se montre point au-dehors, nous ne parlerons
que des attaches des muscles qui la composent et de leur
situation, afin que l'artiste puisse se rendre compte des
divers mouvemens qu'ils font exécuter.

Le rond pronateur, qui est d'une épaisseur médiocre,
a une figure allongée. Sa situation est oblique entre l'humérus et le radius ; il s'attache supérieurement au condyle
interne de l'humérus, et à la partie supérieure antérieure
et interne du cubitus. Ses fibres charnues descendent obliquement de dedans en dehors, jusqu'à la partie moyenne
du radius, où il se termine par un tendon qui s'attache
au bord antérieur de cet os. Ce muscle passe au-devant
de l'articulation du coude. Ses connexions sont avec le
radial interne et le court supinateur. Il couvre en partie
les tendons inférieurs du biceps et du brachial interne.

Le radial interne, dont la forme est allongée, est étroit

et mince supérieurement, plus gros à sa partie moyenne, et terminé inférieurement par un long tendon. Il est obliquement situé à la partie antérieure interne de l'avant-bras, entre l'humérus et le second os du métacarpe ; il s'attache supérieurement au condyle interne de l'humérus par un tendon qui lui est commun avec le palmaire grêle, le sublime, le cubital interne et le profond. Ce tendon est divisé en plusieurs cloisons aponévrotiques qui séparent les unes des autres les masses charnues de ces muscles. Le radial interne descend ensuite le long du bord inférieur du rond pronateur ; parvenu à l'extrémité inférieure de ce muscle, il finit par un tendon large et mince d'abord, plus étroit et plus épais ensuite, qui se porte le long du sublime au-devant du radius, se glisse sous le ligament annulaire interne du carpe, et va en s'élargissant se fixer au second os du métacarpe.

Le palmaire grêle est un muscle longuet, de peu d'épaisseur, et situé de même que le radial interne. Son corps charnu n'a guère plus de deux ou trois pouces de long, se termine inférieurement par un tendon qui descend le long de la partie moyenne de la face interne de l'avant-bras, et se fixe à la face interne du ligament annulaire interne du carpe. Ce tendon semble donner naissance à une aponévrose très-forte qui se trouve au-dedans de la main et située immédiatement sous les tégumens. Cette aponévrose est de forme triangulaire. Le sommet du triangle est du côté du ligament annulaire interne, et la base s'étend aux extrémités des os du métacarpe. Ce muscle a connexion avec le sublime et le radial interne.

Le sublime est étendu le long de la partie antérieure et interne de l'avant-bras, entre le palmaire grêle et le cu-

bital interne. Il est d'une forme allongée; son attache
supérieure se fait par le tendon commun au condyle interne de l'humérus à l'apophyse coronoïde du cubitus, et
à la partie supérieure, moyenne et antérieure du radius.
Ce muscle, d'abord étroit, s'élargit peu à peu, et devient
ensuite plus épais. Il se divise vers la partie moyenne de
l'avant-bras, en quatre corps charnus, terminés chacun
par un tendon. Chaque tendon répond à un des quatre
doigts; ceux du premier et du second doigt sont les plus
gros ; ceux qui appartiennent aux autres sont les plus
antérieurs. Ces tendons commencent vers le milieu de
l'avant-bras; les fibres charnues les accompagnent jusqu'au ligament interne sous lequel ils passent. Dégagés
de ce ligament, et parvenus dans le dedans de la main,
ils s'écartent les uns des autres, et offrent chacun une
ouverture dans leur longueur, pour laisser passer les tendons du muscle profond ; ils s'engagent (après avoir passé
au-devant des extrémités antérieures des os du métacarpe)
sous la gaîne ligamenteuse qui entoure chaque phalange ;
ils s'élargissent considérablement , deviennent plats et
minces, et s'attachent à la face inférieure des secondes
phalanges. Le cubital interne est situé le long de la face
interne de l'avant-bras, entre le sublime et l'angle intèrne
du cubitus. Il s'attache supérieurement par le tendon
commun au condyle interne de l'humérus et à l'olécrâne,
et se termine par un tendon qui s'élargit un peu et va
se fixer à la partie antérieure de l'os pisiforme.

La couche interne des muscles de l'avant-bras comprend ceux que nous allons rapidement décrire.

Le long fléchisseur du pouce est couché sur les deux
tiers inférieurs du radius et se termine par un tendon

qui se glisse sous le ligament annulaire du carpe, s'engage ensuite sous la gaîne ligamenteuse du pouce, et se fixe à la face inférieure de la seconde phalange de ce doigt.

Le muscle profond ressemble au sublime sous lequel il est situé. Son insertion à l'avant-bras occupe toute la face interne du cubitus et toute celle du ligament interosseux ; il se divise en quatre portions charnues qui donnent naissance à quatre tendons. Ces tendons passent sous le ligament interne, traversent ensuite chaque tendon du sublime, et vont se fixer, chacun en s'amincissant et en s'élargissant, à la partie moyenne de la face inférieure de chaque troisième phalange des doigts qui suivent le pouce.

Le carré pronateur est situé à la partie inférieure et interne de l'avant-bras ; il s'étend du radius au cubitus auquel il s'attache. Ses fibres ont une direction transversalement oblique. Ce muscle est tellement recouvert par les autres, que son action ne peut être aperçue.

Les muscles situés à la face externe de l'avant-bras, sont pareillement couverts d'une enveloppe aponévrotique, comme ceux de la face interne. Ils forment deux couches dont une est externe et voisine des tégumens, et l'autre interne est appliquée immédiatement sur le radius et le cubitus. La couche externe contient le long supinateur, les deux radiaux externes, l'extenseur commun des doigts, l'extenseur propre du petit doigt, le cubital externe et l'anconé. La couche interne est faite du court supinateur, du long abducteur du pouce, de son court et de son long extenseur, et de l'extenseur propre de l'index.

Le long supinateur est situé le long du bord convexe de l'avant-bras ; il est plat et mince et s'attache supérieurement à la face antérieure et au bord externe de l'humérus, au-dessus de son condyle externe. Ce muscle descend, en se contournant, sur la partie supérieure du premier radial externe, se rétrécit en se portant en devant, et se termine par un tendon applati qui s'élargit et se fixe à la partie inférieure et interne du radius, près de son épine. Ses connexions sont, avec le brachial interne, le premier radial externe, et les tendons du long abducteur et du court extenseur du pouce.

Le premier radial externe, dont la forme et la direction sont les mêmes que celles du long supinateur, s'étend de la partie inférieure de l'humérus au second os du métacarpe. Son attache supérieure est proche et au-dessus du condyle externe de l'os du bras, et au-dessous du long supinateur. Ce muscle forme, en descendant le long de la partie antérieure du radius, un corps charnu assez épais, qui se termine par un tendon plat et mince. Ce tendon se rétrécit, devient épais à mesure qu'il descend, et se trouve dérangé dans sa marche de dedans en dehors. Il passe sur la face antérieure et convexe du radius, pour aller gagner la face externe de cet os; parvenu à sa partie inférieure, il est croisé par les tendons du long abducteur et du court extenseur du pouce; il s'engage ensuite sous le ligament annulaire externe du carpe, passe sur l'articulation de la première rangée des os du poignet, avec la partie inférieure des os de l'avant-bras, puis sur celle de cette première rangée avec la seconde, et s'élargit un peu avant que de se fixer au second os du métacarpe : il a connexion avec le second radial externe, le long supinateur, et les tendons du long abducteur et du court extenseur.

Le second radial externe ressemble au premier du même nom. Il est supérieurement attaché au condyle externe de l'humérus par un tendon qui lui est commun avec l'extenseur des doigts, l'extenseur propre du petit doigt, le cubital externe et l'anconé; il descend le long du radius, et s'élargit bientôt pour faire un corps charnu plus épais que celui du premier radial externe. Ce muscle se termine inférieurement par un tendon épais et large qui se détourne de dedans en dehors vers la partie inférieure du radius, et qui est croisé par les tendons du long abducteur et du court extenseur du pouce. Arrivé au ligament annulaire, il glisse dessous et s'élargit un peu sur la convexité du carpe. Son attache inférieure est à l'extrémité postérieure du troisième os du métacarpe. Ses connexions sont avec le premier radial, le court supinateur, l'extenseur commun des doigts, et les tendons du long abducteur et du court extenseur du pouce.

L'extenseur propre du petit doigt, qui est situé sur la face externe de l'avant-bras, entre l'extenseur commun des doigts et le cubital externe, est long et mince. Il s'attache supérieurement au condyle externe de l'humérus par un tendon qui passe sous le ligament annulaire externe du carpe, et va se fixer aux phalanges qui forment le doigt articulaire. Ce muscle a connexion avec l'extenseur commun et le cubital externe; cette connexion s'étend même jusqu'à l'extenseur propre de l'index, dont le muscle en question recouvre une partie.

Le cubital externe est situé le long du cubitus; il est plus épais que celui dont nous venons de parler. Son attache supérieure se fait par le tendon commun à la partie supérieure du bord externe du cubitus et à toute la face

de cet os. Il se termine par un tendon qui glisse sous le
ligament annulaire externe, et va s'attacher au cinquième
os du métacarpe. Ses connexions sont avec l'extenseur
propre du petit doigt et le muscle anconé.

L'anconé, situé le long du bord externe du cubital
externe, est de figure triangulaire. Son attache supérieure
est à la partie postérieure et inférieure du condyle externe
de l'humérus; elle a lieu par un tendon court et épais.
Son corps offre des fibres dans une direction oblique de
haut en bas, et de devant en arrière. Il se termine à la
partie supérieure du cubitus. Ses connexions sont avec le
triceps brachial et le cubital externe.

Le court supinateur, ainsi que les muscles suivans que
nous allons très-succinctement décrire, sont recouverts
par la première couche et ne paraissent point dans l'action.

Ce premier muscle s'attache à la partie antérieure et
inférieure du condyle externe de l'humérus, puis au bord
externe et à toute la face postérieure du cubitus; il finit
à la partie supérieure antérieure et interne du radius.

Le long abducteur du pouce s'attache supérieurement
à l'angle externe du cubitus, se fixe ensuite à la face externe du ligament inter-osseux et à toute la face convexe
et antérieure du radius. Il se termine par deux ou trois
tendons bien distincts, qui s'engagent sous le ligament
annulaire externe et vont se fixer à l'extrémité postérieure
de la première phalange du pouce.

Le court extenseur du pouce est situé le long du bord
inférieur du précédent. Il se fixe à la face externe du ligament inter-osseux, puis se termine par un tendon grêle qui
passe sous le ligament annulaire externe et qui s'attache

à l'extrémité postérieure de la seconde phalange du pouce.

Le long extenseur du pouce tient supérieurement à l'angle saillant du cubitus en entier, et à une partie du ligament inter-osseux. Il se termine par un tendon qui s'insère à l'extrémité postérieure de la troisième phalange du pouce.

L'extenseur propre de l'index est obliquement couché sur la face externe de l'avant-bras; il s'attache supérieurement à la partie moyenne du cubitus, et finit par un tendon assez long à l'extrémité antérieure du premier os du métacarpe.

Sur la partie externe de l'avant-bras, on aperçoit la veine radiale cutanée externe; elle donne plusieurs ramifications. Il y a trois veines qui se découvrent facilement sur la face interne de l'avant-bras : elles sont connues sous les noms de médiane basilique, qui passe au-devant du tendon du biceps; de radiale externe, qui rampe sur le bord interne de l'avant-bras; et de céphalique, qui se porte sur le bord externe.

Observations relatives aux mouvemens du bras et de l'avant-bras.

Le mouvement du bras en haut s'exécute par le deltoïde, le sus-épineux et le coraco-brachial.

Le mouvement en bas s'exécute par le grand dorsal, le grand rond et le petit rond.

Le mouvement en devant s'exécute par le grand pectoral et le sous-scapulaire.

Le mouvement en arrière s'exécute par le sous-épineux.

Le mouvement circulaire s'exécute par l'action combinée de tous les muscles.

L'avant-bras est fléchi ou plié sur le bras par le biceps et le brachial interne : il est étendu par le long extenseur, le court extenseur, le brachial externe, l'anconé, etc.

La pronation s'exécute par le rond pronateur et le carré pronateur; et la supination s'exécute par le long supinateur et le court supinateur.

Le rond pronateur joint à l'usage dont il tire son nom, la faculté de fléchir, par sa contraction, l'avant-bras sur le bras, lorsque la pronation est la plus grande possible. Le carré pronateur n'a pas d'autre usage que celui qui est indiqué par son nom. Le rond pronateur et le long supinateur se prononcent assez bien sous les tégumens, et font changer l'avant-bras de forme.

Ce qui doit encore intéresser les artistes, c'est le changement de forme que les deux mouvemens de flexion et d'extension donnent à l'articulation. Dans l'extension, l'humérus et le cubitus paraissent être de niveau. L'apophyse coronoïde du cubitus se tient à la partie inférieure du gros bord interne de la poulie de l'humérus, qui se prononce dans cette situation de manière à être bien aperçue. L'apophyse olécrâne reste accrochée dans la cavité articulaire qu'on voit à la partie postérieure de l'extrémité inférieure de l'os du bras ; elle y fait une saillie assez considérable, ainsi que le condyle interne qui se montre à la partie latérale de l'humérus, au niveau de l'olécrâne. Le condyle externe est appuyé sur la tête du radius, et se trouve un peu plus en dedans que cette éminence. Si nous fléchissons l'avant-bras sur le bras, l'apophyse coronoïde monte au-devant de la poulie, qui est alors cachée en entier dans la grande cavité sygmoïde. L'olécrâne quitte sa cavité, la laisse à découvert, et forme la partie posté-

rieure de l'angle. Le condyle interne, dans la flexion, est
au-dessus du plan de l'olécrâne, et l'externe est derrière
la tête du radius. Les extensions et les flexions sont plus
ou moins fortes, et il faut que le dessinateur calcule dans
leurs degrés multipliés à l'infini, les différentes espèces
de saillies des éminences.

Le radius, dans l'action du cubitus sur l'humérus, n'a
qu'un mouvement passif, parce qu'il est entraîné par l'os
du coude; mais il a un mouvement actif sur le cubitus,
et il le doit au ginglyme latéral : ce dernier os doit être
regardé comme l'axe de ce double mouvement du radius
sur lui, car il est stable dans l'action. L'os du rayon fait
faire un demi-cercle à l'avant-bras, tantôt en haut, tantôt
en bas. Le mouvement de l'avant-bras quand il est tourné
en bas, est celui que l'on a désigné en disant qu'il est
en pronation [1], et, quand il est retourné en haut, en disant
qu'il est en supination [2]. La main, qui est entraînée par le
radius dans ces deux mouvemens, n'éprouve aucun obstacle de la part du cubitus avec lequel elle n'a aucune
connexion. Sans entrer dans de plus grands détails sur ce
ginglyme, nous ferons seulement remarquer que, lorsque
l'avant-bras est en supination, l'extrémité inférieure du
radius se trouve à sa partie externe, et que, lorsqu'il est
en pronation, cette même extrémité inférieure vient occuper la partie interne de l'avant-bras et fait paraître
sous les tégumens l'épine que nous avons remarquée à cet
os. Il faut prendre garde aussi que, pour passer de l'état

---

[1] Pronation est tiré du mot latin *pronitas*, qui signifie penchant, inclination.

[2] Ce mot est tiré du substantif latin *supinitas*, qui exprime l'attitude
d'une personne couchée sur le dos.

de supination à celui de pronation, l'extrémité inférieure
du rayon décrit un arc de cercle de dehors en dedans sur
la tête du cubitus, et qu'elle décrit de nouveau cet arc de
dedans en dehors, quand elle revient à son premier état.
Pendant que les choses se passent ainsi inférieurement, la
tête du radius tourne sur son axe dans la cavité latérale
externe de l'extrémité supérieure du cubitus, et cet axe est
l'éminence externe de la poulie de l'humérus qui est reçue
dans la surface articulaire creusée sur la tête aplatie du
radius. Nous voyons donc que cette tête, dans tous les mouvemens du bras et dans ceux de l'avant-bras sur lui-même,
se prononce toujours à la même place, et qu'elle ne change
pas de situation.

Le bras est approché des côtes et y est fortement appliqué par le grand dorsal; lorsqu'il agit de concert avec
le grand pectoral, ce muscle abaisse en même tems l'é-
paule et la maintient dans cette situation. Il fait tourner
le bras sur son axe de devant en dedans, et de dedans en
dehors, comme si l'on voulait porter la main sur la partie
inférieure du dos.

Des mains.

On a remarqué avec beaucoup de justesse que c'est
au travail des extrémités qu'on reconnaît l'excellence du
peintre. En effet, outre que les peintres habiles s'attachent
toujours à bien représenter les mains dont la perfection en
peinture contribue tant à l'expression morale du sujet,
la justesse de représentation des mains et des pieds, ainsi
que leur beauté, dépend beaucoup du talent de l'artiste.
Les mouvemens des mains sont si variés et si composés,
l'expression exacte de ces mouvemens demande un soin

et une étude si précis, et d'ailleurs la grâce, la convenance, l'harmonie et le choix, relativement au geste et à
la disposition des lignes, sont des choses si délicates,
qu'on doit à la seule inspection des mains préjuger favo-
rablement ou défavorablement du mérite du peintre.

Bien que nous ne possédions pas les mains admirables
et si renommées que sculptèrent Polyclète et Praxitèle,
nous avons eu cependant le bonheur de retrouver des
mains antiques d'une grande beauté. Les peintures antiques nous font voir aussi un choix exquis dans la pose
des mains, ainsi que dans leur forme ; l'original de la
peinture du Thésée d'Herculanum devait en offrir de
semblables.

En général les belles mains ne sont point rares, surtout
à Paris, et je crois qu'on doit en faire la remarque.

La proportion de la main, selon le canon, est de dix
centièmes ou une face, pour la longueur que l'on comprend depuis l'extrémité du médius jusqu'aux plis du
poignet. Sa largeur est de cinq centièmes et demi, et la
longueur du médius, à partir de la tête de sa grande phalange vue par le dos, est de quatre centièmes et demi.

Dans la main on distingue le carpe, qui est compris
entre le bras et la paume de la main ; c'est proprement
dit le poignet : puis le métacarpe, qui est compris entre
le carpe et les doigts, et enfin les doigts qui s'articulent
avec le métacarpe.

Os de la main.

Le carpe est formé de huit os qui facilitent ses mouvemens variés. Il est convexe supérieurement et concave
inférieurement, où il offre trois éminences dont nous aurons soin de parler, puisqu'elles se prononcent extérieu-

rement. Il s'étend depuis la cavité glénoïdale du radius
jusqu'au métacarpe. Les huit os qui composent le carpe
sont mis sur deux rangées, l'une postérieure, l'autre antérieure. Les quatre os de la première, en comptant du
côté interne du poignet au côté externe, sont : le scaphoïde, le lunaire, le cunéiforme et le pisiforme ou hors
de rang. Ceux de la seconde rangée sont : le trapèze, le
trapézoïde, l'os grand et l'unciforme. Ils offrent tous diverses facettes articulaires qui leur permettent des mouvemens légers les uns sur les autres, et qui constituent
une articulation par arthrodie. Le bord convexe du carpe
est reçu en partie dans la grande cavité articulaire du radius; son bord, presque droit, s'articule avec les os du
métacarpe. Toute la face supérieure du poignet est très-
inégale; la face inférieure, qui est concave et moins large
que la supérieure, présente du côté interne du carpe, une
éminence formée par l'os trapèze et le scaphoïde, et du
côté externe, deux autres éminences. La première est antérieure, proche du grand os ; elle est faite par le crochet
de l'unciforme. La seconde, qui correspond à l'épine du
cubitus, est l'os pisiforme. Ces trois éminences donnent
attache à un ligament annulaire qui forme une espèce de
pont, sous lequel passent les tendons des muscles fléchisseurs des doigts. Tout le carpe est recouvert d'une capsule ligamenteuse, commune aux os de cette partie, et qui
cède facilement à tous les mouvemens qu'ils peuvent exécuter. Le métacarpe est une grille déliée, composée de
quatre os longs, appelés premier, second, troisième et
quatrième os du métacarpe. Ils forment supérieurement
une légère convexité, et inférieurement une concavité.
Leurs corps sont plus minces vers leur milieu qu'à leurs

extrémités, distinguées en antérieures et en postérieures.
Toutes les extrémités postérieures sont réunies au carpe;
elles occupent moins d'espace que les antérieures, et offrent chacune un enfoncement articulaire en forme de
cavité glénoïde, pour s'articuler avec les os de la deuxième
rangée du poignet; elles présentent aussi des tubérosités
très-inégales dans leur contour. Les extrémités antérieures
ont des têtes propres à une articulation par genou ; au-
dessous de ces têtes sont de très-petits cous qui montrent
supérieurement deux éminences latérales, et inférieurement deux autres plus considérables. Le premier os du
métacarpe soutient le doigt indicateur; il est plus court
que le second et moins volumineux ; il est un peu plus
long que les deux autres. Le second, le plus long de tous,
est plus gros que les autres, et répond au doigt médius.
Le troisième et le quatrième vont tous deux en diminuant.
Celui qui s'articule avec le doigt annulaire, a un peu plus
de longueur que celui qui a connexion avec le doigt auri-
culaire. Il suit de cette disposition des os du métacarpe,
que les doigts diffèrent de grandeur. Ces os sont tous
liés les uns avec les autres par des ligamens qui partent,
tant des éminences latérales observées à leurs extrémités
antérieures, que des tubérosités situées aux extrémités
postérieures.

Les doigts, placés aux extrémités antérieures du métacarpe, sont formés de trois pièces osseuses, longues, et
nommées phalanges. Ces os sont convexes supérieurement et concaves inférieurement. Leurs extrémités postérieures sont creusées d'une cavité disposée à recevoir la
tête de chaque os du métacarpe; elles sont lisses supérieurement et offrent deux éminences latérales inférieu-

rement. Leurs extrémités antérieures, qui sont terminées
chacune par deux condyles, ne permettent qu'une articulation par charnière angulaire; les têtes de ces condyles
se découvrent inférieurement. Toutes les phalanges sont
plus larges à leurs extrémités postérieures; elles vont en
diminuant jusqu'aux antérieures.

Les premières phalanges joignent à ces caractères l'inégalité de leur longueur, réglée sur celle des os du métacarpe. Nous remarquerons que la première phalange du
pouce est très-courte, très-grosse, et qu'elle tient un peu
de la nature des os du métacarpe. Les secondes phalanges
des doigts ont presque la même conformation que les
précédentes, avec cette seule différence qu'elles sont articulées de manière à ne permettre à leurs deux extrémités
que des mouvemens de ginglyme angulaire. Elles ont,
proportion gardée de leur grandeur, les mêmes inégalités
de longueur que les premières, en observant que la seconde phalange du pouce est de niveau avec le troisième
os du métacarpe. La troisième et la dernière phalange
sont très-petites et convexes à leurs extrémités, dont les
antérieures, moins grandes que les postérieures, sont terminées par une espèce de cordonnet osseux; leurs extrémités postérieures sont articulées avec les condyles des
secondes phalanges par une facette articulaire au moyen
d'une charnière angulaire. Ces dernières phalanges suivent la gradation primitive des os du métacarpe.

Muscles de la main.

Des muscles qui entourent la main, les uns sont situés
en dedans, les autres en dehors. Ceux qui occupent le
dedans de la main, peuvent être divisés en trois classes.

Dans la première, ils servent au pouce ; on les nomme le court abducteur, le métacarpien, le court fléchisseur et l'abducteur du pouce.

Le court abducteur du pouce est situé à la face inférieure de la première phalange du pouce. Il s'étend depuis le ligament annulaire interne jusqu'à la seconde phalange du doigt qu'il fait mouvoir. Sa figure est triangulaire. Il s'insère supérieurement au bord antérieur du ligament annulaire interne, ensuite à l'os scaphoïde, et se termine par un tendon qui se fixe à l'extrémité postérieure de la seconde phalange du pouce. Ce muscle descend obliquement en dehors, se rétrécit et s'amincit en montant. Il a connexion avec le tendon du long abducteur du pouce et avec le muscle métacarpien du même doigt. Celui-ci, autrement nommé muscle opponent, est situé derrière le précédent, et a la même figure et les mêmes attaches que lui. Il a connexion avec le court fléchisseur et le court abducteur du pouce.

Le court fléchisseur du pouce est situé le long des faces inférieures de la première phalange du pouce et du premier os du métacarpe. Il s'étend depuis le carpe jusqu'à la seconde phalange du pouce. Ce muscle offre deux portions de fibres tellement distinctes que l'une se nomme radiale et l'autre cubitale. Ses connexions sont, avec le métacarpien, l'adducteur et le long fléchisseur du pouce.

L'adducteur du pouce est situé dans le dedans de la main, entre le troisième os du métacarpe et la seconde phalange du pouce. Il est mince, plat et de figure triangulaire. La base du triangle est du côté de l'os du métacarpe ; le sommet se trouve à la phalange. Il a connexion avec le court fléchisseur du pouce.

Les muscles de la seconde classe, qui occupent le dedans de la main, sont l'abducteur, le court fléchisseur et le métacarpien du petit doigt.

L'abducteur du petit doigt, qui est d'une figure triangulaire, se trouve situé au-dedans de la main, le long du bord externe du dernier os du métacarpe. Son attache supérieure est à l'os pisiforme. Ce muscle épais et large vers la partie moyenne de l'os auquel il se fixe, se rétrécit pour se terminer par un tendon aplati qui s'insère au bord externe de la première phalange du petit doigt. Les connexions de cet abducteur sont avec le court fléchisseur du petit doigt.

Ce dernier est situé à la face inférieure du quatrième os du métacarpe, le long du bord externe du muscle précédent. Il s'attache supérieurement au crochet de l'os unciforme, se rétrécit en descendant, et se termine par un tendon plat qui s'unit avec celui de l'abducteur et se fixe au même endroit. Ses connexions sont assez connues.

Le métacarpien du petit doigt est situé sous les deux derniers muscles que nous venons de décrire. Il s'étend depuis le poignet jusqu'au quatrième os du métacarpe ; sa figure est triangulaire. Il se fixe supérieurement à l'éminence unciforme, et descend obliquement vers la partie moyenne de l'os qui lui donne attache.

Les lombricaux et les inter-osseux internes sont les muscles de la troisième classe. Le peu d'apparence qu'ils ont à travers les tégumens les fait passer ici sous silence.

Les muscles placés à la face externe de la main sont appelés inter-osseux externes, et ne sont pas plus nécessaires à connaître aux artistes que les inter-osseux internes.

L'extenseur commun des doigts ressemble beaucoup
au muscle sublime et au profond. Il est situé le long
de la face externe de l'avant-bras, entre le second radial
externe et l'extenseur propre du petit doigt. Il s'attache
supérieurement au condyle externe de l'humérus par le
tendon commun, s'épaissit beaucoup en descendant, et
se divise au-dessous du milieu de l'avant-bras en quatre
portions charnues, tellement les unes sur les autres, que
celle qui appartient au petit doigt, couvre celle du doigt
annulaire ; celle-ci est au-dessous du doigt du milieu, et
cette dernière recouvre la portion charnue du doigt indicateur. Ces quatre portions sont de la même épaisseur.
Elles donnent chacune naissance à un tendon qui passe
sous le ligament annulaire externe. Ces tendons arrivés
sur la convexité du carpe, s'écartent, s'aplatissent, et
vont gagner les têtes des os du métacarpe, pour se glisser
sous la gaîne ligamenteuse des phalanges. Chacun d'eux
s'attache à la face convexe de la première phalange, s'unit
en cet endroit à de petits muscles de la main, et se partage en trois bandelettes ; la première passe directement
sur la jointure de la première phalange avec la seconde,
et va s'insérer à l'extrémité postérieure de cette dernière ;
les deux autres s'écartent, pour passer sur les parties latérales de la jointure, et viennent se rejoindre sur la face
convexe de la seconde phalange, pour ne plus former
qu'un tendon plat et mince qui recouvre la jointure de
cette phalange avec la troisième. Ces bandelettes ainsi
réunies se terminent au cordonnet de cette dernière. Ce
muscle a connexion avec le second radial externe, l'extenseur propre du petit doigt, les tendons des lombricaux
et des inter-osseux, le court supinateur, le long abduc-

teur, le court et le long extenseur du pouce, et avec l'extenseur propre de l'index.

Il y a un petit muscle situé au-dedans de la main, près
du ligament annulaire interne, de figure carrée, très-
mince et d'une étendue médiocre ; ses fibres sont dirigées
transversalement, et ses attaches aux tégumens lui ont fait
donner le nom de palmaire cutané.

Deux ligamens situés à la partie interne et externe du
poignet, dont les formes prises ensemble sont celles d'une
bande circulaire composée d'une infinité de fibres exactement entrelacées et serrées les unes contre les autres,
imitent à peu près un gros et large anneau, ce qui leur
a fait donner le nom de ligamens annulaires. De pareils
ligamens entourent la partie inférieure de la jambe et
une portion du tarse ; ils servent à maintenir les tendons
qui dans certaines actions pourraient trop s'isoler les uns
des autres, ou même se recroiser.

La main n'est pas placée en ligne droite avec l'avant-
bras ; elle fait un angle avec lui, et il se trouve entr'elle et
cette partie du corps une concavité du côté de son dos, et
une convexité du côté opposé. En faisant exécuter au carpe
les divers mouvemens que lui permet l'énarthrose sur la
cavité glénoïdale du radius, nous verrons que, si nous portons le poignet du côté interne, il y aura au côté externe
une convexité qui offrira deux éminences, l'une formée
par l'épine du cubitus, l'autre par l'os cunéiforme ; alors
l'éminence née de la grosse extrémité du radius disparaî-
tra. Le contraire arrivera, si nous fléchissons la main vers
la partie externe, c'est-à-dire que la grosse extrémité du
radius se prononcera fortement avec le concours de l'os
naviculaire, et que l'épine du cubitus et l'os cunéiforme

cesseront de s'exprimer. En levant le poignet sur l'avant-bras, le trapèze, l'unciforme et le pisiforme se feront voir inférieurement, ainsi que la face inférieure des autres os du carpe. Si nous baissons la main sur les os de l'avant-bras, il se dessinera sur la partie supérieure du poignet une forme arrondie produite par le concours des faces supérieures des os du carpe, de la tête, de l'os du coude et de la grosse extrémité radiale. Le métacarpe peut se rétrécir, se dilater, et permettre aux doigts des mouvemens par genou ; les secondes et les dernières phalanges sont bornées à la flexion et à l'extension ; elles sont caractérisées par la charnière angulaire.

Le pouce, qui est très-gros dans son ensemble, peut être comparé à une seconde main, pour sa mobilité, sa force et les services qu'il nous rend.

Le carpe exécute ses divers mouvemens sur la base du radius ; mais les mouvemens du carpe en général doivent aussi être rapportés à toute la main, qui est entraînée par là en différens sens et mise en diverses attitudes. Quatre muscles sont la cause efficiente des mouvemens de flexion, d'extension, d'adduction et d'abduction ; ils se nomment le cubital externe, le cubital interne, le radial externe, le radial interne. Le cubital interne, en se contractant, fléchit le carpe sur l'avant-bras, et le tourne en même tems vers le cubitus. Lorsqu'il agit de concert avec le radial interne et le palmaire grêle, il fléchit directement le poignet sur l'avant-bras ; sa forme, dans sa contraction, se distingue parfaitement sous la peau. En général, dans les différens mouvemens, soit de la main, soit de l'avant-bras, toutes les formes musculaires sont bien tracées. Le cubital externe renverse le poignet sur la face externe de l'avant-bras. Si ce muscle agit en même tems que le radial externe, il produit la flexion directe de l'une de ces deux parties sur l'autre; lorsque son action est secondée par le cubital interne, il fait exécuter à la main le mouvement de l'abduction. Le radial interne fléchit la main sur la face interne de l'avant-bras; il met quelquefois le carpe en pronation. Le radial externe entraîne le poignet sur la face externe de l'avant-bras; ce muscle et le radial interne produisent, en agissant ensemble, l'adduction de la main. La contraction de ces quatre muscles est facilement observée. Ces puissances musculaires peuvent faire faire à la main quantité de mouvemens subalternes par la combinaison de leurs mouvemens directs.

La main est rendue concave dans sa paume, et convexe en même tems sur son dos, par le moyen du muscle métacarpien qui contourne le quatrième os du métacarpe vers le pouce. Ce quatrième os, cédant ainsi à ce muscle, entraîne le troisième os par sa connexion, ce qui augmente le creux d'un côté et la convexité de l'autre. On dit alors que l'on fait le gobelet de Diogène. L'intérieur de la main est rempli dans ce moment de plusieurs plis, et l'*M italique* est bien formée. Les doigts ont des mouvemens multipliés, dus à plusieurs muscles mis en action. Si nous les fléchissons, le sublime et le profond agissent; ils se contractent assez pour être aperçus à travers les tégumens. Le sublime fléchit les secondes phalanges sur les premières, et les premières sur les os du métacarpe; il peut quelquefois opérer la flexion de la main sur l'avant-bras. Le profond fléchit les troisièmes phalanges sur les secondes, ces dernières sur les premières, et celles-ci sur les os du métacarpe; il peut en tout être regardé comme le congénère du sublime. Lorsque les doigts sont dans cet état, les phalanges forment des angles les unes avec les autres; les plis orbiculaires des jointures disparaissent; des saillies angulaires prennent leurs places, et la partie rentrante des angles offre des plis assez profonds. Dans ce mouvement, les tendons des extenseurs des doigts ne sont presque plus apparens sur le dos de la main. Les quatre doigts sont étendus par un muscle qui s'appelle l'extenseur commun des quatre doigts; non-seulement il sert à les étendre, mais encore il les tient étendus dans différens degrés; il contrebalance leur flexion et même la modère. Le doigt index a aussi un extenseur propre, ainsi que le petit doigt : le premier étend les trois phalanges de l'index, et dans quelques occasions entraîne le poignet sur l'avant-bras; le second aide la portion de l'extenseur commun qui se porte au petit doigt. Les muscles lombricaux et les inter-osseux servent d'auxiliaires aux extenseurs. Dans l'extension, les tendons des muscles qui la produisent sont parfaitement marqués sous les tégumens de la convexité de la main. Le pouce a des muscles particuliers qui le meuvent. Il est fléchi par son long et son court fléchisseur, dont le premier sert principalement à la flexion de la troisième phalange sur la seconde, et de la seconde sur la première; le second entraîne la seconde phalange dans le même sens sur la première. Le pouce est étendu par son long et son court extenseur : le long agit sur la seconde phalange de ce doigt qu'il étend sur la première; le court étend la troisième phalange du pouce sur la seconde, la seconde sur la première, et celle-ci sur le carpe. On voit dans la forte extension du pouce une gouttière profonde, plus large pos--

térieurement, plus étroite antérieurement, relevée de deux bords formés par les tendons du long et du court exten-seur, sur l'espace qui se trouve entre le carpe et la pre-mière phalange de ce doigt : cette gouttière est située très-près du bord externe du poignet. Ce mouvement d'abduction du pouce est dû au long et au court abducteur. L'un éloigne le pouce des autres doigts et le renverse en même tems du côté du dos de la main; l'autre l'écarte aussi et entraîne la première phalange vers la face interne de la main. Le pouce est approché des doigts par l'adducteur, et porté dans le dedans de la main par son métacarpien. Le petit doigt est fléchi par son court fléchisseur, éloigné des autres par son abducteur, qui le fléchit, après l'avoir écarté, et il se trouve entraîné dans le dedans de la main par son métacarpien. Ce muscle fait un peu agir le troi-sième et le second os du métacarpe par le moyen de sa connexion avec le ligament transversal. Les ongles ser-vent à soutenir le bout charnu des doigts, et à préserver les houppes nerveuses qui composent leur extrémité. Les ongles n'ont naturellement aucune forme à leur extré-mité, vu qu'ils sont susceptibles de croître beaucoup. Sue prétend que ce sont les ongles très-longs et très-durs de la fille sauvage, trouvée en France en 1731, qui lui donnaient la facilité de monter sur les arbres. Cependant, lorsque l'ongle se casse, ce qui arrive naturellement, il se casse carrément, car la forme ovale qu'on leur donne quel-quefois avec des ciseaux, est une forme de caprice peu heureuse; aussi dans l'antique tous les ongles ont-ils le bord extrême dessiné sur une ligne droite.

La petite tache claire et arrondie que l'on voit à la racine de l'ongle, s'appelle lunule.

Il y a sur le poignet et le métacarpe, un nombre infini de ramifications veineuses, provenant en grande partie de la veine salvatelle et de la céphalique du pouce.

Du ventre.

Dans la description du ventre, je comprends la partie qui commence sous l'arcade des côtes, et qui finit à la naissance des cuisses. Dans cette partie sont donc comprises les hanches, le pubis et les parties sexuelles. Le bassin est composé de deux grands os innominés, qui sont situés aux parties antérieures et latérales du sacrum et du coccyx, qui en font la partie postérieure. Les os innominés ou des hanches, sont formés chacun de trois pièces : une antérieure, appelée pubis ; l'autre supérieure, nommée os des iles ou iléum ; la troisième inférieure, est l'os ischium. Toutes ces pièces réunies par le moyen de cartilages et de ligamens très-forts, approchent de la figure d'un bassin très-évasé supérieurement et rétréci dans son milieu ; elles offrent plusieurs éminences. Les parties antérieures et supérieures du bassin sont surmontées des deux bords demi-circulaires des os des iles, aux parties antérieures desquels s'aperçoivent deux apophyses appelées épines antérieures et supérieures des os des iles ; plus bas se trouvent leurs épines antérieures et inférieures. Un peu plus en devant et plus inférieurement se présentent les épines des os pubis ; les tubérosités des mêmes os qui se découvrent antérieurement, font une saillie considérable. Les tubérosités des os ischium se voient aux parties inférieures antérieures et latérales de l'arcade formée par la symphise ' du pubis. L'extrémité supérieure

―――――――

' Les anatomistes désignent par le nom de symphise, la réunion et

de l'os sacrum s'élève postérieurement au-dessus du niveau
des os des iles ; cet os offre ses apophyses obliques, son
apophyse épineuse, une triple rangée d'éminences qui
occupent sa longueur, et finit au coccyx qui s'allonge sous
la forme d'une grande apophyse. Les bords demi-circulaires des os des iles montrent vers leurs extrémités postérieures des épines postérieures et supérieures ; plus inférieurement sont les épines postérieures et inférieures
qui présentent au-dessous d'elles les épines sciatiques. Le
bassin est creusé latéralement, extérieurement, et un peu
antérieurement de deux grandes cavités articulaires très-
profondes ; chacune d'elles, située de chaque côté, s'appelle
cotyloïde[1], et reçoit la tête du fémur, à laquelle elle laisse
exécuter les mouvemens les plus libres dans tous les sens.

Les deux obliques externes ou grands obliques, sont
situés aux parties antérieures et latérales du bas-ventre ;
ils s'étendent depuis les huit dernières côtes jusqu'à la
partie antérieure et supérieure du bassin, et depuis la région lombaire jusqu'à la ligne blanche. Les attaches de
chaque oblique se font supérieurement aux côtes par huit
ou neuf digitations charnues qui sont terminées par de
courtes fibres tendineuses ; les cinq digitations supérieures
s'entrelacent avec d'autres semblables du muscle grand
dentelé, et les trois ou quatre autres inférieures avec de

la fermeté dans les articulations des os, laquelle a lieu par des moyens
étrangers, c'est-à-dire que la nature, non contente d'avoir articulé les
os entr'eux, a encore voulu que leurs connexions fussent fortifiées, et
elle a lié les pièces osseuses, soit par des cartilages, soit par des ligamens, soit enfin par des muscles.

[1] Les cavités cotyloïdes sont les plus profondes de celles qui servent
aux parties dures.

pareilles qui appartiennent au grand dorsal. La première
digitation est très-large et très-courte ; celles qui suivent,
jusqu'à la cinquième inclusivement, sont plus longues et
moins larges. Les trois autres diminuent ; elles s'attachent
toutes, à l'exception de la dernière, par des fibres tendineuses très-courtes. Les fibres charnues du grand oblique
descendent de toutes ces attaches dans diverses actions.
Les premières sont à peu près horizontales, les secondes
deviennent obliques, et les troisièmes approchent de la
perpendiculaire. Les deux premiers plans de fibres dégénèrent bientôt en une large aponévrose qui se termine à
la ligne blanche d'un côté, et de l'autre au pubis, et à
l'épine antérieure et supérieure de l'os iléum. La partie
aponévrotique du grand oblique qui s'attache au pubis,
est percée d'un grand anneau, propre au passage des vaisseaux spermatiques dans l'homme et au ligament rond de
la matrice dans la femme. L'aponévrose de ce muscle se
replie sur elle-même entre l'os pubis et l'épine antérieure et supérieure des os des iles, prend la forme d'un
ligament, et se nomme ligament de Poupart ; il est aussi
désigné sous le nom d'arcade crurale. Les obliques externes ont non-seulement connexion avec le pectoral, le
grand dentelé et le grand dorsal, mais ils couvrent encore
d'autres muscles qui coopèrent à leur action.

Le ventre présente dans sa longueur deux muscles
nommés droits, relativement à la rectitude des fibres qui
les composent. Chaque muscle droit s'étend depuis la
partie inférieure de la poitrine jusqu'à la partie antérieure et supérieure du bassin ; il est situé le long de son
congénère ; son extrémité supérieure s'attache au sternum, aux cartilages de la septième, sixième et cinquième

vraie côte ; elle est mince ; large, et s'épaissit bientôt,
pour donner naissance à la partie charnue qui se porte
du haut en bas et qui se termine par un tendon assez long
à la partie antérieure et supérieure de la symphise du
pubis, derrière le muscle pyramidal, lorsqu'il existe. Les
fibres du muscle droit sont coupées par des bandes tendineuses qui les traversent horizontalement et qui forment
des zig zag fort irréguliers : on les appelle énervations
tendineuses ; elles sont au nombre de cinq, trois au-dessus
de l'ombilique et deux au-dessous. Ces muscles sont renfermés dans des gaînes aponévrotiques fournies par les
muscles grands obliques, et ces gaînes sont fortement attachées aux énervations.

Une bandelette tendineuse désignée sous le terme de
ligne blanche, se trouve l'intermédiaire des deux muscles
droits, et règne le long de la partie inférieure du bas-ventre,
depuis le cartilage xiphoïde jusqu'à la symphise du pubis.
Elle est partagée dans son milieu par le nombril au-dessus
duquel elle est plus large ; elle est aussi plus étroite au-
dessous. Cette ligne est formée par l'entrelassement des
fibres aponévrotiques des muscles du bas-ventre.

Les pyramidaux sont deux petits muscles ou faisceaux
charnus, situés entre le pubis et la fin de la ligne blanche ;
chaque pyramidal est triangulaire, ayant la pointe en
haut. Souvent ces muscles manquent, souvent il n'y en
a qu'un, ce qui fait croire que leur fonction n'est que particulière à certains cas.

Il est à remarquer que le mouvement oblique du bassin
nécessite la flexion latérale des vertèbres lombaires, et
que leur écartement dans ce cas est assez grand du côté
développé. On doit donc, lorsque les hanches sont obli-

ques, faire sentir par derrière et même pardevant ce jeu
un peu oblique des vertèbres lombaires sur lesquelles le
bassin est fixé et qui en suivent l'inclinaison.

Observations particulières relatives au ventre.

Chacun comprend sans peine que le ventre doit être
ferme et peu saillant. L'épiploon doit par son élasticité
contenir les viscères, et ne pas produire par son relâchement un affaissement et une affluence externe des intestins. Les muscles droits et les obliques, la peau même,
doivent aussi offrir une élasticité et un ressort, tel que le
volume des intestins ne se porte point au-delà de la région
qu'ils doivent occuper ; mais, si le contraire arrive, si les
enveloppes, si les muscles, si les fibres cutanées sont lâches
et molles, alors le ventre peut grossir par l'affluence et le
volume des intestins. Dans ce cas, il y a certainement dis-
proportion, dérangement de pondération ; il y a laideur :
l'épine dorsale est forcée de perdre sa ligne primitive ; les
mouvemens de l'individu participent de cette discordance,
et le caractère de l'énergie, de l'agilité et de la véritable
santé, se trouve dénaturé. Sur les figures des Silènes,
cette fluctuation des intestins est exprimée très-sensible-
ment, afin de caractériser l'effet de la mollesse et du vin.

Winckelmann dit que « dans les figures de notre sexe,
» le ventre est comme celui d'un homme qui a joui d'un
» sommeil tranquille et qui a fait une bonne digestion ; il
» n'est point gonflé, et il est tel que les physiciens le
» donnent pour une marque de longue vie : c'est ainsi
» qu'on le voit dans toutes les figures de l'antiquité. »
C'est sur cette partie que l'on peut remarquer le degré
d'élasticité de la peau. Autour du nombril surtout, les

beaux individus et les belles statues antiques offrent des arrondissemens qui caractérisent la qualité du tissu graisseux, en sorte que, soit aux alentours du nombril, soit aux plis du pubis, soit à ceux des obliques, les moindres flexions et refluemens désignent l'épaisseur, le relâchement ou la ferme santé de la peau.

On peut dire que la forme du ventre doit être grande, une, simple, plutôt plate que ronde, quoique doucement élevée vers le nombril. Les anciens disaient que le ventre doit être ferme et léger.

Les physiologistes modernes répètent presque tous que, chez les jeunes filles adultes, le ventre prend de la grosseur. Mais, si cela arrive en effet, cette abondance du ventre n'en est pas moins contraire à la belle et à la bonne conformation. Sur aucun monument on ne remarque cette grosseur de ventre, si contraire d'ailleurs au caractère virginal. Dans toutes les Vénus et les Nymphes, il est plat, quoique souple et délicat, et il ne fait que peu de saillie, soit au-dessus du nombril, soit aux plis du pubis; ce qui est fort contraire aux ventres de quelques peintres flamands, qui n'ont point su en ceci distinguer la nature.

Rubens a voulu donner à son Apollon de la galerie du Luxembourg un ventre plus mou, plus gras, plus charnu que celui de l'Apollon du Belvédère; mais il est moins vrai, moins beau, et, au lieu d'être divinisé, il est trivial.

Quant à la proportion du ventre et des hanches, le canon nous donne au plus large des hanches, vues de face et vis-à-vis les obliques, ... 16 centièmes.

Au plus étroit des hanches vues de face, $14\frac{3}{4}$ cent⁰ˢ.

Au plus large des hanches vues de profil, 12 centièmes.

Et au plus étroit, ... 11 centièmes.

Les plis transversaux du ventre répondent aux énervations des muscles droits. Le droit, dit-on, se divise en
quatre et même en cinq parties par de fortes intersections
ou bandes nerveuses, qui ne sont pas situées à des intervalles absolument égaux; quelquefois la dernière inter-
section a lieu au milieu du nombril même; quelquefois
elle a lieu un peu au-dessus, ou même encore plus haut.
On remarque aussi dans l'antique, sur les torses pliés ou assis, un certain ordre dans les plis du ventre; cet ordre, indiqué par la nature, est mieux déterminé par l'art, quant
aux écartemens et à la variété selon les lois du beau. Au
reste il n'y a pas un seul torse plié qui ne porte les caractères d'une chair ferme et d'une peau douce et élastique;
les artistes anciens ont toujours sauvé ces plis pauvres et
multipliés qui se trouvent sur les modèles ordinaires dans
cette attitude, et cependant ils ont toujours conservé le
caractère du vrai, sans donner dans l'exagération.

Le nombril.

Le nombril est encore une partie qu'il faut traiter selon
les principes du beau, car dans tous les individus la forme
du nombril dépend beaucoup de la manière dont a été lié
et tranché le cordon ombilical. Il est vrai que la forme
de la chair et de la peau aux alentours contribue à donner
au nombril son caractère; mais l'opération qui a lieu lors
de la naissance de l'enfant, doit avoir sur ces parties une
certaine influence. On voit donc beaucoup d'enfans et
d'adultes, chez lesquels l'ombilic est poussé en dehors au
lieu d'être contenu en dedans; cela provient ou d'efforts
ou de la manière dont il a été noué et tranché. Le nombril,
sur les figures qui expriment une vie laborieuse, est moins

profond et moins adouci ; il l'est davantage au contraire,
quand la figure est molle, délicate et qu'elle se rapproche
du caractère de la nature féminine : aussi les Bacchus, par
exemple, ont-ils le nombril profond et doucement enfoncé. Chez les femmes cette différence est sensible, la
peau étant plus pleine et plus délicate, et le tissu graisseux
plus abondant. L'auteur du Cantique des Cantiques se sert
d'une expression exagérée, mais poétique, en parlant de
cette partie. « Votre nombril, dit-il, ô fille du prince,
» ressemble à une coupe faite au tour : *Crater tornatilis.*
» (Chap. 8, vers. 2.) » Winckelmann a remarqué que le
nombril de la Vénus Médicis était singulièrement profond ;
mais cette statue est très-probablement un portrait. Au
reste, la forme et le caractère du nombril ne peuvent pas
manquer de varier selon les individus, et ils contribuent
même beaucoup à exprimer l'harmonie dominante de la
figure.

Le pubis et les parties sexuelles.

Quant au pubis ou à la fin du ventre, vers la partie
sexuelle, les anciens n'ont pas manqué d'en répéter les
caractères, selon les natures diverses et selon les sexes.
Presque toujours cette partie est distinguée du ventre par
un sillon doux, large et plus ou moins senti, ce qui donne
de la grandeur au torse et jette une agréable variété.
L'Apollon offre un bel exemple de cette beauté. Dans la
femme surtout, cette partie est grande, légèrement bombée et plus saillante que chez l'homme. Mais ce qui la
distingue surtout, c'est la manière dont elle termine le
ventre des deux côtés ; car dans l'homme, les plis latéraux du pubis forment un triangle beaucoup plus aigu

que celui qui est formé par les mêmes plis dans la femme. En effet, ceux-ci sont situés plus horizontalement, et le torse est séparé de la cuisse d'une autre manière.

Plaçons ici un passage de Winckelmann. « Comme la » belle nature, dit-il, qui est modeste dans tous les tems » et tous les pays, répand chez les femmes les grâces et » le caractère de la pudeur, les anciens se seraient bien » gardés de franchir des bornes aussi sacrées dans la re- » présentation des figures entièrement nues, ce qui ne com- » prenait guère que Vénus et les Grâces. Une attitude tou- » jours modeste tendait à voiler les charmes les plus secrets » ou à ne les exposer qu'avec retenue, les genoux étant » naturellement rapprochés, et les cuisses étant pleines et » arrondies à leur naissance; elles forment, avec l'extré- » mité inférieure du ventre, un angle qui n'est interrompu » par aucune indication du sexe, le corps étant presque » toujours légèrement incliné en avant.... » Cette obser- vation doit s'appliquer aussi aux figures représentées par la peinture, dans laquelle la modestie, la décence et la délicatesse sont des conditions premières et fondamen- tales; d'ailleurs le coloris ajouterait encore à l'inconve- nance de certaines imitations. C'est cette même règle qui veut que la poitrine, les jambes, les bras, etc., soient ab- solument ras dans la représentation.

Nous devons aussi faire quelques observations sur la re- présentation ou le dessin des parties sexuelles de l'homme. Disons d'abord que l'antique étant le modèle et des pro- portions et des mouvemens, il doit être consulté et imité exactement en ce point.

Toujours le testicule baisse du côté de la partie qui baisse. L'inclinaison des hanches fût-elle très-peu sensible,

celle des testicules en doit participer toujours, car l'effet
opposé contrarierait le mouvement général. Winckelmann, qui n'avait pas aperçu cette raison, a voulu établir
une règle générale d'après plusieurs statues, sur lesquelles
le mouvement déterminait l'abaissement du testicule gauche, et il a avancé que les anciens tenaient celui-ci plus
bas que le droit. Mais une forte preuve du contraire aurait dû le frapper, c'est que dans le groupe des Dioscures
de St-Ildephonse, l'un a le testicule droit plus bas, et l'autre
a le même plus élevé ; or cela provient des mouvemens
différens de ces deux figures. Dans le Germanicus, dans
le Discobole, dans le prétendu Pétus et dans cent autres,
c'est le testicule droit qui est le plus bas. Winckelmann,
d'après le même oubli des lois du mouvement des formes,
a dit que le nombril formait souvent dans l'antique un
petit cercle dirigé obliquement; mais le jeu et le mouvement des chairs est la cause de cette obliquité. Dans la
figure du Gladiateur, le statuaire, pour exprimer la vivacité, la vélocité de l'action et toute l'agitation du mécanisme, et peut-être même la terreur résultant d'un combat à mort, a représenté les testicules retirés en haut
dans le scrotum ou la peau ; et en ceci il a très-bien imité
la nature.

Du dos.

Commençons par la description de l'épine. L'épine,
située à la partie postérieure du tronc, est composée de
vingt-six pièces ; les vingt-quatre premières s'appellent
vertèbres, et sont distinguées en sept cervicales ou du
col, douze dorsales ou du dos, et cinq lombaires ou des
lombes ; les deux dernières sont connues sous les noms
de sacrum et de coccyx. La colonne épinière, examinée

postérieurement, offre diverses inflexions, telles qu'elle forme une concavité à la région cervicale, qu'elle est convexe à la région dorsale, et qu'elle redevient concave à la région lombaire, pour dessiner une convexité à la partie postérieure du bassin. Elle présente dans toute son étendue des éminences en forme d'épines par la longueur, la figure, et leur expression plus ou moins apparente à travers les tégumens. Les supérieures ou celles du cou sont plus courtes et moins couchées l'une sur l'autre que les dorsales; elles sont fourchues à leur extrémité. Les moyennes sont très-inclinées, terminées par une apophyse oblongue et surmontées d'un angle plus tranchant supérieurement. Les lombaires sont très-larges, très-hautes, singulièrement droites, et très-écartées l'une de l'autre. Ces dernières sont improprement nommées épines. Sur les parties latérales des pédicules de chaque vertèbre se présentent des éminences; les unes s'offrent plus en dehors et dans une situation horizontale, elles s'appellent transverses; les autres sont plus en dedans et dans une situation oblique, situation qui leur a fait donner le nom d'apophyses obliques : celles-ci ont des facettes articulaires, lisses et polies, qui glissent les unes sur les autres dans les mouvemens de l'épine, et qui forment une articulation par arthrodie. Les éminences transverses supérieures sont très-peu apparentes; les moyennes sont terminées par des têtes [1] aplaties en devant et creusées d'une fossette pour s'articuler solidement avec les côtes; les inférieures sont beaucoup plus considérables et très-inégales dans leur surface.

Toutes les vertèbres ont des corps propres à donner de la solidité à l'épine; ils sont attachés les uns aux autres

[1] On appelle tête une éminence arrondie, lisse et polie.

par le moyen de cartilages intermédiaires, d'une nature élastique, qui permettent aux os articulés un certain mouvement, quoique la disposition de cette articulation ne semble en permettre aucun. Cette combinaison de solidité et de mobilité a fait donner à cette connexion le nom d'amphiarthrose [1].

L'omoplate est d'une forme triangulaire. On y remarque trois bords inégaux et trois angles. Elle est divisée vers le quart supérieur de sa surface par une épine considérable qui augmente de volume à mesure qu'elle avance. Des trois bords, l'un est supérieur et petit; l'autre postérieur, très-étendu et arrondi supérieurement; le troisième est antérieur, épais et oblique. Ces trois bords forment trois angles : un antérieur très-mousse, relevé d'un bourlet cartilagineux et creusé d'une surface concave, articulaire et ovalaire, appelée cavité glénoïde, qui reçoit la tête de l'os du bras; le second, supérieur et postérieur, est très-petit et assez aigu; le dernier, inférieur et postérieur, est très-large. Ce bord ressemble plutôt à une courbe irrégulière qu'à un angle. Le bord supérieur donne naissance antérieurement à une apophyse inclinée sur le devant, appelée coracoïde [2], et recouverte dans toute son étendue de plusieurs inégalités. L'épine que nous avons déjà décrite, s'aplatit de bas en haut en s'avançant du

[1] L'amphiarthrose est une articulation mixte qui appartient en même tems et à la synarthrose et à la diarthrose; cette connexion laisse exécuter quelques légers mouvemens, quoique cependant elle ne paraisse pas disposée à en permettre aucun. D'ailleurs les pièces osseuses qui la forment, n'ont pas chacune un cartilage propre; elles tiennent de part et d'autre à un cartilage commun, qui, étant plus ou moins souple, se prête à un mouvement de flexibilité.

[2] On l'appelle coracoïde, parce qu'elle ressemble à un bec recourbé.

côté de l'angle antérieur ; elle produit une éminence qui
finit par un bord arrondi, et qui offre dans le milieu de
sa longueur une facette articulaire oblongue, propre à la
connexion de l'omoplate avec la clavicule : cette éminence
se nomme acromion.

Au-dessous des occipitaux se découvrent les muscles
trapèzes, situés derrière les tégumens. Ils ont la forme
d'un carré irrégulier, ou plutôt ils imitent assez bien celle
d'un coqueluchon. Ils s'étendent chacun depuis l'arcade
occipitale supérieure, le ligament cervical postérieur [1],
l'apophyse épineuse de la dernière vertèbre du cou et
toutes celles des vertèbres dorsales, jusqu'au bord postérieur de la clavicule et jusqu'à l'épine de l'omoplate. Ils
s'attachent aussi à toutes ces parties. Leurs insertions à
la partie postérieure du tronc sont tendineuses ; les supérieures le sont dans une plus grande longueur que les inférieures. Les fibres du trapèze tiennent trois directions
distinctes. Dans la première, elles descendent de l'arcade
occipitale et de la moitié supérieure du cou, et vont se terminer au bord postérieur de la clavicule, où elles finissent
par des extrémités tendineuses. Dans la seconde direction,
elles prennent naissance à la moitié inférieure du cou et
à la supérieure du dos ; elles s'avancent dans un sens
horizontal vers l'apophyse acromion. Enfin la dernière
direction présente des fibres qui montent plus ou moins
obliquement, de la partie inférieure du dos à l'épine de

[1] C'est une substance ligamenteuse, qui a une forme triangulaire et
sépare les muscles qui sont d'un côté, de ceux qui sont de l'autre. Ce
ligament a trois bords ; le premier tient à l'épine occipitale externe, le
second est retenu entre les extrémités fourchues des apophyses épineuses
des vertèbres du cou ; le troisième est libre de toute adhérence avec les
os, et donne attache à des fibres tendineuses.

l'omoplate. Les deux trapèzes couvrent une infinité de muscles dont l'action se manifeste sous eux : tels sont les splénius, les grands et petits complexus, les autres extenseurs du cou et de la tête, les rhomboïdes, les petits dentelés postérieurs supérieurs, les angulaires et une portion du grand dorsal.

Le grand dorsal est le muscle le plus considérable du corps humain. On le nomme aussi le très-large du dos par rapport à sa largeur. Il est immédiatement situé derrière les tégumens, et occupe la partie inférieure du dos, les lombes et la face postérieure de l'os sacrum. Il s'attache aux apophyses épineuses des huit dernières vertèbres dorsales, à toutes celles des lombes, aux trois rangées longitudinales remarquées à l'os sacrum, à la moitié postérieure de la crête cartilagineuse qui surmonte le bassin, et aux quatre dernières fausses côtes. Il est plat et large postérieurement, se rétrécit en montant vers le creux de l'aisselle, et se termine par un tendon aplati au bord externe de la gouttière bicipitale. Ce muscle offre des directions de fibres différentes. Celles qui naissent de ces attaches aux vertèbres du dos, sont horizontales; celles qui prennent leur origine aux vertèbres lombaires et à l'os sacrum, décrivent une ligne oblique; enfin les fibres qui partent de la crête cartilagineuse du bassin et des fausses côtes, approchent de la perpendiculaire : ces dernières forment des languettes ou digitations qui s'entrelacent avec les quatre inférieures du muscle grand oblique. Le grand dorsal est couvert supérieurement par le trapèze, et recouvre entièrement le petit dentelé postérieur inférieur, une portion des muscles obliques et du grand dentelé, le long dorsal et le sacro-lombaire.

Le sus-épineux est ainsi appelé, parce qu'il occupe la fosse située au-dessus de l'épine de l'omoplate. Il s'attache au sommet de la tête de l'humérus.

Le sous-épineux remplit la fosse qui se trouve au-dessous de l'épine de l'omoplate, et se termine par un tendon à la partie moyenne de la grande tubérosité de l'humérus.

Le petit rond est un muscle longuet, couché obliquement le long de la partie inférieure du sous-épineux. Il s'attache à toute la lèvre externe du bord antérieur de l'omoplate et au bas de la grosse tubérosité de l'humérus.

Le grand rond est situé le long du bord inférieur du petit, et s'attache à la face externe de l'angle inférieur de l'omoplate et à la ligne externe de la gouttière bicipitale.

Le sous-scapulaire occupe toute la face de l'omoplate qui est tournée vers les côtes.

Le coraco-brachial s'étend obliquement entre l'apophyse coracoïde et la partie supérieure, moyenne et interne de l'humérus.

Au sujet du mouvement de l'omoplate, il est à remarquer que, quand on lève l'épaule, ce n'est pas par une situation uniforme que se fait ce mouvement; c'est l'acromion qui monte, pendant que l'angle supérieur de l'omoplate descend et que l'angle inférieur s'éloigne de l'épine du dos. Lorsqu'on baisse l'épaule, l'acromion descend plus ou moins, l'angle supérieur monte à proportion, et l'angle inférieur s'approche de même. On ne peut avancer l'épaule vers le devant de la poitrine, sans la faire monter un peu, comme il est difficile de la reculer, sans la baisser. En avançant l'épaule, l'acromion non-seulement monte, mais encore pousse en avant la clavicule; la base de l'o-

moplate s'éloigne de l'épine et se prononce fortement
sous la peau. La clavicule n'a pas de mouvement qui lui
soit propre, elle ne fait que suivre ceux de l'omoplate, et
les borne dans certaines circonstances.

L'omoplate est levée par la contraction du muscle trapèze qui l'empêche de s'abaisser, et par celle du grand
dentelé qui la porte aussi en devant. Elle est ramenée
dans son attitude ordinaire par le rhomboïde, lorsque le
grand dentelé et le trapèze cessent d'agir : ce muscle est
leur modérateur dans leur action de l'élévation de l'é-
paule; il tire, de concert avec la portion inférieure du
trapèze, l'omoplate directement en arrière. L'angulaire
abaisse l'acromion, en relevant l'angle supérieur de l'o-
moplate. Lorsque cet os est levé, l'acromion se prononce
très-bien, ainsi que toute la face externe de l'omoplate.
La clavicule est élevée obliquement, et l'on voit un pli
terminé en devant par deux ou trois autres petits, entre
la partie inférieure latérale du cou et le dessus de l'épaule.
Si l'on porte l'épaule en devant, alors l'acromion en montant éloigne la base de l'omoplate de l'épine du dos, et
pousse en devant la clavicule, laquelle est fortement exprimée et offre entre sa partie supérieure et le dessus de
l'épaule un creux plus ou moins grand, selon la maigreur
ou l'embonpoint du sujet. En reculant l'épaule, la clavicule se jette un peu plus en arrière, et la base de l'omoplate se serre contre l'épine dorsale. Dans l'abaissement,
la clavicule et l'omoplate sont dans leur situation naturelle.

Le grand dorsal dans ses différens mouvemens s'exprime très-bien sous les tégumens ; on voit les diverses
directions de ses fibres se contracter tour à tour, et sa

contraction est fortement apparente, quand on est suspendu par les mains et qu'on fait effort pour s'élever,
parce qu'alors il entraîne le tronc sur le bras.

Le sus-épineux peut être regardé comme le congénère
et le modérateur du deltoïde.

Le sous-épineux retient la tête de l'humérus qui tend
à s'échapper en arrière de la cavité glénoïde, lorsqu'on
porte subitement le coude en devant.

Le petit rond agit de même que le sous-épineux. Le
grand rond coopère avec le grand dorsal aux mêmes mouvemens du bras. Le coraco-brachial devient le congénère
du sous-épineux et du petit rond ; il peut entraîner aussi
l'omoplate sur l'humérus.

Observations relatives à quelques parties du dos.

C'est surtout vers les omoplates que se remarque la
différence qui distingue un dos antique, je veux dire un
dos bien conformé, d'un dos à la Vanloo. En effet, dans
celui-ci l'omoplate ne poussant en dehors qu'une chair
pauvre, que des muscles plats, couverts d'une peau sans
ressorts, produit une maigreur et un plan aride qui fait
tache et déplaît autant à la vue qu'à l'esprit ; dans une
belle statue antique au contraire, la partie supérieure du
dos est composée de formes soutenues : l'omoplate n'est
sensible qu'à travers une chair ferme ; les trapèzes eux-
mêmes sont nourris et sans aridité ; enfin l'apparence des
apophyses vertébrales et des côtes est modifiée et adoucie
par la chair qui les couvre et qui ne fait que les indiquer.

Les épaules d'Apollon et de Bacchus sont remarquables
par leur beauté sur presque toutes les statues de l'antiquité. Au jardin du Luxembourg à Paris, on voit une

statue très-restaurée de Bacchus, dont le dos est d'une
grande beauté, et qui peut servir de preuve à ce que j'a-
vance ici. Mais dans toutes les figures de Jouvenet, de
Pierre, de Restout, de Paul Véronèse même et de Valentin,
les formes des épaules sont misérables, laides et plus ou
moins embrouillées. Le pli de l'aisselle y est aride, et on
ne sait si c'est un homme malade ou un homme desséché qu'ils ont voulu représenter. Quant aux reins,
disons que la manière dont est conformée l'attache ou la
partie tendineuse du sacro-lombaire est importante en ce
qu'elle caractérise ou la force ou la débilité de l'individu.
Dans l'antique, les lombes forment une contraction sensible, grande, et se dessinent par deux courbes plus ou
moins déterminées, selon le mouvement; ces courbes
indiquent la partie fibreuse, charnue et élastique du
muscle : plus bas se distingue sa partie tendineuse et aponévrotique. L'Hercule Farnèse, le Laocoon, le Mercure
du Vatican dit l'Antinoüs, et presque toutes les antiques,
font voir ce caractère propre à la force, puisque ce sont
ces muscles qui soutiennent le squelette, lorsqu'il est
penché en avant, et qui le relèvent et le renversent en
arrière.

Lorsque ces lombes sont ainsi déterminées, le dos est
plus beau, en ce qu'il est composé de ses grandes et principales parties ou masses, qui sont les omoplates, les trapèzes, le dorsal et les lombaires, toutes grandes pièces
que viennent latéralement sectionner les obliques.

A l'attache dite partie tendineuse du sacro-lombaire
sur le sacrum, on remarque deux petites dépressions que
les anciens n'ont pas manqué de faire concourir à la vérité
et à la beauté. Chez les femmes ces deux petits creux sont

plus sensibles, parce qu'étant le résultat de l'adhérence
des tendons sur les os, plus il y a de graisse alentour,
plus ils sont profonds. Dans les beaux ouvrages grecs, on
sent par les modifications relatives de ces douces dépressions, la différence que cause sur l'une ou sur l'autre
le mouvement du squelette, et la différence délicate que
ce mouvement apporte dans le refluement des chairs. Sur
un chétif individu au contraire, et sur les mille et mille
chétives figures modernes, on voit les lombes se confondre en pointes misérables sur le sacrum; on voit même
quelquefois le sacrum bombé, comme chez les artisans
qui, de père en fils, portent des hottes ou des fardeaux
sur les reins. Il y a discorde et laideur sur de pareilles
figures, qui donnent plutôt l'idée d'un quadrupède apau-
vri, que de l'homme fait pour appuyer son noble corps
sur des reins solides et bien proportionnés. Enfin de
même que les anciens faisaient sentir toujours les têtes
des os principaux, afin de donner l'idée de la longueur et
de la naissance du membre, de même ils laissaient toujours
sentir la fin des lombes, pour donner l'idée des proportions du torse et de ses véritables mouvemens. Pour ce
qui est des fesses, ce sont encore de ces grandes parties
qui donnent clairement l'idée de l'espèce de figure : et
comme les muscles qui les composent sont très-vastes et
abondans, cette partie ou pauvre ou soutenue, indique
sensiblement la santé, l'énergie et l'agilité, ou la faiblesse,
la langueur et le dépérissement. Le dessinateur fait encore
voir d'une manière non équivoque son degré de talent
d'imitation sur cette partie, qui, étant grande par elle-
même, rend très-évidens beaucoup de plans résultant
du mouvement général et du mouvement musculaire en

particulier. On peut avancer que les modernes sont absolument ignorans en ce point, comparés aux anciens; et
si la rareté des beaux modèles en cette partie est une des
causes de leur inhabileté, la principale provient du peu
de profondeur de leurs observations physiologiques et de
la routine qui, leur faisant regarder presque toujours un
individu comme étant la nature, les satisfait par une représentation passable des plans et des formes qu'ils ont par
hasard sous les yeux. Enfin, si la partie antérieure, qui est
la face, indique l'ame et le moral de toute la figure, cette
partie postérieure en indique plus que toute autre le caractère physique, l'espèce, l'âge et l'harmonie. L'action
de tout le corps doit donc être exprimée par cette seule
partie que des maladroits représentent sans variété, sans
jeu, sans finesse, et que les Grecs ont toujours su rendre
avec vie et signification.

Le grand fessier est le muscle le plus épais de ceux
qui se trouvent dans l'homme. Il s'étend depuis toute
la face externe et postérieure du bassin, à laquelle il est
attaché, jusqu'au fémur. Sa figure est celle d'un éventail
ouvert. Il offre des fibres rayonnées qui se portent obliquement à la partie supérieure et postérieure du fémur,
au-dessous du petit trochanter, où elles se terminent par
un tendon qui va se fixer à la partie supérieure de la
ligne âpre du même os. Les fibres de ce muscle sont
recouvertes des tégumens et de l'aponévrose du fascia-
lata. Le grand fessier a connexion avec le moyen et avec
beaucoup d'autres qu'il importe peu aux artistes de connaître. Le moyen fessier est en partie situé sous le grand,
s'étend, comme lui, depuis la face externe du bassin jusqu'au fémur, et a la même figure. Les fibres charnues.

qui le composent, se portent vers le grand trochanter dans différentes directions. Ce muscle, arrivé à cette éminence, se rétrécit et se termine par un tendon épais qui s'insère au grand trochanter. La moitié antérieure du moyen fessier n'est couverte que des tégumens et de l'aponévrose du fascia-lata.

Des cuisses.

La cuisse est formée d'un seul os nommé fémur. Il est le plus grand de ceux qui composent le squelette. Son extrémité supérieure offre une éminence considérable, lisse, polie et à laquelle on donne souvent le nom de tête ; au-dessous d'elle, l'os se rétrécit en forme de cou. La tête et le cou font un angle obtus avec le corps du fémur, du côté interne ; le coude de l'angle est du côté externe, et se termine au grand trochanter [1]. Le petit trochanter est situé à la partie inférieure postérieure du cou de cet os, et à la partie interne de son extrémité supérieure. Le corps du fémur, qui s'étend jusqu'à l'extrémité inférieure, n'a pas une direction droite ; il bombe un peu en devant. Sa face antérieure est très-unie, assez large et un peu convexe. Sa face postérieure forme dans sa longueur un angle saillant, appelé la ligne âpre du fémur. Son corps s'aplatit postérieurement et antérieurement en finissant. Ses deux bords sont distingués en externe et interne. Son extrémité inférieure présente deux éminences arrondies vers le milieu, aplaties sur les côtés, et nommées condyles ; l'un est interne, et l'autre externe. Le premier est

[1] Le grand et le petit trochanter tirent leur nom de leurs usages : ils servent à faire tourner le fémur de dehors en dedans, et de dedans en dehors.

plus long que le second. Ces deux apophyses qui se prononcent plus fortement à leur partie postérieure, sont
séparées par une cavité légèrement creusée, nommée
poulie du fémur. Cet os s'articule supérieurement avec le
bassin, et inférieurement avec les os de la jambe. L'articulation du fémur dans la cavité cotyloïde du bassin est
par énarthrose, et permet des mouvemens en tous sens.

L'articulation du fémur est recouverte d'une capsule
ligamenteuse qui se prête aux divers mouvemens, et qui
est fortifiée par d'autres ligamens.

Les muscles de la partie antérieure de la cuisse sont:
une portion du pectinœus, le couturier, le grêle antérieur
et le triceps crural.

Le pectinœus, qui est obliquement situé à la partie supérieure et antérieure de la cuisse, entre le pubis et le
petit trochanter, est plat et d'une longueur médiocre. Il
s'attache supérieurement au bord antérieur du pubis,
descend ensuite obliquement, se fait voir dans ce trajet
avant que de s'enfoncer entre les muscles de la partie supérieure et antérieure de la cuisse, derrière lesquels il
est caché, et se contourne de dedans en arrière, pour
s'attacher au petit trochanter.

La situation du couturier est oblique à la partie antérieure de la cuisse. Ce muscle s'étend depuis l'épine iliaque
antérieure et supérieure jusqu'à la partie supérieure du
tibia. Il est très-long et a la forme d'un ruban. Il descend
obliquement de dehors en dedans, tient ensuite une marche plus droite, tourne après de devant en arrière jusqu'au condyle interne du tibia, et se termine par un tendon plat qui va se fixer au-dessous de la tubérosité de l'os
de la jambe. Le couturier est placé immédiatement der-

rière les tégumens ; il croise tous les autres muscles de la partie antérieure de la cuisse.

Le grêle antérieur, autrement appelé le droit antérieur, parce qu'il est situé directement le long de la partie antérieure de la cuisse, offre une épaisseur médiocre. Son attache supérieure se fait au bord antérieur et à la face iliaque externe par deux tendons qui se réunissent bientôt et donnent naissance à un corps épais et penniforme [1]. Ce muscle s'élargit de plus en plus jusqu'à sa partie moyenne ; il se rétrécit ensuite inférieurement pour former un tendon. Ce tendon est d'abord étroit, ne tarde point à s'élargir, et s'unit aux portions latérales du triceps crural et au tendon du même muscle. Cette union des parties tendineuses compose un tendon large et épais qui s'attache au bord supérieur et à la face antérieure de la rotule.

Le triceps crural, situé derrière le droit antérieur, est une masse charnue, très-considérable, qui entoure les trois quarts de la circonférence du fémur, et qui s'étend de cet os à la rotule et au tibia. Il est composé de trois portions séparées en haut, réunies en bas, dont une est moyenne et les deux autres latérales. Elles sont connues toutes les trois sous le nom de muscle crural, vaste interne et vaste externe. Le tendon supérieur du muscle crural s'attache à la partie externe du petit trochanter. Le tendon du vaste externe s'insère à la partie inférieure et antérieure du grand trochanter. Celui du vaste interne se fixe au-devant du petit trochanter. Ces trois tendons s'unissent pour donner naissance à un muscle volumineux

---

[1] C'est-à-dire dont la direction des fibres ressemble à celle des barbes d'une plume à écrire.

qui se termine par un tendon considérable fixé à la rotule
et au tibia. Les connexions du triceps crural sont avec
le grêle antérieur, avec le premier et le troisième adducteur de la cuisse et avec l'aponévrose du fascia-lata.

Les puissances motrices de la cuisse sont le grand et le
moyen fessier, le demi-nerveux, le demi-membraneux et
le biceps crural. Nous avons déjà parlé des deux premiers.

Le demi-nerveux, ainsi nommé à cause de sa ressemblance imparfaite à un nerf, occupe la partie postérieure
de la cuisse. Il s'étend depuis le grand trochanter jusqu'à
la partie supérieure et antérieure interne du tibia. Ce
muscle s'attache supérieurement à la tubérosité de l'ischion, par un tendon large et court; il s'unit ensuite à
la longue portion du biceps crural; de là il descend jusqu'au tiers de la cuisse, où il devient tendineux. Le tendon, par lequel il se termine, passe derrière le condyle
interne du fémur et celui du tibia, pour se fixer près de
la tubérosité de ce dernier os. Ses connexions sont avec
le biceps et le couturier.

Le demi-membraneux s'appelle ainsi, parce qu'il se
termine supérieurement par un tendon aponévrotique; il
est obliquement situé à la partie postérieure de la cuisse,
et s'étend depuis la tubérosité de l'ischion jusqu'à la partie postérieure du condyle interne. Il commence supérieurement par un tendon large, mince et long, qui s'attache à la tubérosité de l'ischion. Ce tendon devient charnu
vers la partie moyenne de la cuisse; il est alors assez épais,
se rétrécit ensuite, s'amincit de nouveau, et se termine
inférieurement par un tendon court qui passe derrière le
condyle interne du fémur et s'insère à la face postérieure
de celui du tibia.

Le muscle biceps fait assez voir par sa dénomination qu'il est formé de deux portions écartées en haut et réunies en bas, dont l'une est plus longue et l'autre plus courte. Il est situé à la partie postérieure de la cuisse, et s'étend depuis la tubérosité de l'ischion jusqu'à la moitié inférieure du fémur et à la partie postérieure externe de la tête du péroné. La longue portion du biceps s'attache supérieurement à la tubérosité de l'ischion, et descend obliquement, pour se réunir à la seconde. Celle-ci commence vers le tiers du fémur; elle est plus courte que la première, et s'attache à la ligne âpre par des fibres légèrement tendineuses. Cette seconde portion se réunit bientôt à l'autre, et les deux forment par leur concours un tendon fort épais qui va se terminer à la tête du péroné.

Un seul muscle se trouve à la partie externe de la cuisse; on le nomme le muscle du fascia-lata, parce qu'il est renfermé entre les deux lames de cette forte aponévrose, appelée gaîne aponévrotique. Il est étroit et mince, s'élargit ensuite, et devient plus épais à mesure qu'il se porte en bas. Ce muscle s'amincit tout à fait à l'endroit où il se termine et se perd dans l'aponévrose, c'est-à-dire, que ses fibres charnues dégénèrent en fibres aponévrotiques. Il s'attache supérieurement par un tendon assez court à l'épine antérieure et supérieure de la crête de l'os des iles. Ses connexions sont avec le grand et le moyen fessier, le couturier et le grêle antérieur.

Le droit ou le grêle interne et les trois adducteurs sont les puissances musculaires qui occupent la partie interne de la cuisse.

Le premier de ces muscles est situé immédiatement derrière les tégumens de la partie interne de la cuisse.

Il se rétrécit, devient un peu plus épais en descendant, s'amincit de nouveau, et se termine par un tendon grêle qui passe derrière les condyles internes du fémur et du tibia, pour se fixer près de la tubérosité du tibia, à la partie supérieure antérieure et externe de cet os. Ses connexions sont avec les adducteurs qu'il recouvre, avec le couturier et le demi-nerveux.

Les trois adducteurs de la cuisse sont distingués en premier, second et troisième.

Le premier est obliquement situé à la partie supérieure et interne de la cuisse. Sa forme est allongée. Son attache supérieure se fait à l'épine du pubis par un tendon épais d'où les fibres charnues tirent leur origine. Ce muscle s'élargit beaucoup, puis il s'amincit et dégénère en un tendon large qui se fixe à la partie moyenne de la ligne âpre du fémur. Ses connexions sont avec le pectinœus, les deux autres adducteurs et le triceps crural.

La forme et la situation, ainsi que les attaches du second adducteur, sont presque semblables à celles du premier.

Le troisième, dont la figure et la position approchent de celles des deux précédens, est beaucoup plus considérable. Il est attaché supérieurement par un tendon court à la partie inférieure de la branche du pubis et à la branche de l'ischion. Il descend, en se fixant à toute la longueur de la ligne âpre du fémur, jusqu'à la partie inférieure de cette ligne, et se termine par un tendon qui s'insère à la partie postérieure du condyle interne de l'os de la cuisse. Ce muscle a connexion avec ses deux congénères et avec la portion interne du triceps crural.

Description du mouvement de la cuisse.

L'homme est libre de remuer sa cuisse sous le tronc, comme il peut baisser et relever le tronc sur la cuisse. Les mouvemens du fémur sous le bassin dépendent de l'extension, de la flexion, de l'adduction et de l'abduction[1]. Il est facile aussi de tourner cet os de dehors en dedans, et de dedans en dehors. Les deux os de la cuisse, examinés dans leur situation respective, sont plus écartés l'un de l'autre vers leurs extrémités supérieures, et tellement rapprochés vers leurs extrémités inférieures, que les condyles externes, quoique plus courts que les internes, se trouvent au niveau de ces derniers.

Dans ce qu'on appelle l'extension ou situation droite du fémur, l'épine du grand trochanter est supérieurement placée; dans la flexion, la tête du fémur tourne comme sur son axe dans la cavité cotyloïde, et ne fait point d'efforts pour en sortir; le grand trochanter se trouve alors en arrière et parallèle à l'horizon. Lorsque l'homme porte sa cuisse en adduction, la tête du fémur fait effort en haut et en arrière pour sortir de sa cavité; s'il la met en abduction, la tête de l'os de cette partie du corps se prononce inférieurement et en devant de la cavité, et le grand trochanter qui se trouve plus près des os du bassin, ne s'exprime pas aussi fortement au-dehors. En exécutant le mouvement de dehors en dedans, la tête du fémur se présente en arrière de la cavité, le grand trochanter se porte en devant, et le condyle externe offre sa face externe. Le contraire arrive dans le mouvement de dedans

---

[1] Ces mots sont tirés des verbes latins *adducere* et *abducere*. Le premier signifie ramener, le second écarter.

en dehors; la tête du fémur vient se prononcer en devant
de la cavité, le grand trochanter est poussé en arrière, et
le condyle interne présente sa face interne.

La cuisse est mue sur le bassin de plusieurs manières;
tantôt elle est fléchie, tantôt elle est étendue, d'autres
fois elle est écartée de l'autre cuisse, ou bien elle en est
rapprochée; elle exécute aussi de petits mouvemens de
dedans en dehors et de dehors en dedans, aussi l'éminence du grand trochanter change-t-elle sensiblement
de position, selon que la cuisse tourne en dedans où en
dehors, et, si elle s'élève ou se recule, le grand et le
moyen fessier portent la cuisse en arrière sous le bassin;
ils contrebalancent dans la station l'action des fléchisseurs; ils écartent une cuisse de la cuisse opposée; ils
retiennent le bassin dans la progression, et font tourner
la cuisse, de dedans en dehors. Lorsque ces muscles se
contractent, leurs masses charnues se racourcissent, et les
saillies des fesses, ainsi que tous leurs plans, les rendent
différentes, selon que l'une ou l'autre est en contraction.
Le pectinœus, aidé de plusieurs muscles inutiles à connaître aux artistes, fléchit le bassin sur la cuisse, et la
cuisse sur le bassin, en la rapprochant en même tems de
celle du côté opposé. Les trois adducteurs servent à approcher les deux cuisses l'une de l'autre, les font tourner
sur elles-mêmes de dedans en dehors, les fléchissent sur
le bassin, et maintiennent ce dernier dans sa rectitude
naturelle; ils soutiennent aussi le bassin, lorsqu'on est
appuyé sur une seule jambe, et le redressent dans cette
attitude, s'il est incliné en dehors. Le fascia-lata fait tourner la cuisse de devant en dedans, et la porte en dehors.

La disposition de l'articulation du fémur avec le tibia

et la rotule, permet réciproquement à la cuisse et à la jambe de s'étendre ou de se fléchir l'une sur l'autre. Cette extension est produite par le droit antérieur et le triceps crural. Le premier ajoute à cet usage celui d'entraîner la cuisse sur le bassin, d'empêcher ce dernier de se renverser en arrière, et de le remettre dans sa situation ordinaire, lorsqu'il en a été dérangé. Le second sert aussi à fixer la rotule et l'empêche de se porter en dedans ou en dehors. Cette flexion est opérée par le droit interne, le demi-nerveux, le demi-membraneux, le biceps crural et le poplité. Le grêle interne non-seulement fléchit la jambe sur la cuisse, et celle-ci sur la jambe, mais il est encore destiné à être le congénère des adducteurs, lorsque l'articulation du genou ne peut être fléchie. Il soutient aussi le bassin, quand on se tient debout sur un pied. Le demi-nerveux, quoique fléchisseur de la jambe, entraîne la cuisse en arrière sur le bassin dans une grande extension de la jambe. Le demi-membraneux exécute avec plus de force les mêmes mouvemens que le demi-nerveux. Le biceps joint à la flexion de la jambe la faculté de la faire tourner de dedans en dehors, après l'avoir fléchie. Le poplité, dans la rotation du pied, devient l'antagoniste du biceps, et fléchit la jambe sur la cuisse.

La contraction du couturier est fortement marquée dans la progression, parce qu'il soutient le bassin en dehors, en s'opposant à ce que la pesanteur du corps le renverse du côté de la jambe qui est en l'air. Le couturier fait exécuter à l'extrémité inférieure un mouvement de rotation de dedans en dehors, croise les deux jambes l'une sur l'autre, lorsqu'il les a fléchies sur les cuisses. Dans une forte extension de la jambe, il fait flé-

chir la cuisse sur le bassin. L'action de ce muscle est très-
apparente sous les tégumens. La flexion du bassin sur les
cuisses présente un angle dont le coude arrondi est formé
par le relâchement des fessiers : la partie rentrante offre
un pli.

Il faut remarquer qu'une forte aponévrose, formée par
le concours de quelques expansions aponévrotiques de
plusieurs muscles, recouvre tous ceux de la cuisse : elle
est nommée gaîne aponévrotique.

Observations relatives à la cuisse.

Dans les belles statues et les beaux individus, les cuisses
sont simples, pleines du haut, et généralement puissantes;
sur les figures triviales de certains tableaux, les cuisses
ont quelque chose de tordu; le haut en est pauvre, les
plans formés par le droit, les deux vastes et le couturier,
sont en désordre et ne produisent point l'unité ni la grandeur. Le vaste externe est lâche, ainsi que le fascia-lata.
En un mot, de telles cuisses ne caractérisent rien, et ne
sont au fait qu'une espèce d'état anatomique détaillé,
mais sans caractère physiologique, sans unité d'expression,
en sorte que la cuisse d'un soldat, d'un berger, d'un dieu
ou d'un satyre, est la même, c'est-à-dire, est une répétition insipide de l'individu appelé modèle.

Chez les femmes, les cuisses sont plus arrondies et plus
bombées en devant ; en dehors elles sont très-pleines, à
partir du dessous du trochanter, ce qui produit vers le
trochanter un plan creux et vague, tandis que chez l'homme
ce plan est plus vif et court, vu la contraction des fessiers
et du fascia-lata. Chez la femme, le vaste interne est très-
peu sensible à son attache inférieure ; mais il l'est beau-

coup chez l'homme. Au-dessus de la partie tendineuse de
ce muscle, on voit un pli ou bourlet plus ou moins gras,
qui n'est autre chose que le refluement des aponévroses et
des chairs qui se distendent dans la flexion. Ce pli, selon
qu'il est plus ou moins sensible, sert à caractériser l'espèce de chair et de peau, et par conséquent l'âge et même
les habitudes ou exercices de l'individu.

Quant aux glandes des aines, elles ne sont sensibles
que dans certaines poses et actions. Les anciens les ont
exprimées avec beaucoup d'art et de réserve, ainsi que
les attaches supérieures du couturier, du fascia-lata, et
la crête de l'os des iles.

Le groupe d'Ajax et de Patrocle, le Gladiateur, et plusieurs autres figures, font voir un très-beau travail dans
cette partie, ainsi que dans l'imitation de la veine crurale
et des ramifications qui ont lieu vers les aines.

Le canon nous a donné pour largeur des hanches, aux
obliques, ... 16 centièmes.

Pour la largeur de la cuisse, vue de
profil sous la fesse, ... 10 centièmes.

Et pour cette même largeur, chez la
femme, ... 10 c^{es} forts.

Des genoux.

On entend ici par genoux l'articulation de la cuisse et
de la jambe, et même la partie postérieure du genou,
qu'on a appelée jarret.

La largeur du genou vu de face est, selon le canon,
de . . . . 6 centièmes.

Vu de profil chez l'homme, . . 6 ½ centièmes.

Vu de profil chez la femme, . . . 6 centièmes.

· · La hauteur du pli du jarret, à partir
du sol, est de . . . .   27 ¼ centièmes.

L'articulation du tibia avec le fémur est fortifiée par
plusieurs ligamens nerveux qui se croisent en sautoir, ce
qui concourt à donner au genou une forme arrondie.
L'élasticité de cette espèce de bourse ligamenteuse, ainsi
que celle de la peau vers cette partie, empêche que les
flexions réitérées de cette articulation ne forment des plis
relâchés et des boursouflures.

Chez les vieillards et les malades, la pauvreté de ces
ligamens et de la peau produit ces plis et ces petites parties qui sont les signes de la décrépitude.

La pièce la plus apparente dans le genou, est la rotule.
Ce petit os arrondi a la forme d'un cœur renversé, la base
en haut et le sommet en bas. Cependant son sommet n'est
pas pointu, comme la figure convenue d'un cœur. Ses
bords sont tranchans, et sa face externe est légèrement
convexe. Il est essentiel de bien remarquer la forme de
la rotule sur la nature et sur l'antique. Cet os, qui s'articule avec les condyles du fémur, est attaché à la partie
supérieure du tibia par un ligament particulier. Sa proportion, selon Sue, est d'un pouce sept lignes dans sa
longueur (probablement sur une figure de cinq pieds et
demi); il est large d'environ deux pouces. (Encycl. Méth.)

*Observations sur le mécanisme de la rotule et sur la
forme du genou.*

« La graduation des mouvemens de flexion du genou,
» dit Barthez, pag. 72, est rendue plus facile par le moyen
» de la rotule.

» Les anatomistes de l'académie des sciences ont très-

» bien vu que la rotule n'est point faite, comme on le
» croit, pour empêcher que l'extension du genou n'aille
» trop loin, puisque dans les quadrupèdes, où la rotule
» se trouve comme dans l'homme, il n'a pas été néces-
» saire d'empêcher l'extension forcée du genou, qui n'a
» jamais lieu, vu que le fémur reste toujours fléchi sur le
» tibia. Mais l'utilité principale de la rotule paraît être,
» qu'étant soutenue par la contraction des muscles exten-
» seurs de la jambe, ou bien lorsqu'elle les fortifie dans
» leur résistance tonique, elle empêche les mouvemens
» soudains ou précipités de flexion de l'articulation du
» genou, et elle arrête la poussée angulaire des os de
» la cuisse et de la jambe [1].

» Il est facile de voir combien cette résistance de la
» rotule, en assurant l'extension ou les flexions graduées
» du genou, est nécessaire pour l'exécution du marcher
» naturel. D'où l'on voit que si les rotules étaient déta-
» chées et enlevées, sans que rien suppléât à leur défaut,
» l'homme serait réduit à une sorte de marcher vicieux,
» ou il traînerait les jambes. Je prouve l'usage principal
» que j'assigne à la rotule, par le fait suivant qu'a rap-
» porté Duverney, et qui est analogue à d'autres faits
» qu'ont publiés Diermerbrœck et Morgagni.

« Isaac Vossius a dit dans une lettre que rapporte
» Grœvius (*Lectiones Hesiodeæ*, pag. 62), que, parmi les
» esclaves éthiopiens, il en était plusieurs qu'on appelait
» sarápodes, comme traînant les jambes de manière à
» balayer la terre, et qu'on les réduisait dans cet état,
» pour les empêcher de fuir, en leur coupant la rotule ou

[1] Camper a observé que, dans les animaux qui marchent les genoux
fléchis, la rotule est plus grande et plus épaisse que dans l'homme.

» le talon. Il cite un passage d'Origène, qui prouve qu'en
» effet il était des Éthiopiens auxquels on enlevait les
» conques des genoux ou les rotules; mais, quant à la
» section du talon, Isaac Vossius avoue que ce n'est qu'une
» conjecture qu'il tâche d'étayer sur un passage de Pé-
» trone, qu'il a mal expliqué, et l'on ne voit pas qu'il ait
» pu se faire aucune idée vraisemblable d'une telle opé-
» ration. Dans un jeune homme, à qui une flexion du genou
» avait causé la rupture d'une partie de l'aponévrose qui
» embrasse la rotule, cet os fut élevé par les muscles, et
» ensuite fixé un travers de doigt au-dessus des condyles
» du fémur. Au bout d'un an ce jeune homme essaya de
» marcher : il ne pouvait se mettre à genoux et monter
» un escalier que très-difficilement, mais il le descendait
» sans beaucoup de peine. Lorsqu'on lui eut mis un petit
» bourlet attaché par des cordons autour du genou, il fut
» moins gêné; il pouvait se soutenir sur cette jambe, et
» il la pliait avec facilité. Schreiber, dans son Almageste,
» a cru qu'un semblable déplacement de la rotule par
» l'effet d'une rétraction violente, rend le marcher sur-
» tout difficile dans les lieux déclives. Il a mal fondé son
» opinion sur ce qu'observe Galien (De Usu partium.
» Lib. 5. Cap. 15), qu'un jeune homme, à qui dans la
» lutte une rupture des ligamens de la rotule avait fait
» remonter celle-ci sur la cuisse, ne pouvait, sans danger
» de chute, ni fléchir le genou, ni marcher dans les lieux
» déclives, ou il avait besoin de s'appuyer sur un bâton.
» Quand il n'y a point d'autre lésion principale que le
» déplacement ou la fracture de la rotule, il doit être sur-
» tout difficile de monter un escalier ou d'autres lieux en
» pente. Camper l'a observé constamment chez ceux qui

» ont la rotule fracturée, et il a remarqué que les parties
» ne peuvent jamais se réunir parfaitement. Mais, lorsque
» la rupture de l'aponévrose des muscles extenseurs du
» genou, laquelle a lieu avec le déplacement ou la fracture
» de la rotule, occasionne un affaiblissement permanent
» de ces muscles (ce qui était probablement le cas de
» l'observation de Galien), non-seulement la flexion du
» genou est difficile, mais la descente dans les lieux dé-
» clives l'est aussi spécialement [1]. Alors le redressement
» du genou de la jambe affectée, qui a été portée en avant,
» peut être moins pénible dans la montée, parce que le
» corps est soulevé par l'impulsion de l'autre jambe, qu'il
» ne l'est dans la descente, où le corps s'abaisse sur ce
» genou affaibli qui doit seul en porter le poids. »

La rotule fixée au tibia par un ligament semble dans la
flexion même du genou être attachée à cet os; néanmoins,
cette attache étant mobile, il peut arriver dans certaines
actions où la jambe est tendue de telle ou telle façon, que
la rotule soit entraînée en haut par le muscle droit qui la
fixe, et qu'elle soit cédée par l'attache relâchée qui la fixe
à la jambe, ainsi que cela a lieu dans la jambe fuyante du
Gladiateur.

La rotule n'éprouve point de mouvement latéral dans

---

[1] « On voit un semblable effet de l'affaiblissement constant de ces
» muscles, lorsqu'il est causé par la goutte ou par la vieillesse. Musgrave
» dit (*De Arthritide Symptomaticâ. Cap.* 11. *Hist.* 1. *in fine*), qu'un genou
» droit ayant été extrêmement affaibli par la goutte, le malade montait
» beaucoup plus vite et plus facilement les escaliers qu'il ne les descen-
» dait, et qu'il avait besoin en descendant de faire les plus grands efforts
» pour que le corps ne tombât point en avant, ce qui, dit Musgrave, est
» commun presqu'à tous les vieillards décrépits : l'on peut ajouter que
» cela leur cause souvent des chutes funestes. »

l'action, et lorsqu'avec la main on la fait vaciller latéralement dans l'état d'inaction, on sent que sa destination
n'est pas de se porter latéralement dans aucun cas, vu
son articulation avec les condyles du fémur et la fonction
spéciale du triceps crural qui la fixe et l'empêche de se
porter en dedans ou en dehors.

Dans les semi-flexions, lorsque le pied pose, la tête du
fémur pousse quelquefois en avant le haut seulement de
la rotule, en sorte qu'elle est plus saillante et plus inclinée,
ce qui donne au genou une forme plus pointue.

La rotule dans la jambe droite du Laocoon ne semble
pas juste dans sa forme et sa situation.

Dans l'antique et la belle nature, la forme de la rotule
est visible, parce que le trop de mollesse et de relâchement des capsules graisseuses, tendineuses, aponévrotiques, etc., ne produit pas de bourlets équivoques, comme
on en voit dans les genoux de Rubens et d'autres. Sur les
figures de ces peintres, l'os est confondu avec les saillies
de la peau et les boursouflures; dans l'état sain, la rotule
doit être visible, quoiqu'adoucie par les tégumens. Son
action doit être apparente, ainsi que sa belle proportion.
D'ailleurs la rotule doit avoir une apparence déterminée,
parce qu'elle caractérise beaucoup la nature du sujet.
En effet, si elle est adoucie et fine, elle convient aux dieux
et à la jeunesse héroïque; si elle est recouverte de tendons
agités et grossiers, ou d'une peau fatiguée, elle indique
un caractère moins relevé. Son apparence, plus ou moins
voilée ou déguisée, caractérise aussi l'âge, le sexe, etc.

Le peintre Boucher, dans ses genoux de femmes, faisait
un paquet, et dans ce paquet un creux couleur de rose,
qu'il appelait probablement un Nid d'Amour, en sorte

que les genoux de ses Nymphes rappellent les enflures et les cataplasmes.

Quant à Michel-Ange, souvent il compose ses genoux de bosses sur bosses ; il semble que les os de ses figures aient plus de facettes que les os ordinaires. Os, muscles, tendons, cartilages, tout a la même énergie, la même solidité, tout est en bosses et en ressauts, tout est compté et comme numéroté, et toujours plutôt en plus qu'en moins. Le rapport entre l'os et le muscle, entre le support et le corps porté est détruit, et en voulant faire grand, il fait souvent petit, par la profusion des petites saillies et des petites subdivisions exagérées.

« Rien n'est si rare dans la nature, dit Winckelmann, » que les beaux genoux. Ils sont rares même, dit-il, dans » l'antique. Quant aux genoux dans l'art chez les mo- » dernes, il est inutile d'en chercher : ni Raphaël, ni les » Carraches n'en donnent de modèles. Les genoux de la » Galathée de Raphaël sont presque défectueux. » Le même antiquaire ajoute que ce sont les beaux genoux du jeune âge qui sont les plus rares. Selon lui, le genou doit former un renflement doux et uniforme, et non une interruption à ressauts et caractérisée par des concavités ou des convexités. Cette opinion est très-conforme aux lois de l'unité et de la beauté. Il est essentiel néanmoins de proportionner la simplicité au caractère de la figure et à son action, car le mécanisme humain a ses formes propres et voulues, et il a ses variétés particulières. Enfin certaines actions ne permettent pas de représenter les parties avec autant de simplicité que les lois du beau optique pourraient le faire désirer, et il y a des formes et des lignes prescrites qu'il est indispensable de répéter.

Le jarret, proprement dit, est à la partie postérieure du genou : il forme un creux dans la flexion par l'effet des tendons très-forts des muscles fléchisseurs de la jambe. Le pli du jarret est à peu près situé vis-à-vis le bas de la rotule. Chez la femme, ce pli n'est point senti de la même manière que chez l'homme, dont la chair est plus ferme et qui fait des mouvemens bien plus forts et plus répétés. Le jarret d'un adolescent est même plus ressenti et fait voir les tendons bien plus détachés que celui de la femme; enfin, c'est par l'antique qu'il faut apprendre à débrouiller les caractères si souvent incertains qu'offrent dans cette partie la plupart des individus mal choisis.

Des os de la jambe.

La jambe a deux os, le tibia, qui est le principal, et le péroné, beaucoup plus mince et situé en dehors.

L'extrémité supérieure du tibia est très-large; elle présente deux condyles surmontés chacun d'une facette articulaire. Cette extrémité du tibia offre aussi antérieurement une grosse tubérosité. Sur la partie latérale du condyle externe est une cavité articulaire. Le corps de l'os a une forme triangulaire; on y distingue trois faces et trois bords. La face interne et antérieure est polie dans toute son étendue. L'externe est un peu concave; la face postérieure présente une ligne oblique. L'angle ou bord antérieur, appelé crête du tibia, ne descend pas tout droit jusqu'à l'extrémité inférieure; il fait une petite inflexion. Le bord ou angle postérieur externe est moins saillant; le postérieur interne s'arrondit dans sa longueur. L'extrémité inférieure de cet os est presque cylindrique. Elle porte à son côté interne une éminence considérable qui fait partie de la charnière articulaire du tibia avec le pied : cette éminence se nomme malléole interne [1]. Son côté externe est creusé d'une cavité profonde et propre à l'articulation de cet os avec le péroné. Cette extrémité est terminée par une cavité articulaire assez profonde. Le tibia s'articule supérieurement avec le fémur, latéralement avec le péroné, et inférieurement avec l'astragal.

Le péroné, situé à la partie externe de la jambe, est long, grêle, et presque triangulaire. Son extrémité supérieure est arrondie et remplie d'inégalités, entre lesquelles s'en remarque une plus considérable, appelée l'épine du péroné. Cette extrémité est creusée d'une facette articulaire du côté du tibia. Son corps offre trois faces et trois angles irréguliers qui descendent obliquement sur la longueur de l'os, et qui sont quelquefois parsemés d'une infinité de traces. Les faces finissent presque toujours avant d'arriver à l'extrémité inférieure, parce que l'os s'arrondit dans cet endroit. Son extrémité inférieure est oblongue, convexe extérieurement ; elle forme la malléole externe, et offre postérieurement une épine inférieure. Le péroné n'a d'articulation qu'avec le tibia et l'astragal. Le mouvement qu'il exécute est passif, parce qu'il est entraîné par le tibia auquel il est fixé par de forts ligamens. La tête du péroné commence un peu au-dessous du niveau du tibia, la jambe étant droite sur la cuisse. Sa saillie externe et latérale est placée plus bas. Les formes qui entourent la tête du péroné étant plus saillantes qu'elle, cet os n'est que peu apparent.

---

[1] Malléole vient du mot latin *malleolus*, petit marteau. On nomme celle-ci interne, pour la distinguer de l'autre, qui est externe. Les malléoles sont vulgairement appelées chevilles.

Des muscles de la jambe.

Les muscles de la partie antérieure de la jambe sont le jambier antérieur, l'extenseur propre du pouce, le long extenseur commun des orteils, le court, le moyen et le long péronier.

Le jambier antérieur est obliquement situé à la partie antérieure de la jambe, derrière les tégumens. Il est de forme allongée et s'attache supérieurement à la partie antérieure externe et supérieure du tibia par des fibres tendineuses fort courtes qui donnent naissance à une portion charnue, mince d'abord, plus épaisse ensuite, puis il se rétrécit vers la partie moyenne de la jambe, et finit par un tendon qui se porte un peu obliquement de haut en bas. Ce tendon passe sous le ligament annulaire de la jambe, traverse l'articulation de l'astragal et du tibia, et se glisse sous le ligament annulaire du pied, pour s'implanter au premier os cunéiforme. Les connexions du jambier antérieur sont avec le long extenseur commun des orteils et avec l'extenseur propre du pouce.

Ce dernier diffère peu par sa forme de celle du jambier; il est obliquement situé à la partie moyenne et inférieure de la jambe, entre le jambier antérieur et le long extenseur commun des orteils, muscles qui le cachent presqu'en entier. Il se fixe supérieurement au péroné, à une portion du ligament inter-osseux, passe sous le ligament annulaire de la jambe, et va s'insérer à l'extrémité postérieure de la seconde phalange du gros orteil, après avoir traversé la longueur de la première à laquelle il s'attache par des fibres aponévrotiques.

Le long extenseur commun des orteils est situé comme

les précédens. Il s'attache supérieurement à la partie antérieure supérieure et externe du tibia, au ligament inter-
osseux et au bord du péroné, par un tendon court qui
donne bientôt naissance à trois portions charnues, terminées chacune par un tendon. Ces trois tendons passent
sous le ligament annulaire de la jambe, s'étendent sur la
convexité du pied et vont se rendre aux quatre orteils qui
suivent le pouce. Ils s'aplatissent sur les phalanges de
même que les tendons de l'extenseur commun des doigts
de la main. Le tendon de la première portion se divise
en deux bandelettes pour les deux premiers orteils. Les
connexions du long extenseur commun des orteils sont
avec le jambier antérieur, l'extenseur propre du pouce,
le long, le moyen et le court péronier, et avec les muscles
lombricaux et inter-osseux du pied.

Le court péronier est le plus antérieur des trois du
même nom. Il s'étend depuis le péroné, jusqu'au cinquième os du métatarse. Il est situé à la partie antérieure
inférieure et externe de la jambe. Il s'attache supérieurement à la moitié inférieure de la face antérieure du péroné, et en partie au ligament inter-osseux. Ce muscle
est mince d'abord, devient ensuite épais, et finit inférieurement par un tendon qui passe sous le ligament annulaire de la jambe. Ce tendon gagne le ligament annulaire
du pied, sous lequel il se glisse; sorti de cet anneau, il
croise le court extenseur commun des orteils, et se termine par une large aponévrose qui le fixe à la moitié postérieure du cinquième os du métatarse.

Le long péronier a plus de longueur que les deux autres.
Sa situation et sa figure sont les mêmes que celles des précédens. Son attache supérieure est à la partie supérieure

antérieure et externe du tibia. Ce muscle descend en se
fixant à la partie supérieure du tibia et à toute la face externe du péroné qu'il quitte avant que d'arriver à la malléole externe. Le long péronier est aponévrotique en haut,
devient charnu, et prend ensuite une épaisseur considérable ; il se termine inférieurement par un tendon large,
mince, et qui se rétrécit et s'épaissit par la suite. Ce tendon passe derrière la malléole externe, s'avance le long de
la face externe du calcanéum, et s'implante à la moitié
postérieure du premier os du métatarse et en partie au
grand os cunéiforme. Ses connexions sont avec le moyen
péronier, l'extenseur commun des orteils, le solaire et le
long fléchisseur du pouce.

Le moyen péronier s'attache au-dessus de la moitié inférieure de la face antérieure et externe du péroné. Il s'offre
d'abord mince et étroit, mais il s'élargit et s'épaissit bientôt en descendant, pour produire inférieurement un tendon
qui le termine. Ce tendon, de large qu'il était, devient
étroit, passe derrière la malléole externe, traverse la face
externe du calcanéum, et va gagner l'extrémité postérieure du cinquième os du métatarse, en s'avançant le
long du cuboïde. Ce muscle a connexion avec le long
péronier, le long extenseur commun des orteils, le petit
péronier et le long fléchisseur du pouce.

Les muscles de la partie postérieure de la jambe sont
les jumeaux ou gastrocnémiens, le plantaire grêle, le poplité, le solaire, le long fléchisseur commun des orteils
et le jambier postérieur. Les seuls muscles jumeaux sont
apparens ; ils recouvrent tous les autres. Nous nous éten-
drons sur ces premiers, et nous nous contenterons d'indiquer les attaches des derniers.

Les jumeaux ou gastrocnémiens, sont deux muscles très-forts et très-épais, situés à la partie postérieure de la jambe, derrière les tégumens. Ils sont distingués en interne et externe. Le premier est le plus épais et le plus long. Il s'attache supérieurement à la partie postérieure du condyle interne du fémur par un fort tendon qui passe derrière l'articulation du genou. Le second ou l'externe se fixe à la partie postérieure du condyle externe de l'os de la cuisse, par un tendon moins fort que celui de l'interne. Ces deux portions s'élargissent en descendant jusqu'à la partie moyenne de la jambe; arrivées à cet endroit, elles se rétrécissent de nouveau et se terminent toutes les deux inférieurement par un large tendon aponévrotique. Ces tendons s'unissent en bas, à la partie postérieure du muscle solaire : leur connexion devient si grande qu'ils ne forment plus qu'un seul muscle : ainsi réunis ils s'attachent à la partie postérieure du calcanéum.

Le plantaire grêle n'est pas plus intéressant pour les artistes que les muscles de la jambe qui vont suivre. Celui-ci s'attache supérieurement au condyle externe du fémur, et se termine en descendant obliquement par un tendon grêle et allongé qui s'unit à ceux des jumeaux et du solaire. Le gros et fort tendon que ces trois muscles forment, est connu sous le nom de tendon d'Achille.

Le poplité s'attache supérieurement à la partie inférieure du condyle externe du fémur, et inférieurement à la partie postérieure et supérieure du tibia.

Le solaire tient supérieurement à la partie postérieure de la tête du péroné, et à la ligne oblique de la partie supérieure et postérieure du tibia. Il se fixe inférieurement au calcanéum.

Le long fléchisseur du pouce s'implante supérieurement aux trois quarts inférieurs du péroné et se termine inférieurement par un tendon qui s'attache à la face inférieure et à l'extrémité postérieure de la seconde phalange du gros orteil.

Le long fléchisseur commun des orteils s'insère supérieurement à la face postérieure interne du tibia, et se divise en quatre bandelettes, pour fournir un tendon à chacun des doigts qui suivent le pouce.

Au-dessous du jarret se présente le mollet ou le gras de la jambe, formé par les ventres charnus des muscles gastrocnémiens et solaire.

Le jambier postérieur est supérieurement attaché par des fibres tendineuses à la face postérieur du tibia, à la partie voisine de celle du péroné et au ligament interosseux. Il finit inférieurement par un tendon qui se fixe en partie au scaphoïde, au premier os cunéiforme et au premier os du métatarse.

Les muscles de la jambe ont tous pour enveloppe une forte aponévrose qui les contient, plus épaisse supérieurement, plus mince inférieurement.

Des veines de la jambe.

Le long de la partie interne et antérieure de la jambe, règne la grande veine saphène. La petite parcourt toute la longueur de la partie externe de la jambe et vient se joindre à la grande saphène, après avoir passé derrière la malléole externe. Ces deux veines réunies produisent divers rameaux qui se propagent sous les tégumens du cou-de-pied.

Observations particulières relatives à la jambe.

Pour rappeler ici ce qui concerne la proportion de la jambe, disons que l'os du tibia a de longueur, à partir de la saillie latérale de ses apophyses, . $25\frac{1}{2}$ cent⁰ˢ.

Le péroné a . . . . 21 centièmes.

Le bas des mollets se trouve, à partir du sol, à une distance de. . . . . 15 centièmes.

La larg^r du mollet, vu de face, est de $6\frac{3}{4}$ cent⁰ˢ.

Vu de profil, il a à peu près la même mesure.

Au plus mince de la jambe vue de face, $5\frac{1}{2}$ cent⁰ˢ.

La jambe peut exécuter trois mouvemens : elle peut s'étendre, se plier, et se tourner un peu. Il faut donc distinguer le mouvement d'extension, celui de flexion et celui de demi-rotation. Le mouvement d'extension de la jambe est attribué à l'action du droit antérieur, des deux vastes, et du crural.

Dans l'extension, les deux condyles du fémur sont directement appuyés sur les facettes articulaires des condyles du tibia; la rotule cache alors la poulie de l'extrémité inférieure de l'os de la cuisse ; elle se prononce très-bien au-dehors. Les têtes des condyles se dessinent postérieurement. Le mouvement de flexion est attribué à l'action du biceps, du demi-nerveux, du grêle interne, du couturier et du poplité.

Dans la flexion, la jambe fait un angle avec la cuisse. Les têtes des condyles du fémur disparaissent et sont reçues dans les cavités articulaires de ceux du tibia. La poulie se dégage de dessous la rotule qui s'enfonce dans l'espace de l'articulation et lui donne une forme convexe aplatie. (Il y a une très-grande analogie entre cette connexion et celle de l'os du coude avec l'humérus, à l'exception seulement du mouvement de la rotule, mouvement qui n'a pas lieu dans l'apophyse olécrâne.) Le mouvement de demi-rotation de la jambe a lieu lorsqu'elle est à demi-fléchie : il s'exécute par l'action alternative du biceps et du poplité; le biceps tournant la jambe de devant en dehors, et le poplité la tournant de devant en dedans.

Quant à la courbure interne et apparente du tibia, vu de face, il importe d'en bien distinguer le caractère qui provient de la courbe inférieure de la crête de cet os, et surtout de la forme des muscles de la jambe, forme qui prolonge en apparence cette courbe.

J'ai déjà dit qu'on voyait presque les mêmes jambes sur toutes les figures de Michel-Ange, de Rubens, de Raphaël, de Jules-Romain, de Poussin, et surtout de Chaperon, qui a gravé les loges de Raphaël. Cela prouve encore ce que je n'ai cessé de répéter, que les Grecs connaissaient l'homme, et que les artistes modernes ne savent que façonner le marbre et colorer des carnations. David est le premier chez les modernes qui ait copié la nature avec ses diversités et son vrai caractère; aussi dans ses tableaux, autant de figures différentes, autant de jambes différentes.

Nous avons cité l'Amazône en bronze de Strongilion, statue qu'on appela Eucnémon à cause de la beauté de ses jambes.

Dans le Cantique des Cantiques, les jambes de l'époux sont comparées à des colonnes de marbre posées sur des bases d'or, expression qui rappelle la simplicité et l'élégance de celles de l'Apollon du Belvédère.

On voit au musée Vatican des jambes probablement d'Apollon, qui ont une sveltesse et une simplicité remarquables. Celles des colosses de Monte-Cavallo sont aussi d'une forme très-grande et très-simple. Les jambes de la Diane de Paris sont de même d'une grande beauté, quant aux proportions : on voit que le statuaire s'est appliqué à bien caractériser cette partie dont l'élégance est propre à indiquer la marche vive et légère d'une vierge chasseresse et d'une divinité.

Les belles jambes de femmes ne sont pas très-rares parmi nous ; mais en trouve peu d'artistes capables d'en répéter les beautés. Tout Paris a remarqué les jambes de la célèbre Clotilde, danseuse de l'Opéra ; elles sont aussi belles que celles de la Diane antique. Dans le rôle de Calypso, le reste de sa personne y répond ; elle adoptait le costume de cette divinité, et offrait un modèle rempli de caractère et de beauté : en la voyant on se figurait volontiers Diane elle-même.

Chez la femme, le bas de la jambe ne doit point être fin et sec, ainsi que le veulent souvent les amateurs de petits pieds ; au contraire le bas de la jambe chez la femme doit être soutenu, un peu plein, et terminer harmonieusement la figure. Une jambe sèche par le bas fera voir presque toujours les têtes des os et le tendon d'Achille, ce qui est une impropriété.

Un prétendu puriste critiquait un jour le bas des jambes de la Vénus du Capitole : elle a, disait-il, une jambe plus grosse que l'autre. Mais ce critique ne réfléchissait pas que la jambe qui porte, est naturellement plus renflée vers le bas que ne l'est la jambe qui, jetée en arrière, ne supporte presque rien.

Il n'est pas nécessaire, je crois, de blâmer le préjugé des prétendus connaisseurs qui vantent un mollet anguleux, énorme, et suivi d'un bas de jambe étranglé à la façon des balustres : on voit par l'idée qu'ils se font d'une belle jambe, qu'ils ne connaissent point le principe de l'unité ou de l'harmonie.

Des pieds.

Nous avons donné les proportions particulières du pied, selon le canon divisé en cent parties; ici nous ne considérons la proportion du pied que par rapport à la grandeur de la figure entière divisée en cent centièmes.

Disons donc que la larg^r du pied est de   6 centièmes, mesure égale à celle des deux yeux, leur écartement compris.

Sa longueur est de . . . . . .   16 centièmes.

Et la cheville interne du pied se trouve élevée du sol ou de la plante des pieds, de   5 centièmes.

Selon Vitruve, le pied serait la sixième partie de la figure; cette dimension s'accorde assez avec celle que nous avons adoptée.

Winckelmann suppose que le pied servait de mesure aux anciens dans toutes leurs grandes dimensions, et que c'était sur la mesure du pied que les statuaires réglaient celle de leurs figures, en leur donnant six fois cette longueur; c'est en effet la proportion que donne Vitruve : *Pes verè altitudinis corporis sexta.* Notre célèbre antiquaire regarde comme certain que le pied a une mesure plus déterminée que la tête ou la face, qui sont les parties d'après lesquelles les sculpteurs modernes empruntent leurs dimensions.

« Quoique cette proportion du pied ait paru étrange,
» dit-il, au savant Huet, et qu'elle ait été rejetée par Per-
» rault, elle n'en est pas moins fondée sur l'expérience, et
» elle s'accorde même avec les mesures des tailles sveltes.
» Après avoir mesuré avec soin, ajoute-t-il, une infinité de
» figures, cette proportion s'est trouvée non pas seulement
» aux figures égyptiennes, mais encore à celles des Grecs,
» comme on le verrait à la plupart des statues, si les pieds
» s'y étaient conservés. On peut s'en convaincre par l'ins-
» pection de quelques figures divines dans la longueur
» desquelles les artistes ont porté certaines parties au-
» delà des dimensions naturelles. Dans l'Apollon du Bel-
» védère, qui excède un peu la hauteur de sept têtes, la
» mesure du pied qui porte à plomb, a trois pouces (palme
» romain) de plus que la mesure de la tête. Cette même
» proportion a été donnée par Albert-Durer à ses figures
» de huit têtes, dans lesquelles le pied compose la sixième
» partie de la hauteur. »

Des os du pied.

Le pied est formé de vingt-six os très-intimement liés
les uns avec les autres. Le tarse est la première partie du
pied ; c'est une voûte remarquable dont la convexité regarde en haut et la concavité en bas. Elle est composée
de sept os, qui sont le calcanéum, l'astragal, le scaphoïde,
le cuboïde et les trois os cunéiformes, distingués en grand,
petit, et moyen. De ces os, l'astragal et le calcanéum sont
les seuls nécessaires à connaître ; les autres, quoique très-
utiles, sont recouverts d'une substance ligamenteuse. L'astragal offre une convexité propre à être reçue dans une
cavité articulaire profonde ; il est le moyen dont la nature

s'est servie pour articuler le pied avec la jambe. Le calcanéum présente postérieurement une grosse tubérosité
pour donner un point d'appui plus certain au pied, et
on l'appelle vulgairement talon.

Le métatarse, composé de cinq os longs, est une grille
pareille à celle de la main. Ces os sont distingués en premier, second, troisième, quatrième et cinquième os du
métatarse. Toutes leurs extrémités postérieures réunies
aux os du tarse et comparées avec les antérieures, occupent beaucoup plus d'espace que ces dernières. Elles
portent toutes des cavités glénoïdales, et présentent inférieurement des tubérosités considérables. Ces extrémités
sont aussi creusées sur leurs parties latérales en facettes
articulaires propres à leur connexion réciproque. Leurs
corps sont très-minces vers le milieu; ils sont inégalement
taillés. Leurs extrémités antérieures sont plus rapprochées ; elles offrent des têtes propres à une articulation
par genou. Au-dessous de ces têtes sont de très-petits
cols qui présentent supérieurement deux éminences latérales, et inférieurement deux autres plus considérables.
Le premier os du métatarse est celui qui correspond au
grand os cunéiforme : ses caractères particuliers sont
d'être le plus gros de tous, plus court que le second, et
plus long que les autres. Le second os, qui est le plus
long, s'appuie sur le petit os cunéiforme. Le troisième a
connexion avec l'os cunéiforme moyen. Le quatrième et
le cinquième s'articulent avec l'os cuboïde. Ces cinq os
forment supérieurement une convexité, et inférieurement
une concavité. Cette disposition du métatarse est la cause
de l'inégalité de la grandeur des orteils. Les extrémités, tant
postérieures qu'antérieures, sont liées par des ligamens.

Les doigts ou orteils, situés aux extrémités antérieures des os du métatarse, sont au nombre de cinq. Trois pièces osseuses composent chacun d'eux, à l'exception du pouce; elles sont longues et s'appellent phalanges. Les phalanges sont convexes supérieurement, concaves inférieurement. Les extrémités postérieures offrent des cavités disposées à recevoir la tête de chaque os du métatarse; elles sont lisses supérieurement et ont deux éminences latérales inférieurement. Leurs extrémités antérieures sont terminées chacune par deux condyles; elles ne permettent qu'une articulation par charnière angulaire. Toutes les phalanges qui sont larges à leurs parties postérieures, vont en diminuant jusqu'à leurs extrémités antérieures. Elles suivent toutes l'arrangement des os du métatarse; par ce moyen la première phalange du pouce est plus grande et plus grosse que les autres, les phalanges du premier rang sont beaucoup plus considérables que celles du second, et ainsi de suite. Nous observerons que celles du pied sont bien moins régulières et moins déliées que celles de la main; nous suivons néanmoins le même type dans la description de cette dernière partie de l'extrémité supérieure. Les secondes phalanges, quoique plus petites que les premières, ont la même conformation, avec cette différence qu'elles sont articulées de manière à ne permettre à leurs deux extrémités que des mouvemens de ginglyme angulaire. Elles sont de même inégales en grandeur et en volume, et leurs inégalités sont modelées sur celles des premières. Les dernières phalanges des orteils, ainsi que la seconde du pouce, sont très-petites, convexes à leurs extrémités postérieures et antérieures, et terminées, comme à la main, par un cordonnet osseux.

La connexion du pied avec la jambe peut être mise dans la classe de la diarthrose par énarthrose, puisqu'elle permet des mouvemens en avant, en arrière, en dedans, en dehors, et un mouvement orbiculaire combiné de ces quatre mouvemens et des intermédiaires que l'on peut être dans la nécessité d'exécuter. Dans l'extension du pied sur la jambe, sa pointe est en bas, et l'angle obtus antérieur tout-à-fait effacé, tandis que le calcanéum fait postérieurement un angle très-aigu avec le tibia. Dans la flexion du pied, et surtout lorsqu'elle est forcée, la pointe du pied est en haut, l'angle antérieur devient aigu, et le calcanéum forme le coude de l'angle. Si nous portons notre pied en dedans, nous dessinons de ce côté un angle obtus, la malléole interne paraît moins, l'externe est plus apparente, ainsi que le ligament latéral du même côté. Le pied est-il porté en dehors, la malléole externe se prononce moins, et l'interne d'avantage.

Des muscles du pied.

Des muscles, pareils à ceux qui font mouvoir les doigts de la main, mettent aussi en action les doigts du pied. Il faut avoir soin d'observer que leurs mouvemens ne sont point aussi finis que ceux qui composent la main, et qu'ils sont même très-bornés par l'obstacle continuel des chaussures. L'extenseur propre du pouce étend les deux phalanges du gros orteil. Le long fléchisseur le fléchit ; il peut être regardé comme coopérateur des extenseurs du tarse. L'abducteur du pouce l'écarte des autres orteils et fléchit aussi sa première phalange. L'adducteur agissant de concert avec l'abducteur, produit la flexion du pouce ; quand il est seul en action, il approche le gros orteil des autres.

Le long et le court extenseur commun des orteils concourent ensemble à opérer l'extension des quatre orteils.
Ils coopèrent aussi aux mouvemens du jambier antérieur
et du court péronier. Le court et le long fléchisseur
commun des orteils servent ensemble à fléchir les troisièmes phalanges sur les secondes, et les secondes sur les
premières.

Les muscles qui creusent la plante du pied et rendent
plus convexe le dessus, ne montrent point leur action à
l'extérieur. Nous passons sous silence le jeu de l'abducteur, de l'adducteur du petit doigt, et d'autres petits
muscles dont l'effet est si peu sensible qu'ils ne font subir
bir aucun changement aux parties.

Dans l'extension des orteils, les tendons des puissances
musculaires, mises en mouvement, s'expriment fortement
sous la peau. Leur expression diminue sensiblement dans
la flexion.

Tous les muscles qui se trouvent tant à la partie antérieure que postérieure de la jambe, servent aux mouvemens du pied, et quelques-uns à ceux des orteils. Le
jambier antérieur porte le bout du pied vers la jambe et
s'oppose à l'extension de la jambe sur le pied. Il fait
mouvoir l'os cunéiforme sur la tête du calcanéum, de
manière qu'il fait tourner la plante du pied en dedans
vers l'autre ; dans la flexion directe du pied, il a pour
coopérateur le moyen et le court péronier. Le premier,
en outre, s'oppose au renversement de la jambe dans la
station ; il fait tourner la pointe du pied en dehors, en
même tems qu'il le fléchit, quand il agit sans le concours
du jambier antérieur. Le second est un auxiliaire du moyen
péronier dans tous ses mouvemens. Les gastrocnémiens

ou les jumeaux et le solaire étendent le pied et le soutiennent étendu contre les plus grands efforts. Ils servent
singulièrement, quand on court, que l'on saute ou que l'on
marche. Ils étendent la jambe sur le pied toutes les fois
que celui-ci demeure fixe contre terre, ce qui paraît évidemment après qu'on a fait une génuflexion médiocre. Ces
muscles sont, dans certaines occasions, les auxiliaires du
biceps crural. Le plantaire grêle agit de concert avec les
gastrocnémiens et le solaire. Si le jambier postérieur agit
seul, il étend le pied obliquement en dedans. Lorsque son
action est liée avec le jambier antérieur, il tourne la plante
du pied plus directement en dedans. Le long péronier fait
l'extension du pied sur la jambe, en portant sa pointe en
dehors, et le premier os du métatarse en bas. Il peut aussi
renverser la jambe en arrière sur le pied, et la redresser,
quand elle a été entraînée dans la flexion. La cuisse étant
fléchie sur la jambe, les formes des parties charnues qui
couvrent la face antérieure s'effacent : sa face postérieure
est raccourcie et épaissie. Les muscles antérieurs se prononcent parfaitement, lorsque le fémur est étendu sur le
tibia ; on distingue à travers les tégumens leurs différentes
figures. Le mollet s'épaissit dans l'extension du pied, et
se relâche dans la flexion, action qui rend apparente la
contraction de ses fléchisseurs.

Les muscles qui entourent le pied sont recouverts d'une
aponévrose épaisse qui cache en partie l'expression de leur
mouvement, motif qui nous fera passer rapidement sur
leur description.

Le pédieux ou le court extenseur commun des orteils
et l'inter-osseux supérieur, sont situés à la face supérieure du pied.

Le pédieux est un petit muscle assez long, situé obliquement sur la face postérieure du pied. Il s'attache postérieurement par des fibres tendineuses à l'apophyse saillante du calcanéum. Il est large en arrière, s'attache en passant à l'astragal, augmente de largeur à mesure qu'il se porte en devant, et se divise en quatre portions inégales, dont les deux internes sont les plus longues et les plus minces. Chaque portion donne naissance à un tendon qui s'avance le long de chaque os du métatarse, y croise chaque tendon du long extenseur commun des orteils, et va s'attacher à chacune des premières phalanges des doigts. Le pédieux a aussi connexion avec le petit péronier.

Les inter-osseux supérieurs sont ainsi nommés, parce qu'ils sont situés entre les os du métatarse.

Les muscles placés à la plante du pied, sont l'abducteur du pouce, le court fléchisseur commun des orteils, l'abducteur du petit doigt, le court fléchisseur et l'adducteur du pouce, le transversal des orteils, les lombricaux, le court fléchisseur du petit orteil, et les inter-osseux inférieurs.

L'abducteur du pouce est situé sur la face inférieure et le bord interne du pied. C'est un muscle longuet qui se fixe postérieurement à la grosse tubérosité du calcanéum par des fibres tendineuses très-courtes, lesquelles produisent une portion en partie tendineuse et en partie charnue. Cette portion se rétrécit beaucoup et se termine par un tendon qui se joint fortement au court fléchisseur du même doigt, puis se porte avec lui sur le côté inférieur et interne de l'articulation qui joint la première phalange au premier os du métatarse.

Le court fléchisseur commun des orteils est situé à la
face inférieure du pied. Il en occupe toute la longueur et
s'attache postérieurement à la face inférieure de la grosse
tubérosité du calcanéum. Ce muscle s'avance de derrière
en devant, mince d'abord, plus épais ensuite, et se divise
en quatre portions inégales en grandeur. Celle du troisième
orteil est la plus grande; celles des deux derniers sont les
plus petites. Ces portions donnent naissance à des tendons
qui se divisent pour livrer passage à ceux du long fléchisseur commun des orteils, et s'attachent aux premières et
aux secondes phalanges.

L'abducteur du petit doigt est situé le long du bord
externe et inférieur du pied. Il s'attache postérieurement
à la tubérosité externe du calcanéum, s'épaissit à mesure
qu'il avance, et forme un tendon qui va se fixer à la base
du cinquième os du métatarse. Il continue toujours de
marcher de derrière en devant sur cet os et produit un
second tendon qui s'insère à l'extrémité postérieure de la
première phalange du petit doigt.

Le court fléchisseur du pouce est un muscle large en
arrière, qui est attaché au second et troisième os cunéiforme, et qui vient se fixer en devant, en se rétrécissant à
la partie postérieure de la première phalange du pouce.

Le court fléchisseur du petit orteil est un très-petit
muscle situé le long de la face inférieure du dernier os du
métatarse. Il est fixé d'une part à l'extrémité postérieure
du cinquième os du métatarse, et à toute la longueur du
même os; de l'autre part, à l'extrémité postérieure de la
première phalange du petit doigt.

Je ne décrirai ni le transversal des orteils, ni les lombricaux, ni les inter-osseux inférieurs.

Observations relativement au pied.

Le soin et l'étude qu'on recommande dans l'imitation des extrémités doit être surtout apporté à celle des pieds, parce que, voyant bien moins de pieds nus que de mains, nous ne sommes pas habitués à leur mécanisme, à leur jeu et à leurs proportions, quoique par un sentiment naturel chacun puisse très-bien juger de la belle ou de la laide conformation de cette partie. L'harmonie est fort à recommander aussi en ce point, car les pieds étant la fin de la figure, on rapporte cette fin au tout, et c'est de cette fin que dépend même le tout. En effet, supposer à l'Apollon du Belvédère un pied plus long, plus petit ou plus plat, c'est supposer une monstruosité.

Les Chinois affirment que les petits pieds sont des beautés précieuses; mais ils préfèrent ce mensonge à l'aveu de leur jalousie qui emprisonne et meurtrit les pieds de leurs femmes, dans l'espoir de les empêcher de marcher. C'est ainsi que nos Parisiennes affirment qu'un pied en lame de couteau est une chose charmante, parce qu'elles sont les esclaves soumises de la mode. Mais, si la douleur ne les corrige pas, comment se corrigeraient-elles par des conseils?

Camper observe que J. D. Wit, Abbinus, Wandelaar, Bidle, Cheselden, etc., ont imité la nature viciée par la mauvaise forme des souliers; mais que Vésale, Genga et Sue ont bien représenté la vraie nature.

Ce qui rend les artistes modernes un peu insoucians sur la beauté et la perfection des pieds, c'est l'usage où nous sommes de ne jamais les découvrir, c'est même le peu de soin que nous en avons, c'est enfin la vilaine

forme qui résulte de cette négligence et de la prison
gênante et perpétuelle où nous les renfermons. Le pied
d'un paysan de quinze ans est naturel, et tout autrement
tourné et formé que celui d'un jeune élégant du même
âge. Pourquoi les pieds des petits enfans sont-ils beaux
par tout pays ? C'est que partout ils restent librement
l'ouvrage de la nature, et non le triste ouvrage de la
mode et des conventions.

Dans l'antiquité au contraire, le soin de cette partie
était général, et ces mêmes dames grecques, qui faisaient
garder dans des coffres de bois odorant leurs chaussures
pendant le tems de leurs visites, avaient un soin extrême
de leurs pieds; elles les décoraient avec autant d'art et
d'attentions que la tête, et n'auraient pas voulu exposer
aux regards des doigts meurtris et des ongles défigurés.

Quant aux ongles, plusieurs passages des écrivains nous
font connaître la recherche des anciens peuples sur ce
point, et pour n'en citer qu'un seul exemple, empruntons
à Pétrone ce qu'il dit dans une de ses satyres : « Des valets
» égyptiens avaient soin de verser de l'eau à la glace sur
» nos pieds, et ils en nétoyaient les ongles avec une
» adresse admirable. »

Noms d'auteurs qui ont écrit sur l'anatomie des artistes.

Allori.	Blumenback.
Barclay.	Borelli.
Barthez.	Bottman.
Bell.	Bouchardon.
Bendems.	Bribanne.
Bidloo.	Bulwer.

Elzholzens.

Gamelin.

Home.

Lancisi.

Laurence.

Laurent.

Martinez.

Maygrier.

Mekel.

Morgani.

Moro.

Mounlich.

Ploos.

Rossi.

Rubeis.

Salvage

Sammering (squelette de Vénus).

Sue.

Sue (J. J.).

Trew.

Tortebat.

Vésalins.

Winslow.

Wright.

Etc.

CHAPITRE 201.

DES DIFFÉRENTES NATURES, OU DES VARIÉTÉS DANS L'ESPÈCE HUMAINE.

La peinture, en comprenant l'imitation de la nature, comprend par conséquent l'imitation des variétés des espèces d'êtres qu'elle peut représenter : or les variétés bien distinctes dans l'espèce humaine doivent être exprimées par le peintre avec tout le caractère qui leur est propre et qui les différencie. L'espèce d'homme doit donc se faire reconnaître sans équivoque dans la représentation.

Privés des écrits savans des anciens artistes sur les questions relatives aux variétés dans l'espèce humaine, nous sommes réduits à interroger les monumens qui nous restent de l'antiquité ; car ce que les écrivains ont pu dire

à ce sujet ne se rapporte guère au profit de l'art. Vouloir
reconnaitre autant d'espèces qu'il y a d'individus, c'est
un préjugé qui semble provenir, il est vrai, d'un respect
aveugle pour les intentions de la nature; mais dans le fond
ce n'est que l'effet d'une certaine paresse de notre esprit,
qui ne se donne pas la peine de découvrir, de discerner
l'espèce dans l'individu.

Eh quoi! toutes les défectuosités des individus, toutes
les variétés incalculables et vicieuses des êtres du même
âge et du même caractère, toutes ces dissonances dans
les ensembles et dans les parties, seraient de respectables
types que nous attribuerions à la volonté une de la nature!
Désespérant de ne la pas comprendre cette nature, dans
ses vues générales et régulières, nous appelerions leçons
et modèles pour l'art philosophique de la peinture, ce
que les hommes, même vulgaires, regardent souvent avec
dégoût, ou ce que spontanément ils rejettent avec mépris!

Que, voulant retrouver partout la nature, on préfère
la copie servile, mais pleine de vie, d'un individu, à la
prétendue imitation d'une beauté froide, calculée, géométrique et sans existence, cela se comprend; mais cela
ne démontre point la nécessité de prendre pour exemples
des écarts, des exceptions de la nature. On voit qu'il ne
s'agit ici que de s'entendre.

Il est certain que, dans nos climats, on n'est que trop
porté à regarder tous les écarts, toutes les difformités
physiques qui sont l'ouvrage de nos mœurs, comme autant de types primordiaux de la nature. Nous nous plai-
gnons de ce que les artistes anciens ont donné aux têtes
et aux figures la même forme; mais nous ne croyons voir
la même forme dans leurs productions, que parce que

nous ne retrouvons pas les variétés infinies que rendent
grossièrement sensibles les difformités individuelles. Nous
demandons quelquefois avec humeur pourquoi tous les
nez des statues antiques sont droits, tous les yeux en-
châssés régulièrement, etc. Mais nous ne ferions pas ces
questions barbares, si nous savions distinguer l'intention
de la nature dans sa marche générale et universelle, d'avec
les écarts particuliers, nationaux et accidentels, qui ne
changent rien à sa marche, à son principe. Il en est de
même de la forme cintrée de l'arcade des côtes sur presque toutes les figures antiques, de la saillie du sternum
vers les quatrièmes côtes, de la carrure des pectoraux, etc.
Tous ces caractères sont essentiels à la nature bien cons-
tituée, et ce sont des signes plus naturels que les signes
individuels opposés à ces caractères, quelque nombreux
que soient les modèles qui nous offrent ces signes. Ce sujet
vaut donc bien la peine qu'on se fasse la question suivante : l'espèce humaine est-elle une, et les variétés individuelles qu'on y remarque sont-elles le résultat de causes
accidentelles variables et sans principes, où sont-elles le
résultat d'une classification originelle ? Le plus grand
nombre des philosophes répondent que l'espèce humaine
est une, et que c'est le climat, la nourriture, les habitudes, les circonstances enfin qui la font varier.

Certes l'espèce est une, mais le plus souvent les caractères ou les facultés qui collectivement la constituent une,
se trouvent départis en particulier sur certains individus ;
et, comme ces facultés sont souvent saillantes chez quelques-uns, nous avons trouvé commode d'établir autant de
nuances que nous avons aperçu d'individus offrant ces
caractères. Cependant ces caractères peuvent se trouver

réunis sur un seul ; mais, comme l'équilibre est souvent rompu par les habitudes et les accidens des sociétés, il est résulté souvent que c'est aux dépens de certaines qualités que quelques individus en possèdent d'autres éminemment. Tout cela n'empêche pas que l'espèce humaine ne soit une, et qu'on ne sache à quoi s'en tenir sur ce que l'homme doit être [1].

Buffon n'hésite pas à affirmer que c'est la chaleur qui noircit les hommes à différens degrés ; que c'est la nourriture et le régime qui déterminent leur constitution physique ; que le croisement des races a souvent brouillé ces

---

[1] « Ne sait-on pas, dit Buffon (Discours sur la Nature des Animaux, » p. 510), que tout rapport, tout désordre même, pourvu qu'il soit constant, nous paraît une harmonie, dès que nous ignorons les causes, et » que de la supposition de cette apparence d'ordre à celle de l'intelligence (il veut dire à celle d'une intention générale de la nature) il n'y » a qu'un pas, les hommes aimant mieux admirer qu'approfondir ?

» On est d'autant plus tenté de confondre ensemble les petites espèces dans une même famille, qu'elles nous embarrassent et nous fatiguent davantage par leur multitude et leurs petites différences, dont » nous sommes obligés de nous charger la mémoire ; mais il ne faut pas » oublier que ces familles sont notre ouvrage, que nous ne les avons faites » que pour le soulagement de notre esprit, et que, s'il ne peut comprendre la suite réelle de tous les êtres, c'est notre faute, et non pas celle » de la nature, qui ne connaît point ces prétendues familles et ne contient en effet que des individus.

» Un individu est un être à part, isolé, détaché, et qui n'a rien de commun avec les autres êtres, sinon qu'il leur ressemble ou bien qu'il en » diffère....

» ....C'est en comparant la nature d'aujourd'hui à celle des autres » tems, et les individus actuels aux individus passés, que nous avons pris » une idée nette de ce qu'on appelle espèce... (Pag. 140. De l'Anc.) »

« La forme la plus commune parmi les objets d'une même espèce, » est celle à laquelle il semble que la nature ait visé dans tous ses objets, et qu'il est bien rare qu'elle saisisse ou attrape exactement. (Le P. » Buffier.) »

variétés; mais que l'espèce est une dans son principe, et abstraction faite des causes accidentelles.

S'il se trouve des hommes noirs, blancs, cuivrés, jaunes, s'il s'en rencontre qui diffèrent beaucoup par la conformation de quelques parties du corps, il ne faut peut-être pas conclure qu'il y a différentes espèces. La même plante varie son caractère, suivant les climats, les terreins, la culture qu'on lui donne, etc.; de même l'homme varie suivant des causes accidentelles. Il y a plus, un homme constitué convenablement, sera plus propre à la course ou au pugilat, en raison de son éducation physique et des exercices qu'il pratiquera. Enfin il est certain qu'il y avait chez les anciens un régime pour former les athlètes, comme il y a un moyen pour grossir le foie des oies.

Le développement des parties osseuses, musculaires, tendineuses, dépend donc de l'influence de causes étrangères à l'espèce primitive. Il en est du physique, comme du moral des hommes, il n'est partout que d'une seule espèce; mais les circonstances, et surtout l'influence des sociétés et des institutions le font varier à l'infini. Que l'on compare les Spartiates d'aujourd'hui à ceux d'autrefois, et les Gaulois d'à-présent à ceux que Jules-César a dépeints : on croira voir deux espèces.

Un Anglais, grand amateur de l'art de boxer, entretenait, dit-on, chez lui des individus qu'il destinait à cet art, et sur lesquels il faisait des expériences méthodiques par divers régimes auxquels il les soumettait. Je crois même que cet amateur singulier écrivit ses remarques curieuses, et qu'il poussa assez loin ses recherches dans cette partie [1].

[1] L'athlète Droméus, dit Pausanias, fut le premier qui commença à se

On peut mettre en avant un mot de Quintilien, qui ne laisse point de doute sur la possibilité de donner aux individus un physique particulier et même extraordinaire par la seule puissance du régime alimentaire et de l'exercice. Voici ce mot (Liv. 12. Chap. 10) : « Ceux qui ne » veulent point admettre d'art dans l'éloquence, se servent » de la comparaison des athlètes dont les corps, disent- » ils, deviennent plus robustes, à la vérité, par l'usage de » certaines viandes et par l'exercice, mais qui néanmoins » ne sont point naturels, ayant une forme et une figure » tout autres que celles qu'il a plu à la nature de nous » donner. »

Ainsi dans l'art on doit s'attacher plutôt à reconnaître les grandes variétés que les nuances indéterminées et sans caractère.

Ne peut-on pas dire des hommes, ce que Buffon dit des races des chevaux, que nous ne pouvons en saisir que les races qui sont le plus marquées, négligeant toutes les nuances intermédiaires qui sont infinies ; et que nous avons encore augmenté le nombre de ces races en en favorisant le mélange, en sorte que souvent les races primitives sont devenues méconnaissables [1]. (Du Cheval.)

---

nourrir de viandes ; car avant lui les athlètes étaient nourris de fromage que l'on faisait égouter dans des paniers. (Liv. 6. Ch. 7.)

[1] Comme il est hors de mon sujet d'examiner la question relative à l'effet du croisement des races sur l'espèce humaine, je m'en tiens à quelques réflexions.

Des naturalistes ont prétendu que la dégénération arrivait dans les races, lorsqu'elles n'étaient pas croisées et renouvelées par des mélanges. Je crois que cette opinion est juste, quant aux races déjà très-dégénérées, et je pense que la combinaison résultant, comme je l'ai indiqué ailleurs, d'un mélange qui rentre dans les vues de la nature, peut régénérer les

« Les Arabes, dit-il ailleurs, ont pris des soins particu-
» liers dans tous les tems pour ennoblir les races de leurs
» chevaux, en ne mettant ensemble que les individus les
» mieux faits et de la première qualité, et par cette atten-
» tion suivie pendant des siècles, ils ont pu perfectionner
» l'espèce au-delà de ce que la nature aurait fait dans le
» meilleur climat. » Ici l'amélioration de l'espèce semble
être due à l'ouvrage des hommes.

Presque tous les voyageurs sont aussi d'un commun
accord, pour décider que l'espèce humaine est une, et que
les variétés des individus ne détruisent en rien cette unité.
Quant à moi, je n'ai point remarqué que les nègres de
l'Afrique, et que les Indiens sauvages de l'Amérique sep-
tentrionale fussent d'une espèce différente, quant à la
structure et aux formes nécessitées par le mécanisme.

races dégradées, en rétablissant l'ordre par des associations réparatrices ;
mais je crois cette opinion fausse, quant aux races pures, saines, et conservées unes dans leur espèce. En effet, les peuples chez lesquels les
mœurs, les alimens et les institutions n'ont point été contraires au maintien de l'excellence de l'espèce, ne dégénèrent point, quoiqu'ils ne s'al-
lient et ne multiplient qu'entr'eux et peut-être même par des alliances
incestueuses, bien que M. Michaëlis ait avancé que les accouplemens in-
cestueux parmi les animaux amenaient quelque dégénération. Les nègres
de certains cantons de l'Afrique sont aussi beaux qu'ils l'étaient il y a
plusieurs siècles ; les montagnards de certains pays qui ne se mélangent
point avec les habitans des plaines, sont mieux conservés, plus uns dans
leur espèce, que les peuples qui sont composés d'un mélange exotique.
Enfin tous les peuples qui sont isolés, et dont la primitive origine a été
pure et excellente, se conservent entr'eux sans altération. Les animaux,
si l'on peut raisonner d'après cette induction, sont aussi beaux aujour-
d'hui que jadis dans tous les climats qui leur sont propres, pourvu qu'on
n'ait point altéré leur espèce par des mélanges inconvenables et par des
régimes contraires à leur nature.

J'en conclus que, de même que l'homme peut altérer et corrompre la
beauté de l'espèce humaine, de même il pourrait la renouveler en com-

Un beau nègre, un bel homme cuivré de la Barbarie, où j'ai
observé aussi des individus nus, un bel homme de Hon-
grie ou d'Écosse, pays où certains régimens entiers ont
conservé l'antique coutume de découvrir le bas de la
cuisse et toute la jambe, et dont les mouvemens dans les
marches sont si curieux à observer. Les hommes, dis-je,
de l'Allemagne, que j'ai parcourue ; de l'Italie, où j'ai
résidé plusieurs années ; de Paris enfin, où l'on est à
même d'étudier beaucoup de modèles, tous ces hommes
ne diffèrent entr'eux que par le tempérament et les aptitudes mécaniques, mais ils se ressemblent, quant à l'espèce, et l'on reconnaît dans la nature en général, toutes
les diverses figures de l'art antique, de même que dans
l'antique en général, on reconnaît les divers caractères
de la nature.

binant ingénieusement de nouvelles associations (les haras produisent
cet effet par la même cause) ; mais, tant que ces associations seront for-
tuites, l'espèce restera au même point de dégradation dans les pays où
les hommes rassemblés en trop grand nombre sont assujétis à un régime
et à des habitudes contraires à la santé, à la beauté et au maintien de la
belle espèce.

Mais j'en conclus aussi que cette dégradation ne saurait augmenter,
vu les combinaisons accidentelles qui réparent jusqu'à un certain point
le désordre résultant de cet état de choses, à moins toutefois que ces habitudes physiques et même morales (puisque les idées et les institutions
influent sur le corps) ne soient si contraires à la conservation des peuples,
que les ravages du tems ne soient arrêtés par aucune de ces combinaisons
réparatrices, de sorte que les villes dans lesquelles toute une population
s'adonnerait à une profession mécanique contraire à la santé, verraient
dégénérer de plus en plus dans leur sein l'espèce de leurs habitans.

, Toutes les considérations pourraient s'appliquer les unes aux Chinois,
les autres à quelques villes de manufactures ; les autres à la population
de Paris, qui n'est pas pire qu'elle était, et qui se maintient au même
point de dégradation, etc., etc. Mais ces recherches sortiraient de mon
sujet.

Quant à ces êtres bizarres par leurs formes, et que les
voyageurs ont dit avoir vus dans certaines peuplades, ils
doivent avoir aussi une conformation qui appartient au
type général, et ils en sont, je pense, beaucoup moins
éloignés qu'on se plaît à nous le raconter. Ces êtres d'a-
bord sont rares, et d'ailleurs ils n'ont paru si extraordinaires à ces voyageurs, qu'à cause de leur aspect coloré et
des traits de leur visage, traits qui, comme on ne le remarque pas assez, sont bien plus susceptibles de varier
que ceux des autres parties, et cela sans qu'il y ait désordre dans le mécanisme. La couleur de la peau et du
blanc des yeux, l'espèce de cheveux, la forme des lèvres,
l'absence, pour ainsi dire, des cartilages du nez, les habitudes, le langage, certaines parures bizarres même ont
fait disparaître aux yeux des voyageurs l'unité du mécanisme, pour frapper leur imagination par la singularité
de l'aspect et de l'expression extérieure et superficielle.
Mais moulez en plâtre ce Nègre, cet Indien, ce Barba-
resque, cet Écossais, cet Allemand, cet Italien, et vous
aurez, non des figures semblables, mais des figures d'une
même espèce ; non des figures d'un même caractère, mais
des figures dont les os et les muscles sont exactement dans
les mêmes principes mécaniques.

L'homme de quarante ans était de la même espèce,
lorsqu'il n'était âgé que de douze ans ; il sera encore de
la même espèce à soixante ans : qu'il ait eu un régime
efféminé et sédentaire jusqu'à vingt ans, et que, depuis
cet âge jusqu'à celui de trente ans, il ait commencé un
régime gymnastique ; il est toujours de la même espèce
d'homme ; mais il est d'un caractère différent.

Tous les jours on rencontre des hommes que l'on ne

reconnaît plus ; leur espèce est cependant la même, et
leur principe physiologique n'est pas changé ; mais le
rapport des puissances agissantes a varié, et cet homme,
autrefois sans caractère physique, est maintenant propre,
soit à la lutte, soit à la course, soit au pugilat, etc., etc.

Je conclus que l'espèce est une, mais que parmi les
facultés propres à l'homme, quelques-unes sont ou développées en particulier chez tels ou tels individus, ou que,
chez quelques êtres privilégiés, elles se trouvent réunies
en un certain nombre ; mais, chez la plupart des individus, elles sont altérées ou éteintes, et elles ne seraient
pas reconnaissables, si l'existence même la plus vulgaire
ne les rendait sensibles à quelques degrés. Ainsi , de
même qu'un Esquimau, un Lapon, un Hottentot est un
homme, de même Socrate et Alcibiade se sont ressem-
blés par l'espèce, quoiqu'ils aient été bien différens par le
caractère.

CHAPITRE 202.

DÉSIGNATION DES VARIÉTÉS LES PLUS IMPORTANTES POUR L'ART DANS LA FIGURE HUMAINE.

CONSIDÉRONS maintenant l'espèce humaine dans ses variétés particulières, et classons celles de ces variétés qui
sont le plus importantes pour l'art. On peut dire qu'avant
les recherches de l'illustre Winckelmann, les modernes
n'avaient aucune idée nette des classifications relatives
aux différentes espèces des êtres figurés dans l'art antique ;
et en ceci, comme en d'autres choses, on admirait bien

souvent les anciens, sans les comprendre. Depuis les recherches de ce savant, d'autres écrivains ont tâché de
poursuivre cette étude; mais en général cette théorie n'a
point été assez débrouillée, pour que les artistes pussent
en tirer beaucoup de profit, et il restera long-tems des
méthodes à établir au sujet d'un grand nombre de caractères relatifs à la figure humaine.

On sait donc que les Grecs adoptèrent des démarcations
certaines non-seulement entre les hommes et les dieux,
mais qu'ils descendirent jusqu'à l'espèce humaine la plus
inférieure, et qu'ils imaginèrent même des êtres composés de la nature humaine et de la nature animale, comme
s'ils eussent voulu relever l'espèce de l'homme par cette
comparaison subalterne. Voici, d'après leur système, les
distinctions principales qu'il est important de reconnaître:
ce sont celles qui différencient les satyres d'avec les hommes, généralement parlant, les hommes d'avec les héros,
les héros d'avec les dieux en général, les dieux d'avec les
douze grands dieux, et ceux-ci même d'avec Jupiter.

Chacune de ces classifications est susceptible elle-même
de divisions. Dans l'homme, par exemple, indépendamment de la variété par le tempérament ou par la structure, ou par l'aptitude physique et morale, il y a la variété
par le sexe et l'âge, etc. Dans l'espèce des satyres, on a
établi aussi des divisions : il y a les pans, les satyres, les
sylvains, puis les faunes, qu'il est très-nécessaire de ne
pas confondre avec les premiers, etc., etc.

Pour conserver l'ordre de ces indications, nous allons
commencer par parler des pans et des égypans, puis des
satyres, etc., comme offrant une espèce inférieure à celle
de l'homme.

Des Égypans et du dieu Pan.

On a souvent confondu ensemble les Pans, les Satyres, les Faunes, les Égypans, les Sylvains, les Silènes, etc. Il existe une grande incertitude sur les dénominations que l'on doit assigner à ces différens êtres, et il est difficile d'accorder entr'eux les écrivains qui en ont parlé [1]; néanmoins les artistes peuvent s'en tenir à des distinctions suffisamment positives sur ce sujet. Nous exposerons celles qu'il nous paraît raisonnable d'adopter.

Les Égypans étaient des divinités champêtres dont la conformation est toute semblable à celle du dieu Pan, à cela près qu'ils doivent avoir un caractère moins relevé et moins ennobli, étant d'un ordre plus subalterne, car les Égypans sont supposés être les suivans de ce dieu. Il est inutile ici de rechercher s'il a jamais existé des individus composés de la nature humaine et de la nature animale; mais il est à croire que des espèces monstrueuses ont pu voir le jour, sans se perpétuer. Quant aux hommes à queue vertébrale, plusieurs voyageurs attestent en avoir vu, et les naturalistes les plus graves ne contestent point cette assertion. (Voy. Buffon sur cette question.) Il y a aussi plusieurs exemples d'excroissances ressemblant à des cornes. (Voy. l'Encyclopédie.)

Les Égypans sont composés de la nature humaine agreste, combinée avec la nature du bouc dont ils ont les cuisses, les jambes, les pieds, etc. Il est à remarquer que toujours les Égypans ont le nez courbe et participant de celui du bouc, tandis que les Satyres ont quelquefois le

[1] Voyez entr'autres sur la distinction entre les Satyres et les Pans, la dissertation de M. Heyne. On la trouve traduite en français dans le tome 1er du Conservatoire des Sciences et des Arts, pag. 61.

nez camus. Les Égypans ont d'ailleurs les cornes et la
barbe plus longues, et chez eux la nature du bouc est
plus dominante que chez les Satyres. Au reste ils sont
toujours accompagnés de la syringe, flûte à plusieurs
tuyaux.

De la figure du dieu Pan.

Pan fut généralement considéré comme le dieu des
troupeaux et des bergers :

> *Pan curat oves oviumque magistros.*
>
> (VIRGILE.)

Les artistes doivent surtout représenter cette divinité
subalterne, comme appartenant à ce caractère. Je sais
que le dieu Pan a été regardé aussi comme étant le dieu
Tout, c'est-à-dire, comme étant la Nature elle-même,
et le faux Orphée appelle ce dieu le Ciel, la Mer, la
Terre, le Feu, etc. On le considère aussi comme le dieu
de la fécondité; mais ce serait se jeter dans le labyrinthe
de la théogonie que de chercher à spécifier ces variétés
conventionnelles et peut-être nationales.

Pan, dieu des bergers, est caractérisé sur une foule de
monumens d'une manière une, distincte et dominante.
Il a des cuisses et des pieds de bouc; la barbe, les cornes,
les oreilles et presque tous les traits de la face semblables
à ceux de cet animal; le reste du corps est purement humain, mais agreste et d'un caractère rude qui lui est particulier. Son mécanisme ou sa structure est vigoureuse,
dure et ressentie; ses os sont un peu gros à leurs extrémités; les interstices des muscles sont profonds, et la
gaine aponévrotique semble angulaire. Sa peau est forte,
grossière, et plus ou moins sèche, selon l'âge où on le
représente; car il y en a de plus vieux et de plus jeunes,

etc., etc. La vue des monumens apprendra ce qu'il serait
fastidieux de décrire ici, mais ce qu'il faut remarquer,
c'est que le torse, et le ventre par conséquent, ne participe point de la nature du bouc; en un mot le corps du
dieu Pan est celui de l'homme des champs dans sa plus
grande force rustique.

Souvent les modernes lui ont fait le nez aquilain; mais
ce caractère est de mauvais goût et doit appartenir au
tems de la décadence des arts à Rome : le nez de Pan est
le nez de bouc accommodé à la figure humaine. L'os
frontal participe aussi de la nature caprine, et souvent on
lui a placé deux appendices ou lobes pendans sous les
mâchoires. Il porte la petite queue au coccyx, etc., et les
parties génitales ont un caractère factice et exagéré.

A Rome on voit plusieurs belles statues de Pan, et une
entr'autres dans les jardins de la villa Ludovisi; le musée
de Paris possède celle de la villa Borghèse. Dans le beau
groupe si connu de Pan et du jeune Apollon jouant de
la syringe, on voit la figure du dieu Pan dans une attitude
pleine de caractère et sous une forme tout à fait propre à
la nature de ce dieu : ce groupe semble de travail grec, à
cause de l'excellence des mouvemens et de la science des
plans. Ce dieu est presque toujours représenté avec le
manteau de chèvre et avec le pédum; sa flûte rappelle ce
vers de Virgile :

> Pan primus calamos cerâ conjungere plures,
> Instituit.....

Le Moïse de Michel-Ange que tant d'écrivains ont vanté,
comme une figure pleine de dignité, n'est autre chose
qu'une figure de Pan dont ce statuaire se sera inspiré.
J'ai déjà signalé ce défaut de convenance.

Des Satyres.

Les Satyres, êtres champêtres, sont représentés ayant les cuisses et les jambes de bouc; ils en ont aussi les cornes, souvent la barbe, et toujours la queue, qu'on a même allongée quelquefois beaucoup. L'art, en reproduisant ces êtres fabuleux, a parfois modifié ce caractère. Les Satyres ont donc été représentés avec les oreilles seulement un peu pointues du haut, avec un masque assez agréable et toujours plein de gaîté, le nez un peu court, les pomettes des joues un peu saillantes, et le menton sans barbe. Souvent aussi ils ont sous le menton les deux lobes pendans qu'on remarque aux chevreaux et que portent les Égypans. Quant aux vieux Satyres, ils diffèrent peu des Égypans, et, comme eux, ils ont les formes tendineuses, musclées, et tout à fait agrestes; seulement ils n'ont pas le nez courbé, et sur leur face on ne retrouve pas autant les yeux de bouc ni les autres caractères de cet animal.

Il y a de petits Satyres qui ne sont que plaisans par leur attitude vive et leur allure dégagée, mais qui n'ont rien de hideux; leurs cornes ne font que poindre, et leur chair est belle et pleine de santé.

On a représenté aussi des Femmes-Satyres; mais elles sont très-rares sur les monumens que nous possédons des anciens.

De la figure de Silène.

Je ne considérerai point Silène comme instituteur philosophe de Bacchus, ni comme un ancien sage qui a pu contribuer, avec ce dieu, à la civilisation du monde; on ne peut exposer de théorie sur ce point particulier: mais je considère Silène comme père nourricier de

Bacchus et compagnon de ce dieu dans ses cortéges. Silène, dans ce caractère, a été représenté de plusieurs façons : tantôt c'est un homme d'un âge mur, ayant la tête un peu chauve et tout le corps semblable à celui des faunes, à l'exception du ventre qui toujours tient plus ou moins de celui du bouc, et dans cette représentation il n'a rien de très-chargé; il offre même une santé ferme et une certaine beauté. Dans ce caractère de nourricier de Bacchus, il porte souvent ce petit dieu dans ses bras : telle est la fort belle statue du Silène Borghèse; on doit y remarquer sa petite queue tortillée.

Tantôt, et plus souvent, Silène est représenté comme un homme d'un âge un peu avancé, d'une stature courte, d'un embonpoint plutôt mou que ferme, et toujours ayant le ventre très-gros et flottant; ses mamelles sont chargées et son ventre vient de loin; les articulations font voir les bourlets d'une chair lâche et, pour ainsi dire, pleine de vin; sa tête chauve exprime l'ivresse, et presque toujours il est soutenu, soit par des Faunes, soit par des Satyres, qu'on appelait eux-mêmes Silènes dans les cortéges bacchiques.

Ce dieu a souvent été représenté sans égards pour son rang, et il semble que les artistes se soient plu fréquemment à le rendre ridicule et trivial. En effet, outre sa mine ou plutôt sa trogne vineuse et pleine d'une ivresse joyeuse et toute naïve, ils ont rendu velus sa poitrine, son ventre et même ses jambes; on l'a figuré petit, trapu, presque chauve, pouvant à peine soutenir son corps molasse et ventru, et traînant un pied sans vigueur qui semble lui-même plein de vin; une couronne de lierre en désordre, des grappes de raisin décorent son front luisant, et un

vase ou un thyrse s'échappe de sa main. Une outre pleine
de vin est son attribut.

On voit à Rome plusieurs Silènes d'une vérité frappante;
l'imitation de la chair et du chancellement de l'ivresse y
est rendue avec un art infini.

Rubens a peint souvent des Silènes; mais ils sont plus
chargés que vrais, et souvent plus dégoûtans que propres
à exciter le rire.

Il est à remarquer au reste qu'un grand nombre de Silènes antiques offrent la dignité mythologique, malgré
leur structure un peu burlesque et leur embonpoint. Cependant le plus grand nombre des Silènes sont représentés ivres, mal assis sur un âne, et soutenus par des Satyres, par des Faunes ou des Égypans.

Des Faunes.

Les Faunes sont généralement représentés jeunes, sous
des formes un peu agrestes, mais agréables, vives et pleines
de santé. Ils n'ont rien de différent des hommes, si ce n'est
la petite queue au-dessus du coccyx et les oreilles pointues;
quelquefois cependant on aperçoit au haut de leur front
des cornes naissantes; mais ce caractère appartient particulièrement aux jeunes Satyres.

Le beau Faune de Praxitèle dont on a tant de copies
antiques [1], et entr'autres celle du Capitole, semble avoir
été le type des beaux Faunes adolescens. Nous en avons
donné une courte description au vol. 2, pag. 415. En général
les Faunes doivent exprimer l'ingénuité et le bonheur des
pasteurs; leur sourire doit être naïf et rempli d'innocence.

[1] Au palais Ruspoli, à Rome, on en voit quatre semblables dans quatre
niches, sous le péristyle du premier étage.

Les caractères qui fixent la ligne de démarcation entre les Faunes et les beaux hommes sont faciles à discerner : les Faunes ont le nez court et un peu camus ; leurs lèvres sont épaisses et aplaties ; l'os frontal est un peu serré et semble tenir du chevreau ; leurs formes, quoique belles, paraissent un peu grossières ; mais il faut plutôt dire que c'est par l'ensemble, par la pose des pieds et des mains que l'on reconnaît leur nature inférieure. Pour exprimer la naïveté champêtre, les statuaires anciens ont répété l'attitude du pied jeté en arrière et refoulé sur les orteils ; il est aussi tourné quelque peu en dedans : ce signe a semblé caractéristique, et il exprime bien en effet les mœurs sans contrainte de ces êtres agrestes.

Enfin la nature des Faunes n'exclut point la beauté des formes, mais elle manifeste une espèce de formes d'un ordre inférieur ; c'est-à-dire, que la chair, la peau et les sommités des os n'ont pas la même délicatesse, ni cette noblesse que l'on remarque sur les individus d'un beau choix ; la grande science et le goût exquis des Praxitèle et des Antidote, tout en caractérisant ces propriétés, ont cependant produit un embellissement réel, en combinant les calculs charmans de l'optique avec la vérité, en sorte que, tout en rappelant l'espèce, ils ont toujours rassemblé et développé dans l'art la beauté.

On rencontre fréquemment des têtes antiques de jeunes Faunes qui sont remplies d'expression, et on est tenté de croire que cette excellence ne provient que de la grande facilité qu'avaient les artistes de se procurer des modèles de ce caractère : aujourd'hui même tel jeune homme qu'on appelle beau, n'est souvent propre qu'à exprimer un Faune, et servirait beaucoup aux peintres, s'ils voulaient y recon-

naître ce caractère et le fortifier à la manière des anciens.
Toutefois la vivacité du sourire et la justesse de l'ensemble
sur la tête du Faune du musée de Paris, n° 481, sont
portés au plus haut point; autre chose qu'un excellent
modèle a été la source d'où est sorti ce chef-d'œuvre.

Les attributs et le costume des Faunes consistent dans
la nébride ou peau de chèvre, et quelquefois dans la
pardalis ou peau de panthère, lorsqu'ils sont suivans de
Bacchus; dans le pédum ou bâton pastoral, dans les cou-
ronnes de feuilles de vigne, mêlées quelquefois de raisins;
enfin dans le thyrse, les crotales ou les crembala.

De la figure de Sylvain.

Sylvain, dieu des vergers et des bois, est figuré sur un
grand nombre de monumens, comme un homme d'un
âge mûr, mais encore verd; il a des brodequins, une
chlamyde, et soutient des fruits dans un pli de ce manteau; il est couronné de fruits, de branches de pin, etc.

On a varié beaucoup ses attributs; tantôt il porte une
serpe, tantôt une branche de pin, etc.; quelquefois il a
un chien à ses côtés.

Ses formes sont rustiques, mais grandes; elles n'ont
rien de trivial : c'est un homme des forêts, mais avec tous
les signes de la force et de la santé virile et champêtre.

Souvent on l'a confondu avec Pan, et alors il porte des
cornes; mais il faut se méfier de la confusion qui dérange
l'ordre dans les caractères de ces êtres.

Quant aux jeunes Sylvains, ils ne diffèrent en rien des
Faunes ou des jeunes gens agrestes, si ce n'est qu'ils n'ont
ni queue ni oreilles pointues, ni certains traits du visage
qui sont particuliers aux Faunes. Au surplus on ne connaît

guère par les monumens que Sylvain dieu, et la représentation que l'on ferait de nos jours, de jeunes Sylvains
sans oreilles pointues et sans cornes, serait presqu'insignifiante.

CHAPITRE 203.

DES DIFFÉRENS CARACTÈRES PHYSIQUES DE L'HOMME RAPPORTÉS AUX CINQ FACULTÉS GYMNASTIQUES DES GRECS : LA COURSE, LE SAUT, LE DISQUE, LE JAVELOT ET LA LUTTE.

Les observateurs qui ont multiplié les comparaisons sur
les hommes des différens pays, semblent s'être attachés
à des différences plutôt superficielles et tenant aux usages
de ces peuples, qu'à des différences de conformation et à
des comparaisons physiologiques. Buffon, par exemple,
n'a principalement remarqué que la couleur de la peau,
l'espèce des cheveux, les traits du visage et les mœurs;
mais c'était la conformation osseuse et musculaire qu'il
eût été utile de confronter fréquemment. Cette manière
d'envisager anatomiquement l'espèce humaine chez toutes
les nations de la terre, peut seule développer et fixer la
science théorique des facultés physiques; et l'art du dessin, ainsi que la physiologie elle-même, en retirerait sûrement un grand profit. Plusieurs naturalistes modernes
ont déjà fourni des remarques positives et précieuses que
les arts sauront plus tard faire tourner à leur avantage.

Il est très-vraisemblable que les constantes études faites
dans les Gymnases non-seulement par les artistes, mais

par les instituteurs ou les directeurs des palestres, et par
tout le peuple lui-même, étaient suffisantes pour fixer tout
à fait les idées sur ces questions. Les exercices gymnastiques des Grecs, et particulièrement l'institution des jeux
olympiques qui amena par la suite l'usage des statues ico-
niques ou portraits des vainqueurs dans ces jeux, avaient
donné lieu à ces classifications rigoureuses dont nous n'a-
vons pas même l'idée dans nos mœurs.

« Cette nécessité, dit M. Émeric David dans ses Re-
» cherches sur l'art statuaire, d'exécuter des figures par-
» faitement ressemblantes à des modèles vivans, à des
» modèles donnés, en enseignant aux artistes à imiter
» avec précision, les conduisit encore à se faire une juste
» théorie de la beauté du corps humain. Ces vigoureux
» athlètes, dont ils devaient transmettre des images res-
» semblantes aux siècles à venir, se trouvèrent réunis
» dans les ateliers. La comparaison se fit d'elle-même.
» Un coureur fut mis à côté d'un coureur; un lutteur à
» côté d'un pentathle. Les victoires remportées par cha-
» cun de ces athlètes, indiquaient la convenance de leurs
» formes avec le genre d'exercices qu'ils avaient choisi.
» On remarqua des différences entre des hommes de ca-
» ractères différens, des différences entre des hommes du
» même caractère. Pourquoi, dit-on, ce nouvel Achille,
» a-t-il trois fois remporté le prix de la course ? Voyez ses
» pieds, voyez ses hanches serrées, voyez l'élasticité de
» sa cuisse et la noble étendue de sa poitrine. Pourquoi
» celui-ci ne fut-il couronné qu'une fois ? Considérez le
» premier; considérez le second : là est la beauté par-
» faite; ici sont les imperfections. »

« Montre-moi ta poitrine, tes épaules, tes reins (disaient

» les maîtres de palestre à ceux qui voulaient concourir),
» pour que je voie avec certitude à quoi tu es propre.
» (*Plat. in Protag.*) »

Selon Gallien, le pœdotriba enseignait les exercices du
corps sous le rapport de la perfection de ces mêmes exercices; mais le gymnaste joignait à cette instruction la
connaissance des propriétés des différens exercices par
rapport à la santé. Gallien fait sentir cette différence.

Aujourd'hui donc, pour connaître et pour exprimer,
comme les anciens, les caractères variés de la nature, tels
que la force, l'agilité, etc., la jeunesse même et la virilité,
il faudrait certainement d'autres moyens que ceux que
nous avons, d'autres modèles vivans que ceux de nos académies, d'autres façons d'observer et de distinguer la
nature, un plus grand nombre d'ouvrages antiques enfin,
ou plutôt des collections autrement classées que celles
que le luxe seul a formées. Ainsi, faute de ressources
semblables, nous devons recourir aux idées théoriques que
doivent procurer en ce point la contemplation des monumens antiques, les écrits des anciens et les modèles que la
nature nous offre aussi de tems en tems comme aux Grecs.
Nous devons par conséquent apercevoir que toute figure qui
ne serait pas exécutée, étudiée et méditée dans cet esprit
philosophique, serait un ouvrage que la nature désapprou-
verait et que les Grecs eussent considéré comme peu digne
de la haute science de l'art. Ces réflexions condamnent,
je le sais, le plus grand nombre des figures de nos tableaux
et des statues des écoles modernes; mais on s'apercevra
bien que, loin de faire ces réflexions dans l'intention de
m'abandonner à la critique, je ne les fais que par amour pour
la vérité et par le désir de servir à l'instruction des artistes.

Après avoir recherché par quels moyens on pourrait
classer les principales aptitudes physiques de l'homme, j'ai
cru que nous devions encore recourir aux anciens, et qu'il
était convenable et fort raisonnable de rapporter, comme
l'ont fait les Grecs, à cinq exercices principaux les facultés
caractéristiques du corps de l'homme : ces cinq exercices
étaient la course, le saut, le disque, le javelot et la lutte.
Plus tard on joignit à ces cinq exercices le pugilat ; mais
on peut le classer comme cinquième exercice, si l'on n'en
fait qu'un seul des deux premiers, la course et le saut.
Cette distinction est très-bien établie dans un distique
de Simonide célébrant un pancratiaste (*Anthol. Lib.* 1.
Cap. 1).

Ces cinq exercices ne semblent-ils pas nécessiter toutes
les combinaisons mécaniques dont le corps est susceptible ? En effet, la course suppose l'excellente proportion
et structure des jambes, des cuisses, des pieds et des côtes
qui favorisent le jeu des poumons ; et le saut exige l'élasticité, ainsi que la force musculaire et tendineuse de presque tout le système entier. Le disque ou le palet étant l'art
de lancer un corps grave à l'aide des bras et de tout le
corps à la fois, cet exercice oblige à des facultés qui s'appliquent à toutes sortes de cas analogues. L'exercice du
javelot demande la force des bras, l'élasticité et la dexté-
rité. Pour la lutte, il faut une grande solidité dans les
extrémités inférieures, l'énergie dans les muscles du corps,
et la plus grande vigueur dans les bras. Dans le pugilat
enfin sont nécessaires la force de résistance pour suppor-
ter les chocs, la force d'impulsion pour les produire et les
diriger, l'agilité et la souplesse pour les éluder [1].

---

[1] Dans les combats au pugilat on se servait quelquefois du ceste, qui,

Je ne vois que l'équitation qui semblerait devoir être ajoutée à ces principaux exercices. Les Grecs en firent un art particulier, mais il ne paraît pas qu'ils l'aient considéré comme principal et unique, mécaniquement parlant.

D'après ces classifications, qui semblent toutes naturelles, on s'aperçoit que les diverses facultés physiques désignées sous les termes vagues d'agilité, de souplesse, de force, de solidité, ne sont que des conséquences ou des conditions intégrantes de ces exercices principaux.

Au reste tous ces exercices, quoiqu'étrangers à nos mœurs, ne nous sont pas inconnus; la course, le saut, la lutte nous sont familiers; le disque deviendrait pour nous l'art de lancer des corps quelconques à une grande distance; des jeux analogues existent encore aujourd'hui. Quant au javelot, je conviens qu'il semble être un art antique et particulier; mais l'art de lancer des pierres, qui est aussi naturel que cultivé dans nos campagnes, diffère peu de l'art de lancer le javelot. Cette doctrine prise chez les anciens eux-mêmes, ne vaut-elle pas mieux que la routine selon laquelle on dessine aujourd'hui sans choix et sans raisonnement physiologique des individus quelconques, puisque c'est toujours ou la fantaisie ou un goût plus ou moins bizarre qui guide l'artiste dans cette routine. Aussi lisez ce qu'écrivait à ce sujet Dandré

en recouvrant les poingts et une partie de l'avant-bras, rendait les chocs plus terribles. Les combats, composés du pugilat et de la lutte, s'appelaient pancraces ou *pancration*, et les antagonistes étaient nommés pancratiastes. Les cinq exercices étaient désignés sous le nom de pantate ou pentathle ; l'on donnait aussi ce nom au combattant qui était propre à la fois à chacun d'eux : tous les applaudissemens de la Grèce se dirigeaient vers lui.

Bardou, qui était étranger, ainsi que bien d'autres, à ces
questions. « Les gens vulgaires et champêtres, dit-il, doi-
» vent avoir des contours grossiers, noueux, ressentis et
» très-rudoyans; les attachemens des membres peu déli-
» cats. Tel est le caractère des paysans, des forgerons,
» des soldats, des victimaires. » Rappelons aussi la description erronnée que Watelet fait des héros, et nous reconnaîtrons qu'il faut encore que les anciens nous tirent
de cette incertitude ou de ces préjugés.

Mais ces cinq facultés du corps comportent elles-mêmes
des diversités selon les âges et les tempéramens. Il peut y
avoir, et il y a effectivement, plusieurs variétés dans les
coureurs ou les lutteurs : ceux, par exemple, qui rempor-
taient le prix du disque ou du javelot, n'étaient pas tous
conformés de la même façon, quoiqu'ils eussent tous de
commun entr'eux quelques caractères dominans, etc.
Or c'est cette étude dans les variétés d'un même caractère qu'il nous est difficile de poursuivre avec lucidité et
certitude, tandis que chez les Grecs, les nombreuses
statues-portraits, qu'on élevait aux vainqueurs dans les
jeux, étaient des imitations de différens individus appartenant à une espèce. Cette étude iconique conduisait aisément les artistes à la connaissance des caractères, et les
empêchait de répéter les mêmes figures. Ainsi, voulait-on,
par exemple, représenter un chasseur; il devait avoir à la
fois les qualités propres au javelot et à la course. Quant
aux dieux, ils étaient caractérisés par des qualités physiques
concordantes avec les exploits qui les avaient immortalisés
sur la terre. L'unité devait avoir été en ceci leur loi. En
effet, un lutteur est moins beau en courant qu'en luttant;
un homme propre à la course est moins beau en luttant.

On eût dit de celui-ci : il veut lutter, mais il lutte mal ; et du premier : il veut courir, mais il y est peu propre. Il n'y aurait pas eu unité de caractère, puisque l'homme lutteur qui court, manifeste peu le caractère propre à la course par ses reins et par ses épaules, ces reins et ces épaules rappelant une autre unité, étrangère à l'unité dominante qui constitue l'intérêt et le sujet.

On objectera peut-être que bien des hommes en Europe, qui ne sont point construits ni dessinés comme les figures grecques, n'en sont pas moins propres à exécuter les fonctions auxquelles ils sont destinés, en sorte que l'on voit tous les jours l'homme paraissant le moins capable d'une action de souplesse, d'agilité ou de force, nous étonner par ces mêmes qualités. Mais, si l'on y fait bien attention, on remarquera où que cet individu est propre véritablement à cet acte par son organisation qui nous était cachée sous un certain extérieur, ou que s'étant souvent exercé à cette même action, il est parvenu à rectifier jusqu'à un certain point les organes nécessaires dans ce cas, ou enfin qu'il ne nous paraît extraordinaire dans cette action, qu'en raison de l'idée que nous avions qu'il n'y était point propre du tout. Dans tous les cas, l'art exigera toujours que le dessinateur manifeste d'une manière une, évidente et déterminée, l'apparence et le développement extérieur de ces facultés.

Nous venons de voir qu'il est facile, en rapportant à ces cinq exercices des Grecs les qualités mécaniques du corps de l'homme, de s'entendre et d'être d'accord sur les mots qui doivent désigner ces qualités, quelque composées, qu'elles puissent être. Quant aux exercices sans nombre, ou plutôt aux habitudes de tous les hommes dans les divers états de la vie, les termes ne nous manquent pas, et il ne s'agit que de connaître et d'exprimer les rapports qui existent entre tel exercice habituel ou tel état, et le mécanisme anatomique qui s'y rapporte. Par exemple, un rameur, un nageur fait voir dans les pectoraux et dans certains muscles du bras, des caractères propres à ses actions habituelles : voilà pourquoi les anciens ont donné à Neptune une poitrine conforme aux idées qu'on doit avoir sur la nature d'un dieu marin. Un forgeron a également son caractère mécanique déterminé, etc. Aussi plusieurs physiologistes ont-ils prétendu pouvoir, à l'inspection seule d'un individu, reconnaître sa profession ou ses habitudes physiques et dominantes ; mais ces recherches peuvent conduire très-loin : chacun pourra donc poursuivre à son gré ces espèces d'études ; il me suffit ici d'avoir mis les artistes sur la voie.

Il resterait un mot à dire sur les variétés qui résultent des différens âges de la vie ; mais ces observations peuvent être faites par tout le monde : cependant je parlerai ci-après des enfans, des adolescens, des hommes faits et des vieillards. Hésychius nous a conservé les noms affectés à tous les âges de la vie, et qui furent assignés par les Lacédémoniens. Les artistes studieux peuvent tirer parti de cette indication.

Quant à la dimension qui peut constituer les hommes géans, j'en ai parlé au chap. 199 de ce volume.

CHAPITRE 204.

DES DIFFÉRENS CARACTÈRES PHYSIQUES OU DES VA-
RIÉTÉS DU CORPS DE LA FEMME RAPPORTÉES A SES
DIFFÉRENS AGÉS, A SES PROPORTIONS ET A SES DIF-
FÉRENTES ESPÈCES DE CHAIR.

LES femmes ne diffèrent pas entr'elles autant que les
hommes, quant aux caractères physiques qui peuvent les
distinguer. Il y a beaucoup plus de distance sous le rapport des formes et des proportions entre Jupiter et un
simple berger, qu'entre Junon et une jeune fille de nos
villes. Les plus grandes différences qui distinguent entr'elles les femmes, sont, après celles qui résultent de
l'attitude, des attributs, du costume, etc., etc., celles qui
proviennent de l'âge, de l'ampleur ou de la puissance
physique manifestée par les proportions, et enfin ce sont
les différences qui proviennent des caractères de la chair.
Il faut beaucoup de comparaisons faites sur les monumens,
beaucoup de méditation et de sentiment, pour reconnaître
et rendre avec justesse ces variétés délicates et presque
fugitives. Malgré ces difficultés, j'exposerai quelques idées
sur cette question.

Des variétés apportées par l'âge dans l'espèce de la
femme.

On distingue trois âges assez bien différenciés chez la
femme, et qui me semblent suffisamment distincts sur
les monumens, savoir : l'âge de treize à seize ans, de seize
à vingt ans, de vingt à vingt-cinq ans.

Les jeunes filles âgées de treize à seize ans n'offrent encore que peu de développement. Le sein ne fait que commencer à naître ; la tête est encore un peu forte pour le corps ; il règne dans les membres une certaine délicatesse qu'on serait tenté d'appeler du nom de maigreur, si on ne la reconnaissait pour être l'effet naturel de ce développement du jeune âge et de cet état incertain qui fait passer de l'enfance à l'adolescence. A cet âge innocent, crépuscule de l'éclatante jeunesse, toutes les formes annoncent des charmes, mais la nature ne fait que les préparer.... Quel touchant spectacle que cette union de faiblesse et de sécurité, de simplicité et de sentiment de l'existence, de naïveté enfin et de tendance à comparer et à connaître ! Les fleurs non écloses des parterres ne présagent que la beauté ; mais les formes d'une jeune fille qui entre dans l'adolescence, nous présagent à la fois et la beauté et les vertus de son sexe. Tout est chaste dans ces contours vifs, légers et délicats ; tout inspire l'intérêt et le respect dans ces formes que la nature entreprend d'embellir, et qui commencent avec le printems de la vie...

Nous connaissons plusieurs statues antiques qui offrent des portraits fidèles et charmans de cet âge, entr'autres celles que nous avons citées représentant des filles toutes jeunes qui jouent aux osselets. Beaucoup de bustes et de bas-reliefs romains nous font voir aussi des figures de ce caractère.

C'est dans l'intervalle de seize à vingt ans que la nature développe les formes sur le corps des personnes du sexe. Les membres s'embellissent par un embonpoint ferme et délicat. Toutes les parties sont animées par une vie et une consistance nouvelle. Plus attrayant qu'aucune

fleur naissante, le corps d'une vierge se pare peu à peu
des charmes ravissans de la beauté. A cet âge la souplesse
est conservée, et s'est embellie par la délicatesse et l'élasticité des chairs. A la simplicité s'unissent l'élégance et
la fermeté des contours. Les extrémités prennent du caractère, sans perdre de leur naïveté primitive. La chevelure est plus belle ; les yeux acquièrent de la vraie grâce
et de l'expression ; les contours de la bouche sont tout
aussi doux que dans le très-jeune âge, mais plus déterminés et plus grands ; le col est plein et plus arrondi, etc.;
les hanches surtout acquièrent ce caractère féminin qu'il
est si important de bien exprimer ; le ventre s'embellit
aussi sans augmenter de volume, et toute l'épiderme est
plus nourrie et plus diaphane... Mais à quoi servirait une
description de tous les ornemens dont la nature se plaît
à décorer le plus bel âge de la vie ? Ce qu'il nous importe
de décrire, ce sont les différences physiques, selon les caractères différens. Passons à l'indication des variétés apparentes dans l'âge de vingt à vingt-cinq ans.

Diane, Junon, Cérès, Minerve, etc., semblent être des
divinités de cet âge ; mais la plus haute beauté les pare
d'une éternelle jeunesse. La mère des Niobés est une
femme qu'on doit supposer d'un âge plus avancé ; et cependant le caractère de ses formes n'indique guère qu'une
femme de vingt-cinq ans. Sous certains climats des femmes
de trente ans et plus sont aussi belles qu'à vingt, et l'on
peut dire que la beauté ne suit point partout la marche
commune du dépérissement physique ; mais ces exceptions n'apportent aucune lumière au sujet des principes
qu'il convient ici d'établir. Je dis donc qu'à l'âge de vingt-
cinq ans, les personnes du sexe doivent avoir quelque

chose de grand, de noble et de déterminé dans les formes.
C'est l'époque du développement soutenu et permanent
de toutes les beautés féminines. A cet âge la chair a acquis sa plus grande substance; tout le système physique
est parvenu au maximum d'expansion et de plénitude;
plus de progrès, plus d'accroissement à espérer; la nature
est à son terme et a fini son œuvre... Cependant combien
de variétés dans les complexions, combien de différences
dans les tempéramens, etc.; etc. ! Nous allons donc passer
de cette diversité des âges à celle des proportions qui produisent ou l'ampleur ou la sveltesse.

Des variétés du corps de la femme, rapportées aux
proportions qui produisent l'ampleur ou la svel-
tesse.

On peut considérer deux variétés fort dominantes chez
la femme, je veux dire la grande sveltesse, que nous appelons particulièrement élégance de taille ou taille élancée, et l'ampleur ou la plénitude des formes. Ce dernier
caractère, je le sais, ne doit jamais exclure le premier,
c'est-à-dire l'élégance; mais il est certain qu'il y a une
ligne de démarcation entre l'un et l'autre.

Dans l'antiquité, par exemple, les caractères des personnages mythologiques ont souvent été désignés par ces
deux variétés, et les Muses graves, les déesses de la Piété,
de la Santé, etc., les Villes, ne comportaient point cette
sveltesse, cette vivacité affectée aux nymphes et aux déesses
légères. La belle Leucothoé, qui tient Bacchus enfant dans
ses bras, porte elle-même un caractère grave, de grandeur
et d'ampleur dans ses formes...... On connait beaucoup
d'autres statues où cette propriété est remarquable.

Parmi les figures de jeunes filles qui n'ont pas de caractère consacré, parmi les Vénus même ou les figures
qu'on a appelées des Vénus, et parmi toutes les femmes
en général, on en remarque d'une proportion svelte et
élancée, et d'autres d'une proportion plus pleine et plus
nourrie : ce sont ces deux variétés dominantes qu'il faudrait spécifier, qu'il faudrait toujours bien distinguer et
caractériser avec unité dans l'imitation.

Les femmes, dont la proportion est svelte et un peu
élancée, ont les formes très-coulantes, et offrent des lignes
plus longues que courbes. La taille, c'est-à-dire, l'intervalle qui règne depuis les dernières fausses côtes qui sont
souples et peu dilatées jusqu'au-dessus de l'os des hanches, cet intervalle, dis-je, est peu chargé de chair, ce
qui procure plus de légèreté à la taille, et relativement
plus d'ampleur au bassin, qui toutefois n'est pas trop
vaste dans cette espèce de caractère ; les vertèbres du
cou sont déliées ; toutes les articulations de l'épine dorsale et des extrémités sont d'un grand dégagement ; les
phalanges des mains et des pieds sont déliées et légères ;
le jeu de tout le squelette est très-libre, très-animé, et la
fermeté des muscles qui semblent un peu tendineux,
produit des flexions vives et de grandes lignes coulantes
pleines d'élégance et de simplicité ; les sommités des os
se font sentir avec finesse ; enfin la fermeté se trouve
réunie à l'élasticité dans tout ce mécanisme léger, très-
animé et plein de charmes.

Quant à l'autre variété produite par l'ampleur ou par
les formes pleines, il semble que, sur les individus qui
offrent ce caractère, les mouvemens se développent à un
moindre degré. Une certaine retenue dans le jeu des os

exprime très-bien le calme et la chasteté. Les lignes sont moins élancées ; la chair, qui est suffisamment abondante dans les intervalles osseux, recouvre pleinement tous les dessous et offre des contours arrondis. Les articulations principales se font, il est vrai, toujours sentir avec légèreté ; mais à travers des tégumens pleins, nourris et fort adoucis. Les refluemens des chairs sont bien caractérisés à cause du grand nombre de mouvemens concentriques, et toute la superficie et toutes les lignes offrent une légère convexité ; enfin les membres principaux sont grandement soutenus et font voir avec avantage tous les charmes résultans des flexions et de l'élasticité.

Des variétés produites par la nature et l'espèce de chair.

L'espèce de chair est un signe très-caractéristique des variétés qu'on remarque dans la femme. J'entends ici par la chair, les masses musculaires, la graisse, la peau et l'épiderme réunis. Il y a des chairs fermes et peu souples ; il y en a de tendres et de très-délicates ; il y en a de légères et de diaphanes ; il y en a de pesantes et d'opaques ; enfin il y en a de pâles et de bleuâtres, de sanguines et de pourprées, de dorées et de brunes. Les femmes, dont les cheveux sont noirs, ont en général la chair blanche, ou sanguine ou brune ; les blondes ont en général la chair rosée et dorée. Mais c'est principalement le caractère de la forme résultant de l'espèce de chair, et non celui de la teinte, qui est propre à spécifier la variété.

Une chair trop ferme et peu souple est moins propre à rappeler les mouvemens délicats et variés des os, parce qu'elle obéit peu et qu'elle ne cède que difficilement aux

forces compressives. Il est vrai que les grandes formes
paraissent unes, simples et déterminées, lorsqu'elles sont
le résultat de cette espèce de chair dont la contexture est
serrée, dont l'épiderme est forte et peu élastique ; mais
elles n'expriment pas aussi bien la vie, le remuant du
squelette, ainsi que les dépressions qui ont lieu dans certaines inclinaisons des parties. Cependant les sculpteurs
ont quelquefois tiré avantage de ces espèces de chairs
fermes et un peu rebelles.

Les chairs tendres, délicates et soutenues, sont les plus
expressives, parce qu'elles répètent tous les mouvemens,
et qu'elles les répètent avec délicatesse, possédant une
suffisante contractilité. Aussi, quand je dis tendres, j'entends dire aussi élastiques et fines en même tems. C'est
de cette chair qu'est composée la figure de la Vénus Médicis ; toutes les formes de son corps signifient des mouvemens ; toutes les flexions de cette chair douce et élastique sont relatives au jeu mécanique des parties osseuses.
Quelques endroits de cette chair sont plus fins, plus doux,
et offrent des souplesses et des dépressions encore plus
délicates et remplies de charmes particuliers : au total,
ces chairs sont pleines, sans être pesantes ; souples, sans
être molles et flottantes ; vives, sans être rudes ou arides ;
douces enfin et unies, sans être lâches ou vaguement
étendues.

La Vénus du Capitole semble offrir moins d'équilibre
que cette dernière entre la graisse, le tissu de la peau et
le système musculaire ; la graisse y paraît donc dominer
sous la peau : on y sent moins la vie des muscles, et l'on
reconnaît moins aussi la contractibilité des masses charnues. Mais l'imitation de cette chair grasse, saine et ar-

rondic, est portée à un haut degré, et c'est l'excellence
de cette imitation qui lui a attiré parfois des admirateurs
qui sont moins sensibles aux charmes de la Vénus Médicis.
Cependant les vrais connaisseurs reviennent à cette dernière, à cause de la représentation juste d'un plus grand
nombre de caractères cumulés. Au surplus, cette prétendue Vénus, dite de Médicis, me semble, ainsi que je l'ai dit
déjà, n'être que le portrait d'une célèbre courtisanne sous
les traits de cette déesse, les fameuses Vénus de Praxitèle
et de Phidias devant avoir eu un accent bien plus divin...

Les chairs légères, claires et diaphanes sont agréables
par leur teinte et leur suavité, mais souvent elles manquent de caractère et de plans. Elles ont été choisies par
les peintres modernes, parce qu'elles offrent des tons frais
assez attrayans; mais il est certain qu'elles font regretter
celles qui ont plus de consistance et de variété. Ce sont
des chairs assez gracieuses, mais elles sont, pour ainsi
dire, sans expression, et leur imitation ne produit que
peu d'effet.

Je passe aux chairs pesantes et opaques. Leur caractère
est commun et fort monotone. Le tissu de la peau n'étant
point en harmonie avec le poids trop grave de ces masses
charnues; il en résulte des bourlets et des lobes flottans,
tels que le célèbre coloriste flamand nous en a laissé des
modèles. Ce caractère, pardonnable peut-être sur la figure
d'une femme satyre nourrice, ou d'une bacchante ivre,
n'est point celui de la beauté, ni celui de la poésie de l'art.

Il me reste à parler de la diversité des carnations. La
grande blancheur un peu fade de la chair, convient peu
aux jeunes filles sveltes et animées; elle semble être plutôt le caractère distinctif des êtres graves et entièrement

formés. Cependant les jeunes filles, dont les cheveux sont bruns, ont quelquefois la chair d'une blancheur éblouissante, et d'un éclat égal et diaphane ; toutefois à cette vive blancheur s'associent des teintes très-rosées ; l'art a bien de la peine à imiter ces charmes, et les meilleurs coloristes ont échoué dans ce choix. Quelques autres variétés sont plus à la portée de l'art. On peut donc remarquer la carnation sanguine et pourprée, la chair dorée et la carnation un peu brune : le coloris doit exprimer ces différences.

Les carnations sanguines et pourprées, confondues et tempérées avec le blanc de la peau, produisent un caractère dont le résultat est très-heureux en peinture, témoin la belle Bacchante endormie au milieu des Satyres, par Tiziano, et une belle figure couchée qu'on voyait de ce même coloriste à la Villa-Pamphili, mais que des soldats étrangers coupèrent en plusieurs pièces en 1800. Ce rouge animé exprime la vie, la santé et la chaleur : lorsque le sujet le comporte, l'effet en est toujours heureux.

Quant aux chairs dorées des blondes, elles ont une teinte si particulière et si caractérisée, qu'il est inutile de chercher à les décrire ici.

Il n'est donc pas permis au peintre de laisser d'équivoque sur toutes ces variétés, quoiqu'il y ait des individus chez lesquels ce caractère semble mixte et très-atténué. Je finis par un mot sur les carnations brunes.

L'harmonie et l'unité de teintes qui résultent des carnations brunes, ont procuré souvent des partisans à cette espèce de couleur, simple et parfois piquante. Il est très-essentiel dans l'imitation de n'associer que les caractères qui concordent réellement avec cette unité ; ainsi les yeux, et la cornée surtout, la teinte des lèvres et mille autres

signes que la nature a spécifiés rigoureusement dans son
intention primordiale, doivent être imités avec leurs
nuances particulières et propres; il est si vrai que sans
cette unité on n'obtient que des taches ou un coloris
accidentel, que la couleur des individus métis est plus
désagréable à cause de ce résultat mixte, que celle des
individus tout à fait noirs ou tout à fait cuivrés comme
les Indiens [1].

On doit tirer de ce qui précède une conséquence fort
naturelle et qu'on semble cependant avoir peu considérée,
c'est qu'il y a plusieurs espèces de beauté parmi les
femmes, et que ce n'est pas, par exemple, la Vénus Médicis qui doit être le type, plutôt que telle ou telle autre
figure de femme. On voit à Rome plus de cent statues
toutes aussi belles dans leur principe et dans leur espèce
que l'est cette Vénus fameuse, et dans des fragmens même
on reconnaît des variétés tout aussi séduisantes; mais ce
qui rend surtout cette Vénus classique et admirable, c'est
l'unité dans le caractère de ses formes, c'est par conséquent la vérité de ses chairs, la délicatesse de son mouvement, ainsi que le fini et la beauté de l'exécution.

Il me semble superflu d'adresser ici une critique à ces
peintres peu instruits qui vont empruntant un membre à
une statue, un autre à un modèle vivant; qui tantôt copient les yeux d'une voisine, tantôt la main d'une parente,
et le tout sans but déterminé, et seulement parce que ces

---

[1] On trouvera des recherches sur le coloris des carnations au chap. 456,
intitulé : *De la couleur de certains corps, et surtout de celle des carnations.*
Voyez aussi au chap. 466, intitulé : *Du choix du luminaire dont la couleur
et l'intensité conservent le mieux le géométrique des couleurs des objets, et
surtout des carnations.*

parties leur plaisent : en formant ainsi une figure de cet amas de pièces discordantes, ils n'obtiennent qu'un tout sans union, sans caractère, sans chaleur et sans attraits.

Enfin on aperçevra j'espère que, dans tout ce que je viens de dire, mon but n'a pas été de donner une description vaine des beautés du sexe, mais de prescrire l'unité dans ce sujet même qu'on ne pense guère à réduire à ce principe ; sujet qui cependant n'offrirait dans l'art rien d'intéressant et d'utile, si on le traitait avec la même confusion, le même vague, et la même inconvenance qui règne dans les idées de ceux qui si souvent en confèrent avec les artistes.

CHAPITRE 205.

DES ENFANS.

Nous avons donné pour canon de la figure d'enfant celle qu'on trouve dans le livre d'Albert Durer, parce qu'il était nécessaire de la choisir dans le premier âge. En effet, ce qui produit les nuances diverses de l'enfance et de l'adolescence, c'est le mélange à un certain degré des formes et des proportions de ce premier âge avec celles de l'âge viril. Nous verrons plus tard, en traitant des changemens proportionnels, comment on peut obtenir ces nuances ou degrés à volonté, nuances qu'il est très-important de déterminer, car il n'arrive que trop souvent que les peintres donnent à un enfant de huit mois les gestes et la physionomie d'un enfant de six ans, en sorte qu'on ne sait si dans ce cas c'est la forme·et la proportion ou bien l'espèce d'idées indiquées par l'attitude et le geste qu'on doit le plus critiquer.

Raphaël n'est pas exempt de ce défaut dans sa dernière manière; lorsqu'il voulait faire voir du ressenti et de la hardiesse florentine, il boudinait les formes des enfans et exagérait les bourlets. L'enfant Jésus, dans son tableau de la Ste Famille du musée de Paris, est trop rond, trop souflé, trop pesant pour l'âge indiqué par son action, car il s'élance comme un garçon de six ans dans les bras de sa mère.

Je sais que les petits enfans doivent être potelés. Quintilien dit, et il se connaissait en enfans, que, si le corps n'est pas chargé de graisse dans l'enfance, il ne saurait être bien fait dans l'âge viril. Cependant, si on le représente tel, il faut que son action, son air, ses manières, soient celles d'un tout jeune enfant, et surtout que sa proportion soit très-conforme à la nature qui varie rapidement ses formes et ses rapports à cette première époque de la vie.

Ce qu'on lit dans nos traités sur la peinture au sujet des enfans n'est pas très-instructif, et il ne convient pas, je crois, d'en tenir compte. Par exemple, Léonard de Vinci nous dit (ou au moins on lui a fait dire) que les petits enfans sont faibles et décharnés aux jointures; que, lorsqu'ils sont assis, on doit les représenter avec des mouvemens prompts et des contorsions de corps; qu'étant debout, ils doivent paraître craintifs et peureux, etc. Sur ce dernier point, il ne se trouve pas d'accord avec le célèbre Parrhasius, qui, au dire de Pline, peignit deux enfans, dont l'air exprimait la sécurité et la simplicité de

cet âge innocent : *Pinxit pueros duos in quibus specta-*
batur securitas et ætatis simplicitas. Il paraîtrait que
Dominichino a suivi à la lettre le précepte de Léonard ,
car, ainsi que l'a remarqué Webbs, et plusieurs autres,
cet élève des Carracci n'avait qu'une seule expression à
donner aux enfans, celle de la crainte; à tort ou à raison
on les voit toujours effrayés.

Léonard dit encore ailleurs que. chez les enfans les
flexions allongent peu les membres, parce que les articulations sont toutes cartilagineuses (il aurait pu même dire
gélatineuses). Mais je ne comprends point ce passage du
livre de Léonard.

Quant au parti pris des modernes de se dire au-dessus
des anciens dans l'art de représenter les enfans, cela est
d'autant plus étrange que les modèles antiques prouvent
l'excellence de leurs artistes en ceci comme dans tout le
reste [1]. Les seules figurines qui, sur les peintures antiques
d'Herculanum représentent des enfans , doivent suffire
pour faire taire toute critique à ce sujet.

Camper qui semblerait devoir faire autorité, puisqu'il
s'est occupé de mesures et de proportions, a avancé fort
légèrement que les anciens ont toujours fait la mâchoire
inférieure des enfans trop longue. « Voilà, dit-il, la raison
» pour laquelle ils n'ont jamais réussi à leur donner les
» grâces du premier âge. » Mais une pareille critique doit
s'appuyer sur des démonstrations. Camper a-t-il réellement mesuré et représenté géométriquement les têtes,

---

[1] Dans la précieuse collection d'empreintes que possède M. Giraud,
à Paris, il se trouve un enfant de trois ans environ, qui est, on peut le
dire, inimitable par la justesse, la vie et la propriété des formes. Vue au
flambeau, cette sculpture cause la surprise et l'admiration.

les mâchoires des enfans de la sculpture antique, ou
n'aurait-il pas été dupe de quelque modèle vicieux qu'il
aurait pris maladroitement pour une antique? Les anciens
ont tout mesuré et n'ont rien fait de caprice, parce qu'ils
respectaient, chérissaient et suivaient la nature. Les modernes au contraire ne mesurant rien, imaginent tout et
sont toujours fiers de leurs fantaisies, parce qu'elles sont
produites avec témérité.

Dans les premiers âges de la peinture moderne, on était
quelquefois assez près de la nature, et l'ancienne école
d'Italie offrit par fois d'assez heureuses imitations de l'espèce enfantine. Mais, depuis les Carracci surtout, on a
fait voir dans les tableaux des enfans maniérés, bour-
souflés et affectés de tout l'idéal académique. De grosses
joues, des crânes énormes et du vermillon ne suffisent pas
pour caractériser cet âge. Les modernes ont d'ailleurs
exprimé souvent les mignardises et les airs maniérés jusque sur les enfans; ils ont rejeté la naïveté même dans la
représentation de ces plus purs modèles de la naïveté.
Les joues soufflées, les yeux passionnés, les fronts bossus,
les lèvres très-chargées et grimacières, ne se trouvent ni
dans la belle nature, ni dans les modèles antiques. Les
anciens ont imité l'enfance avec tous ses charmes. Enfin
les enfans ont été aussi maniérés dans les tableaux que
dans les salons de Paris, où les mille questions indiscrètes
et hors de leur portée, qu'on leur adresse à tout moment
sans motif raisonné, en font d'insupportables petits ba-
billards et des êtres apprêtés qui inquiètent toujours sur
l'avenir de la société.

Ce qui nous charme le plus dans les enfans, c'est leur
ingénuité, c'est leur ame exempte d'artifice, c'est leur

confiance, leur désir sans crainte, et cette sécurité qu'on
ne voit presque jamais chez les hommes forcés à se redouter, à se déguiser. Si donc au lieu de peindre cette tranquillité et cette joie toute physique de l'enfance, on cherche
à peindre des gentillesses affectées, des grâces apprises,
des rires maniérés, on ne représentera pas la nature ; et
de même que ce qui nous touche dans le spectacle réel de
l'homme, c'est ce printems de l'homme, printems dont
les fleurs sont autant d'espérances qui nous consolent de
l'hiver de la vie, de même ce qui nous touche dans les
peintures de l'enfance, c'est l'expression de ces mêmes
caractères, puisqu'elle réveille chez nous ces mêmes idées
et ces mêmes sentimens.

J'ai pensé que ces réflexions générales pouvaient suffire :
car à quoi servirait aux peintres une description bien faite
même de tous les charmes de l'enfance ? A quoi servirait
de décrire la couleur diaphane de ces chairs vives et pur-
purines, l'humidité de ces regards un peu vagues et azu-
rés, ces cheveux si doux, si légers, et qui laissent transpa-
raître la carnation ? Pourquoi peindre le caractère céleste
et de félicité qui respire sur certaines têtes d'enfans par
Correggio ? Pourquoi décrire l'affectation de ceux qui
sont sortis du pinceau facile de Boucher, ou du ciseau
trop peu fidèle de Duquesnoy ? Les conseils positifs et
utiles sur ce rapport, ce sont donc ceux qui se rattachent
à l'art des mesures et des proportions. C'est là ce que les
livres eussent dû prescrire, et c'est ce qu'ils n'ont traité
qu'en passant et sans beaucoup de recherches. A l'aide de
ce que nous avons dit sur le canon de l'homme et de l'enfant, et de ce que nous dirons sur le moyen de proportionner les adolescens selon leur âge, les peintres studieux

et persévérans découvriront mille choses essentielles et qu'ils seront heureux d'avoir su pratiquer.

CHAPITRE 206.

DES ADOLESCENS.

Nous ne dirons rien ici de particulier au sujet des caractères de l'adolescence, caractères qu'il nous fallait indiquer pour l'ordre de nos questions théoriques. Ces caractères se lient donc intimement avec ceux de la jeunesse proprement dite, qui est l'âge de la beauté, en sorte que tout ce que nous avons dit sur la beauté du corps s'y applique naturellement. Nous ferons mention néanmoins d'une question fort belle et fort délicate qui se trouvera expliquée au chap. 252 : il s'agit de retrouver la marche proportionnelle de la nature qui fait passer les êtres de l'état d'enfance à celui d'homme ; il s'agit de faire comme elle ces mélanges et ces participations proportionnelles ; il s'agit enfin d'employer des moyens pour ainsi dire analogues à ceux qu'elle emploie, et de se rencontrer avec ses résultats.

CHAPITRE 207.

DES VIEILLARDS.

Il n'y a qu'un mot, ce me semble, à dire sur les vieillards, c'est qu'en peinture ils doivent faire voir ce qu'ils ont été.

Un beau vieillard a dû être un bel enfant, un beau jeune homme, et a dû être beau à l'âge viril. Caractériser la vieillesse par les rides, par les pauvretés et les flétrissures, c'est agir en ignorant et dégrader notre espèce.

L'homme sera représenté vieux, si les différentes parties de son corps font voir l'altération, résultat des années; mais ce n'est pas peindre un vieillard que de cumuler des caractères laids et répugnans, plus misérables que caractérisant la vieillesse, plus attristans que significatifs. Et comme ce n'est pas un homme quelconque que l'on doit vouloir représenter vieux, mais un homme d'une espèce déterminée, tout ce qui n'appartient pas à cette espèce devient inutile et paraît une ressource misérable de l'artiste.

Que des gens étrangers à l'art du dessin et qui n'en ont reçu aucune teinture dans leur éducation, malgré les pages d'yeux, d'oreilles et de bouches qu'on leur a fait contourner et ombrer pendant deux ou trois ans; que ces gens, dis-je, appellent beau vieillard un homme à longue barbe blanche; qu'ils n'observent ni ses yeux, ni son front, ni ses joues, cela n'a rien d'étonnant : mais que des peintres prétendent nous donner l'idée d'un saint, d'un héros ou d'un être divinisé, en peignant un masque ignoble chargé d'une longue barbe, et terminé par un front chauve tout ridé, et d'une vilaine proportion, c'est ce qui est inexcusable. La vieillesse est un voile à travers lequel on doit distinguer l'homme jeune; ce voile ne doit point le défigurer, mais seulement le flétrir un peu, en sorte qu'un héros vieux doit laisser apercevoir, doit donner l'idée de tout ce qu'il a été, de tout ce qu'il a pu faire.

Au surplus il y a vieillesse et décrépitude. Dominichino

a peint dans son fameux tableau de la Communion de S^t
Jérôme, ce saint tout plissé, tout décharné, etc.; mais ce
n'est pas parce que ce saint est ainsi ridé et desséché qu'il
est expressif, c'est par sa pose et par sa physionomie sur
laquelle on voit son ame toute entière et dans toute sa
beauté. Cependant Dominichino aurait dû rétablir un
certain ordre; il aurait dû raisonner l'invidu modèle, et
ne pas tout prendre, tout répéter, tout calquer; peut-être
même a-t-il chargé et multiplié les sillons et les rides, au
lieu de les modifier et d'indiquer un beau corps affaissé et
près de finir.

J'ai dit que l'image d'un vieillard devait laisser voir
par ce qu'il est, ce qu'il a dû être; mais une telle image ne
sera pas l'ouvrage d'un artiste qui ne connaît pas auparavant en quoi consistent les beautés de la nature : aussi
un vieillard imité par une main novice offre-t-il ordinairement le spectacle le plus pauvre et le plus dégoûtant.

Les anciens étaient plus sages et plus fins. On voit à
la villa Ludovisi, dans la pièce d'entrée, une statue héroïque nue et d'un âge avancé, laquelle est un modèle en ce
genre. On reconnaît de suite ce qu'il a été, par ce qui nous
en reste. Comme ce déclin de la nature est imposant! C'est
le coucher de l'astre du jour qui rappelle la splendeur du
midi.

Léonard de Vinci a dit : « Il faut que dans les tableaux
» les vieilles paraissent ardentes et colères, pleines de rage
» comme des furies d'enfer ; mais ce caractère doit se
» faire remarquer dans les airs de tête et dans l'agita-
» tion des bras plutôt que dans les mouvemens des pieds. »
Une telle idée n'a pu être recueillie qu'au marché de Mi-
lan. Les Ænones, les Erictés et toutes les vieilles qu'on

voit sur les monumens, n'offrent rien de trivial, de laid
ni de repoussant.

Le chapitre 42 du même prétendu traité de Léonard
de Vinci, contient ce qui suit : « Les vieillards, lorsqu'ils
» sont debout, doivent être représentés dans une attitude
» paresseuse, avec des mouvemens lents, les genoux un
» peu pliés, les pieds à côté l'un de l'autre, mais écartés,
» le dos courbé, la tête penchée sur le devant, et les bras
» plutôt serrés que trop étendus. » Ce chapitre fait assez
bien pendant avec celui qui le précède.

Je finis par un article que j'emprunte à l'Encyclopédie.
« Si la tête d'un vieillard conserve un caractère noble ;
» si la physionomie annonce la bonté, la sagesse ; si ses
» rides paraissent s'être formées sans violence et par le
» seul effet physique de quelques déperditions indispen-
» sables ; si elles n'offrent point des sillons formés par
» l'habitude des passions blâmables, ou des expressions
» violentes et forcées qui appartiennent aux vices et aux
» déréglemens du corps et de l'esprit ; si la tête dégarnie,
» les cheveux et la barbe blanchis ne font pas naître
» l'idée d'une dégradation et d'un dépérissement préma-
» turés ; si au contraire ces signes de vieillesse réveillent
» l'idée d'une expérience que l'on n'acquiert que par le
» cours des ans ; si les yeux animés annoncent une vigueur
» de l'ame qui résiste encore à la loi du tems, et qui s'est
» conservée par la sagesse et la modération ; si la bouche,
» les lèvres et le sourire n'opposent aucune expression
» défavorable à celle du calme parfait d'une ame sans
» remords et sans crainte, la vieillesse a droit de préten-
» dre encore au titre de beauté. »

CHAPITRE 208.

DU MORAL DE L'HOMME, OU DES MŒURS ET DES CARACTÈRES.

IL s'agit dans ce chapitre de définir ce qu'on entend par mœurs ou caractères en peinture, et de les distinguer des passions qui sont les mœurs en action. De plus, une remarque sera nécessaire au sujet de l'emploi du mot expression, mot qui ne rend pas suffisamment l'idée de l'expression des mœurs ou des caractères ou des passions. Nous appliquerons ensuite le principe de l'unité aux mœurs représentées sur le tableau. Enfin, avant d'exposer les erreurs et le vague des théories modernes sur ce point, nous signalerons l'excellence et la philosophie des artistes de l'antiquité.

Par mœurs on entend la manière d'être des individus, quant à leurs facultés intellectuelles, à leur sentiment ou à la disposition de leur ame, car, quoique le physique et le moral soient comme fondus l'un dans l'autre, il faut les distinguer dans l'analyse. Ainsi, bien qu'un colérique ait dans son être physique quelque disposition organique à la colère, cependant la colère étant en résultat une disposition de son ame, c'est dans l'ame que nous en trouvons le principe, c'est le caractère moral qui fait naître la colère, c'est le moral enfin qui est colère et qu'il faut exprimer à l'aide des signes physiques propres à fortifier cette expression. Cette distinction fait assez comprendre que, sans l'expression des mœurs ou sans caractères, il

ne peut y avoir dans l'art d'image des passions. En effet,
l'action du caractère ne saurait être un contresens, et tel
ou tel caractère ne se met pas en action indifféremment
de telle ou telle manière. Aussi est-ce cette exacte obser-
vance des caractères qui a fait que l'expression des passions dans les figures grecques est si forte, sans que les
gestes ni les physionomies soient exagérées. Cela provient
donc de ce que l'action a toujours une grande signification, lorsqu'elle est le résultat d'un caractère très-déterminé et bien exprimé. Le geste impérieux d'un roi qui
n'est pas roi par la vérité d'imitation de son caractère,
sera un contresens, et ce geste sera faible par conséquent.
Tel geste, propre à un individu de tel caractère et qui
se trouve dans une situation déterminée, ne convient
plus à un autre individu d'un caractère différent, quoique
dans la même situation. Enfin les mœurs ou le caractère,
voilà la base des passions, qui ne sont au fait que l'action
de ces mêmes mœurs. J'imagine que c'est conformément à cette idée qu'on désignait les divers caractères
contradictoires remarqués sur le tableau de Parrhasius,
lequel représentait le peuple d'Athènes, exprimé par une
seule figure (nous avons cité ce tableau, t. 2, p. 370). En
effet, s'il est impossible de représenter des passions contradictoires, telles que la férocité et la compassion, je veux
dire des actions de férocité et de compassion, il est peut-
être possible d'en exprimer seulement le caractère, et d'en
associer d'autres encore sur une seule figure.

Il paraît que les anciens se sont appliqués non pas tant
à représenter par une action l'effet et le résultat des passions de tel ou tel individu, qu'à exprimer sur un individu
la disposition à telle ou telle passion, ainsi que les signes

qui peuvent le faire paraître. Cette recherche de l'expression qui indique les mœurs est tout aussi essentielle que
celle qui caractérise seulement une action. Par exemple,
Achille furieux exprimera non-seulement la fureur et la
colère nécessitée dans une action furieuse, mais cette
expression sera en même tems celle d'un héros magna-
nime, d'un guerrier éminemment courageux, dont l'ame
est remplie de grandeur, et dont la dignité et la décence
laissent briller toute la beauté du corps, ainsi que les traits
de la physionomie. Imiter les indices de ce que peut faire
tel individu, c'est bien autant pour l'art que d'imiter ce
qu'il a fait dans telle ou telle circonstance : voilà, je crois,
ce que les anciens entendaient par peinture des mœurs.
Ainsi donc, l'art consiste à exprimer non-seulement ce
que font les hommes, mais aussi ce qu'ils peuvent faire ;
et de même qu'un lutteur ou un athlète représenté en
repos doit nous développer les qualités physiques qui le
rendent propre à telle ou telle action du corps, de même
le simple portrait d'un personnage doit nous indiquer par
sa physionomie toutes les propriétés, tous les caractères
de son ame. Enfin l'action des mœurs n'est pas toujours
nécessaire pour l'art, mais les mœurs le sont toujours.

Si l'on considère de plus la différence qui se trouve
souvent entre ce qu'on fait faire à un personnage et ce
qu'il est capable de faire, nous trouverons la cause du peu
de succès de tant de portraits de héros qu'on a voulu
rendre intéressans par des demi-actions ou par des pantomimes guerrières et impérieuses, mais qui, dans le fait,
rétrécissent notre imagination dans des limites inconve-
nantes, au lieu de la laisser libre de s'élever jusqu'aux
régions du vraisemblable ; et tout le monde préférera le

portrait sans action d'un grand prince qui nous laisse voir
par un calme éloquent ce dont il est capable, au portrait
du même prince, représenté, il est vrai, dans l'action de
commander, mais fixant ainsi notre imagination sur une
demi-action fort peu intéressante par son immobilité et sa
stérilité, et n'offrant d'ailleurs qu'une ressemblance insipide, qui cependant ne nous donne pas l'idée des affections
morales de son ame. Ainsi, un dieu, un athlète, un vieillard, une jeune fille, un enfant : voilà les différentes natures dans l'espèce humaine. Une femme mélancolique,
lente, triste et timide ; un homme vif, ardent, brusque,
grossier ; un jeune homme fin, gracieux, leste et adroit ;
un vieillard grave : voilà les caractères et les mœurs. La
jalousie, la cruauté, l'avarice, la calomnie, la perfidie :
voilà les passions. Elles dépendent, il est vrai, des caractères, mais elles sont autre chose que les caractères.

Ste Cécile, par Raphaël, réunit ces trois élémens. Elle
est jeune, belle, ses formes sont pleines, nobles, telles
qu'elles conviennent à une jeune fille d'un rang élevé :
voilà la nature et l'espèce du personnage. Elle fait voir
une ame forte, pleine de zèle, de piété fervente et de
haute sagesse : voilà les mœurs ou les caractères. Enfin,
en écoutant le concert ravissant d'une troupe céleste,
dont les accens la jettent dans un extase divin, elle laisse
tomber de ses mains l'instrument qui accompagnait les
hymnes au Seigneur qu'elle vient de chanter, et les invo-
cations qu'elle adressait aux saints : voilà les caractères
en action, voilà l'extase ou la passion.

Cette théorie des mœurs n'est point imaginaire, et, si
les anciens, dans la représentation de leurs diverses figures,
se sont aidés de l'association de certains attributs con-

ventionnels, ce n'est pas par ces attributs seulement que nous reconnaissons aujourd'hui l'espèce et la nature de telle ou telle statue, mais bien par son caractère et par l'action de ce caractère. Josué Reynolds semble manifester une opinion contraire. Voici ce qu'il dit : « On » pourrait demander à ceux qui s'imaginent que la sculp- » ture peut exprimer plus que ce que nous venons de lui » accorder, par quels moyens on découvre, au premier » coup-d'œil, le caractère que représente un buste, un » camée ou une pierre gravée. Je pense que, par un exa- » men exact, on se convaincra (si l'on ne veut pas y » trouver davantage qu'on n'y voit en effet) que ce ca- » ractère se distingue beaucoup mieux par les attributs » que par aucune variété de formes. Qu'on ôte à Apollon » sa lyre, à Bacchus son thyrse et ses pampres, à Méléagre » sa hure de sanglier, et l'on ne trouvera plus qu'une bien » petite différence, et peut-être même aucune, entre les » caractères de ces personnages. Il semble que dans la » figure d'une Junon, d'une Minerve ou d'une Flore, les » artistes se soient d'abord bornés à donner une idée de » la beauté parfaite, et qu'ensuite ils y ont ajouté quel- » ques attributs, sans songer à quelle figure ils les don- » naient (l'auteur cite en note Borghini, dans son *Riposo*). » C'est ainsi que J. de Bologne, après avoir fini le groupe » du Jeune Homme enlevant dans ses bras une jeune » femme, avec un vieillard à ses pieds, assembla ses amis » pour leur demander quel nom il devait lui donner. On » convint à la fin de l'appeler l'Enlèvement des Sabines ; » et c'est le groupe célèbre qui se trouve aujourd'hui » placé devant l'ancien palais à Florence. Les figures de » ce groupe ont la même expression générale qu'on re-

» marque dans la plupart des statues antiques; cependant
» il ne faudrait pas s'étonner que, dans la suite des tems,
» on prétendit y trouver une délicatesse d'expression à
» laquelle l'artiste n'a point songé, et qu'on portât même
» cette finesse d'observation assez loin, pour avancer qu'il
» y a un air de famille fort reconnaissable entre le vieillard
» et la femme qu'on paraît enlever. »

Ce passage prouve combien cette importante question
des caractères dans les figures produites par la sculpture
et la peinture, est étrangère aux théoriciens et aux artistes
modernes en général, et l'exemple que notre auteur prend
dans un ouvrage moderne, pour indiquer la conduite des
statuaires grecs, est un singulier quiproquo. Consultons
donc des antiquaires, puisque tant d'écrivains sur la peinture restent dans le cercle de l'art moderne. Visconti, par
le passage suivant, prouve qu'au moins ces méprises ne
sont plus aujourd'hui de saison. Il s'agit du Mercure, dit
l'Antinoüs du Belvédère. « Depuis long-tems, dit-il, les
» antiquaires s'étaient aperçus que la tête de cette figure
» ne ressemblait nullement aux têtes bien avérées d'Anti-
» noüs, mais ils étaient partagés sur le nouveau nom à
» lui donner; les uns y voyaient Thésée, d'autres Hercule
» imberbe, le plus grand nombre voulait que ce fût un
» Méléagre, opinion qui n'était cependant fondée que sur
» un léger rapport de l'attitude de cette figure avec celle
» de la célèbre statue de ce héros. Aujourd'hui un exa-
» men plus attentif a convaincu qu'elle représente Mer-
» cure : on y reconnaît ce dieu à ses cheveux courts et
» naturellement frisés, à la douceur de ses traits, à cette
» légère inclinaison de tête qu'il semble pencher pour
» écouter les vœux qui lui sont adressés, à la rigoureuse

» complexion de ses membres qui indique l'inventeur de
» la gymnastique, enfin à ce manteau dont il a le bras
» enveloppé, symbole de la célérité qu'il met à exécuter
» les ordres des dieux. On n'aperçoit pas, à la vérité, les
» attributs les plus connus de Mercure, tels que le petase,
» le caducée, la bourse et les talons ailés : ces attributs
» ne sont pas tellement essentiels qu'on ne trouve plu-
» sieurs statues de ce dieu qui en soient privées en tout
» ou en partie, etc. »

Plusieurs autres observations du même antiquaire prouveraient que les caractères sont exprimés dans la sculpture
grecque autrement que par des signes symboliques. Mais
à quoi servirait de citer ici ces passages ? J'ajouterai seulement au sujet de cette proposition contre l'art antique
quelques mots de M. Heyne dans sa dissertation sur l'invention des figures sous lesquelles les dieux ont été représentés.

« La plus grande beauté, telle qu'elle peut être conçue
» par l'esprit et par l'entendement dans le corps d'un
» jeune homme, n'a pas été exprimée de la même manière
» dans Apollon, dans Bacchus, dans Mercure, et elle est
» différente dans Junon, dans Minerve, dans Diane, etc.
» Nous voyons la majesté et la divinité diversement expri-
» mées sur le visage de Jupiter, de Neptune et de Pluton,
» figurés dans un âge plus avancé... On reconnaît Apollon,
» Bacchus, Minerve, à leur air même, sans qu'on y ait
» ajouté aucun attribut... Les poètes, qui avaient chanté
» les combats des dieux, leurs desseins et leurs succès,
» leur attribuèrent à la fin des occupations particulières,
» un certain naturel, un génie propre à la nature des
» choses qu'ils racontaient d'eux.... »

Faisons remarquer maintenant que le mot expression, qu'on emploie ordinairement, n'est point propre à signifier exclusivement la juste peinture des mœurs. En effet, expression s'applique à tous les objets peints, puisqu'ils doivent tous exprimer quelque chose, rendre les caractères de la nature, les rappeler et en donner l'idée. C'est donc par une faute de précision théorique, ou par le peu d'importance qu'on met aux termes de cet art, qu'on s'est servi de celui-ci. Il existe cependant un terme moins vague et positif même, c'est le mot *éthopée*, qui signifie exclusivement peinture des mœurs ; à défaut de ce terme on doit toujours associer à ce mot expression quelqu'autre terme qui spécifie ou l'objet exprimé ou son caractère. On doit dire expression des formes, expression de la vie, expression des physionomies, etc., et même expression des distances, de l'air, des teintes naturelles, des mouvemens, etc., ou enfin expression des passions et des mœurs.

Parlons du moyen de rendre les mœurs d'une manière sensible, énergique et vraie : ce moyen, c'est l'unité. Les individus qu'on est à même de consulter, offrent rarement une harmonie complète dans leur espèce morale ; toujours quelques signes sont contraires au caractère dominant. C'est donc à l'artiste à restituer cet accord, cette force, cette unité. Par ce moyen il saura emprunter à la nature, il pourra même se servir des modèles qui n'ont que l'apparence du caractère demandé, et qui réellement en possèdent un autre. S'il est vrai qu'avec tous les signes d'un tempérament on peut être d'un tempérament contraire, cette vérité très-importante pour le médecin et pour l'observateur qui ne veut pas être dupe dans le monde, ne signifie rien pour le peintre, lorsqu'il compose les figures de ses tableaux. Avant tout et pardessus tout, le tableau des mœurs ou le caractère des mœurs doit être un. Mais, comme quelques oppositions fortifient souvent l'unité, rien n'empêche qu'outre le caractère dominant on ne fasse entrevoir quelqu'autre caractère subalterne ; cependant l'unité est ici, comme en toutes choses, la règle ou la perfection. Télémaque est épris des charmes d'Eucharis ; néanmoins ce que le peintre fera ressortir, ce n'est pas le caractère amoureux, c'est le caractère jeune et héroïque du fils d'Ulysse en proie à l'amour. Mentor ne sera pas un grondeur vigilant, un pédagogue triste et accablant : non ; dans ses traits la sagesse calme et noble de Minerve brillera toute entière, et quelques sourires d'affection pour son élève, quelques avis empressés affecteront sa figure grave, mais aimable. Enfin ce secret de l'unité, soit qu'il ait été le produit de théories arrêtées, soit qu'il ait été le produit du goût et du seul sentiment, se retrouve dans tous les beaux modèles et sur tous les célèbres exemples.

Quant aux doctrines des anciens sur ce point, on peut dire que, quand même nous ne posséderions d'eux aucune figure sculptée ou aucune figure peinte, les idées seules qu'ils nous ont laissées dans leurs écrits, nous feraient assez connaître quels étaient leurs principes au sujet du moral de l'homme dans la peinture ; en effet, chez eux les beaux-arts marchaient sur la même route que la philosophie et dépendaient de la même théorie.

Callistrate appelait la sculpture l'art d'exprimer les mœurs. Aristote disait que les actions des hommes ont deux causes : les mœurs ou le caractère du personnage, et sa pensée actuelle.... (*De Poeticâ. Cap.* 6). Philostrate dit

dans son *præmium iconum* : « Il faut que celui qui veut tenir
» le premier rang dans l'art de la peinture, examine bien
» la nature et qu'il se mette en état de connaître ce qui
» caractérise les mœurs, même de ceux qui gardent le
» silence. Lorsqu'il sera parvenu à posséder cette qualité
» jusqu'à un certain point, tous les obstacles disparaî-
» tront, et sa main imitera parfaitement les actions de
» tous les hommes. »

Ce même Philostrate dans son *Antilochus* décrit ainsi un
tableau grec : « On reconnaît Ulysse à sa sévérité et à sa
» vigilance, Ménélas à sa douceur, Agamemnon à une
» sorte de majesté plus qu'humaine. Un air de liberté
» brille dans le fils de Tydée. Ajax frappe par son hu-
» meur altière et chagrine, et Antiloque par sa viva-
» cité. » Ailleurs cet écrivain appelle un tableau le drame
du peintre.

Pline dit : « *Aristides Thebanus animum pinxit et
» sensus omnes expressit, quos vocant græci* Pathos *id
» est perturbationes.* » C'est-à-dire : Aristide de Thèbes
peignait l'ame et exprimait tous les sentimens que l'on
appelle les passions.

Les peintres se proposaient les idées des historiens et
des poètes, et transportaient sur leurs tableaux les mouvemens de l'éloquence. Aussi Pline dit-il encore : « Apelle,
» dans son tableau représentant Diane faisant un sacrifice
» au milieu d'un chœur de jeunes filles, semble avoir sur-
» passé Homère qui décrit le même sujet. » Or, les poésies d'Homère et de Virgile ne sont point de vains romans
où l'esprit s'égare au gré d'une folle imagination ; au
contraire, on doit les regarder comme de grands corps
de doctrine, comme de ces livres de nation qui contien-

nent l'histoire de l'état, l'esprit du gouvernement, les principes fondamentaux de la morale, les dogmes de la religion, tous les devoirs de la société, les secrets des sciences excellentes, l'indication des grands phénomènes, etc., et tout cela revêtu de tout ce que l'allégorie et l'art ont pu fournir de plus relevé, de plus riche et de plus touchant à ces génies presque divins. L'Iliade et l'Énéïde sont autant les tableaux des nations grecques et romaines, que l'avare de Molière est celui de l'avarice, et de même que la fable de cette comédie n'est qu'un canevas préparé pour recevoir avec un certain ordre quantité de traits véritables pris dans la société, de même aussi la colère d'Achille et l'établissement d'Énée en Italie ne doivent être considérés que comme le canevas d'un grand et magnifique tableau, où l'on a eu l'art de peindre des lois, des usages et des mœurs.

Voilà l'utilité attachée aux peintures vraies des mœurs ou des caractères. Cependant cette peinture des mœurs ou des passions n'est pas encore le but ; ce n'est qu'un moyen de l'art pour obtenir son but moral, qui est l'instruction et le profit de la société. Quand l'artiste qui emploie ce moyen atteint ce but, il a droit à la reconnaissance publique, il a noblement rempli sa tâche, et peu de spectateurs lui refusent les applaudissemens qu'il mérite.

Milizia dit qu'Athènes avait des écoles publiques où l'on ne dessinait que la physionomie. Sans chercher la source de cette citation, on a pour certain qu'il y avait des écoles publiques de philosophie, où l'on enseignait en quoi consistent les mœurs, les caractères et tout le beau moral qu'on appelait vertu. Plusieurs écrivains nous font

assez connaître quelles étaient sur ce point les doctrines
des moralistes.

Enfin disons que les anciens exprimaient les mœurs,
premièrement par l'emploi des figures canons appropriées
aux divers caractères. C'est ainsi que les Diane, les Apollon, les Jupiter, avaient, selon leur caractère particulier,
leurs proportions, leur forme consacrée. De plus, ils rendaient les mœurs par l'espèce de geste qui était soumis à
des combinaisons optiques propres à tel ou tel caractère,
et toujours soumis au mode général du sujet. Tous ces
moyens avaient été empruntés à la nature, mais ils étaient
dèvenus moyens de l'art, et l'art avait même ajouté dans
certains cas à ce que pouvait offrir la nature, c'est-à-dire
que non-seulement on avait retenu les attitudes et les
mœurs individuelles qui étaient propres à déterminer tel
mode et tel caractère, mais que l'art optique avait ajouté des
moyens de signifier encore davantage ces convenances et
ces modes. Par exemple, la règle voulait que dans un caractère grave et sublime, les lignes fussent simples, grandes ; qu'il y eût peu de contrastes, peu de petites variétés
et peu de mouvemens opposés ; en un mot, que la beauté
optique fût subordonnée à la beauté réfléchie ou à la convenance. Ainsi donc, la mollesse, la pudeur, la force, la
jeunesse, la vieillesse et l'enfance avaient leurs lignes, et
ces lignes, toutes conformes à la nature, étaient sacrées.

Mais, comme nous avons à signaler encore l'excellence
des idées des anciens au sujet du geste en particulier ou de
la pantomime, ne poursuivons pas ici davantage, et exa-
minons quelles ont été les idées des artistes modernes sur
ces points importans de l'art.

Très-fréquemment les observateurs ont critiqué le man-

que de caractère dans les figures des peintres modernes;
très-souvent on s'est demandé pourquoi les artistes, au
lieu d'emprunter à la nature les expressions des mœurs,
s'obstinent à répéter l'allure et la manière académique,
certains airs, certains tours de tête de convention, certains raccourcis et penchemens qui sentent l'affectation,
et qui non-seulement sont laids, mais qui encore ne signifient rien. On s'est demandé pourquoi l'on employait ce
style étrange et niais, ce langage d'atelier et ces physionomies, pour ainsi dire, factices et sans propriété. Ces critiques au reste se sont étendues hors de la peinture, et l'on
a souffert de la même absence de caractère moral dans
nos pantomimes de théâtre et nos danses scéniques.

« Le combat de Roscius et de Cicéron prouve très-
» clairement, dit Noverre dans son livre sur la danse, que
» nous ne sommes à cet égard que des enfans, que nous
» n'avons que des mouvemens machinaux et indétermi-
» nés, sans signification, sans caractère et sans vie. »
Voici ce que disaient les critiques à l'époque où l'art moderne par sa dégradation préparait nécessairement une
révolution et un retour vers la nature, vers l'antiquité ou
le bon sens : « Quelles leçons a-t-on données long-tems aux
» jeunes artistes ? Pour l'expression des têtes, la rage des
» bourreaux; pour celles des mouvemens, les gênes, les
» tortures; pour des études de la nature, les écarts de la
» nature. »

Winckelmann disait alors : « L'exagération dans l'ex-
» pression a été même réduite en théorie dans le Traité
» des passions de Charles Le Brun, ouvrage qu'on met
» entre les mains des jeunes gens qui se destinent à l'art.
» Les dessins qui accompagnent ce Traité donnent non-

» seulement aux physionomies le dernier degré des affec-
» tions de l'ame, mais encore il y a des têtes où les pas-
» sions sont poussées jusqu'à la rage. On croit enseigner
» l'expression de même que Diogène enseignait à vivre :
» Je fais, disait ce cynique, comme les musiciens qui don-
» nent le ton haut, pour prendre le ton vrai. Mais, comme
» l'ardente jeunesse a plus de penchant à saisir l'extrême
» que le milieu, il lui sera difficile, en suivant cette mé-
» thode, d'attraper le ton véritable ; car, quand elle l'a
» saisi, comment le lui faire garder ?

» Malheureusement les sens une fois corrompus par des
» sensations violentes, ne sauraient plus se plaire à une
» sensation douce et modérée ; nous ne connaissons de la
» musique des anciens que la simplicité, et des effets qui
» nous paraissent incroyables, parce que notre oreille ne
» serait plus touchée d'une harmonie douce. Aussi notre
» vue n'est plus sensible aux expressions délicates des
» statues de Niobé, dès qu'une fois nous sommes accou-
» tumés aux expressions outrées de plusieurs artistes mo-
» dernes ; il en est de même du mouvement des statues
» antiques, qui nous parait froid, parce qu'il n'est pas
» tourmenté. »

Webbs, contemporain de Winckelmann, écrivait : « Il
» y a dans les expressions des modernes et de Raphaël
» quelque chose d'indécis et d'équivoque. Elles sont plus
» souvent développées par l'imagination du spectateur
» que par le pinceau du peintre ; elles n'offrent aux uns
» que des idées imparfaites, et à d'autres elles en font
» naître de toutes opposées. Je n'ai jamais trouvé deux
» personnes parfaitement d'accord sur les sentimens
» qu'elles attribuaient aux auditeurs de St Paul. Quel-

» ques-uns paraissent à la vérité avec des sentimens évi-
» dens et incontestables; mais il y en a d'autres qu'il se-
» rait possible qu'on interprêtât d'une autre manière.
» Lorsque l'intention d'un morceau de peinture a besoin
» d'être étudiée pour être sentie, l'effet doit nécessaire-
» ment se diviser et s'affaiblir. La mère mourante d'Aris-
» tide au contraire, la Médée de Timomachus et l'Alexan-
» dre d'Apelle offraient des idées évidentes et des expres-
» sions décidées, et il n'est pas plus difficile de confondre
» que d'oublier les effets qu'ils produisent. » C'est vers ce
même tems que Ganganelli, devenu pape depuis, écrivait
à un peintre : « Tant qu'il y aura de l'expression dans vos
» tableaux, vous pourrez vous applaudir de vos ouvrages.
» C'est là ce qui en fait l'essence, et ce qui rend excu-
» sables bien des défauts qu'on ne passerait point à un
» peintre ordinaire ; il faut du génie pour être peintre
» comme pour être poète. Annibal Carracci n'eût rien
» fait, malgré la fierté de son pinceau, s'il n'eût eu cette
» verve qui donne de l'enthousiasme et du feu. On re-
» connaît dans ses tableaux une ame qui parle, qui
» échauffe, qui ravit ; on croit devenir lui-même à force
» de l'admirer et de se remplir de la vérité de ses images. »
Les peintres ne tenaient pas compte de tous ces conseils.
Le métier, les lazzis académiques, lazzis couronnés à
Rome par ces mêmes prélats qui préconisaient cependant à
cause de leurs vives expressions l'Ariosto, Tasso, Raphaël,
lazzis couronnés dans toute l'Europe, où les beaux exemples d'expressions vraies en littérature étaient cependant
pronés et recommandés, ces lazzis, dis-je, prescrits par des
académies despotiques, suffisaient pour conduire aux récompenses et à la fortune. On a cherché depuis à quitter

ces manières honteuses ; les écrivains ont éclairé la théorie : mais il manque l'association des moyens techniques,
il manque même un exposé clair de la vraie méthode, qui
seule peut faire obtenir cette force, cette unité et cette
convenance dans les caractères représentés. Puissent les
recherches que je communique en ce traité, aider les artistes à approcher du but, en leur découvrant le vrai chemin qu'il faut absolument suivre pour y atteindre !

Il est nécessaire, après avoir avancé que les modernes
sont inférieurs aux anciens dans l'expression des mœurs,
de déterminer positivement ce qu'on entend ici par cette
espèce d'infériorité. Certes, outre Raphaël, Léonard et
Correggio, on a vu un grand nombre de peintres modernes
faire preuve d'un talent naturel en cette partie. Annibal
Carracci, Dominichino, Le Sueur, Le Brun et Rimbrandt
même ont peint des figures et des têtes remarquables
quant à la force et à la clarté de l'expression ; cependant, il
faut en convenir, ni la convenance, ni la propriété de caractère, ni la beauté inséparable de l'art, ni la puissance
résultant de la science et de la justesse des formes et de
l'anatomie n'ont accompagné ces expressions, et néanmoins je doute que les anciens artistes aient eu plus de
sensibilité que ces maitres modernes que je viens de citer,
je doute que Le Sueur et Correggio leur aient cédé en
chaleur, en ame et en sentiment.

Si dans le tableau de la famille de Darius, Le Brun a
fort bien fait sentir la douleur, le désir, la crainte, l'accablement dans les figures du deuxième ordre, il n'a sûrement pas rendu l'expression convenable sur Alexandre
et sur Éphestion. Aussi le sujet a-t-il quelque chose d'équivoque par l'effet de ce manque d'unité dans le caractère.

dominant. On ne sait en effet, si ce spectacle signifie la captivité de la famille d'un roi, ou s'il signifie la magnanimité et le triomphe moral d'Alexandre. Je crois donc que Le Brun n'a pas remonté assez haut, et que, sans le calcul optique de cette peinture, et sans l'expression de douleur et d'abattement de ces princesses captives après la défaite de Darius, ce tableau serait peu remarqué. Cet état des choses provenait des idées régnantes dans les écoles d'art à l'époque de Le Brun, époque où l'apparat était la grande condition exigée et applaudie.

Les jeunes garçons et les jeunes filles de Dominichino sont imités d'après les premiers modèles venus. Ils offrent de l'expression, mais c'est plutôt une indication que ce n'est l'expression réelle de la nature; les formes des os, des yeux, des bouches sont négligées, et la grimace ou l'émotion vague y tient le plus souvent lieu de la vérité naïve, simple et forte. Dans Correggio même, les douleurs sont un peu académiques, et le sourire des anges offre une mignardise affectée. Cependant ce peintre célèbre, qui était tout sentiment, fait voir des expressions qui parfois sont franches et naturelles; mais cela a lieu rarement sur les personnages principaux et lorsqu'il le fallait absolument. On ne saurait donc trop le répéter, la science est le fondement de l'art et le soutien de l'expression : par science on entend ici l'anatomie, la perspective, l'art des plans, la convenance apportée dans l'expression, la vie enfin, la force et ce charme pénétrant qui nous ravit. Par le sentiment seul on peut obtenir du vague et rappeler des idées, mais on ne parvient pas à émouvoir, à troubler le cœur.

Oh combien sous ce rapport moral la plus jeune des

Niobés brille d'un vif éclat ! Comme sa douleur est belle,
jeune et naïve, et comme en même tems elle est forte et
naturelle ! De même, voyez sur le Faune de Praxitèle,
dont nous n'avons qu'une faible copie en marbre, comme
les yeux, les joues et le front concourent à l'unité d'une
expression vraie et caractéristique ! Si l'on emploie la
géométrie, l'art des proportions et l'anatomie, pour étudier et analyser cette figure, on reconnaîtra que ce n'est
pas par caprice, par un tâtonnement hasardeux que ce
front a cette saillie, que cette bouche a cette forme ; mais
que ces propriétés caractéristiques sont le résultat d'un savoir fixe et d'une convenance qui a duré dans l'art antique
pendant deux mille ans. Il est facile de remarquer que les
premiers tems de la peinture moderne offrent plus de
modèles d'expression que les siècles derniers. Les premiers
peintres, tels que Massaccio et Giotto, s'attachaient avant
tout à l'expression de la vie, par conséquent à la vérité et
à la vivacité de cette expression, vérité et justesse qui leur
faisaient imiter les mœurs : ils n'appliquaient peut-être pas
de suite cette justesse à des représentations bien choisies
et bien combinées, c'est-à-dire, à des situations, mais
c'était déjà beaucoup que d'animer des physionomies variées, et le seul art de saisir ces variétés de caractères
conduisait à celui d'exprimer les passions.

Après ceux-ci parurent des artistes plus éclairés, plus
élevés dans leurs pensées et plus profonds dans leurs recherches. Léonard et Raphaël saisirent l'art d'exprimer
les caractères, le manièrent avec intelligence ; mais peu
à peu on vit la peinture prendre des directions différentes, on chercha des parties accessoires aux dépens
des principales, et l'importance de cette grande qualité,

l'expression de la vie et du moral de l'homme, fut moins
sentie que l'avantage de se distinguer dans des manières
applaudies et de mode. Au reste comment les peintres re-
présenteraient-ils les mœurs et le beau moral, puisqu'ils
ne mesurent ni les formes constituantes, ni les proportions
caractéristiques, et puisque les physionomies des figures
peintes dans lesquelles ils ont cherché à étudier la grâce,
sont sans caractères, annonçant seulement de ces ames
douces sans cesse prêtes à s'émouvoir et à tomber dans
des extases d'une sensibilité vague, sans qu'on puisse se
rendre compte de ce qui fait naître en elles ces émotions?

Je ne crains pas ici d'être contredit par ceux qui auront
d'abord étudié l'art et la beauté morale de l'homme dans
les ouvrages antiques, mais je serai contredit par les livres
qui ne parlent que de perfection dans leurs descriptions
des tableaux modernes. On doit se méfier même de ce qu'on
a pu dire des ouvrages des peintres qui ont le plus excellé dans cette partie : c'est ainsi que je serais bien aise
de voir par moi-même le portrait dont on lit la description dans les lettres sur l'état des sciences et des arts du
Dannemarck. L'auteur, en parlant du portrait du fameux
Christian II, peint par Olbein, s'exprime ainsi : « On lit
» dans ce portrait, un abrégé de l'histoire de ce tyran du
» nord, son caractère sombre, impérieux, vindicatif, ses cri-
» mes, ses remords, et jusqu'aux malheurs qui terminèrent
» sa vie. »

La faute que commettent les peintres modernes à propos des formes, en appelant un modèle la nature, ils la
commettent à propos d'expression, en appelant expression
de la nature l'expression de l'individu payé qui leur sert
de modèle. Ainsi, de même qu'ils sont souvent forcés de

recourir à des individus victimes d'un régime peu propre aux développemens des beautés physiques, de même ils n'ont souvent pour modèles d'expression morale que des individus viciés; car tant que la servitude, les passions haineuses, l'astuce et le déguisement seront nécessaires au succès de tous ces individus qui composent la plus grande partie de nos sociétés, nous ne trouverons chez ces mêmes individus que des modèles contraires à cette beauté morale et archétype voulue et recherchée dans tous les beaux-arts. « Ce ne sont, dit Bernardin de St-» Pierre, ni les climats, ni les alimens, ni les exercices » du corps, qui forment la beauté humaine; c'est le sen-» timent moral de la vertu.

» La beauté du visage est tellement l'expression des » harmonies de l'ame, que par tous pays les classes de » citoyens obligés par leur condition de vivre avec les » autres, dans un état de contrainte, sont sensiblement » les plus laides de la société. » Mais l'artiste doit savoir peindre les belles mœurs, malgré le vice moral des individus, et il doit savoir peindre de belles formes, malgré les défauts physiques de ses modèles.

On peut donc affirmer qu'un mercenaire à qui l'on donne un écu pour prendre un air noble et héroïque pendant quelques heures, ne sera jamais un modèle de dignité. De même, les airs, les gestes, les traits du visage d'un homme riche, mais dominé par l'orgueil, la dureté et la dissimulation, ne seront jamais pour l'art les traits ni les gestes d'un héros, c'est-à-dire, d'un être grand et vertueux. Cette vérité a fait dire encore à Bernardin de St-Pierre : « C'est à des causes morales qu'il faut rapporter les » physionomies, singulièrement remarquables par leur

» dignité des grands seigneurs de la cour de Louis
» XIV, comme on le voit à leurs portraits. »

Enfin on pourrait prouver par plusieurs tableaux de
Raphaël, que ce grand peintre n'avait point une idée nette
des modes pittoresques ou des caractères. Mais, sans
chercher ailleurs, nous remarquerons que dans son Mas-
sacre des Innocens, exécuté si bien en tapisseries, il a
répété, pour un bourreau qui enfonce le poignard dans
la gorge d'un tout petit enfant, la même tête qu'il a donnée à l'Éternel débrouillant le cahos ; c'est presque le
même masque, ce sont les mêmes cheveux et la même
barbe. Deux autres bourreaux de ce même morceau rappellent les têtes de Lucius-Vérus et de Marc-Aurèle, et
même un d'eux conserve, sur la partie supérieure de son
corps, l'ajustement impérial des bustes romains.

Tous ceux qui sont dits connaisseurs, et qui vantent
autant Raphaël en tout point, veulent, en signalant ces
mille et mille finesses qu'ils lui supposent, faire voir qu'ils
savent eux-mêmes discerner et sentir les finesses de l'art ;
mais ce serait être bien plus fin, selon moi, de prouver
que Raphaël s'est trompé en plusieurs rencontres : au
surplus, si on n'a guère osé le dire, on n'a pas moins été
conduit à l'apercevoir et à s'en convaincre.

Quant à Correggio, il a représenté Io vue de dos et
un peu renversée en arrière : tout le monde connaît les
estampes faites d'après ce tableau. Mais Correggio a représenté Diane aussi vue de dos, et un peu renversée en
arrière. Or, quelle différence de caractère n'y a-t-il pas
dans ces deux personnages ou ces deux sujets ?

Poussin est sans contredit celui qui a le mieux senti
cette condition de l'art ; et si quelquefois il cherchait

à faire de l'esprit en voulant donner à penser, c'est plutôt à ceux qui l'ont critiqué, qu'il faut adresser ce reproche, qu'à lui-même. Enfin, parce qu'on a dit de lui qu'il était le peintre des gens d'esprit, on a voulu lui en trouver en bien des choses, où il n'a au fait que de la bonhomie. Par exemple, on a dit au sujet de son tableau de la Manne, que « par cette jeune fille qui regarde en haut » et qui tend le devant de sa robe, le peintre a voulu ex- » primer la délicatesse et l'humeur dédaigneuse de ce » sexe, qui croit que toutes les choses lui doivent arriver » à souhait, et que c'est pour cela qu'elle ne prend pas la » peine de se baisser pour recueillir la manne, la rece- » vant du ciel comme s'il ne la répandait que pour elle. » Vouloir prouver que c'est de cette façon que ce grand peintre exprime les mœurs, c'est forcer les choses, c'est en même tems accuser Poussin de subtilité. Car pourquoi cette jeune fille ne présenterait-elle pas le pan de sa robe pour recevoir plus abondamment cette nourriture inat- tendue, et cela par l'empressement de la partager avec quelqu'être chéri, abîmé par la faim ?

Quant aux peintres qui, comme les imitateurs de Michel- Ange, donnent toujours à leurs figures des poses contra- stées, dégingandées et déhanchées, quel que soit le carac- tère de leurs personnages, et qui ne peignent jamais que le même tempérament, le même mode d'agir, les mêmes habitudes, la même allure et les mêmes traits, ne peut-on pas leur appliquer ce qu'un critique s'est permis de dire de Cicéron : « Que Brutus, dit-il, Tatius, Caton, Fannius » ou d'autres parlent, c'est toujours Cicéron que l'on en- » tend parler, au lieu que dans Térence, outre le naturel » qu'on y trouve partout, il y a une variété merveilleuse ;

» Térence est le seul qui ait su imiter les grâces et la sim-
» plicité des dialogues de Platon. (DACIER.) »

Cette critique est d'autant plus sévère, que ce même
Cicéron recommande positivement, et prescrit les variétés
et l'harmonie dans chaque caractère particulier. « *Omnis*
» *enim motus animi suum quemdam à naturâ habet*
» *vultum, et sonum, et gestum, totumque corpus homi-*
» *nis, et ejus omnis vultus omnesque voces, ut nervi in*
» *fidibus, ita sonant, ut à motu animi quoque sunt*
» *pulsæ... Hi sunt actori, ut pictori, expositi ad varian-*
» *dum colores.*—Chacun reçoit des mouvemens particu-
» liers de l'ame, chacun a son visage, son geste, un son de
» voix ; ce visage et cette voix, semblables aux cordes
» d'un instrument, résonnent selon les mouvemens de
» l'ame et les impulsions. Ceci se rapporte aux acteurs,
» aux peintres qui ont à employer et à varier les couleurs.
» (Cic. *De Orat. Lib.* 3. *Cap.* 57.) »

CHAPITRE 209.

CONSIDÉRATIONS GÉNÉRALES SUR LES PASSIONS OU LES MŒURS EN ACTION.

On entend par passions les grandes agitations de l'ame.
Ce mot s'applique cependant aux moindres émotions et
même au seul sentiment de l'ame, qui au reste ne cesse
jamais de sentir. Mais en général ce n'est que lorsque ce
sentiment est monté à une grande intensité qu'il prend
le nom de passion. Nous avons, je crois, assez démontré
précédemment que, dans le langage métaphysique, la pas-

sion diffère absolument du caractère, et cela, quoiqu'il
n'y ait aucune passion qui ne se rattache à un caractère.

On ne doit point s'attendre à trouver dans un traité de
peinture les diverses passions décrites et analysées, parce
que premièrement, les passions ou les actions des mœurs
étant modifiées dans la nature et par les espèces de mœurs
et par l'espèce de chaque individu, décrire telle ou telle
passion par des signes particuliers, ce serait prescrire le
moyen de peindre la passion d'un seul être. Secondement,
parce que de telles descriptions ne pourraient être utiles
qu'à l'aide de dessins excellens et très-savamment gravés.
Il conviendrait donc de faire connaître des remarques
essentielles sur les signes généraux et propres à la signification des passions ainsi qu'à la clarté, à la force et à
la convenance des expressions, plutôt que de ramasser
une foule d'exemples empruntés aux individus, exemples
qui ne sont que des choix dus au hasard et nullement
adaptés aux grandes conditions de l'art.

Ainsi décrire, par exemple, la colère, comme l'a fait
Le Brun, ce serait décrire non le calme d'un héros, mais la
colère d'un homme quelconque sans dignité, sans mœurs;
ou plutôt ce serait faire un portrait qui, bien que fort
ressemblant et possible, n'en serait pas moins inexact,
faux et invraisemblable. Je n'ai jamais vu, grâces à Dieu,
la figure d'un homme méchant, brûlant tout vif dans les
flammes; mais je ne me figure guère qu'il dût ressembler
au désespéré de Le Brun, bien que ce peintre l'ait peut-
être peint d'après un individu. Il y a donc beaucoup de
façons d'être en colère ou en désespoir, de rire, de pleurer,
d'être affligé. Or, comment oser entreprendre, soit ces
images, soit des descriptions écrites de ces passions et

dans tous ces cas ! Cependant nous avons cru devoir dire quelque chose de certaines mœurs et passions en particulier. Ces recherches seront l'objet du chap. 212.

Tout ce qu'on a écrit jusqu'ici sur les passions en peinture a donc été ou de peu d'utilité ou préjudiciable à l'art. Les analyses de Porta, de Lavater, d'Hogarth, de Le Brun, d'Eugel, ne conviennent point à l'art noble de la peinture, et tout le monde sent aujourd'hui que les artistes de l'antiquité ont seuls approfondi cette partie de l'art, et qu'ils ont jeté les fondemens impérissables qui doivent être la seule base sur laquelle il soit permis aux modernes d'élever la théorie artistique des passions.

Sulzer a pensé qu'on pouvait faire utilement une suite de dessins offrant différentes physionomies classées méthodiquement, ainsi qu'on fait des dessins et des descriptions de plantes ou d'insectes pour l'étude des botanistes et des naturalistes; mais Sulzer n'a pas remarqué qu'aucun peintre ne pourrait comprendre ce qu'il voulait dire. On trouve à peu près les mêmes souhaits dans l'Encyclopédie. Une semblable collection, y dit-on, servirait de fondement à une science qui n'est pas créée, etc. Encore une fois, ceux qui ont formé ces vœux n'étaient ni statuaires, ni peintres. Une tête humaine n'est pas un objet d'une forme constamment la même dans la nature, comme est souvent celle du bœuf, du coq, de l'âne. Autant de visages, autant de formes différentes ; et quand ces formes s'agitent, elles s'agitent toutes de différentes manières. Or, comment donner une seule recette pour la colère, pour la joie, pour l'envie, etc., puisqu'autant de têtes en joie, en colère, etc., autant de formes diverses exprimant ces mêmes passions ? On ne retirerait donc pas plus de

fruit de ces collections d'expressions de têtes que de ces
analyses sur les paysages, où l'on vous apprend qu'il y a
des tertres et des roches fendues ou brisées, quelquefois
de telle manière, quelquefois de telle autre; que de plus
elles offrent des tons ou gris, ou dorés, ou verdâtres, etc.
Toutes ces phrases qui emplissent les livres n'emplissent
guère l'imagination; car ou les peintres sont observateurs,
ou ils ne le sont pas, et s'ils le sont, ils n'ont guère besoin, pour bien voir ces caractères et ces passions, qu'on
les leur montre.

Les écrivains qui ont tenté de traiter des passions sous
le rapport de la peinture, ont commencé par établir assez
inutilement des divisions et des classifications. Ils ont
distingué les passions simples et les passions composées :
ils ont cherché des nuances dans chaque passion principale, etc.; mais toute cette méthode est absolument inutile à l'artiste. Cependant, comme tous ces noms de passions sont imposans, et que bien des lecteurs étrangers à
la théorie croient qu'on doit en retirer beaucoup de lumière, je crois devoir les citer ici.

Dans l'affliction ils ont donc distingué : peine d'esprit,
inquiétude; regrets, chagrins, déplaisance, langueur,
abattement, abandon général, accablement.

Dans la joie, qui est la seconde des passions principales:
satisfaction, sourire, gaîté, démonstrations telles que
gestes, chant et danse, rire excité jusqu'à la convulsion,
éclats, pleurs, embrassemens, transports ressemblans à la
folie ou tenant de l'ivresse.

La douleur, produite par les maux corporels, a aussi
ses nuances ou ses degrés : telles sont sensibilité, élan-
cement, déchirement, tourmens, angoisses, désespoir.

La paresse, et la faiblesse du corps et de l'esprit, sont les sources d'où naissent : l'irrésolution, la timidité, le saisissement, la crainte, la peur, la fuite, la frayeur, la terreur, l'épouvante.

Les mouvemens opposés à ceux-là, sont ceux qui dépendent autant du corps que de l'ame : tels sont la force, le courage, la fermeté, la résolution, la hardiesse, l'intrépidité, l'audace.

La privation de quelque bien ou de quelque plaisir, la contradiction ou la résistance, excitent ordinairement l'envie, la jalousie ou l'aversion. Les différentes nuances de ces passions sont : l'éloignement, le dégoût, l'indignation, la menace, le dédain, le mépris, la raillerie, l'antipathie, la haine, l'insulte, la colère, l'emportement, la vengeance, la fureur.

Écoutons encore Watelet sur ce sujet : « Je pourrais, » dit-il, parcourir la timidité, l'embarras, l'agitation, la » langueur, l'admiration, le désir, l'ardeur, la palpitation, » l'action des yeux, tantôt enflammés et tantôt humides, » l'éclat du coloris, l'épanouissement des traits, l'impa- » tience, un certain frémissement, le trouble, les trans- » ports, et l'on reconnaîtrait l'amour. »

Voyez encore Helmanus (Philosophie morale), sur la classification des passions.

Voici un extrait des caractères et passions de Le Brun :

« Dans la jalousie, dit cet artiste, les muscles de la mâ- » choire paraîtront enfoncés, les narines retirées en ar- » rière, ce qui fait paraître des plis aux joues. » Ce son des modèles bien communs que ceux qui expriment leurs passions d'une manière aussi triviale.

« Dans le pleurer tous les muscles et toutes les veines

» du front sont apparentes, des plis surviennent aux joues,
» tout le visage est ridé et froncé : la couleur en est fort
» rouge. » C'est bien là une vieille des rues ; aussi fallait-
il qu'il ajoutât : « Dans les passions extrêmes, la face se
» démonte entièrement, la rage fait le visage presque tout
» noir, les yeux sont égarés et dans un mouvement con-
» traire, enfin toutes les parties du visage sont extrêmement
» enflées. S'agit-il de l'extrême désespoir, l'œil est en feu
» et plein de sang. » Cela est possible dans des combats,
dans des actions terribles. Mais il dit ensuite : « La bouche
» qui se retire fort en arrière sera plus ouverte par les
» côtés que par le milieu. » Cela me paraît peu ordinaire
et au moins d'un choix fort bizarre, car une telle figure
ferait sûrement une fort vilaine grimace.

Cureau de la Chambre parle d'une vapeur qui s'élève
du cœur et qui mouille les lèvres dans l'amour.

Lecat s'exprime en médecin, et, ne visant pas au pittoresque, il reste plus vrai. « Les parties nerveuses (dit-il au
» sujet de la joie) contribuent encore à effacer ces rides
» et ce froncement de la peau que produit le chagrin....
» Les yeux tendus de liqueurs et d'esprits réfléchissant
» plus de lumière, sont plus brillans. Les muscles de toutes
» les parties du visage, ranimés par leurs fluides, donnent
» aux yeux ce degré d'ouverture, à toute la peau du visage
» ce soutien, cette disposition des traits qui fait la phy-
» sionomie gaie. Les muscles des lèvres ne sont pas de
» ceux qui y contribuent le moins ; ils les soutiennent,
» les raffermissent, les retiennent un peu en arrière, et
» donnent par là un air riant à ces parties que le défaut
» de fluide moteur, produit par la tristesse, rendait pen-
» dantes et boudeuses. »

Voici encore une de ces phrases qui impatientent les peintres : « Un air fin est comme l'étincelle de l'esprit. » Un air doux promet des égards flatteurs ; un air noble » marque l'élévation des sentimens ; un air tendre semble » être garant d'un retour d'amitié. » Tout cela peut être fort joliment dit ; mais à quoi servait de le dire ?

Les artistes ont souvent conclu inconsidérément de ces écrits inutiles, qu'il n'y avait rien à dire pour le profit de l'art au sujet des passions. Cependant, si la description par écrit d'une passion ne leur sert à rien, des démonstrations sur la convenance dans le choix des passions et relativement à ce qu'elles peuvent avoir de clair, de fortement significatif, relativement enfin à l'unité de leur caractère, ne doit que leur être d'un bon secours. On peut ajouter encore la nécessité de ne représenter que des passions dont l'image offre de l'utilité, soit que ces représentations soient belles, soient qu'étant haïssables l'art lui-même les fasse haïr. Notre définition de la peinture conduit à tous ces documens. C'était sûrement à l'aide de ces préceptes que Lysippe avait atteint ce but dans la statue d'Hercule qu'Alexandre faisait transporter avec lui dans ses voyages : ce prince se proposait de s'animer de plus en plus, en regardant un si parfait modèle.

« Nous savons à présent, dit Reynolds, que le talent » de rendre la beauté des formes, d'exprimer la passion, » de bien composer, de donner un air de grandeur à un » ouvrage, dépend en grande partie des règles. Qu'on » applique, si l'on veut, le nom de génie à ce talent, c'est » ce qu'on ne refusera pas, pourvu qu'on veuille convenir » que ce talent n'est pas l'effet d'une inspiration, mais » d'une étude attentive et bien dirigée, et d'une longue

» expérience. » Oui, l'on peut dire à tous les élèves studieux : Ne cessez d'espérer, et vous réussirez, car les plus
sensibles d'entre vous seront souvent les plus froids dans
l'expression des passions ; les plus instruits au contraire
seront presque toujours les plus animés dans les ouvrages
où il s'agit d'atteindre à l'ame par l'évidence des caractères.

   Bien des gens qui ne sont pas de mon avis, diront : Remarquez le peu de succès de ceux qui calculent au lieu
de sentir, lorsqu'ils peignent les passions ; ils peindront
des gestes apprêtés, exagérés ; ils peindront une bouche
énormément ouverte, des yeux horriblement tournés ; ils
arrangeront les sourcils, les joues ; et avec tout cela ils
ne présenteront que les grimaces des comédiens maniérés
ou des masques de carnaval. Je réponds que c'est précisément pour les garantir de cette ignorance barbare, et
pour les empêcher de peindre des lazzis, que je recommande ici cette intelligence et ce discernement qui fait
connaître ce qui est essentiel à la nature, et en même
tems ce qui convient à l'art : c'est pour cela que je pense
que l'étude des passions en peinture est une étude profonde, qui exige autant de persevérance et de sagacité
que d'ame et de sensibilité.

   Il convient de terminer ces considérations sur les passions, en disant qu'il faut long-tems consulter la nature,
et qu'on ne doit pas quitter les individus modèles avant
que l'on ait obtenu le degré d'expression ou de passion que
l'on s'est vaguement formé dans l'imagination, et auquel
le modèle pourrait atteindre. Des essais par des croquis
multipliés, et surtout par des figures découpées, aident
beaucoup dans ces recherches. Par ce moyen on distingue
ce qu'il faut conserver ou même caractériser davantage,

d'avec ce qui est insignifiant ou au-delà de la vérité et de la convenance. Dans ces essais on ne vise qu'à un seul but, qui est l'expression des passions ou de l'action du caractère. Cette persévérance, qui met à contribution la nature, c'est-à-dire, les individus modèles, jusqu'à ce que l'on ait obtenu le caractère et l'expression que l'on a dans l'imagination, est propre aux grands génies. Ils ne quittent la nature que lorsqu'ils ont arraché son secret, et que la vie, la force et l'évidence des caractères sont transportées sur leur tableau. Où un ignorant ne voit rien de piquant, un savant peintre trouve un motif précieux qu'il embellit en l'agrandissant, en l'échauffant et en le faisant fléchir, pour ainsi dire, sous le joug que lui impose les convenances, les propriétés et la dignité de l'art.

Mais traitons du geste considéré comme moyen d'exprimer les caractères et les passions.

CHAPITRE 210.

DE L'EXPRESSION DES MŒURS ET DES PASSIONS PAR L'ATTITUDE OU LE GESTE.

Par geste nous entendons ici la position, le mouvement, enfin l'action du corps et de ses parties, et nous considérons ces mouvemens et ces positions ou attitudes, comme exprimant la passion qui meut le personnage, et par conséquent le caractère qui lui est propre. Nous ne parlerons donc pas ici des diverses positions du corps relativement au mécanisme humain, mais seulement de la signification de ces attitudes sous le rapport du vrai moral et du beau.

Comme il peut arriver et qu'il arrive aujourd'hui que les artistes, en imitant respectueusement les modèles classiques du geste offert par les plus célèbres écoles modernes, ne fassent innocemment que perpétuer des erreurs, ne devons-nous pas leur répéter que s'il leur est possible de ne puiser que dans les plus fameux exemples de l'antiquité, ils seront presque toujours sûrs de perpétuer de grandes qualités ? Dans les écoles antiques, il y a abondance d'alimens pour la méditation et pour l'étude véritable de l'art et de la nature, les hommes sages qui illustraient ces écoles n'ayant rien fait, ni par hasard, ni par caprice, ni pour flatter d'aveugles vanités, et les grandes causes de leurs œuvres ayant toujours eu leurs sources dans un goût naturel et dans la plus saine raison. L'étude des ouvrages des maîtres modernes au contraire, ne peut pas toujours conduire à des méditations profondes, ni à des causes premières et fondamentales, puisque les artistes eux-mêmes qui créèrent les types, dans les nouvelles écoles, s'occupèrent plus à exagérer les manières de leurs maîtres, afin de les surpasser, qu'à s'approcher du vrai but qu'une doctrine incertaine n'avait point encore établi. Ainsi donc, en remontant aux principes des anciens, l'artiste parle à tous les hommes, et il se fera comprendre par eux ; tandis qu'en imitant aveuglément les modernes dans leurs routines et dans leurs habitudes, il ne sera compris et applaudi que par les gens à préjugés qui voudraient persuader que les beaux-arts sont des mystères particuliers à la portée seulement de quelques initiés, au lieu qu'ils sont faits pour l'humanité toute entière.

Dans cette importante théorie du geste, quelle méthode

convient-il le mieux d'adopter, et dans quel ordre doivent
en être exposées les parties successives ?

Je commencerai par démontrer la très-grande ancienneté des règles de l'art du geste, soit dans les mœurs
et dans les institutions, soit dans la peinture ou dans la
sculpture, et je tâcherai de prouver que cet art avait été
réduit en théorie bien avant l'époque à laquelle fleurirent
les célèbres artistes de la Grèce. Le but que je me propose dans cette première digression, est d'étendre les idées
des artistes qui ne voient le complément de l'art que dans
ce qui a été fait depuis le renouvellement de la peinture,
et de persuader que l'excellence du geste dans les ouvrages
des anciens n'est point le résultat d'un goût arbitraire ou
hasardé, mais bien le résultat des règles sages et constamment respectées qu'avaient déterminées la philosophie
et la profonde connaissance de l'art et de la nature.

J'entreprends ensuite l'analyse de l'art du geste en
peinture, et je le considère d'abord comme étant le plus
puissant moyen de l'art de l'expression. Je distingue les
différentes espèces de gestes qui tous ont des rapports
avec celui qui est propre à la peinture, et je les range
dans l'ordre suivant : gestes individuels, gestes nationaux
et conventionnels, gestes propres au théâtre, gestes statuaires, et gestes de la plastique en général. Reprenant
l'étude du geste propre à la peinture, j'en expose les diverses qualités et je les réduis toutes à deux principales,
qui sont la vérité et la beauté. A la vérité du geste se
rapportent la naïveté, la clarté, l'unité et l'opposition ;
dans la beauté du geste est comprise la convenance et la
disposition optique, conditions qui toutes les deux ont pour
principe l'unité.

De l'ancienneté des règles établies dans l'art du geste.

L'art du geste est un langage naturel aussi ancien et plus ancien même que l'art de la parole, ce qui doit faire supposer que dès les premiers essais entrepris par la sculpture et par la peinture, les artistes ont dû laisser des preuves de la connaissance des règles de cet art. En effet, moins les significations de la parole étaient généralisées parmi les peuples, plus le langage du geste a dû acquérir de clarté, de force et d'utilité. Aussitôt donc que la peinture ou la sculpture essayèrent de retracer ces mêmes signes, les premiers artistes durent mettre le plus grand soin à les représenter avec l'expression de leurs divers caractères; et si la science ne procurait pas, dans ces premières tentatives de l'art, des images correctes et excellentes, au moins le choix des signes ou des gestes devait être convenable et propre à la fin que les artistes se proposaient. On conçoit aisément que l'art le plus grossier peut donner une image suffisamment déterminée d'un geste, quel qu'il soit, et que l'art de le bien représenter est très-différent du choix de ce geste lui-même [1] : on doit aussi penser que la difficulté de représenter avec justesse et précision devait faire chercher des dédommagemens dans la clarté, dans la convenance et dans la résolution des

---

[1] Ne voyons-nous pas tous les jours, parmi nous, les images les plus vulgaires destinées à l'amusement des enfans, offrir, malgré la grossièreté de leur dessin, des pantomimes et des actions pleines de force et de signification, et plus claires, plus naïves et plus expressives souvent que celles que l'on trouve dans les ouvrages des artistes de renom? Les plus anciens monumens de l'art offraient les mêmes qualités, malgré l'incorrection et la grossièreté de leur exécution.

attitudes : en un mot, tout doit nous porter à croire que les premiers artistes qui entreprirent de communiquer les expressions, ont dû s'appliquer singulièrement aux moyens les plus essentiels pour y parvenir, et nous supposons aisément qu'il se trouvait dans ces premiers essais non-seulement de la simplicité et de la force, mais aussi de la grâce et de la beauté. Ces conjectures deviennent des certitudes, lorsque nous nous rappelons que les plus anciens peuples, au moins ceux de la Grèce, nourrissaient dans leurs cœurs l'amour pour toutes les perfections du corps, et que leurs cérémonies religieuses, leurs danses, leurs combats, leurs triomphes, ne devaient s'exécuter qu'à l'aide des signes vivifians de la pantomime.

Ce que dit Quintilien sur cette question, est trop positif pour qu'on aille recourir à d'autres preuves. « Les » règles du geste, dit-il, sont nées dans les tems héroïques : » elles ont été approuvées des plus grands hommes de la » Grèce et de Socrate même. Platon les a mises au rang » des qualités ou des vertus utiles, et Chrysippe ne les a » pas oubliées dans son livre de l'éducation des enfans. » (*Instit. Orat. Lib.* 1. *Cap.* 14.) »

Il n'est point surprenant que des hommes qui pensaient de la sorte aient mis une si grande importance à l'étude de cet art, et qu'ils en aient fait une partie aussi essentielle de leurs mœurs. Lorsque nous considérons cette importance qu'on attachait au geste dans les institutions religieuses les plus anciennes, nous devons nous dépouiller un instant du sentiment d'amour-propre qui nous porte volontiers à croire que dans les premiers âges du monde, la grande simplicité des mœurs devait exclure la grâce dans le maintien et dans la pantomime, et que la délicatesse

des manières n'a pu appartenir qu'aux tems où se sont
épurées les civilisations. Une telle opinion serait une erreur bien funeste parmi les artistes, et elle les conduirait
à penser que dans les arts et dans les mœurs modernes
seuls, on peut trouver les modèles de perfectionnement,
de finesse et de vraie politesse.

Quand Hésiode, dans sa théogonie, a peint les faits des
grands dieux et les actions des premiers héros de la terre,
leur a-t-il donc donné moins de grâce et de dignité que
ne l'a fait Milton parmi les modernes, lorsqu'il nous représente les premiers habitans du monde dans le jardin
d'Eden ? La grâce, la naïveté, la dignité, ne sont-elles
pas des qualités de tous les tems ? Et si ces vertus du
corps peuvent s'altérer et se corrompre, s'il est un tems
où le geste de l'homme puisse être sans noblesse et sans
naïveté, n'est-ce pas plutôt lorsque les mœurs s'altèrent
elles-mêmes et lorsque les nations abandonnent la simplicité [1] ? Dans les jeux antiques, le vainqueur était beau
par les formes qui annoncent la force, et beau par le
maintien qui était une suite de cette belle conformation.
Son geste dans la carrière était plein de grâce et d'énergie, mais il était aussi plein de grâce et de dignité, lorsqu'après avoir remporté le prix, il tenait dans sa main

[1] Dès le tems d'Aristote, les anciens comédiens reprochaient aux plus
jeunes d'être excessifs dans leurs gestes et d'abandonner l'antique dignité. Pindare et Callipide étaient atteints surtout de ce défaut, et le
vice de ce dernier, qui passa en proverbe, fit que Muniscus, un autre
comédien plus ancien, lui donnait le surnom de singe. Un excellent
critique dit à ce sujet, que les acteurs de ces tems allaient apprendre des
statues muettes de l'antiquité la sagesse et la modestie qu'ils ne trouvaient déjà plus dans les mœurs de leur tems. (Voy. Dacier, note 15,
sur le 27e chap. de la Poétique d'Aristote.)

victorieuse la palme immortelle, et que son repos ressemblait à celui des dieux.

Les poètes de la plus haute antiquité prescrivaient la
pantomime qu'on devait observer dans les temples ainsi
que dans les danses sacrées, et les prêtres veillaient avec
rigueur à l'intégrité de ces types. Les Égyptiens, les
Étrusques et beaucoup d'autres peuples, avaient consacré
des gestes devenus religieux, mais qui devaient avoir été
empruntés à la belle nature, c'est-à-dire, dont le modèle
avait peut-être été offert par quelques beaux adolescens
ou par quelques vierges décentes et gracieuses dont le
maintien sans apprêt, les mouvemens et les gestes avaient
été remarqués comme propres à former ces types convenables. La religion empruntait ses danses et ses pantomimes aux mœurs des citoyens vertueux, et les artistes
cherchaient leurs modèles dans les temples et dans les
actions sacrées [1]. Enfin il répugne de penser que dans ces
fêtes solennelles de l'antiquité et dans ces temples fameux
d'Isis, de Bacchus, de Cérès, dont le service ne se faisait
que par les plus belles et les plus illustres personnes choisies dans les deux sexes, lesquelles dans leurs augustes
fonctions portaient les vases sacrés et les différens instrumens des sacrifices, on ne rencontrât pas fréquemment des
modèles admirables d'attitudes. Ces modèles étaient beaux
et gracieux non-seulement dans le maintien, mais aussi
dans l'art de porter ces accessoires, d'ajuster et de soutenir les vêtemens, de composer l'ensemble du geste, et
surtout d'accompagner cet ordre et ces combinaisons du

---

[1] Athénée dit positivement que les artistes, pour donner à leurs figures
des poses agréables, en prenaient les images dans les danses. (Chap. 14,
pag. 629. Voy. aussi Lucian. *De Salt. Cap.* 35.)

'charme puissant de la naïveté [1]. Il faut donc convenir que les signes de la sculpture et de la peinture, étant presque toujours des signes sacrés, puisqu'ils retraçaient les faits héroïques et divins, célébrés par les plus anciennes poésies, n'ont pu se perpétuer, c'est-à-dire, être regardés comme orthodoxes, sans le soin scrupuleux que prenaient les artistes d'exprimer avec propriété les idées conçues d'avance dans l'esprit religieux des peuples, et que par conséquent tout ce qui contribuait à signifier clairement, fortement et noblement les faits et les symboles, devait être soigneusement recherché.

Cette opinion est contraire, je le sais, à celle de plusieurs écrivains, qui ont répété que le dessin avait commencé d'abord par les imitations vraies d'objets peu propres à la grande destination de l'art, et qu'il ne s'était élevé que peu à peu à la beauté humaine et à la majesté divine : mais j'ai déjà avancé que, dans les plus antiques écoles de la Grèce, l'art avait souvent produit des statues d'un caractère noble, grand, rempli de vraie décence et de majesté, dans lesquelles le goût de disposition, l'invention des draperies et des accessoires, le style enfin, malgré le défaut de correction et de vérité dans les formes, avait un aspect digne des temples et de la vénération des peuples. Ne voyons-nous pas, même dans Pausanias

---

[1] Les Canéphores, pour citer un exemple, paraissent avoir eu un geste consacré. Celles qui portaient l'eau dans des urnes (*hydria*), sur leurs épaules ou sur leur tête, agissaient aussi d'après un type déterminé. La Genèse nous peint ainsi Rebecca portant son *cadus* ou son urne sur son épaule, lorsqu'elle allait puiser de l'eau à la fontaine. Certes, il y a bien des manières de porter une petite urne sur l'épaule ; mais quelque habile statuaire aura déterminé le volume et la forme de l'*hydria*, ainsi que le mouvement gracieux et naïf du bras, et ce geste sera resté consacré.

(Voyage à Corinthe), que Dédale savait répandre dans ses ouvrages imparfaits quelque chose de sublime et de divin ? Et comment y serait-il parvenu, sans la beauté et sans la propriété du geste ? D'ailleurs, s'il est naturel de penser que les modèles de beauté étaient plus communs parmi les individus des âges primitifs, il est facile de concevoir en même tems que la grâce du geste, qui est inséparable de la belle conformation, devait s'offrir fréquemment et naturellement aux yeux des artistes de ces tems reculés. Plusieurs figures étrusques, qui furent exécutées en Italie, avant même que l'art ne fût cultivé en Grèce, nous font connaître ce que peuvent produire de relevé et d'imposant les seules combinaisons qui concernent la pantomime. Nous avons vu l'éloge que Pline fait de la peinture étrusque représentant Atalante, et qu'on voulut transporter à Rome, à cause de sa beauté, de son antiquité et de sa conservation. Mais un des moyens les plus sûrs de vérifier la justesse de cette opinion, c'est de consulter les écrivains qui nous ont transmis des descriptions, et de comparer les plus anciens monumens figurés dont ils nous expliquent les sujets et les personnages, de les comparer, dis-je, avec des monumens beaucoup moins anciens, qui ont été vus et décrits également par ces mêmes écrivains, et dont les copies antiques sont parvenues jusqu'à nous. Au moyen de ces diverses comparaisons, on reconnaîtra, je l'espère, la grande similitude qui existait dans le choix des pantomimes des âges reculés et des âges postérieurs, et le plagiat constant, et certainement bien louable, qui a contribué plus qu'on ne le pense, au maintien si prolongé des grandes qualités de l'art.

Si Phidias a exprimé d'une manière admirable la ma-

jesté et la puissance de Jupiter à Olympie, la grâce toute
divine de Minerve au Parthénon ; s'il a animé par d'excellentes pantomimes ses combats des Lapithes et des
Centaures, les cavalcades sacrées et les jeux solennels des
jeunes Athéniens, nous ne devons pas en conclure qu'il
ait le premier inventé l'art du geste. Bien antérieurement à ce grand statuaire, une foule d'artistes habiles
avaient trouvé dans le geste des caractères et des modes
qui, depuis leurs précieuses recherches, étaient restés
consacrés. Je ne veux point dire ici que les artistes anciens avaient adopté un certain nombre de gestes et d'attitudes, desquels leurs élèves craignirent de s'écarter ;
cette opinion serait ridicule, puisque la nature, qui est le
modèle, est variée à l'infini : mais je veux dire que les lois
de la convenance et de la beauté dans cette poésie figurée
de la sculpture et de la peinture, avaient été les mêmes
pour les plus anciens artistes, et pour ceux qui sont
venus plus tard, et que la pantomime des arts avait produit des données nobles, simples, naïves, et même sublimes, avant que la vérité des formes et la correction
savante n'eussent fait de ces belles images de véritables
chefs-d'œuvre. N'est-ce pas là, au surplus, la marche
ordinaire dans tous les tems ? Et si Phidias trouva dans
les poésies écrites ou figurées des modèles antérieurs qui
le déterminèrent, les plus grands artistes chez les modernes, Raphaël et Michel-Ange, ne s'aidèrent-ils pas des
mêmes avantages ? Il serait facile de le prouver.

Qui nous porterait à supposer, en effet, que les maîtres
du premier statuaire de la Grèce, Eladas et Hyppias, en
dirigeant ce beau génie vers l'excellence du dessin et la
science profonde de l'homme, ne lui aient rien appris de

positif et de savant sur la force et la convenance des pantomimes ? Est-ce que Phidias n'avait pas lui-même étudié,
médité et analysé dans les ouvrages de ses devanciers,
cette importante partie de la sculpture ? Ouvrons donc les
livres descriptifs de Pausanias, et commençons par remarquer les ouvrages qui précédèrent le beau siècle de
Périclès, pour remonter ensuite aux époques les plus reculées, auxquelles l'art avait laissé déjà des preuves de
l'antique science du geste.

Quelques lustres avant le tems fameux de Périclès, on
avait vu les beaux groupes de Dyonisius d'Argos, dont les
Romains conquérans embellirent leur capitale. Onatas
d'Égyne, fils de Micon et contemporain d'Égyas et d'Agé-
ladas, avait embelli l'Altis ou le bois sacré d'Olympie,
non-seulement de ses chars de bronze attelés de chevaux
que Phidias avait sûrement étudiés, mais il avait fait de
même métal un Hercule armé d'un arc et d'une massue,
un Mercure portant un bélier sous son bras ; et Pausanias, qui le regarde comme un statuaire excellent, vint
exprès à Phigalie pour admirer sa Cérès. Mais arrivons
directement à ceux qui ont produit des compositions où
se trouvent des actions composées et des pantomimes relatives. Sans parler de Bupalus et d'Anthermus de Chio,
dont cette ville s'enorgueillissait tant, citons Théoclès,
qui sortait de la célèbre et nombreuse école de Dipœnus
et Scyllis : il avait représenté dans le trésor des Épidam-
miens, à Olympie, Atlas soutenant le ciel, et Hercule
venant enlever les pommes d'or en présence du dragon
du jardin des Hespérides [1]. Passons à la vingt-neuvième
olympiade, où fleurit Aristoclès l'ancien : à Élis, on voyait,

---

[1] Deux vers de Lucrèce nous rappellent l'énorme serpent au regard

de ce statuaire, un groupe fameux représentant Hercule
combattant contre Anthiope, pour lui ravir son bouclier.

Tous ces statuaires, et tant d'autres cités par les écrivains, ont dû exécuter des bas-reliefs exprimant une
multitude d'actions. Les bas-reliefs des maîtres contemporains de Phidias ne sont point désignés comme des ouvrages de nouvelle invention, et comme des sculptures
d'un genre inconnu jusqu'alors; nous savons au contraire,
par des monumens conservés, que le même genre de reliefs et de décorations régnait dans la plus haute antiquité.

Burlarchus avait peint, près de deux cents ans avant
Phidias, la bataille des Magnètes en Lydie. Il est à croire
que dans ce tableau que le roi Candaule acheta au poids
de l'or, il se trouvait des pantomimes belles et expressives.

L'école de Rhodes était déjà célèbre avant Phidias; un
passage d'Anacréon le prouve [1]. Mais remontons encore
à des tems plus reculés.

Bathyclès, auteur du fameux trône d'Amyclée, vivait
long-tems avant Solon et Crésus, et par conséquent avant
Dipœnus et Scyllis, disciples de Dédale. Voici quelques-
uns des sujets dont il avait décoré ce trône [2] : on y voyait
Neptune et Jupiter qui enlèvent Taïgète et Alcyone; le
combat des Centaures chez Pholus; celui d'Hercule avec
Cycnus. Il faut remarquer ici que la représentation de

terrible, tant de fois représenté, entortillé autour de l'arbre aux pommes
d'or :

> « *Aureaque Hesperidum servans fulgentia mala,*
> » *Asper, acerba tuens immani corpore serpens*
> » *Arboris amplexus stirpem.* . . . . . (Liv. 5, vers 53).

[1] Il dit en adressant la parole à un peintre : « Souverain dans l'art
» que l'on cultive à Rhodes. »

[2] Voy. Heyne, *Du Trône d'Amyclée.*

ces fameux combats remonte sûrement à de très-anciennes époques. Ils étaient favorables à l'art, et c'est pour cela peut-être qu'on les a si souvent répétés depuis. Les urnes étrusques, les vases peints, les médailles, etc., offrent ces nombreuses répétitions. On voyait encore sur ce trône le Minotaure enchaîné par Thésée, l'enlèvement des filles de Leucyppe, et plusieurs travaux d'Hercule. Il paraît que les artistes suivaient les plus anciennes poésies qui traitaient des aventures de ce héros ; ce qui le prouve, entr'autres choses, c'est la présence de Minerve, lorsqu'il exécute plusieurs actions : ainsi l'ont introduite les plus anciens poètes. Batyclès avait aussi représenté la fable de Tityus, une des plus anciennes de Delphes. On voyait encore un Mercure qui amène les trois déesses pour être jugées par le fils de Priam, et Bacchus enfant porté par Mercure. Enfin, tout au haut du trône, Bathyclès avait représenté une troupe de Magnètes qui dansaient : c'étaient ceux qui l'avaient aidé à faire ce trône. Il est à croire que les modèles de danse étaient aussi très-abondans et remontaient à une haute antiquité.

Gitiadas de Sparte, qui florissait probablement dans la quatorzième olympiade, par conséquent plus de deux cent cinquante ans avant Phidias, avait fait à Sparte le temple d'airain et la statue d'airain de Minerve. Il avait orné ce temple de bas-reliefs de même métal, parmi lesquels Pausanias remarque une Amphytrite et un Neptune qui étaient, dit-il, d'une beauté merveilleuse. A Amyclée, on voyait de ce même Gitiadas deux trépieds ornés de bas-reliefs. Nous avons vu que ce statuaire était poète et qu'il fit plusieurs cantiques, entr'autres une hymne pour Minerve sur des airs doriens.

Mais il est tems de citer le plus ancien monument qui existait dans la Grèce au tems de Pausanias, je veux parler du grand et du très-antique coffre de Cypsélus. Les antiquaires modernes sont tous d'accord sur son extrême ancienneté qu'ils n'ont pu déterminer. Il était orné de bas-reliefs et de ciselures. On y voyait, entr'autres sujets, Amphiaraüs ayant déjà un pied sur son char et tenant son épée nue ; il se tournait vers Eriphile : on voit, dit Pausanias, qu'il s'emporte contre elle, et peu s'en faut qu'il ne la perce de son glaive. On y voyait Jason et Pelée combattant à la lutte ; ils paraissaient de force égale ; Eurybotas dans la posture d'un homme qui lance son palet ; la jeune Thétis, un serpent à la main, menace Pelée ; une Discorde est entre Ajax et Hector, qui, après s'être défiés, en viennent aux mains. C'est, dit Pausanias, cette même Discorde que Calyphon de Samos a copiée dans une peinture du temple de Diane à Éphèse. Voilà une indication précise d'un ancien plagiat, et surtout d'un emprunt de la sculpture sur la peinture [1]. On y voyait encore Cassandre embrassant la statue de Minerve, et Ajax qui l'en arrache ; enfin un Vulcain remarquable par sa claudication.

Pour en revenir aux poètes, nous devons croire qu'Homère, qui, dans la description de son bouclier d'Achille, n'a pas craint d'animer ses figures par des actions de toutes espèces, avait dû voir des pantomimes pleines de vérité et de propriété sur quelques ouvrages de l'art ; ses longs voyages ont dû surtout en meubler sa mémoire.

---

[1] Pausanias cite encore un emprunt analogue, en parlant de la Cérès d'Onatas d'Égyne. Les uns disent, ajoute l'écrivain, qu'il fit cette Cérès d'après un tableau qu'il trouva ; d'autres, d'après une statue de bois. (Liv. 8. Chap. 42.)

C'est ici le lieu de citer quelques exemples pris dans Lucien. Ce philosophe a, comme beaucoup d'autres peut-être, emprunté directement aux plus anciennes poésies une multitude d'images; mais ces images ont dû le frapper d'autant plus qu'il les avait reconnues sur les tableaux et sur les bas-reliefs classiques, et je pense que ces rapprochemens sont très-propres à augmenter l'estime qu'on doit avoir pour la pantomime des anciens, et qu'ils peuvent en même tems contribuer à éclairer sur l'antique marche de l'art [1].

Lucien, qui n'était point étranger aux arts [2], nous a laissé des descriptions si conformes à plusieurs monumens qui nous sont parvenus, qu'on serait tenté de croire qu'il a voulu nous conserver exprès l'image des originaux, comme il nous a laissé celle de la fameuse peinture de Zeuxis, représentant la Centaurelle; et la similitude de ces images écrites avec des antiques qu'on peut voir tous les jours, est si grande, que je ne puis me persuader que

[1] Non-seulement les poètes prescrivaient les modes de la danse, mais encore les images de ces danses, écrites probablement par des signes conventionnels, servaient peut-être de types aux artistes. Pausanias, en parlant d'un tableau de Polygnote, dans lequel ce peintre avait représenté Ulysse descendant aux enfers, tableau qu'on admirait dans le Lesché à Delphes, dit que le peintre avait imité, dans l'épisode de Caron, le poème intitulé *la Myniade*. Pausanias ajoute que le peintre avait imité aussi d'Archiloque, qui peut-être l'avait lui-même emprunté à de plus anciens poètes, l'idée de la roche près de tomber sur Tantale, et qui le tient dans un effroi continuel. Il est à remarquer que dans cette description du tableau de Polygnote, on trouvera des pantomimes que les artistes postérieurs ont répétées jusque dans les derniers tems de l'art. (PAUSAN. LIV. 10. Chap. 18.)

[2] Lucien, auteur grec, a vécu probablement sous Trajan. Il fut d'abord destiné à la sculpture. Il habita Athènes, Antioche, ville de Syrie, Rome, les Gaules, et voyagea beaucoup.

ce soit une chose nouvelle que de la faire remarquer. Je
ne citerai que les tableaux d'Andromède [1], d'Europe [2] et
d'Endymion [3]. « On voit, dit le poète en parlant de
» Persée, le jeune héros s'élancer dans les airs, armé de
» son épée, attaquant le monstre d'une main, et de l'autre
» lui présentant la tête de Méduse, qui le change en ro-
» cher. » L'auteur ajoute : « Persée détache alors les chaî-
» nes d'Andromède et lui présente la main pour l'aider
» à descendre de ce rocher glissant [4]. » Qui ne voit pas
d'ici le beau bas-relief du Capitole, gravé dans l'Admiranda de Santi Bartholi ?

Passons à d'autres tableaux successifs dans l'histoire de
l'enlèvement d'Europe. Lucien, après avoir décrit le
commencement de cette histoire, continue ainsi : « Jupi-
» ter emporte à l'instant la jeune fille, prend sa course
» vers la mer, et s'y jette à la nage. Europe effrayée se
» tenait d'une main aux cornes du taureau, et de l'autre
» retenait son voile agité par le vent. » Qui n'a pas vu la
répétition de cette composition antique ? Voici la suite :
« Mille petits Amours volaient auprès de Jupiter, rasaient
» la surface de l'onde, quelquefois la touchaient du bout
» de leurs pieds. Ils portaient les flambeaux allumés et
» chantaient l'hymne des époux. Les Néréides demi-nues
» sortaient du sein des flots, montées sur des dauphins, et

[1] Dialogue de Triton et des Néréides.

[2] Dialogue de Zéphir et Notus.

[3] Dialogue de Vénus et de la Lune.

[4] Ce geste de Persée est répété de diverses manières sur plusieurs
monumens, et dans tous il est gracieux, naïf et convenable, quoique
très-peu analogue à celui que prescrivent parmi nous la politesse et la
galanterie. Voy. ce qui est dit plus loin sur les gestes individuels.

» elles applaudissaient. Les Tritons et autres habitans de
» la mer, dont l'aspect n'est pas effrayant, formaient des
» cœurs de danse auprès de la jeune fille. Neptune, monté
» sur son char, ayant Amphytrite à ses côtés, conduisait
» cette marche triomphante ; mais le plus bel ornement
» était Vénus couchée négligemment dans sa conque,
» portée par deux Tritons : elle jetait des fleurs de toutes
» espèces sur la jeune épouse. » Qui ne reconnaît pas
encore là un calque pris sur quelque monument ? Quant
au dialogue de Vénus et de la Lune, en voici un fragment
(c'est Diane qui parle) : « Endymion est à mes yeux d'une
» beauté parfaite, surtout lorsque s'étant fait un lit de sa
» tunique étendue sur une pierre, il s'endort tenant d'une
» main des traits qui sont près de lui échapper, tandis
» que l'autre, recourbée sur sa tête, environne ce beau
» visage et l'accompagne à merveille. Quand il est plongé
» dans le sommeil, sa bouche exhale une odeur aussi douce
» que l'ambroisie. Je descends alors sans faire de bruit et
» je marche sur la pointe du pied, de peur qu'en s'éveil-
» lant tout à coup, il ne soit effrayé de ma présence. »

Je laisse au lecteur le plaisir de comparer à ce tableau
une peinture d'Herculanum, tom. 3, pl. 3 ; une pierre
gravée dans Gorlœus, seconde partie, n° 498, etc. Qui
empêche de croire que ces images, successivement enri-
chies, découlaient d'une très-antique source, et qu'elles
avaient traversé les siècles, parce que l'idée mère en était
belle et convenable à l'art ? Faisons ici une réflexion : si
les poètes de l'antiquité traduisaient, pour ainsi dire,
presque littéralement les expressions des peintres et des
sculpteurs, et s'ils tâchaient de retracer dans leurs poésies
les mœurs des figures représentées par les artistes, pour-

quoi certains critiques modernes voudraient-ils, par une
présomption blâmable, qu'on travestît les idées de ces
mêmes poètes, en employant le langage indécent et maniéré des écoles des derniers siècles ? Et pourquoi voudraient-ils encore forcer à reconnaître, par exemple,
comme homériques, les gestes routiniers des ateliers ?

Ces diverses observations sur l'art du geste chez les
anciens peuples, nous conduisent naturellement à citer
les Égyptiens, ces antiques dépositaires des arts et les
premiers instituteurs des Grecs auxquels ils donnèrent
tant d'excellens rudimens. Les Égyptiens, qui ne s'éga-
rèrent jamais, parce que peut-être ils ne surent jamais
s'élever, ont produit néanmoins dans leurs sculptures
incrustées et dans leurs peintures, des pantomimes d'une
très-forte signification ; car, de même que certaines pierres
gravées nous retracent des gestes excellens par le moyen
de quelques sillons creusés par le touret, de même certaines sculptures ou peintures, peut-être assez informes,
peuvent indiquer des actions bien choisies. De tous les
écrivains qui ont su lire la pantomime de l'art égyptien,
c'est M. Hamilton, déjà cité, qui, dans son voyage tout
récent, en parle avec le moins de prévention ou pour
mieux dire avec le plus d'égards [1]. Sans citer ici la description qu'il fait d'une foule de sculptures dont les actions
lui paraissent très-expressives, je rappelerai seulement ce
qu'il dit du geste de certaines figures en particulier. Il
cite, par exemple, celles qui sont occupées à lier ensemble plusieurs roseaux pour la construction d'une espèce
de radeau : l'effort nécessaire pour cette action, dit-il,
est exprimé avec beaucoup de justesse.

[1] Voyez des extraits de cet ouvrage dans la Bibliothèque brit. de 1812.

Il paraît que tous les voyageurs d'aujourd'hui voient d'un autre œil l'art des Égyptiens, et que là où des obser-vateurs d'un goût factice et maniéré ne voyaient que du roide et du barbare, ceux d'aujourd'hui reconnaissent du grand, du simple et du significatif. L'ouvrage magnifique sur l'Égypte, exécuté à Paris, met sous les yeux des exemples convaincans du degré de savoir des Égyptiens dans l'art de la pantomime. Je ne redirai rien ici de leurs attitudes consacrées, ni du soin vigilant des prêtres dans la signification expressive de tous ces gestes.

Enfin nous conviendrons qu'un savant qui voudrait faire les rapprochemens de tous les traits d'érudition re-latifs à l'ancienneté des règles de la pantomime en sculp-ture et en peinture, nous ferait passer en revue tous les bas-reliefs, toutes les peintures et toutes les compositions imaginées bien long-tems avant le bel âge des Grecs, et dont les copies sont parvenues jusqu'à nous, et l'on ver-rait que ces pantomimes dont les Alcamène, les Scopas et les Praxitèle embellissaient les frontons, les *cella* des temples, étaient imitées d'après les plus antiques mo-dèles.

De pareils rapprochemens pourraient nous faire des-cendre jusqu'à l'époque affligeante de la décadence de la peinture, et nous feraient voir encore ce même art pres-qu'éteint et abandonné, propager au milieu de sa glo-rieuse retraite les lois sacrées des premiers âges et per-pétuer toujours de merveilleux exemples. Mais, hélas ! malgré son reste de grandeur, sa voix expirante n'a pu se faire entendre qu'avec peine dans les écoles qui l'ont cultivé depuis, et trop souvent les artistes modernes, en secouant le joug des maximes antiques, ont fait parade d'une indé-

pendance vraiment alarmante, et dont l'abus ne les a que
trop souvent avilis.

Il convient donc de rappeler quelquefois aux élèves
l'antique honneur de leur art, afin d'élever et d'exciter
leur génie, comme on rappelle aux enfans des héros les
hauts faits de leurs aïeux, ainsi que les grands devoirs que
leur imposent leur illustre origine et la splendeur de leur
race.

Après ce que nous venons de dire sur l'importance
qu'on a mise dans les tems les plus reculés à cette partie
des mœurs relative à l'art du geste, il est facile d'imaginer
que les règles de cet art avaient été recueillies par plusieurs écrivains, et qu'il existait des théories précieuses
sur cette belle matière. Quintilien cite Plotius et Nigidius
qui écrivirent sur les règles du geste (*Instit. Orat. L.* 11.
C. 3). Aristote nous apprend que plusieurs auteurs, entr'autres Glaucon de Théos, en Ionie, avaient enseigné
comment il fallait déclamer les pièces de poésie. Aristote
lui-même avait composé, à la suite de sa Poétique, différens livres, dont quelques-uns traitaient des mimes et des
passions. Le tems nous a ravi ces savans ouvrages, en
sorte que nous sommes réduits en général à parler de
la danse antique par conjecture : au moins, ce qui doit
s'appliquer à la peinture, reste-t-il à créer en entier, et
les monumens sont les seuls livres que nous puissions
consulter. Suivons donc le précepte d'Horace, qui or-
donnait de consulter les modèles grecs, nuit et jour, et
nous parviendrons peut-être ainsi à retrouver, dans les
diverses productions de l'art antique, les merveilleux secrets qui faisaient naître comme par enchantement tant
de chefs-d'œuvre.

Du geste considéré comme étant le plus puissant moyen de l'expression des passions.

L'expression est le but : le geste n'est que le moyen ; faisons - y bien attention. Trop souvent les artistes modernes ont prouvé qu'ils confondaient le moyen avec le but, et l'on a vu les tableaux couverts d'attitudes et de mouvemens, qu'on trouvait bons, parce qu'ils plaisaient aux yeux et à l'esprit des faux savans, mais qui étaient vicieux, parce qu'ils n'atteignaient pas le but, qui est l'expression.

Le geste, considéré comme un des moyens de l'expression, doit être reconnu en même tems comme étant le plus puissant de tous. Il est facile de le prouver. Ni la physionomie qui réside dans les traits du visage, ni le coloris, ni le clair-obscur, ni les attributs, ni le site, etc., ne peuvent produire cette grande puissance et cette force émouvante, qui est le résultat de la seule pantomime. La tête est une si petite partie relativement à l'effet de toute la figure en général, comme le remarque Reynolds, malgré l'opinion de M. Depiles, que les anciens sculpteurs n'ont pas manqué de reconnaître combien l'attitude générale d'une statue se présente aux yeux d'une manière plus frappante que les traits du visage. C'était donc par l'expression de cette attitude qu'ils cherchaient principalement à rendre sensibles les caractères de leurs figures.

Il n'est pas surprenant que les anciens aient représenté si souvent, ou, pour mieux dire, aussi souvent qu'ils l'ont pu, leurs personnages nus ou presque nus : en effet, quelle différence entre la force de signification d'une figure

couverte d'étoffes et celle d'une figure nue, dont toutes
les parties mettent en évidence tant de signes caractéristiques et correspondans, qui tous concourent à l'unité de
l'expression ! C'est ce principe qui a fait dire à Dufresnoy [1],
que les extrémités, et même les articulations, ne doivent
point être cachées ; mais il aurait bien fait d'en expliquer
la cause.

Il est certain que la seule esquisse d'une figure dessinée
ou modelée, mais dont la tête n'est indiquée que par
quelques points, ou par des plans ébauchés, pourra signifier très-positivement l'action que l'artiste aura voulu représenter, tandis qu'une tête seule, sans le concours des
autres parties, n'exprimera cette idée qu'autant que cette
tête sera exécutée avec un art infini et porté même à la
perfection. Plusieurs médailles antiques, dont la tête est
souvent altérée, offrent néanmoins une grande expression.
Il faut donc bien distinguer l'art d'avec la nature, c'est-à-
dire, les moyens d'expression de l'un d'avec les moyens
d'expression de l'autre, en sorte que, s'il est vrai que
dans la nature la partie la plus exprimante soit quelquefois le visage, il peut arriver que dans l'art cette même
partie ne soit que le moindre moyen.

D'après ces observations, on peut mettre en principe
que la résolution et le caractère du geste ou de la pantomime, est ce qui frappe le plus puissamment au premier
abord ; ce qui confirme cette opinion, c'est que les grâces
de l'ensemble sont bien autrement senties que les grâces
de détail, et que le seul mouvement général d'un individu
nous laisse toujours une expression non équivoque, tandis
au contraire que les caractères des parties de son visage

[1] *De arte graphicâ*, vers 162.

ne produisent que des effets incertains [1]. N'est-ce pas par le maintien que, selon l'observation de Virgile, Énée reconnut Vénus sur les rives de Carthage ? Démosthènes faisait consister une grande partie du pouvoir de l'éloquence dans l'action. Il est sûr que, si nous pouvions voir les gestes qui accompagnaient les discours des célèbres orateurs de l'antiquité, ils nous paraîtraient enrichis d'une force et d'une magie toute nouvelle ; mais il y a long-tems qu'on a fait ces réflexions. Terminons par une comparaison prise du théâtre ; on comprend assez que je veux parler de la distance qui anéantit les traits des acteurs, ce qui n'empêche pas les effets expressifs, parce qu'ils s'obtiennent principalement par la pantomime, et que le spectateur, sans apercevoir les traits du visage, éprouve souvent les sensations les plus déterminées, et cela, sans qu'il regrette même les effets auxiliaires de la physionomie [2].

[1]. Cicéron nous apprend que le célèbre pantomime Roscius avait les yeux de travers (*perversissimis oculis*), et ce défaut n'empêchait point l'admiration de Q. Catulus, qui, dans sa belle épigramme, dit avoir vu Roscius au moment du lever du soleil, et l'avoir trouvé plus beau que ce dieu (CICÉRON. *De Naturâ Deorum*. *Lib.* 1. *N°* 28). C'est de ce même Roscius que Cicéron dit : qu'il avait gagné tous les cœurs par des grâces qui ne consistent que dans les mouvemens et les attitudes du corps.

[2] Le plus grand nombre des acteurs de nos théâtres affectent de tourner leur visage en face du spectateur, comme si le visage était le siége principal de l'expression ; mais l'expérience montre le contraire, et les excellens acteurs qui expriment le plus, ne se servent de leur visage et ne le montrent avec intention que dans quelques cas où ce moyen est essentiel. Tout le monde sait que dans l'antiquité les acteurs portaient des masques d'un caractère déterminé, pour suppléer à l'indécision de la nature. Les danseurs portaient aussi quelquefois des masques pleins de beauté. Cet exemple a peut-être été rejeté parmi nous, plutôt par insouciance que par des motifs suffisamment réfléchis.

Des différentes espèces de geste.

Un des plus utiles principes dont ait été enrichie la
théorie par ceux qui s'en sont occupés dans ces derniers
tems, est certainement cette démarcation que plusieurs
écrivains ont signalée entre les domaines respectifs des
différens arts ; et il serait honteux, après les leçons de ces
observateurs, de ne pas appliquer à toutes les parties de
l'art, le même esprit d'analyse dans l'étude de leurs convenances et de leurs propriétés respectives. Nous remarquerons facilement que ce qu'on appelle vaguement la
nature, offre à notre disposition des modèles de geste de
toutes espèces, dont le choix, pour être bien fait, exige
une connaissance de l'art et une sagacité particulière,
puisque souvent ce qu'elle présente de convenable dans
un art peut ne point convenir dans un autre.

On sent très-bien que les gestes d'un individu ne sont
point ceux qu'il conviendrait de donner dans l'art à un
individu d'un autre caractère ; que les gestes d'une nation particulière, qui a pu adopter des signes de convention, ne sont pas les gestes de toute l'humanité, ni
ceux d'une nation étrangère ; que les pantomimes du
théâtre peuvent n'être point propres à la sculpture ou à
l'art oratoire ou à la peinture. Il y a plus, tel geste est
propre à l'art statuaire, qui ne convient plus dans le langage différent du bas-relief ; enfin, telle expression mi-
mique, admirée dans un art, sera déplacée et vicieuse
dans un autre. Cette seule indication nous fait apercevoir
la confusion qui pourrait s'établir dans la théorie, si la
méthode ne se chargeait pas de spécifier la propriété et
le domaine de chaque art. Il est donc convenable d'éta-

blir des divisions, et de distinguer dans le geste ses différentes espèces.

Des gestes individuels.

Les gestes individuels, c'est-à-dire, ceux que peut offrir
tel individu ou tel modèle, ne doivent pas être considérés
toujours par le peintre d'histoire comme étant des règles
et des données de la nature générale et collective, mais
bien souvent comme des particularités et des individualités sans propriété et sans caractère, et même comme
des signes habituels du tempérament et des mœurs de
cet individu, signes très-impropres peut-être à l'art de la
peinture. Il faut bien se garder de confondre ces signes
particuliers avec les signes généraux de la langue universelle, et de les prendre ou de les imiter inconsidérément
comme des types dont l'expression doive être sentie généralement par tous les hommes.

Combien de fautes ne se commet-il pas en peinture,
par l'ignorance de cette théorie, et combien d'expressions
ou triviales ou insignifiantes ne produit-on pas par l'imitation des gestes de certains individus et quelquefois des
gestes qu'on pourrait faire soi-même [1] ? L'artiste a beau
s'excuser en appelant nature ce qui n'est qu'individuel,

[1] On raconte qu'un jour Annibal Carracci surprit le jeune Dominichino gesticulant avec chaleur dans son atelier, et que, le voyant tout
ému par la fiction de la passion qu'il voulait exprimer sur un personnage de son tableau, le maître applaudit et conçut une haute idée du
talent de son élève. Ce moyen tout naturel et recommandé par les
écrivains, est utile, mais il n'est pas sans inconvéniens, puisque
l'artiste, qui feint le rôle de l'acteur imité sur le tableau, peut faire répéter au miroir qu'il consulte, de très-grandes impropriétés et des signes
qui, tout naturels qu'ils sont individuellement, peuvent être très-faux
et hors de la vérité générale et de la convenance.

et en montrant, pour se justifier, les modèles qu'il a exactement copiés; ces images ne touchent point, parce qu'on n'y retrouve pas d'abord les caractères généraux de la nature et de l'humanité, et qu'ils manquent d'ailleurs du caractère particulier, propre et distinct exigé par le sujet. Le spectacle en est même insipide, parce que le peintre ne nous montre que les gestes d'un chétif individu, et un portrait que nous ne reconnaissons même fort souvent qu'avec répugnance. Ce n'est donc pas la manière dont certains individus, dont mille individus qui nous entourent, manifestent leurs passions, que nous devons choisir et imiter ; mais c'est le caractère général dans l'extérieur des passions de tous les hommes qu'il s'agit de reconnaître et de communiquer, et de plus un caractère particulier, propre et distinct. Ainsi les gestes individuels ne doivent être étudiés qu'afin de donner aux mouvemens qu'il convient d'adopter, ce cachet de naturel, aussi bien que le caractère physique du tempérament des personnages représentés. On remarque ici sensiblement la démarcation qui sépare le domaine du peintre d'histoire d'avec celui du peintre de portraits; néanmoins il faut en passant rappeler à ce dernier que la dignité de l'art exige qu'il n'imite qu'avec réserve les habitudes et les gestes individuels qui peuvent blesser les lois de la beauté et de la décence, puisqu'il a d'ailleurs à sa disposition assez d'autres moyens d'être vrai, sans choisir ce que les individus peuvent offrir de trivial ou de ridicule. Ce que nous avons dit sur les mœurs suppléera à ce que nous pourrions ajouter ici.

Enfin, pourquoi la tragédie est-elle plus difficile à jouer que la comédie ? C'est que, pour jouer la tragédie, il faut

de la beauté jointe à la naïveté ; c'est qu'il faut de la noblesse, de l'héroïsme sans enflure ni roideur, et que ces
qualités sont difficiles à acquérir, sans l'aide des principes
certains du beau ; c'est que dans la comédie on parle, on
gesticule suivant les mœurs modernes, et que la tragédie
veut des signes généraux très-supérieurs aux signes individuels ou nationaux ; c'est que le maintien, les mouvemens et les allures d'habitude sont tolérables dans l'imitation de nos mœurs, et insupportables lorsqu'il s'agit
d'actions qu'on nous représente comme des actions très-
antiques, très-belles et très-illustres.

Quoique les gestes des hommes soient aujourd'hui
libres et dégagés des lois de la danse antique qui embel-
lissait les mœurs, les règles de l'art n'en sont pas moins
austères qu'autrefois, et les bornes en sont les mêmes
qu'elles ont été dans tous les tems.

Soyons aussi bien persuadés que dans l'antiquité les
artistes avaient comme nous ces dangers à éviter, c'est-
à-dire que très-souvent les modèles qu'ils consultaient,
participaient de certaines habitudes de la civilisation et
de certaines manières impropres qu'ils propageaient in-
volontairement, mais dont les statuaires et les peintres
savaient très-bien se garantir.

Oui, malgré la longue influence des mœurs agrestes
au sein d'Athènes, malgré la simplicité des Grecs et la
naïveté primitive de leur politique, ils n'étaient pas exempts
de la corruption des villes antiques et populeuses. Les
passions avaient influé sur la contenance et sur le maintien. La contrainte, la recherche mal dissimulée, ainsi
que la force de la routine et de la mode, avaient fait leurs
ravages. Dans le sein des foyers, comme au milieu des

fêtes, la coquetterie avait pu trouver moyen de pénétrer,
et la nature simple avait dû se voir plus d'une fois déguisée par des artifices mensongers; cependant toujours
les artistes ont été à l'abri de ces séductions, jamais ils
n'ont pris pour naturel et convenable ce qui n'était qu'habitude impropre ou contraire aux belles mœurs. La constance de leurs principes est en ceci bien admirable. Il
semble que tous les modèles qu'ils ont consultés pour
leurs pantomimes aient tous été choisis au sein des mœurs
les plus pures et parmi la classe la plus chaste des citoyens.
Sur les monumens, les vierges paraissent vierges dans
leur maintien; les mères agissent avec une tendresse et
une douceur grave qui fait aimer l'humanité; les vainqueurs dans les jeux, sans faire parade de leurs avantages,
sont posés, il est vrai, comme des êtres glorieux de leurs
triomphes, mais avec cette sécurité naïve qui éloigne
l'audace et la jactance. N'est-il donc jamais échappé dans
le stade quelques mouvemens vains et impérieux aux
athlètes que venaient interroger les artistes, et les peintres ont-ils donc toujours eu dans leurs ateliers des héros
ou des demi-dieux pour modèles [1] ?

Les peintres, ainsi que les statuaires de la Grèce, étaient
continuellement sur leurs gardes contre cette influence

---

[1] M. Depiles paraît éloigné de ces idées, lorsqu'il donne des leçons
sur l'art des portraits. Voici ce qu'il dit dans son Cours de peinture,
ouvrage d'ailleurs très-estimable : « Il faut que, dans ces sortes d'atti-
» tudes (il veut parler des portraits de personnes illustres), les portraits
» semblent parler d'eux-mêmes et nous dire, par exemple : Tiens, re-
» garde-moi, je suis ce roi invincible, environné de majesté ; je suis ce
» valeureux capitaine, qui porte la terreur partout ; je suis ce ministre,
» etc., etc. » Je crois que c'est ici le cas de dire que cet auteur prescrivait ce qu'il voyait faire, au lieu de prescrire ce qui devait être fait.

des civilisations, ils étaient continuellement occupés à
exercer cette sagacité qui fait distinguer sans incertitude
ce qui appartient à la nature en général et ce qui appartient aux habitudes des individus en particulier, ce qui
convient à la dignité de l'art dans le geste et ce qu'il
faut abandonner aux cercles, aux assemblées, au cabinet
ou aux places publiques. Sans ce sage principe, les portraits qu'ils nous ont laissés seraient empreints de quelques
signes d'habitude, de quelques gestes qui rapprocheraient
parfois l'art de ces trivialités résultant de la négligence
de l'éducation, et cependant il n'y a pas dans l'antique
un seul exemple d'un pareil écart, et les habitudes des
personnages représentés sont imitées néanmoins avec une
finesse qui paraît même être un assaisonnement de la
beauté. Enfin, on peut assurer que le plus grand désir
des artistes, que leur ambition la plus dominante était de
ravir à la nature, sa simplicité, sa décence et sa naïveté,
en la séparant des habitudes de l'affectation, et que leur
soin le plus assidu était de conserver toute leur vie ce
sentiment pur de l'ame qui fait sentir et goûter ces mêmes
charmes de la nature, et de ménager cette fleur de sensibilité si facile à flétrir et qui décore dans tous les tems
le véritable génie [1].

---

[1] Je ne doute pas qu'une foule de figurines peintes, gravées ou
sculptées, que le tems nous a conservées, ne parussent être aux yeux
des anciens des productions bien plus estimables que nous ne le croyons,
à cause de cette qualité seule qui comprend la beauté et la vérité du
mouvement et du geste, ainsi que la décence et la convenance de mœurs
et d'action. Les artistes de bonne foi, qui ont fait sérieusement des recherches pratiques sur cette partie importante de l'art, et qui, je puis
l'ajouter, ont été si souvent forcés de les abandonner, pour suivre le tor-
rent de l'école, ou de se contenter de quelques à peu près accommodés

Passons à des applications déterminées de ces principes généraux, et distinguons ce que les individus peuvent offrir de vicieux et d'impropre à l'artiste qui les consulte.

Il est facile de reconnaître que les gestes individuels peuvent être vicieux ou par l'influence nationale ou par celle de l'éducation ou par la structure physique et la qualité du tempérament de l'individu, tempérament qui ne lui permet pas d'exécuter telle ou telle pantomime qu'il lui conviendrait d'employer. L'influence nationale produit les gestes nationaux et conventionnels dont nous parlerons bientôt, mais l'éducation et la structure physique produisent des gestes individuels de mille espèces, qui peuvent être très-contraires au caractère essentiel de l'art, c'est-à-dire, à la décence et à la beauté. Nous allons donc faire remarquer les gestes vicieux qui dépendent de l'éducation et ceux qui dépendent du physique et du tempérament de l'individu. Si Engel avait fait cette distinction, il n'aurait pas rendu inutiles les subtiles recherches qu'il a faites sur la pantomime, et il n'aurait pas admis dans l'art du théâtre une foule de signes, qui, n'étant ceux que de quelques individus pris au hasard, rabaissent l'imitation vers les types les plus dégradés. Et en ceci il est tombé dans la même erreur que Lavater et les physionomistes qui l'ont précédé et qui ont pris leurs modèles dans les rues et chez le vulgaire, sans s'occuper de la beauté qui toujours doit diriger les artistes, en sorte que la peinture ne peut re-

au goût de leur tems, conviendront de la difficulté qu'ils ont trouvée à parvenir à ces qualités; ils conviendront aussi des entraves sans nombre que nos mœurs, nos habitudes d'école, ou, pour mieux dire, que les mœurs de tous les pays et de tous les tems opposent à ces études, lorsqu'on veut les faire consciencieusement, comme les Grecs, et dans le véritable esprit de l'art.

tirer aucun profit de ces écrits, à moins qu'elle ne soit exercée de nouveau par des Brawr ou des Cranach.

Les signes des gestes qui dépendent de l'éducation sont d'autant plus à éviter dans l'art, que fort souvent ils n'ont de valeur précise que chez certaines nations et parmi certaines classes de la société, et qu'ils sont souvent aussi mal reçus dans les villes étrangères que les vêtemens et les accoutremens des modes un peu lointaines. Par exemple, les gestes aimables de Paris ne passent que trop souvent pour des recherches fades et affectées chez d'autres peuples. Ceux-ci, au dire des Parisiens, gesticulent quelquefois d'une manière pesante ou triviale. Ces contestations, étrangères à la matière que je traite, ont fait dire à une Française [1] : « Trop de gesticulation chez les Ita- » liens ôte la noblesse de l'éloquence ; trop peu chez les » Anglais la rend froide : serions - nous dans ce me- » dium si difficile à saisir ? » Qui décidera cette question ? Je pense que les artistes de tout pays qui ont étudié la beauté, la convenance et les mœurs antiques, en sont capables ; mais je laisse cette discussion, et je répète que l'art de la peinture ayant des règles, des lois et un domaine bien reconnus, il est facile aux artistes éclairés de sentir ce qui, dans les différens gestes individuels, peut convenir ou est à rejeter, et de ne choisir que les gestes qui plaisent à tous ceux à qui il importe qu'ils plaisent, ce qui comprend l'humanité toute entière. Tous les gens de goût ont bien reconnu que la politesse, cette qualité si aimable dans le monde, était insupportable dans les arts d'imitation ; mais ce qu'on n'a pas assez remarqué, c'est cette difficulté qui consiste à distinguer les gestes

[1] Lettres de Mᵐᵉ du Bocage.

d'habitude et d'éducation d'avec les gestes purement naturels, et cette abnégation nécessaire que tout artiste doit faire des usages de son pays, de son sexe et même de ses mœurs particulières [1]. Dans les tableaux, par exemple, nous reconnaissons trop souvent, dans plusieurs attitudes, l'influence des gestes monastiques. Les saints, les apôtres et le fils de Dieu lui-même [2], y sont représentés avec les gestes des cloîtres et des cellules, combinés avec la manière des écoles et des académies. Dans la fameuse fresque de Michel-Ange, à la chapelle Sixtine, la mère de Dieu, assise sur des nuages, à côté de son fils, a la pantomime d'une personne du monde qui étudierait son mouvement. Le Jupiter qui lance la foudre sur Phaëton, est un modèle mal assis sur un tabouret, et qui a servi de type à Michel-Ange. L'école française du dernier siècle abonde surtout en exemples de ce genre. Hector vient-il faire ses adieux à sa chère Andromaque, leurs gestes sont ceux des époux élégans de nos villes, et

---

[1] Des gens très-exigeans pour les petites choses, objecteront qu'un Allemand doit agir comme un Allemand, un Français comme un Français ; mais je réponds que les signes grands et caractéristiques des divers peuples ne consistent pas dans certaines modifications minutieuses par lesquelles on détaillerait des ridicules, des laideurs, des trivialités populaires. J'ajoute que les variétés établies par Homère, le sont par de grands traits, généralisant plutôt le moral des différens personnages que particularisant les habitudes propres à certaines peuplades. En un mot, je réponds que la peinture noble doit abandonner aux bambochades et aux croquis bouffons les portraits ridicules ou peu propres à la dignité de l'art, et qu'on peut exprimer les diverses passions et les différens caractères des nations, sans retracer la manière dont les peuples manifestent ces passions dans tel ou tel tems, car la beauté et la dignité doivent décorer dans tous les âges les spectacles donnés par les beaux-arts.

[2] Voy. tous les baptêmes de J.-C.

leur douleur est marquée au coin du bon ton. Apollon
jouant du violon dans le Parnasse par Raphaël, est moins
choquant par l'instrument qui cause l'anachronisme, que
par l'attitude de ses membres, attitude qui rappelle le
ménétrier de nos faubourgs. Toutes les Nymphes, toutes
les Flores, toutes les divinités ont eu pendant plus d'un
siècle le petit doigt de la main retroussé, et rappelaient
la boîte à mouches et la tabatière. Qu'on ne croie pas que
ces exemples soient tout à fait sans retour, car les têtes
penchées, les coudes retirés, les prétendues naïvetés an-
guleuses de la minauderie ont été une mode qui n'est pas
encore passée, et cela s'appelle souvent de l'antique et de
la virginité. O Grecs ! ainsi l'on vous parodie ! O nature !
ainsi l'on vous invoque et l'on vous outrage !....

Un héros commande-t-il ses volontés, même geste
vulgaire ; c'est le bras, c'est le poignet, c'est l'index du
recruteur qui exerce sa compagnie [1]. Chez les Flamands,
les dieux même ne sont pas épargnés. Les peintres leur
ont donné les gestes de la tabagie. Mettez-leur un bonnet
et la pipe, et vous retrouverez le buveur ignoble et le
magot enfumé. Dans mille et mille tableaux, le geste est
fourni par des croquis, extraits, dit-on, du calpin, et saisis
sur la nature ; ou bien le geste est donné par le modèle payé,
qu'on appelle aussi la nature, et qui inspire à l'artiste un
certain goût et un certain style ; enfin le geste est donné
quelquefois par l'artiste économe qui se dessine lui-même
devant la glace, et c'est encore là, dit-on, la nature. Mais
le plus souvent le geste est parodié d'après ces mauvais
tableaux d'école qu'ont vantés, admirés et prônés tant et

[1] Voy. aux Tuileries, près du grand bassin, une statue dans laquelle
on a voulu exprimer un geste impérieux.

tant d'écrivains, tant et tant de professeurs dont le goût
de convention et le style étaient bien soigneusement con-
centrés dans leurs ateliers. Enfin il est résulté que les
peintres ont imaginé des mouvemens, des actions pleines
de gaucherie, d'affectation, de laideur; et sans les louanges
stupides des amateurs routiniers qui ont révéré ces espèces
d'hiéroglyphes académiques, tout le monde serait à l'u-
nisson pour rejeter, pour avilir, pour détester ce goût
d'école, ce goût d'atelier, qui fait haïr la peinture aux
gens sensibles et d'un esprit relevé, et qui nous éloigne
si fort des Grecs, de la nature et du bon sens.

Il serait impossible de désigner tous les gestes prohibés
par le bon goût de la peinture et de la sculpture, et que
l'on aperçoit si souvent parmi les hommes de nos jours et
de nos mœurs. Ceux qui paraissent extrêmement ridicules sont aisément évités; mais l'association des idées nous
en rend supportables plusieurs qui ne sont pas moins à
rejeter. Citons-en quelques-uns seulement.

Les mains jointes et entrelacées par digitation [1].

Les bras croisés sur la poitrine.

Les jambes croisées [2].

Les cuisses l'une sur l'autre dans le repos.

Dans la station, le jeu exagéré et tourmenté des os.

Les pieds en dehors, qui rappellent les lézards, les
grenouilles, etc., etc. [3].

[1] Voy. la Cananéenne de Drouais; les Magdeleines et toutes les figures
éplorées modernes.

[2] Voy. les jambes antiques des figures assises, l'une en avant, l'autre
en arrière. Cette situation des jambes paraît avoir appartenu autant à
la décadence des mœurs qu'à celle de l'art.

[3] Tous ces gestes ont été rejetés par les anciens, parce qu'ils sont optiquement laids.

Il est tems de finir, en disant deux mots sur les gestes individuels provenant d'un physique vicieux.

Les Grecs, avons-nous dit, devaient naturellement représenter dans leurs tableaux des gestes pleins de beauté et de grâce, puisque les personnages qu'ils imitaient dans leur peinture étaient eux-mêmes beaux et doués de la plus belle conformation. Rien ne détruit la beauté d'une figure comme la laideur de ses gestes, et c'est commettre un contre-sens qui éloigne du naturel, que de faire agir sans grâce un individu parfaitement conformé, car la nature ne sépare jamais la grâce d'avec la véritable beauté. Il doit arriver par la même raison qu'un modèle dont la conformation est vicieuse, offrira des actes physiques laids, triviaux et déplaisans. Par vice de conformation, il ne faut pas entendre seulement le défaut de proportion osseuse, ni le résultat de quelques accidens; il faut entendre le résultat de tous les systèmes osseux, musculaires et nerveux se trouvant hors de leur degré d'harmonie particulière et respective. Ces vices physiques ont amené chez de tels individus des habitudes et des gestes qui sont d'autant plus choquans, que l'éducation n'en a pas corrigé les excès; mais un peintre nourri des beautés antiques et familier avec la physiologie de son art, ne manquera pas de les reconnaître et de les rejeter de ses tableaux, comme des désordres qui ne doivent point être admis sous le titre trompeur de gestes naturels. Cependant, pourra-t-on demander, quel choix à la fin pourra faire l'artiste, qui, se méfiant des gestes individuels, cherchera néanmoins une pantomime belle, expressive, pleine de caractère et de signification? Aura-t-il recours aux théâtres? même écueil. Imitera-t-il les ouvrages des écoles?

même incertitude, mêmes mélanges de goûts académiques
se succédant par modes et par périodes : il est donc réduit à sa seule imagination [1], à son seul discernement.
Mais une faiblesse, une prédilection, un goût exclusif
peut le perdre, ou, ce qui n'arrive que trop aujourd'hui,
il sera la victime de ces incertitudes et de ces ménage-
mens funestes que lui prescrivent les goûts divers et confus de ses contemporains et des artistes passés ; voulant
plaire à tous les partis, il ne produira que des ouvrages
d'imitation sans vivacité et sans caractère. Qu'il puise
donc avec confiance dans les sources antiques qui ont
produit tant de beautés ; qu'il s'abandonne à ces sages
leçons que les Grecs ont écrites sur le marbre et sur le
bronze ; qu'il consulte les recueils de la gravure d'après
l'antique, tout grossiers et altérés qu'ils sont ; et qu'il
suive aveuglément la maxime d'Horace, que je ne crains
pas de répéter ici : *Vos exemplaria græca nocturnâ
versate manu, versate diurnâ* [2]. C'est là que sont dé-
posées les explications des règles, les résultats de la sagesse et du goût, les vrais types enfin qui doivent servir
d'aliment au génie.

[1] Je sais qu'en poussant jusqu'à l'extrême cette méfiance des gestes
vicieux, un peintre sans jugement pourrait se croire autorisé à imaginer
seul tous les gestes de ses figures, et ne voudrait rien emprunter à la nature, en sorte que ses attitudes, pour être d'un meilleur choix, manque-
raient de ces naïvetés et de ces mouvemens vrais qui sont donnés seulement par le squelette de la nature ; mais j'espère que ce que j'ai dit plus
haut et ce qui suivra, lorsque je parlerai de la naïveté du geste, suffira
pour éloigner toute espèce d'équivoque, et pour déterminer la véritable
méthode.

[2] Étudiez les modèles grecs ; feuilletez-les, étudiez-les nuit et jour.
(*Art poétique.* Vers 569.)

Nous venons de voir que ce sont les arts qui sont les régulateurs de cette décence d'action qui conserve la dignité, la convenance et la beauté dans les gestes. La musique ou la danse antique réglait le geste des temples et des théâtres; les institutions académiques ou gymnastiques réglaient les gestes d'éducation; et la plastique, la statuaire et la peinture offraient continuellement aux yeux l'application de ce décorum des mœurs, ainsi que cette beauté optique du geste, laquelle, en perpétuant les actions des héros, propageait le sentiment qui contribue à élever l'homme jusqu'aux grandes vertus.

Des gestes nationaux et des gestes d'institution.

Par gestes nationaux, j'entends les gestes qui, chez les différentes nations, ont des caractères généraux qui proviennent du climat, du tempérament et des mœurs; et par gestes d'institution, je veux parler des signes qui ont une acception idéale et conventionnelle chez certains peuples en particulier, et qui, formant un langage exclusif, peuvent être intelligibles pour d'autres nations.

Il y a très-peu de choses à dire ici sur les gestes nationaux : les observations qu'on pourrait faire à ce sujet, rentrent dans celles qui ont rapport aux gestes individuels, en sorte que, s'il est vrai qu'il existe des peuples gesticulateurs, le peintre ne saurait exprimer cette particularité sans blesser les convenances de l'art, à moins qu'il ne s'exerçât sur des peintures comiques ou sur des caricatures. Un écrivain a dit que les Siciliens gesticulent plus qu'aucun autre peuple du midi, et il rapporte à ce sujet que cette habitude provient d'une très-ancienne captivité dans laquelle un tyran leur avait interdit l'usage

de la parole. On peut remarquer en passant que, si les
Italiens et quelques autres peuples gesticulent trop, il
n'en est pas ainsi de beaucoup d'autres nations qui vivent
cependant sous une température plus ardente, lesquelles
au contraire se servent habituellement de gestes très-
lents, peu fréquens et pleins de dignité.

Quant aux gestes d'institution, ils sont variés autant que
ceux des nations qui sont convenues de leur signification.
Ces signes ne sont point ceux de l'humanité, mais ceux
des hommes de quelques contrées, et la preuve qu'ils ne
sont que des signes artificiels, c'est que, comme les mots,
ils ne sont entendus que dans certains pays. Les plus
simples de ces gestes n'ont même de signification que dans
certaines contrées, et l'on se sert ailleurs de signes tout
différens, pour exprimer la même chose. Les voyageurs
font tous les jours ces remarques. L'étude de ces gestes
est surtout relative à la science de l'antiquaire, et ne concerne le peintre qu'en tant qu'il veut faire des recherches
sur certaines mœurs et sur certains costumes en particulier. Néanmoins, pour donner aux artistes une idée
nette de cette espèce de geste d'institution, il convient
ici de rappeler quelques descriptions faites par des savans.
« Dans l'antiquité, dit M. Millin [1], on avait placé le siége
» de plusieurs vertus et de plusieurs qualités dans quel-
» ques parties du corps : le front et le visage étaient assi-
» gnés à la pudeur ; la main droite à la bonne foi ; les
» genoux à la compassion, et l'oreille à la mémoire. C'é-
» tait donc une formule consacrée, que de toucher l'oreille
» de quelqu'un, pour l'avertir de quelque chose ou pour
» rappeler un fait à son souvenir. C'est pour cela aussi

[1] Dictionnaire des beaux-arts.

» qu'on touchait le bout de l'oreille à ceux qu'on prenait
» pour témoins ; c'était encore une caresse que les enfans
» faisaient à leurs parens, les amans à leurs maîtresses,
» de les baiser en leur touchant l'oreille. Nombre de
» passages des écrivains anciens constatent ces différens
» usages, que retracent indubitablement plusieurs pierres
» gravées. (On peut assurer néanmoins que les artistes
anciens en général se sont préservés de l'influence de
ces signes équivoques.) Le bras droit élevé, à moitié éten-
» du et rapproché vers l'épaule, avec la main ouverte,
» indiquait, chez les anciens, un des gestes les plus nobles
» et les plus imposans ; c'est celui d'une statue du *Museo*
» *Pio Clement,* tome 3ᵉ, pl. 25. Tel est encore à peu près
» celui que Pline appelle *Pacificator,* et qu'on remar-
» quait de son tems dans plusieurs statues ; mais, comme
» la mutilation de la main s'oppose à ce qu'on puisse véri-
» fier la vraie signification de ce geste, Visconti renvoie,
» pour mieux juger, aux médailles où l'on voit des allo-
» cutions ; aux statues de Marc-Aurèle au Capitole, et
·» surtout à celle d'Adrien au palais Ruspoli, dont le geste
» est plus analogue à celui dont il s'agit. Visconti pense
» que la statue qu'il a publiée, a été érigée en l'honneur
» d'un orateur ou d'un magistrat, ou au moins d'un per-
» sonnage qu'on voulait honorer comme tel.

» Il était un autre geste, particulier aux orateurs ou à
» ceux qui haranguaient en public.

» La vignette de la préface du tome 2ᵉ des Bronzes
» d'Herculanum offre une main, que, d'après son ins-
» cription, les auteurs supposent votive. Les trois premiers
» doigts sont élevés et les deux autres fermés. Cette situa-
» tion, ordinaire à toutes les mains panthées, est com-

» mune à toutes celles des statues qui représentent des
» orateurs, des poètes et des philosophes, ou des magis-
» trats déclamant ou discourant.

   » L'on en voit un exemple dans le tome 2ᵉ, pl. 22, des
» peintures d'Herculanum : Buonarotti prétend que de là
» est venu aux prêtres l'usage de bénir tantôt avec la
» main entièrement ouverte, tantôt avec les trois derniers
» doigts, en fermant le pouce et l'index.

   » On lit dans Quintilien et dans Apulée que ces diffé-
» rens gestes étaient particuliers aux anciens dans l'action
» de discourir et de saluer. »

   Ce que dit M. Requeno, sur la Chironomie des anciens,
ne nous donne aucune lumière sur l'art du geste en général. Cet écrivain ne le considère que comme une langue de
convention, propre à exprimer des idées abstraites et dont
il fallait faire une étude particulière : telle était, par
exemple, l'expression des nombres par la situation convenue des doigts du chironome.

   Il y a mille observations qu'on peut faire sur tous ces
gestes d'institution : par exemple, sur les différentes démonstrations de respect et de salut chez les divers peuples ; sur les gestes cérémonieux, bouffons ou galans, qui
sont bien différens à Londres, à Paris et à Naples, et qui
varient même comme les modes ; mais toutes ces choses
sont hors de mon sujet.

   Je ne sais cependant si l'on doit ranger parmi les gestes
d'institution ceux qu'on retrouve sur les monumens et
qui paraissent plutôt être des gestes de caractère et convenables à l'art : par exemple, les jambes croisées exprimaient la douleur ; chez les femmes, la main rapprochée
de la tête et soulevant le voile, exprimait la pudeur ; les

pieds en arrière avec les orteils un peu refoulés exprimaient le caractère agreste et naïf des bergers; un pied
posé sur un rocher ou sur tout autre objet élevé, et le
bras appuyé sur le genou, du même côté, était une attitude héroïque qu'Eckel prétend être un signe de propriété
et de puissance. Les mains de la Diane d'Ephèse ont peut-
être servi à consacrer l'attitude des figures priantes et
adorantes, dont l'usage a passé dans le culte chrétien.
Il est bon que le peintre connaisse tous ces gestes, et, s'il
ne convient pas qu'il les introduise dans certains sujets,
il peut user quelquefois de ceux qui ne sont pas mystérieux, afin de transporter le spectateur au tems des mœurs
reculées et de le captiver par cette teinte antique, qui
n'est jamais sans charmes et dont Poussin s'est efforcé
souvent avec succès d'embellir ses ouvrages.

Du geste théâtral.

L'analogie que l'on a cru reconnaître de tout tems
entre l'art du geste théâtral et l'art du geste de la peinture, a déterminé fort souvent les peintres et les sculpteurs à faire des emprunts aux acteurs sur la scène. On
s'est dit : le but du comédien, comme celui du peintre,
est l'imitation; tous les deux ont pour prototype la nature,
pour modèles les passions des hommes, et pour moyen
la pantomime ainsi que les mouvemens. Mais cette comparaison, juste en apparence, ne saurait se soutenir en
présence d'une définition exacte de l'un et de l'autre art :
c'est ce que je tâcherai de démontrer tout à l'heure.

Vraisemblablement, à Athènes et à Rome, les sculpteurs, les peintres et les pantomimes des théâtres, étaient
dans l'usage de se faire des emprunts réciproques. Les

conséquences en ont-elles été les mêmes chez eux que
parmi les modernes, et les anciens ont-ils toujours tiré
un bon parti de ces échanges? C'est par la connaissance
des règles seules qu'on peut jeter de la lumière sur ces
questions. Telle attitude que nous retrouvons sur les monumens, aura pu devenir classique, parce qu'un habile
acteur en ayant offert le type sur le théâtre, quelque
grand statuaire l'aura recueillie et répétée dans son atelier. Il est certain que le peintre a beau imaginer de belles
poses, de belles lignes et des gestes significatifs, il ne les
réalisera véritablement que quand des modèles vivans les
auront offerts au moins approximativement à sa vue, et
c'est toujours une découverte précieuse pour lui que les
gestes d'un individu dont la belle conformation et la grâce
d'action offrent de ces mouvemens qu'il aurait en vain
cherchés dans le vague de son imagination. Nous ne devons
jamais perdre de vue, dans ces rapproch'emens, que les
représentations des théâtres de l'antiquité étant presque
toujours religieuses ou politiques, que la dignité et la convenance du geste étant, pour ainsi dire, sous la surveil-
lance des magistrats, il est à croire que les peintres et les
statuaires pouvaient faire des observations et des études
très-utiles, lorsqu'ils assistaient à ces beaux spectacles
dans lesquels la vérité et la naïveté étaient tout autant
appréciées que la beauté. Combien même devaient être
intéressans, pour le peintre, les exercices préliminaires
des acteurs, lorsqu'ils répétaient leurs pantomimes [1], lors-

---

[1] Quelques figurines d'Herculanum semblent nous retracer des personnages scéniques, occupés à ces exercices préparatoires. Ces fragmens
de peinture, que les anciens n'auraient sûrement pas appelés des chefs-
d'œuvre, nous offrent cependant un goût, ou, pour mieux dire, un style

qu'ils composaient leur geste, leur vêtement [1], ainsi que la manière dont ils devaient porter une arme, manier un accessoire! Car, dans ces fameuses représentations, il s'agissait de plaire à des Athéniens, à un peuple de sculpteurs, de peintres, de poètes, tous remplis de goût, de finesse et d'irritabilité, et tous d'accord sur la vraie beauté et sur la convenance.

Il y a une multitude de choses à dire pour prouver que le théâtre des anciens devait servir d'aliment à la peinture et à la sculpture.

On conçoit que, si l'on voulait donner ici à cette matière toute l'étendue dont elle est susceptible, on recueillerait une foule de recherches très-intéressantes qui ont

merveilleux dans l'attitude et le mouvement général des personnages, et dans leur ajustement. Pline parle du peintre Calades, qui excellait à représenter des sujets comiques dans de petits tableaux : *in comicis tabellis.* (Voy. Caylus, *Recueil de l'Académie des Inscriptions,* tom. 25.)

Mme Dacier ne doute pas que, du tems de Térence, les comédiens ne fissent les mêmes gestes qui sont représentés par les figures du manuscrit du Vatican de cet auteur; mais celles que B. Picard a gravées pour la traduction de Mme Dacier, ne ressemblent point aux originaux; il a maniéré les poses et ajusté le tout à sa façon et suivant le goût régnant, comme toutes les antiques qui ont passé par ses mains.

[1] L'art de se draper est intimement lié à l'art du geste théâtral. Cet art était l'objet d'une étude importante chez les anciens, qui s'en occupaient à la ville comme au théâtre. On comprend tout l'avantage que peut en tirer l'acteur qui recherche la beauté et l'expression des convenances, lorsqu'il a à sa disposition non-seulement des vêtemens d'un bon choix, mais des draperies susceptibles de mouvemens et de variétés très-combinées. Chez nous, les draperies et le manteau de l'acteur sont fixés et accrochés de manière que la physionomie optique de l'ajustement est toujours la même. Aussi les bras, le torse et toutes les parties, offrent éternellement le même effet; mais tous ceux qui s'extasient sur la réforme dans le costume de notre théâtre, ne sont pas si difficiles.

été faites par les antiquaires·sur la danse et sur l'art du
théâtre des anciens ; mais cela n'entre pas dans le plan
de ce traité. Cependant je crois utile et à propos ici de
citer ce qu'on trouve sur cette question dans le Dictionnaire des beaux-arts de M. Millin, à l'article Hypocritique.

« La musique hypocritique, que les Grecs nommaient
» *Orchesis,* et les Romains *Saltatio,* était une espèce de
» danse, dont, suivant Athénée, Thélestes fut l'inventeur.
» Elle consistait à imiter les démarches, les attitudes, les
» gestes, en un mot tous les mouvemens dont·on accom-
» pagne le discours, ou dont on peut se servir pour faire
» comprendre ses idées sans le secours de la parole. Il
» ne faut donc pas confondre la danse avec le saut, mais
» se rappeler que la véritable danse des anciens était une
» pantomime. Cet art, que nous appelons l'art du geste,
» se subdivise en plusieurs espèces, et avait produit un
» grand nombre de danses différentes, sur lesquelles on
» peut consulter l'orchestrique de *Meursius.* C'était de
» tous les arts musicaux celui que les anciens aimaient
» le plus. Il était aussi utile à l'orateur qu'à l'histrion.
» Les gestes de la danse antique, ou plutôt de la saltation,
» devaient signifier quelque chose et être un discours
» suivi. Le terme *danse* servait également pour exprimer
» l'action de faire des gestes et celle de jouer la comédie ;
» ainsi la danse de ce tems-là ne ressemblait pas plus à
» la danse du nôtre, que notre musique ressemble à
» celle des anciens. Chez nous, l'art de la musique n'est
» que celui de combiner et de rendre des sons ; chez
» eux, cet art renfermait la poésie, la saltation ou la
» danse, l'art dramatique et quelquefois la théologie et

» la politique. Notre danse ne comprend que les atti-
» tudes, les pas, les grâces et les sauts; celle des anciens
» renfermait, outre cela, l'art d'exprimer sans paroles,
» l'art de jouer la comédie et même la tragédie. C'était la
» musique qui enseignait à exécuter tous les gestes pro-
» pres au genre dramatique, comique et satirique, et cette
» musique instrumentale s'appelait musique hypocritique,
» c'est-à-dire, qui contrefait, qui imite. Elle était aidée
» de la musique rhythmique, qui lui indiquait les momens,
» en lui marquant les mouvemens. En écrivant les vers,
» on mettait au-dessus les gestes que devaient faire les
» histrions, et c'est cet art d'écrire que nous n'avons plus
» et qu'on ne peut même concevoir. Il fallait que le dé-
» clamateur et le gesticulateur allassent ensemble d'un
» parfait accord, car un geste hors de mesure passait
» pour une faute capitale, ce qui avait donné lieu au pro-
» verbe grec, *faire un solécisme avec la main*. L'habi-
» tude des spectacles avait rendu le peuple si connaisseur
» dans cet art, que la moindre faute était aussitôt aperçue
» et impitoyablement sifflée. L'art de la saltation étant
» perdu, on ne peut en parler que par conjectures; mais
» ce qui n'est pas douteux, c'est que les comédiens an-
» ciens excellaient dans l'art des gestes. La signification
» de *saltatio* empêche de trouver ridicule que les chœurs
» dansassent, même dans les endroits les plus tristes de
» la tragédie, puisque le genre de danse qu'Aristote pres-
» crit dans sa poétique, ne signifie que les gestes que fai-
» saient les chœurs. Un de ces chœurs fut représenté
» avec tant de force dans la tragédie des Euménides d'Æs-
» chile, que, selon la tradition vulgaire, plusieurs femmes
» grosses accouchèrent sur le théâtre d'Athènes. Cet évé-

» nement fut cause qu'on réduisit à quinze ou vingt per-
» sonnes le nombre des acteurs de ces chants terribles,
» où figuraient quelquefois cinquante personnages. L'art
» de la saltation se perfectionna au point que les comé-
» diens osèrent entreprendre de jouer toutes sortes de
» pièces de théâtre, sans ouvrir la bouche. On les nomma
» pantomimes, c'est-à-dire, imitateurs de tout. »

Tout le monde sait quelle sensation produisirent à
Rome les pantomimes Pylade et Bathylle, son élève, qui
vivaient sous Auguste. Ils fondèrent des écoles qui furent
dirigées par leurs élèves, sans interruption. Les pantomimes jouirent de grands honneurs, de grands priviléges;
l'histoire et plusieurs monumens l'attestent [1]. Il se formait
pour eux des partis et des cabales; et ils prirent des livrées
différentes : les uns s'appelaient *les bleus,* les autres *les
verts,* etc. Plusieurs écrivains ont parlé de la grande impression qu'ils faisaient sur les spectateurs, et Juvénal,
entr'autres, nous apprend que Bathylle, en représentant
les amours de Léda, porta un instant le désordre dans le
cœur des dames romaines [2].

[1] Il y a sûrement plusieurs exemples de statues érigées en l'honneur
des célèbres pantomimes; mais Pausanias, qui les passe sous silence
en son Liv. 10. Ch. 9, cite (Liv. 9. Ch. 12) celle de Pronomus, célèbre
joueur de flûte et compositeur excellent, acteur qui plaisait infiniment
au peuple. Il est parlé de ce Pronomus dans Athénée (Liv. 14. Ch. 7.)

[2] L'importance que les modernes mettent à l'art de la danse, est de
toute autre espèce. Il y a long-tems que les observateurs se plaignent de
l'usage des sauts et des pirouettes; mais les critiques crient dans le désert. Voici ce que disait à ce sujet, il y a plus de cinquante ans, un homme
de bon sens (Lettres sur la danse; 1771, chez Jorry fils) : « Nous n'avons
» plus de danse; mais ne pourrions-nous pas en avoir ? La danse, la
» véritable danse, la seule qui pût mériter ce nom, la danse théâtrale
» enfin, est l'art de rendre les diverses impressions de l'ame par les

Cet aperçu doit suffire pour donner une idée de l'importance que les anciens apportaient à la pantomime des théâtres, et pour nous convaincre de l'avantage que les autres arts d'imitation pouvaient en retirer. Il est donc naturel de penser qu'un assez grand nombre de gestes scéniques ont pu passer dans le domaine de la peinture et de la sculpture. On pourrait ajouter encore qu'il est à remarquer que tous les autres spectacles, tels que ceux des cirques, des arènes, qui pouvaient fournir des idées et des modèles aux peintres, offraient constamment les mêmes leçons de beauté et de décence : enfin, pour me servir d'un exemple, il fallait que les maîtres d'escrime (*Laristæ*), qui instruisaient les gladiateurs, leur montrassent non-seulement à se bien servir de leurs armes, mais il fallait encore qu'ils enseignassent à ces malheureuses victimes dans quelle attitude il fallait tomber, et quel maintien il fallait tenir lorsqu'on était blessé mortellement. Ces maîtres leur apprenaient, pour ainsi dire, à expirer de bonne grâce.

Si nous voulons maintenant savoir quelle a pu être l'influence de la peinture et de la sculpture sur l'art du théâtre, et ce que les acteurs ont pu emprunter aux ta-

» mouvemens variés des différentes parties du corps. Ainsi toute per-
» sonne qui, arrivant du fond du théâtre, s'élancera en l'air d'un air
» léger, fera un entre-chat à huit ou à dix, s'avancera sur la scène par
» un noble et ennuyeux terre-à-terre, fera ensuite des balancemens, des
» jetés battus, des pirouettes, des à-plombs, des brisés, des tems de
» cuisse, sera justement applaudie par les amateurs ; mais, s'il ne fait
» que cela, il n'aura pas dansé. Les pas ne sont que le mécanisme de la
» danse ; la pantomime en est l'ame et la vie. La danse unie à la pan-
» tomime est un art ; la danse séparée de la pantomime n'est qu'un
» métier. »

bleaux ou aux statues, nous n'hésiterons pas à reconnaître
qu'ils ont dû retirer avec usure l'intérêt des prêts qu'ils
ont pu faire, et cela se prouve en deux mots. En effet,
le peintre n'a pas besoin, pour choisir dans la nature,
d'étudier l'art du comédien; mais celui-ci, pour bien
choisir, a besoin de connaître plusieurs lois de l'art du
peintre. Le comédien, il est vrai, offre au peintre sa chaleur, son ame ; mais il n'offre point son art. Celui-ci au
contraire lui offre et sa chaleur et les combinaisons de
son art, qui, par la fixité et la durée de ses images, peut
être constamment étudié et approfondi. D'ailleurs le
comédien peut-il avoir fait les mêmes recherches et être
aussi familier que le peintre avec les secrets de la disposition, avec ceux de la grâce et de la beauté, secrets qui
dépendent du calcul des lignes et des combinaisons optiques dans les gestes et dans les vêtemens [1] ? Connaît-il
les moyens de caractériser les différens modes, depuis la
plus grande magnificence jusqu'à la plus austère simplicité ?

[1] Il est vrai que les lois du beau optique ne diffèrent dans aucun art
d'imitation où il s'agit du plaisir des yeux, et il est à croire que, chez les
anciens, ces lois et ces règles étaient apprises assez rigoureusement dans
les écoles des comédiens ; mais il est certain qu'ils recouraient à la sculpture et à la peinture. Nos acteurs pantomimes, nos danseurs et nos
maîtres de ballet, courraient grand risque en consultant les tableaux des
musées. Aussi n'ont-ils rien de mieux à faire, pour former leur goût (car
le goût, qui est le sentiment du bon, est perfectible), que d'étudier et
de rechercher les monumens. S'ils partent des principes certains du
beau, ils parcourront les combinaisons les plus variées, les plus neuves,
et feront avancer leur art ; et s'ils s'en rapportent au contraire à ce goût
vague et individuel, que la vanité nous fait considérer toujours comme
excellent, et qui n'est, à la rigueur, qu'un goût de lazzis et d'habitudes,
ils le feront rester des siècles entiers dans un cercle vicieux,

Mais revenons à l'important examen des différences qui empêchent d'assimiler le geste théâtral au geste pittoresque, et qui fixent leurs limites réciproques. Je n'étendrai pas ce parallèle au-delà du point que je traite, et je vais seulement exposer quelques idées sans consulter les traités publiés sur l'art du théâtre.

Le caractère poétique, dramatique, tragique ou comique de la scène, oblige l'acteur à s'élever au-dessus de la nature ordinaire. La nécessité où il se trouve de produire le plus grand effet possible, l'autorise à une espèce d'exagération sans laquelle il ne paraîtrait pas être en harmonie avec le ton général du poème et de tout le spectacle. On aime dans un personnage de théâtre des manières et des gestes qui soient au-dessus des gestes et des manières ordinaires dont les hommes soutiennent leurs discours. Je sais bien que cette élévation devrait toujours être vraie et prise dans les convenances de la nature ; mais le spectateur ne hait pas une pantomime et des manières imposantes et un peu exagérées. Il n'en est pas de même en peinture. Un tableau, quelque relevé qu'il soit dans son aspect, n'oblige pas le peintre à outrer les gestes de ses figures. Il proportionne la pompe de ses décorations au sujet et aux personnages, et tout est d'accord dans le ton qu'il a voulu lui-même donner : première cause du danger attaché à l'imitation des acteurs.

J'en trouve une seconde dans la nécessité où se trouve l'acteur de mettre ses gestes à la hauteur du ton de sa voix et du ton des expressions verbales employées par le poète. En effet, comment débiter des phrases énergiques, pompeuses, des mots d'un grand choix, et faire résonner ces grands mots avec la force et l'intensité propre à l'é-

tendue d'un grand théâtre, sans accompagner ces efforts
d'une espèce de gestes analogues, et sans faire participer
sa pantomime de cette même exagération [1]?

Il y a ensuite une autre considération toute particulière
au comédien, c'est le besoin de faire comprendre et de
faire sentir fortement les idées du poète, de prouver qu'il
les sent lui-même et qu'il les rend avec exactitude. Ses
gestes lui servent donc d'interprètes, et dans le cas où il
n'aurait pas frappé les oreilles, il s'adresse au sens de la
vue. Il prononce en gesticulant, il double la force des
épithètes acoustiques par des épithètes optiques, et c'est
en ceci qu'il est presque toujours le comédien, l'acteur du
théâtre, et non le personnage de la nature. Il faut remarquer qu'autre chose sont les affections de l'ame, autre
chose les vues de l'esprit, et que le peintre ne doit représenter que les sentimens, et non les idées. Ajoutons que le
comédien craint de répéter les mêmes signes successifs.
Il doit les varier, les changer, et n'être pas monotone aux
yeux des regardans; il craint même de gesticuler le len-
demain précisément comme il a pu le faire la veille.
L'attrait de la nouveauté le domine, et souvent il rem-
place des vérités connues par des impropriétés nouvelles,
comme si, dans les diverses copies d'un même ouvrage,
il fallait effacer les bons endroits, pour y substituer de
mauvais changemens.

Enfin le spectateur qui veut être remué, excité, n'apporte souvent qu'une attention languissante; il faut le
réveiller, le piquer; il faut parfois crier des bras comme
on crie de la voix, car les poètes font bien souvent traîner

---

[1] Tout le monde sait que ces mêmes gestes, exécutés sur un fort petit
théâtre, seraient insupportables.

l'intérêt par des discours éternels qui ennuient et qui assoupissent les regardans. Une figure me déplaît dans un tableau, je tourne les talons et j'en suis quitte ; mais au spectacle on est souvent emprisonné, il faut attendre la fin de cette longue tirade, il faut bâiller et rester là. Que fait l'acteur ? Il s'échauffe, il s'agite, il nous rappelle à la scène, il fait tout pour exciter nos regards ; mais sa fausse chaleur excite souvent notre sourire et nos murmures.

Parlerai-je aussi de cette indulgence que le public accorde à l'acteur, et qu'il refuse au peintre, à cause du tems que celui-ci peut employer à l'exécution de son tableau, tandis que l'acteur doit en quelques heures nous retracer mille situations diverses ? Il en résulte qu'un geste vicieux est toléré, parce qu'on espère être un instant plus tard dédommagé par une belle expression.

Dirai-je encore que sur la scène la laideur du geste n'est que passagère ; que les actions du corps sont transitoires et fugitives, tandis que les gestes de la figure peinte sont continuellement laids et sans retour ?

Qui ne sent pas encore que l'acteur jouit de tous les droits de sa célébrité ; qu'elle impose souvent à la critique, et qu'elle nous fait même goûter bien des vices qu'on est près de regarder comme des beautés et des règles ? Le peintre au contraire voit souvent son tableau exposé à la censure des gens qui en méconnaissent l'auteur, et c'est réellement pour la postérité qu'il produit ses ouvrages.

Je vais terminer ces considérations par comparer la distance qui sépare de la scène jouée le spectateur, et celle qui sépare du regardant le tableau peint. Cette comparaison est si familière à l'esprit de tout le monde,

qu'il est inutile de la pousser bien loin. Je dirai donc seulement que, rigoureusement parlant, le peintre ne peut
emprunter la pantomime de l'acteur, que dans le cas où
ce dernier n'aurait point calculé ses gestes d'après un
très-grand éloignement. Cela nous ramènerait aussi à la
question du point de vue sous lequel un geste beau peut
souvent paraître laid ; mais en voilà assez sur cette question.

On a dit, il y a long-tems, qu'imiter des acteurs, c'était
imiter des imitations, et que bien que le comédien fût
réellement un personnage vivant et naturel, ses passions
exprimées par des gestes pouvaient fort souvent paraître
factices et hors de nature. Cette vérité bien sensible a
été cependant méconnue d'une foule d'artistes modernes,
qui, dans les écoles d'Italie même, ont été dupes de l'influence théâtrale ; car, si l'on excepte quelques ouvrages
qui datent des âges de simplicité, on reconnaît dans presque tous les autres, outre le goût académique, tel que
celui, par exemple, dont les chefs de l'école florentine
ont infecté la peinture, un je ne sais quoi de violenté dans
les actions imitées, et une certaine expression factice dans
le geste, qui les fait ressembler plus aux acteurs du théâtre
qu'aux acteurs de la nature. Je sais qu'on peut appeler ce
point difficile un véritable écueil ; le grand Poussin lui-
même ne l'a pas toujours évité, car ses personnages jouent
quelquefois leurs rôles comme sur un théâtre où l'on tolé-
rerait les combinaisons et les calculs de l'esprit. Cette
naïveté rare, qui transporte de suite en présence de la
nature, n'est pas une petite vertu dans les arts, et elle a
coûté aux Grecs eux-mêmes plus de peines et de sueurs
qu'on ne l'imagine. On a beau dire : comment travailler

à être naïf? Il est certain que les grands artistes de l'antiquité y ont travaillé, surtout à certaines époques, et
qu'ils y sont parvenus, plus souvent qu'on ne le pense,
par la seule force de la philosophie. Avant de faire une
chose dans les arts, il faut l'aimer et vouloir la faire ;
mais si les maximes sont fausses, si les peintres croient
devoir imiter les gestes des comédiens, par cette raison
qu'ils sont des modèles vivans et qu'ils connaissent les lois
de l'exagération et de l'énergie, cette erreur pourra corrompre toutes leurs productions. Nous avons un exemple
bien sensible de ce défaut, que les étrangers ont reproché
justement à l'école française : c'est dans Charles Coypel.
Ce peintre, qui aurait pu exceller dans les expressions,
avait mis en principe qu'on n'avait rien de mieux à faire
que d'imiter les acteurs ; et on sait qu'Antoine Coypel
consultait le comédien Baron sur les attitudes qu'il devait
donner aux figures de ses tableaux. Dufresnoy, de Piles
et Léonard de Vinci vont plus loin : ils recommandent
l'imitation des muets dans leurs pantomimes, parce que,
disent ces écrivains, les muets étant privés des significations de la parole, ils possèdent mieux l'art de se faire
comprendre par leurs gestes ; mais comme autre chose
sont les vues de l'esprit, et autre chose sont les affections
de l'ame, par ce moyen l'on ne peindrait que des muets
ou des comédiens qui veulent être compris, et l'on ne
peindrait pas les hommes de la nature. Aussi Antoine
Coypel peignait-il dans ses tableaux, non-seulement des
comédiens, mais des comédiens français, et même des
comédiens de la cour de Louis XIV et de Louis XV ; il
allait quelquefois jusqu'à imiter une partie de leurs pitoyables costumes. Qu'a-t-il produit ? de petits effets avec

des moyens forcés, et les cœurs n'ont pas été sa dupe.
Les tems sont changés. Les acteurs des théâtres sont reve-
nus de ce mauvais goût. Cette amélioration a séduit, on
l'a appelée du nom de perfection, et les peintres ont encore imité des acteurs. Ils ont imité le mouvement de
leurs bras, de leurs poignets, de leurs jambes ; leurs
écarts, leurs contrastes, leur tension, leur violence, toute
leur tournure enfin et tout leur maintien. Beaucoup de
peintres vont donc s'instruire au théâtre, et ils trouvent
ces études plus commodes et plus faciles que celles qu'ils
devraient faire devant la nature [1].

Au reste il suffirait, pour retenir un élève dans le désir
d'emprunter des gestes aux acteurs, qu'il se rappelât ce
qui différencie le domaine de l'art du théâtre et le domaine de l'art de la peinture. Lorsque les écrivains nous
citent la lutte que Cicéron établit entre lui et le pantomime Roscius, ils nous font entendre que le but de Cicéron n'était pas de gesticuler comme ce comédien, mais
de lui opposer des équivalens pris dans l'art oratoire. Le
récit de Macrobe est positif. Il dit donc que « Roscius et
» Cicéron se firent quelquefois le défi à qui des deux ex-

---

[1] « Nous voyons au Théâtre-Français, dit Cahusac, des gestes et des
» mouvemens qui nous entraînent ; s'ils nous laissaient le tems de réflé-
» chir, nous les trouverions désordonnés, sans grâce, peut-être même
» désagréables : mais leur fin rapide échauffe, émeut, ravit le spectateur ;
» ils sont l'ouvrage du désordre de l'ame ; elle se peint dans cette espèce
» de dégingandage, plus beau, plus frappant que ne pourrait l'être toute
» l'adresse de l'art ; osons le dire, c'est le sublime de l'agitation de
» l'acteur, c'est la passion elle-même qui parle, qui me trouble, et qui
» fait passer dans mon ame tous les sentimens que son beau désordre me
» peint. » Mais ce dégingandage, qui ravit les gens sans goût, blesse les
spectateurs éclairés et délicats, qui trouvent l'instant de réfléchir et de
comparer, quoiqu'en dise ici Cahusac.

» primerait de plus de façons la même pensée, c'est-à-
» dire, l'acteur en variant ses gestes, et l'orateur en va-
» riant ses phrases. » En supposant même que Roscius
n'ait pas remporté la victoire, du moins ne doit-il pas
avoir entièrement succombé, car le résultat de ces défis
lui donna une si haute idée de son art, qu'il osa composer
un traité uniquement destiné à le comparer à celui de
l'orateur.

Que les peintres n'empruntent donc aux acteurs que
les gestes spontanés dérivant de la nature, et non ceux
qui appartiennent à l'art théâtral. Qu'ils apportent la
même retenue dans le choix de ces actions et de ces
gestes; qu'ils en apportent en présence des scènes même
de la nature, qui, pour un signe convenable, nous en offre
mille que la peinture doit rejeter. Que le peintre se méfie
de tous les gestes dramatiques et tragiques que les acteurs
veulent rendre très-forts et très-remarquables : presque
toujours ces gestes sont des imitations de telle ou telle
manière de coulisse, de tel ou tel comédien; presque toujours ils sont outrés, laids et impropres. Combien n'en
voit-on pas qui sont guindés pour être nobles, hideux
pour être véhémens, et triviaux pour être naïfs? Que peut
espérer l'artiste à de pareils spectacles, et que n'a-t-il pas à
redouter de leur influence, lorsqu'il lui faudra obéir aux lois
austères de son art? Cependant ce sont ces mêmes gestes
que le parterre plus ou moins maniéré lui-même, plus ou
moins barbare, applaudit de préférence. Quelque acteur,
il est vrai, ami de la décence et de la beauté, peut développer parfois l'énergie de son ame dans le vrai mode de
la tragédie; il peut se faire que, nourri des images nobles
des anciens, il offre un geste dont l'effet nous transporte

et nous électrise : alors l'artiste spectateur doit payer
son tribut d'admiration et de sensibilité; mais qu'il se
rappelle toujours les règles sévères et le langage particulier de son art; qu'il ne perde jamais de vue que la traduction qu'il pourrait faire en peinture de cette même
expression théâtrale qui lui paraît si belle, ne peut être
écrite que dans une langue différente qui a ses combinaisons, ses nécessités et ses limites particulières; et que,
tout échauffé qu'il est par les effets qu'il vient d'admirer,
il n'aille pas sans réflexion en faire un calque indiscret
sur la toile.

Il faut faire observer que cette habitude funeste de copier
en peinture les expressions des acteurs, comme étant des
expressions naturelles, ne provient pas toujours du peu
de jugement des artistes, mais qu'elle provient souvent
aussi de l'impression très-forte et très-durable que font
sur eux les fréquens spectacles du théâtre. Il faut tâcher
encore d'expliquer ceci.

Toutes les fois que les rapports entre les signes et les
idées sont très-perceptibles, il en résulte un effet très-
intense sur les organes, sur l'intelligence et conséquemment sur la mémoire : or les signes de la scène sont très-
frappans et très-perceptibles, et ils nous affectent aussi
vivement au moins que les signes des tableaux; ce sont
de vraies peintures animées, circonscrites dans un cadre
plus ou moins étendu, mais qui est déterminé et qui fixe
et concentre toute notre attention. Pourquoi l'influence
des tableaux sur les écoles et sur le goût est-elle si forte
et si durable ? C'est que les tableaux, comme les représentations théâtrales, nous frappent par des signes dont
les rapports sont bien plus déterminés et bien plus cir-

conscrits qu'ils ne le sont en général dans la nature ; c'est
que l'ordre dans lequel ils se présentent à la vue, à l'esprit
et à la mémoire, est bien plus distinct et bien plus remarquable que l'ordre incertain et fugace des signes naturels
offerts par le hasard. Les gestes de la scène se retracent
encore à la mémoire par l'association de mille idées qui
rappellent un grand nombre d'autres comparaisons dont
nous avons été frappés au théâtre : par exemple, les images
des sites, leur forme et tout leur caractère, l'éclat des
parties vivement éclairées, les acteurs secondaires qui,
par leur attitude, déterminent les lignes et les groupes ;
leur costume, leur physique, leur renom, tout nous a
frappés, et le souvenir de ces choses active le souvenir des
gestes et de toute leur pantomime. Voilà les causes qui
retracent sans cesse à l'imagination des artistes les gestes
vus au théâtre. Toutes les mille et mille situations imitées par les acteurs, seront donc retenues et classées
dans la mémoire de l'artiste regardant, et elles seront
mieux retenues souvent que les situations réelles offertes
par la nature. Comment donc les rejeter ou les oublier,
ces milliers de gestes mensongers et laids, dont la vue est,
pour ainsi dire, tellement saturée, qu'elle ne peut plus
recevoir les impressions touchantes de la nature ? Comment redevenir naïf, vrai et chaste dans ses idées, lorsqu'on est devenu esclave de ces fantômes qu'on va tous
les jours applaudir et dont on cherche même à s'inspirer ?
Je doute que le grand Poussin fréquentât les théâtres de
Rome ; je doute que le grand Raphaël ne se fût pas un
peu guindé, un peu maniéré, ou, pour mieux dire, beaucoup guindé et beaucoup maniéré, s'il eût suivi nos représentations journalières, s'il eût suivi l'historique théâtral

de nos acteurs, de nos coulisses, de nos loges, etc. Artistes,
dont le devoir est de perpétuer la beauté parmi les hommes,
méfiez-vous du théâtre, méfiez-vous des imitations; aimez
la nature, aimez les Grecs; payez les spectacles qu'ils nous
donnent, payez les leçons qu'ils ont écrites; croyez qu'une
seule mauvaise représentation théâtrale peut vous perdre
et gâter votre goût pour toujours, tandis qu'une soirée
passée en présence d'un beau modèle ou d'une belle statue
antique ne sera jamais à regretter.

Cependant, peut-on objecter, il se trouve parfois des
acteurs d'un rare mérite, et qui laissent même aux peintres de grands exemples; des acteurs qui étudient les
mœurs, la nature, et dont les leçons ne peuvent qu'ali-
menter le génie; il s'en trouve parfois qui sont pleins
d'instruction, d'élévation, et qui, s'affranchissant des préjugés d'un parterre oisif et blasé, ambitionnent plus les
larmes du spectateur sensible et éclairé, que les bravos
des gens de parti; en un mot, des acteurs amis de la vertu
et de la beauté. C'est bien ce que je pense, et je ne doute
pas de tout l'avantage que la peinture pourrait retirer du
talent de ces hommes distingués : aussi voyons-nous dans
les écrivains les noms célèbres de certains acteurs qui,
par leurs études et leur amour pour la perfection, pouvaient rendre de pareils services. Valère-Maxime nous
apprend, par exemple, que Roscius et Esope, ces fameux
comédiens, se trouvaient continuellement dans l'auditoire
de l'éloquent Quintus Hortensius, pour en étudier les
gestes, afin de parer le théâtre des beautés muettes du
barreau. « On sait, dit Valère-Maxime, avec quelle étude
» ce dernier s'appliqua à cette éloquence muette, à peine
» connue de nos jours. » J'ajouterai ici que Démosthènes

prenait des leçons de gestes du comédien Tirésias. Un
autre écrivain nous dit, en parlant de ce même Roscius,
que cet excellent comédien, contemporain de Cicéron,
ne représentait jamais aucune action devant le peuple,
sans l'avoir étudiée et concertée très-long-tems dans sa
maison, et sans avoir répété d'avance jusqu'aux moindres
gestes ou mouvemens du corps.

En général la manière et le mauvais goût sont ce qui
blesse le moins les spectateurs. Il est très-vrai qu'un
acteur peut toucher, attendrir, être plein de feu, de verve
et d'intelligence, et être en même tems maniéré, un peu
affecté, faux, et même trivial et fort laid dans ses gestes;
il peut être, en un mot, très-éloigné du vrai type, qui est
la belle nature, et néanmoins avoir un fort grand talent
et un fort grand succès. Si l'on jette un coup-d'œil sur
les portraits des acteurs français du dernier siècle, et de
tous les acteurs de l'Europe, que la gravure nous a conservés, on ne pourra s'empêcher de penser, malgré la
persuasion où l'on est que leur réputation n'a pas été
usurpée, que leur maintien, leur geste et leur allure indiquent des êtres maniérés, apprêtés, barbares; enfin qu'ils
devaient être fort ridicules. Et cela est la vérité, quoiqu'on
ait pleuré à leurs représentations; car un tems peut avoir
lieu où l'on s'accoutume tellement à la grimace, à la minauderie et à l'afféterie, que la simplicité et le naturel
paraissent insipides; un tems peut avoir lieu, où quelques
progrès, dans certaines parties de l'art, fassent trouver
excellent tout le reste des habitudes pernicieuses.

Les personnes qui ont vu naître l'heureuse réforme qui
s'est opérée au théâtre à la fin du 18e siècle, peuvent
être tout émerveillées à la vue de certains acteurs d'au-

jourd'hui, qui parfois rappellent les mœurs antiques par
leur costume et leur maintien. Il n'est pas surprenant
que le même spectateur qui se rappelle les héros et les
héroïnes grecques et romaines affublées de paniers, chaus-
sant la mule pointue au lieu du cothurne tragique, ayant
la tête chargée de coiffures colossales où les perles, les
guirlandes, les nœuds, la pommade, l'amidon et les pa-
naches étaient accrochés d'une manière si plaisante ; il
n'est pas surprenant, dis-je, qu'il soit éloigné du rigorisme
relativement au costume d'à-présent et aux mœurs tragiques. Mais si nous partons de la comparaison fournie par
les anciens eux-mêmes, au lieu de celle que nous offre le
souvenir de ce pitoyable goût, auquel nos descendans
voudront à peine croire, nous ne pourrons nous empêcher
de reconnaître combien est long à parcourir le chemin
qui sépare le style barbare, du style de la perfection, et
quels constans efforts ne doivent pas faire les amis du bon
et de l'excellent, pour atteindre au vrai but.

Oui, l'étude du geste dans les monumens doit être
l'objet des continuelles recherches du peintre, comme du
comédien. C'est dans cette étude que ce dernier reconnaîtra les signes propres à caractériser, non-seulement les
mœurs, mais encore toutes les passions. Il y apprendra à
distinguer ce qui constitue ce décorum et cette dignité qui
est inséparable du caractère tragique et héroïque, ainsi que
cette simplicité qui rappelle toujours la nature. Il y trouvera mille moyens de s'élever par le geste à la hauteur
du poète. Il y apprendra l'art d'embellir sa pantomime
par des draperies belles et mobiles à son gré, et il pourra
par ce moyen varier le caractère optique de toute sa
personne, suivant le caractère poétique des situations.

Si les acteurs parviennent à peindre la vraie grâce
antique, qui est la vraie grâce de la nature; s'ils ne rem-
plissent la scène que de gestes beaux et convenables;
s'ils nous font voir enfin des personnages dont le maintien, les attitudes et les actions élèvent l'ame et rappellent
la dignité de l'homme, pourquoi ne verrait-on pas peu à
peu les autres arts se ranger sous cette influence ? La
musique épurera et simplifiera ses chants; elle recher-
chera la convenance et le caractère. L'architecture agran-
dira et ennoblira ses dispositions, et sera en harmonie
avec la majesté et la décence des acteurs; elle expulsera
ce reste de barbarie qui dénature le caractère du lieu; elle
changera la disposition de la lumière qui éclaire les acteurs,
effet ridicule que l'accoutumance et la routine tolèrent
et que notre industrie chimique pourrait si facilement
corriger. La peinture scénique deviendra plus austère,
plus vraie; les décorations et les sites concourront mieux
à la gravité et à la hauteur du sujet. Enfin tous les beaux
arts rivaliseront pour élever et perfectionner leur style.
Alors les sculpteurs et les peintres pourront monter leur
imagination à ces grands spectacles, comme ils le faisaient
jadis à Athènes et à Rome, et tous les arts, dont le but
est de rendre la vertu visible, contribueront réellement
au bonheur de la société.

Puissent ces aperçus diminuer la confiance aveugle
des artistes qui vont puiser leurs leçons dans les théâtres
et sur la scène ! Puissent-ils rappeler aux acteurs l'influence que leur manière ou leur affectation peut avoir
sur les autres arts, qui tous les jours les mettent innocemment à contribution !

Des gestes statuaires.

Le geste statuaire n'est pas aussi différent du geste de la
peinture, qu'on l'a pensé jusqu'ici. Les modernes ont établi
dans les écoles des démarcations exagérées entre la peinture et la sculpture, et ces prétendues différences n'ont
été désignées avec tant d'importance, qu'afin de déguiser
cette grande distance qui sépare le mérite des chefs-
d'œuvre antiques de celui de nos tableaux. Les professeurs n'ont donc cessé de répéter que la peinture ne devait point ressembler à la sculpture antique; mais il est
à remarquer que, par une inconséquence vraiment singulière, ces mêmes artistes ont produit des statues semblables en tout à leur peinture, et ils ont mis eux-mêmes en
évidence et leur faiblesse et l'erreur de leur théorie.

On a redit jusqu'à satiété qu'il fallait en peinture une
certaine chaleur que ne comportait pas le marbre; que
la statuaire n'étant point un art d'illusion, elle était sou-
mise à des conventions qui la restreignaient dans de certaines combinaisons limitées; que la peinture au contraire
était un art libre, hardi, fier, énergique, un peu exagéré
et propre à remuer fortement les spectateurs. Tous ces
mots sont fort bons pour faire valoir les collections et les
cabinets; mais, pour dire vrai, ne sommes-nous pas encore
à savoir en quoi consiste cette véritable chaleur qui, dans la
peinture, comme dans la sculpture, doit se communiquer à
l'ame et l'échauffer toute entière ? La vraie chaleur n'est-
elle donc plus, comme elle l'a été jadis pour les Apelle,
ainsi que pour les Lysippe et les Polyclète, le résultat de
cette correction vivante du dessin, de cette justesse animée
dans les plans, dans les lignes, dans les formes, dans le

jeu des os et dans le mouvement juste et naturel du tout
et des parties, résultat qui vivifie les ouvrages des grands
artistes instruits à fond dans la nature ? Les statues antiques du premier ordre seraient-elles donc dénuées de
cette chaleur et de cette vie qu'on n'accorde qu'à la
peinture ? Vérifions cette question en fixant un moment
nos regards sur les plus remarquables. Le Discobole ne
paraît-il pas mouvoir et lancer son palet ? L'Apollon dans
son noble courroux ne soulève-t-il pas ses vastes poumons
et les formes toutes divines de sa poitrine ? Le Torse antique, cette masse brute et informe pour le vulgaire,
n'est-il pas un fragment animé qui semble exhaler la vie,
la force et la plus grande santé ? La Diane, cette statue
si long-tems négligée, ne semble-t-elle pas frapper l'air
de ses membres agiles et de ses chastes vêtemens ? Faut-il
donc enfin que celui qui imite les acteurs et les gestes
naturels par le moyen des couleurs, soit exagéré, maniéré,
sans simplicité, et plein de licences, tandis que celui qui
façonne le marbre sera sage, réservé, et pourra s'illustrer
par la véritable énergie de la nature et par des finesses
incompatibles avec les excès hasardés de l'autre ? Que
deviennent tous ces éloges ardens des amateurs de l'antique, s'il est vrai que la peinture doive offrir plus de vie
et d'expression que la statuaire ? Ne parlons plus avec
étonnement de la belle douleur de Niobé et de ses malheureuses filles; reléguons parmi les ouvrages froids et
insipides son jeune fils dont le regard est lancé vers le
ciel et dont toute l'attitude a été saisie sur la nature;
oublions les lutteurs dont les muscles sont tressaillans,
dont les tendons semblent glisser et s'aplatir sur les os;
oublions ce gladiateur d'Agasias, dont l'extrême vérité

ferait croire qu'il a été subitement pétrifié, à l'instant du
plus énergique élan.

Que penseraient de cette doctrine Philostrate et Callistrate, qui ont décrit tant de tableaux et tant de statues?
Que penserait Pausanias, qui parle avec les mêmes éloges
de la vie des peintures et de celle des statues qui embellissaient la Grèce? En un mot, quelle idée auraient de
cette prétendue chaleur en peinture les Cicéron, les
Quintilien, et tous les hommes savans et sensibles de
l'antiquité, qui n'ont jamais écrit un seul mot sur cette
différence que nous voulons faire passer pour un rafine-
ment de propriété, tandis qu'elle n'est que l'excuse ridicule de mille et mille tableaux qui, malgré tout leur mérite, n'en sont pas moins la honte de l'art[1]?

Que l'on s'exprime donc avec retenue sur les points
importans qui désignent strictement le domaine de chaque
art, et si un excès dans ce jugement est à redouter, n'est-
ce pas celui qui nous rend méfians sur les leçons que ren-
ferment les chefs-d'œuvre des Grecs et des Romains,

---

[1] Bouchardon, qui affectait de dire qu'à la lecture d'Homère il se
croyait grand de six pieds, ne goûtait point la statue de l'Apollon du
Belvédère, et il ne pouvait pas la goûter ni la sentir, accoutumé qu'il
était aux formes pauvres et sauvages des figures dites d'académie, persuadé d'ailleurs que l'art résidait dans le cercle circonscrit par Michel-
Ange, Algardi, Bernini, Puget et autres modernes renommés. Les formes
simples, délicates et divines de cette figure lui semblaient donc manquer de souplesse et de goût. J'ai vu un dessin de Bouchardon d'après
cet Apollon : ce dessin était soigné et d'assez grande dimension ; mais le
caractère en était tout anéanti, parce qu'il en avait travesti les formes
antiques, en substituant des formes flasques, grêles, débiles et douillettes.
Ce dessin fut acheté récemment par un amateur qui fait grand cas du
maniement du crayon, et qui d'ailleurs rassemble des notes sur Bouchardon.

chefs-d'œuvre qu'il est essentiel d'aimer et de goûter avant
d'entreprendre de les imiter ?

Néanmoins les différences qui doivent empêcher d'assimiler en tout le geste statuaire et le geste en peinture,
doivent être indiquées avec précision ; mais le seul bon
sens suffit pour les faire remarquer. Une statue est seule,
isolée et concentrant l'unité de sa disposition en elle seule ;
on l'aperçoit de tous côtés, et de tous côtés cette unité
doit être concentrique et jamais excentrique, c'est-à-dire
qu'aucun des membres ne doit conduire l'œil du spectateur hors de la masse, et qu'aucune ligne ne doit paraître
appartenir au commencement d'une autre figure, comme
cela peut avoir lieu dans la peinture et dans les bas-reliefs.
De plus, le geste statuaire a cela de particulier, qu'étant
représenté par une matière également colorée, la combinaison optique des lignes, des membres ou des parties,
doit se faire avec une grande économie, puisque le statuaire n'a point à sa disposition les mêmes ressources de
clair-obscur que le peintre, qui éteint et sacrifie les parties
trop diffuses ou vicieuses dans leurs rapports.

Une autre considération doit être encore indiquée. S'il
est vrai que le geste statuaire puisse être le même pour
le peintre, il ne s'ensuit pas que celui-ci doive transporter
inconsidérément dans ses tableaux le même geste qu'il
aura admiré dans une statue, puisqu'il peut se faire qu'il
la dessine sous un aspect ou un point de vue qui offre des
raccourcis équivoques ou déplaisans. Le spectateur qui
tourne autour de la statue, évite ces aspects, et lors même
qu'il serait forcé de ne la considérer que d'un seul point,
la mobilité de toute sa personne et l'oscillation de son
regard lui feraient apercevoir clairement des parties qui

en peinture seraient très-équivoques, malgré les recherches de la plus exacte perspective. Toutes ces observations
sont presque des futilités, tant elles sont faciles à faire ;
cependant, je vais citer un exemple. Le Tireur d'épine et
le Gladiateur mourant, vus de face, baissent la tête, mais
ils montrent leurs visages à celui qui s'approche en cir-
culant ; et un peintre qui, dans une figure principale,
placerait une tête sous un pareil aspect, ferait un choix
peu ingénieux : outre le désagrément du raccourci, il aurait l'équivoque que causerait la couleur brune des cheveux, qui de loin, ne donnerait pas, sous certaines lumières, l'idée du volume et de la masse d'une tête aussi
nettement que le donne la couleur égale du marbre ou
du bronze. Ainsi, l'on peut avancer, qu'à ces conditions
près, une figure seule et isolée dans un tableau doit être
traitée, quant au geste et à la disposition, selon les règles
du statuaire, et que celui-ci a seulement quelques difficultés à vaincre qui lui sont particulières. Pour ne pas
prolonger ces parallèles, qui ramèneraient la comparaison
de la sculpture et de la peinture, questions étrangères à
l'art du geste, je vais finir par une dernière objection. Le
style de la statuaire, dira-t-on, est plus souvent monu-
mental et plus souvent austère que celui de la peinture ;
celle-ci n'a pas besoin de se réduire, comme la première,
à la plus grande simplicité ; en un mot, la statuaire est
exclusivement relevée et sévère, tandis que la peinture
n'est qu'un art d'agrément et dont la destination principale est de plaire. On sent la faiblesse de cette difficulté,
mais on la fait souvent valoir ; je ne la reproduis ici que
pour avoir occasion de placer la réflexion suivante.

La sévérité et la simplicité sont des qualités bien plus

difficiles à introduire dans la peinture que dans la statuaire. L'unité de couleur, dans la statuaire, contribue
beaucoup à sa grande simplicité, tandis que le coloris et
le clair-obscur de la peinture donnent toujours au tableau
une physionomie variée, un caractère optique vague et
un peu indécis, résultat de cette suavité inévitable que
produit l'arrondissement des parties par les demi-teintes
nécessaires à l'artifice du relief. Toutes ces couleurs variées, toutes ces ombres noyées dans les clairs, toutes ces
touches vigoureuses et un peu exagérées que prodigue le
coloriste, pour soutenir le ton de ses effets, tous ces
moyens, dis-je, ôtent au spectacle de la peinture, cette
tranquillité majestueuse et cette simplicité noble qui constituent une partie de la gravité de la sculpture, qualités
qui touchent le spectateur par des sensations grandes et
imposantes.

Terminons en revenant aux anciens. Il est à croire que
cette maxime qui fait dire que le geste en peinture peut
être plus libre et moins sévère que le geste statuaire, aurait été regardée, dans les écoles antiques, comme très-
pernicieuse. On peut affirmer au moins, que les peintures
antiques que nous connaissons, et qui représentent des
figures seules et isolées, les font voir conformes en tout
aux statues pour le geste, et offrant les mêmes principes
dans la disposition et dans l'ordonnance des parties. Cette
similitude, qui prouve de nouveau que la règle fonda-
mentale de la beauté optique est une et la même dans
tous les arts, se retrouve sans interruption jusque dans
les productions du moyen âge.

Si cette opinion est trouvée trop rigoureusement juste
par les critiques qui ne veulent point reconnaître de vices

dans les types laissés par les maîtres de l'Italie, elle ne
sera néanmoins d'aucun préjudice, vu les éloges que don-
neront long-tems les enthousiastes routiniers à tant de
productions fantasques, licencieuses et barbares, et aux
gestes violentés et académisés des peintres des derniers
siècles, qui, ayant ambitionné le titre banal de génies
fougueux et d'artistes chaleureux, abandonnèrent cet
ordre et cette sagesse antique, et dédaignèrent cette philosophie naturelle à laquelle les Zeuxis et les Apelle doivent toute leur célébrité.

Du geste de la plastique en général [1].

Si les gestes statuaires sont peu différens des gestes
en peinture, comme nous venons de le voir, il est facile
d'imaginer que les gestes de la plastique en général, qui
sont exprimés sur les bas-reliefs, les pierres gravées, etc.,
ont bien plus d'analogie encore avec les gestes des tableaux. La seule différence qui les caractérise provient
de la nature des matières employées dans la plastique et
dans la glyptique [2]. Il ne s'agit donc dans cette question
que de désigner les cas où l'art de la plastique est forcé
de se soumettre à certaines nécessités particulières, lorsqu'il produit des expressions par le geste. Les recherches
étendues que l'on pourrait faire sur ce point, seraient ici
hors de saison, et quelques remarques doivent suffire.

Chez les anciens, les lois de la solidité étaient aussi sacrées dans l'art du bas-relief, que les lois de la stabilité
l'étaient dans l'architecture et dans la statuaire. Ces lois
de solidité, si bien enseignées par les sculpteurs égyptiens,

[1] Voy. le mot *Plastique* au Dictionnaire.

[2] Voy. ce mot au Dictionnaire.

qui portaient même la prévoyance jusqu'à ne se permettre des reliefs que dans des incrustations, furent respectées par les Grecs, bien plus encore que par les Romains. Une règle générale dans l'art grec était de ne jamais donner aux points éminens du bas-relief une plus grande saillie que ne le prescrivait l'épaisseur parallèle de la dalle, en sorte qu'il ne se trouvait aucune partie dont le relief très-saillant et isolé pût produire des effets désagréables à l'œil et être exposé aux chocs et à une facile destruction. Il est vrai que ce raisonnement tout simple n'a jamais pu convertir les sculpteurs des derniers siècles, qui, voulant produire des illusions avec le marbre, ont fait tellement saillir certaines parties de leurs reliefs, qu'il en est résulté des équivoques et des effets optiques vraiment ridicules. Au surplus, ces artistes trouvaient de grands admirateurs ; et pour en rappeler un que nous avons déjà cité, disons que le père Doissin, après avoir recommandé l'illusion dans les paysages en marbre, ajoute que les objets très-détachés de leur fond trompent souvent les yeux, et que cette maxime, quoique contraire à celle des anciens, produit plus de force et plus de beauté.

Les obstacles provenant de la matière, ont donc fait éviter aux sculpteurs judicieux et les grandes saillies, et les raccourcis, et les grands fuyans ; l'on comprend que cette gêne a dû influer sur le choix de quelques gestes.

Quant aux têtes, si souvent représentées de profil par la plastique, non-seulement à cause de la beauté de la ligne, comme on l'a remarqué, mais encore pour éviter les raccourcissemens désagréables résultans des autres aspects, on conçoit que ces choix forcés ont dû influer souvent sur le caractère des attitudes.

Ajoutons à ces aperçus ce qui arrive lorsque les graveurs emploient des pierres dures qui sont colorées et dont la variété de teintes détermine seule la place des parties et des membres; ajoutons de plus les règles de la glyptique, qui font prévoir le dépouillement des empreintes, et qui par conséquent gênent le graveur dans le choix qu'il doit faire des plans et des saillies : nous aurons alors une idée suffisamment nette de la légère différence qui peut se trouver entre les gestes de la peinture et ceux de la plastique en général.

De la vérité du geste par la naïveté.

Par quelle fatalité sommes-nous donc réduits à vanter et à recommander, comme une qualité inconnue ou délaissée, cette précieuse naïveté de geste dont tout le monde parait sentir le charme? En effet, me dira-t-on, à quoi bon faire remarquer ce qui n'échappe jamais à la sensibilité ? Ignorons-nous donc aussi que rien n'est délicieux comme l'air pur et embaumé du matin, comme le parfum naissant de la rose odorante, et nos sens ont-ils donc besoin d'interprètes ? Non, j'en conviens; mais qui niera néanmoins que l'art des modernes n'ait péri peu à peu par l'oubli de ces mêmes lois si simples de la nature, et par l'abandon de ses plus touchantes vérités? Qui ne conviendra pas que, pour exposer aujourd'hui dans tout leur éclat les grands principes de la théorie, il ne faille signaler en même tems les vices et les corruptions de l'art? Oui, depuis les efforts ambitieux du grand Michel-Ange, l'art du geste a pris sa source dans les académies maniérées, et au sein de quelques ateliers, tous pleins d'un orgueil barbare.

Florence s'illustra, il est vrai, par les ouvrages sans
nombre de tant de sectaires ambitieux; mais le cri de la
nature n'était plus entendu au milieu de ces bravos des
écoles ; les fantaisies des peintres introduisaient des mouvemens factices, insignifians, et cependant consacrés par
des maîtres sacrilèges, lesquels dédaignaient de saisir sur
la nature ces actions si simples et si expressives qui leur
paraissent froides et sans effet. Les modèles des âges de
simplicité excitaient souvent leur ironie et leur pitié. Faire
parade de recherches affectées dans les poses; tourmenter
les os et violenter les muscles; blesser la pondération et le
mécanisme; imaginer des attitudes, pour obtenir des raccourcis ; imaginer de grossiers contrastes, pour paraître
animés et chaleureux ; faire flamboyer et pyramider les
lignes; surmonter des difficultés dont l'intelligence seule
devenait un mérite ; parler un langage entortillé, hyéro-
glyphique, et dont le mystère seul pouvait faire des dupes :
voilà quel a été trop long-tems l'objet des études de tant
de peintres illustres dont les ouvrages ont bravé la critique, et dont l'influence s'est fait sentir jusqu'à nous.

Je ne désignerai précisément ici ni les écoles, ni les
tems divers de toutes ces corruptions. Les vrais amis de
la nature me devanceront dans cette critique; et si le
préjugé, qui propage encore une stupide admiration pour
tant d'ouvrages vicieux, n'a pas atteint leur esprit, ils
reconnaîtront à chaque pas dans les galeries et dans les
musées de l'Europe la vérité de ces réflexions et la justesse de ces blâmes.

Écoutons les ardens prosélytes, qui tour à tour ont
exhalé leur enthousiasme factice pour les diverses écoles
qui se sont succédées : jamais les images de la naïveté

n'ont été un besoin de leur cœur; jamais ils n'ont souffert de cette absence de vérité et de naturel qui relègue les tableaux parmi les œuvres de fabrique. Épiez-les au milieu de leurs plus grands éloges; toujours ils signalent ce qui sent l'art, l'école et l'affectation, jamais ce qui est le produit de la naïveté et de la simplicité, et, à force de perpétuer le prétendu mérite de ces figures insignifiantes et maniérées, ils sont parvenus à propager la plus funeste erreur dont puissent être atteints les arts. En effet, lorsque le public perpétue des louanges aussi perfides, l'artiste, qui dépend du public, est forcé d'opérer contre son cœur et contre sa raison.

Plus on remonte aux anciens maîtres, plus on retrouve cette primitive naïveté dans le geste ; plus on descend parmi les écoles subséquentes, moins on en trouve de traces. Il est hors de doute que Raphaël la négligeait déjà peu à peu, pour suivre le ton donné par Michel-Ange et par le nouveau faste de Rome, sous Léon X. Cette ingénuité touchante et cette vérité énergique par sa simplicité dans des attitudes expressives, se remarquent bien plus dans ses premiers ouvrages que dans ses derniers, et le fameux tableau de la Transfiguration se ressent des égaremens où une rivalité funeste entraînait son auteur, car on peut dire qu'il n'y a de naïveté que dans un coin supérieur de ce tableau ; tout le mérite de cette admirable production n'empêche pas le spectateur, étranger aux secrets du dessin, d'être de glace en présence de cette prétendue chaleur empruntée à la nouvelle école florentine, et toutes les affectations savantes de cette peinture classique, n'en relèvent que davantage le prix et l'éclat des fameuses fresques du Vatican.

Les expressions de Le Sueur ont souvent une force et une vérité toute particulière; mais, chacun peut l'observer, ses attitudes sont en même tems très-simples et très-naïves. Si nous lui opposons celles des figures de Le Brun, nous trouverons dans les tableaux de ce dernier des pantomimes expressives, il est vrai, mais dénuées de cette précieuse naïveté qui charme tant dans celles de Le Sueur. Observez bien aussi que celui-ci n'était presque point imbu des manières d'écoles, ayant travaillé dans la retraite et n'ayant connu les maîtres que par quelques estampes, tandis que Le Brun était tout rempli du goût des Carracci et des peintres de l'école lombarde.

Lorsque les peintres flamands et hollandais ont intéressé le spectateur par quelques scènes un peu significatives, ils ont toujours retiré un grand avantage de la naïveté qui leur était familière. On peut citer entr'autres le fameux tableau de la femme hydropique par Gerardow, dont l'expression est remplie de naturel. Jean Steen, ce peintre si expressif, est aussi rempli de naïveté et d'abandon. Mais, quand les flamands se sont exercés sur des figures héroïques ou mythologiques, il faut avouer qu'ils n'ont pas aussi bien réussi, en sorte que toute la naïveté si efficace d'Albert-Durer, de Jean de Bruges, de Lucas de Leyde, du maréchal d'Anvers et de tant d'autres dont les images vraies nous étonnent, ne paraît plus être un triomphe aussi glorieux, lorsque l'on pense qu'ils se contentaient ou qu'ils se seraient contentés, pour représenter des personnages héroïques et divins, de calquer des individus.

Algarotti a dit de Poussin : « Ses figures semblent contrefaire ce que les figures de Raphaël font naturellement. » Ce jugement sévère nous donne beaucoup à

penser, et il nous conduit à distinguer dans la pantomime la naïveté d'avec la force. Poussin a toujours mis
beaucoup de force, de propriété et de clarté dans le caractère expressif de ses pantomimes, et c'est une des
grandes causes de sa gloire; mais il a souvent oublié et
négligé d'assaisonner cette force par les naïvetés qui peuvent confondre l'art avec la nature, et c'est peut-être ce
que dans sa théorie il évitait même quelquefois, car on
croirait qu'il a pensé à faire briller la noblesse et la puissance de l'art plutôt qu'à le donner pour une ressemblance exacte des vérités naturelles. On pourra m'objecter
ici qu'il ne suffit pas au peintre de reconnaître par raisonnement l'importance de la naïveté dans les pantomimes, mais qu'il faut aussi qu'il soit organisé de manière
à pouvoir en sentir tout le charme. Je réponds que celui
qui a bien observé et apprécié la valeur de cette qualité,
doit presque toujours, quelle que soit son organisation,
en embellir ses productions, et qu'il est vrai, malgré tout
ce qu'on pourra répéter au sujet du génie naturel et de
l'inspiration, que la méditation, l'analyse et l'étude des
règles contribuent autant et peut-être plus que les dispositions naturelles, à l'excellence des ouvrages.

On a vu, depuis la révolution de la peinture en Europe
et depuis la réhabilitation des anciens, certains artistes
chercher des réminiscences de l'art des Grecs, mais sans
les lumières de la théorie et sans le secours d'une mémoire philosophique. Frappés de la naïveté des ouvrages
antiques, ils n'en retinrent qu'un souvenir altéré et trompeur, et alors ils ne produisirent que trop souvent, comme
dans l'art des formes, des imitations erronnées dont auraient ri les anciens. La simplicité fut traduite par la roi-

deur; la grandeur æsthétique et savante, par la grandeur
de dimension : la science leur échappa, et le fantôme resta.
De même ces vérités ingénues et naïves du geste, si pré-
cieusement recueillies dans l'art grec, furent parodiées
par des ensembles et des mouvemens roides, gothiques et
pleins d'affectation. On peut juger du mépris que s'atti-
rèrent d'aussi pitoyables imitations, et du discrédit qui
rejaillit sur l'antique, qu'on appelait inconsidérément la
source de tous ces nouveaux goûts.

Mais revenons à notre sujet. Il est de la plus grande
importance de se former une idée nette de ce que doit
être la naïveté, et les peintres doivent bien se garder de
prendre pour naïfs certains signes de la nature, qui sont
gauches ou triviaux et qui ressemblent quelquefois à de
la simplicité. Une naïveté affectée dégénère en une manière insupportable, et le modèle ou l'artiste qui charge
et corrompt par des exagérations les signes naïfs de la
nature, peut offrir des affectations ou des minauderies
vraiment détestables.

Le but n'est pas d'être naïf; la naïveté n'est que le
moyen. C'est par la naïveté qu'on est plus vrai et qu'on
peut rendre plus touchante l'expression de la beauté.
Homère, Phidias, Virgile était naïf et voulait l'être,
mais parfois et seulement pour rappeler la nature et
faire résonner de tems en tems cet unisson qu'il y a entre
l'ame et tous les objets de l'univers. Je suis persuadé qu'il
y avait dans la statue du Jupiter Olympien des naïvetés
remarquables, qui servaient à rendre la majesté du dieu
plus touchante et plus sensible, et qui contribuaient, pour
ainsi dire, à la diviniser par des charmes très-perceptibles

---

[1] Voy. ce mot au Dictionnaire.

aux mortels. Pourquoi Eschyle, Sophocle, Euripide at-
tache-t-il notre ame, comme l'aimant attache le fer?
C'est qu'ils humanisaient leurs héros par des traits que
rejettent maladroitement les modernes ; c'est que, parlant à des hommes, ils attaquaient parfois la sensibilité
de l'homme et ces fibres de l'ame qui sont toujours
prêtes à résonner. *Homo sum.......* je suis homme, dit
Térence, rien de ce qui appartient à l'humanité ne
m'est étranger. Ce vers mémorable électrisa tous les
spectateurs. Ajax, au milieu de ses fureurs, appelle son
père, comme le ferait un enfant éploré, et cette naïveté
est d'un effet indicible. Les sculpteurs et les peintres
grecs se servaient donc, dans un langage différent, de ce
puissant artifice.

Un trait de naïveté nous enchante. Une main, un pied,
un mouvement de tête, un geste naïf enfin nous frappe
et nous touche ; c'est l'effet subit du rayon de soleil
qui vient animer un paysage, du sourire fugitif qui rend
touchante la physionomie d'une beauté sévère. Que de
succès n'obtient pas le conteur, comme l'historien, lorsqu'il est parfois naïf, et combien d'amour n'obtiennent
pas les rois et les princesses, lorsque leurs actions et leurs
gestes nous rappellent la nature dans sa simplicité et dans
son abandon !

Il n'y a rien d'aussi fort en expression que les gestes des
figures que l'on voit sur les bas-reliefs antiques ; mais
ceux-là sont le plus touchans et le plus vrais, qui sont
aussi embellis du charme de la naïveté. Il paraît que
c'est Phidias qui a le mieux compris ce mélange exquis
du fort et du naïf, car, si l'on compare les bas-reliefs du
Parthénon avec le plus grand nombre des bas-reliefs an-

tiques connus, on est frappé de la naïveté et de la simplicité des actions et des intentions; et si l'on compare ces
mêmes ouvrages de Phidias avec les ouvrages des modernes, qui n'ont cherché que le naïf, les premiers paraissent être d'une force et d'une signification merveilleuse.

Qu'est-ce qui nous fait surtout goûter et aimer les
grâces simples de la nature? Ce sont les affectations et
les recherches apprêtées de l'art. Dans ce dernier, les efforts du calcul laissent toujours après eux quelques traces
pénibles par lesquelles notre esprit est forcé de se diriger
pour atteindre et saisir les intentions de l'artiste, et c'est
cette gêne dans l'intelligence des images, qui nous fait
regretter par comparaison la naïveté et la clarté directe
du langage de la nature.

N'est-ce pas à ce charme qu'on doit attribuer le plaisir
que ressentent tous les hommes, lorsqu'ils se trouvent en
présence de certaines scènes de la nature? Un enfant ou
un vieillard, endormi et placé dans une certaine attitude,
excite souvent un sentiment de plaisir chez celui qui les
contemple : cet abandon de toute contrainte, cet état des
individus exempts de gêne et d'affectation soulage notre
ame fatiguée souvent par les contentions de la vie sociale.
Tous les jours nous surprenons les grâces ingénues des
jeunes filles ou des enfans qui ne se croient point observés,
et ces ingénuités nous touchent. Il y a dans le spectacle de
la nature naïve un je ne sais quoi de bienfaisant qui charme
le cœur et qui ne se retrouve jamais dans les arts sans
que l'ame s'en empare avec joie, sans qu'elle n'éprouve
très-vivement cette sympathie spontanée que produisent
sur elle leurs touchantes imitations.

Mais comment définir et expliquer positivement en

quoi consiste cette naïveté qui est propre à la pantomime
de la peinture? En abordant cette question, l'esprit
éprouve une certaine confusion; mais en y réfléchissant
avec persévérance, on découvre bientôt que la naïveté
dans le geste existe toutes les fois que les intentions de
l'acteur n'y ont point de part, c'est-à-dire, toutes les fois
que les actions et les mouvemens s'exécutent sans que
le personnage soit préoccupé du moyen de les exécuter.
Il en résulte alors une liberté dans les parties agissantes,
liberté qui appartient réellement à la nature, c'est-à-dire,
à la structure physique, anatomique et mécanique des
parties, ainsi qu'au tempérament de l'individu, mais jamais aux calculs de ses volontés. Aussi la naïveté du geste
est-elle un signe de confiance qui dispose toujours favo-
rablement le spectateur. La contrainte au contraire et
le calcul sont le résultat de la gêne de l'esprit; ils décèlent
l'affectation et souvent l'imposture. Je définis donc la naïveté du geste le mouvement libre, spontané et sans contrainte des parties agissantes et indépendantes des efforts
calculés de l'individu.

S'il est vrai que la naïveté de disposition dans les parties soit indépendante de la volonté de l'acteur, il est
facile de concevoir que le peintre ne saurait jamais l'obtenir par la seule force de son imagination et de sa mémoire, et sans qu'il la saisisse sur la nature. Il ne peut
que désirer cette qualité et la reconnaître, mais il ne
saurait l'imaginer. Quant au modèle vivant qui s'efforce-
rait d'offrir à l'artiste cette précieuse naïveté, tous ses
efforts seraient ridicules : chacun est facilement convaincu de cette vérité. Qu'un peintre charge son modèle
de porter un accessoire de telle ou telle façon, le modèle,

fût-il le plus gracieux dans ses gestes, ne le portera pas avec naïveté, s'il fait le moindre effort pour être naïf, et, dès qu'il s'oubliera un moment, il offrira peut-être au peintre le plus heureux motif. La fille la plus gracieuse, lorsqu'elle s'étudie, offre de la minauderie pour de l'ingénuité, ou du trouble pour de la candeur. Qu'elle porte la tête d'une certaine façon et dans un mouvement naïf et plein de charmes, vous voudrez vous en emparer, mais vous n'êtes pas assez prompt ; le geste a fui. Redemandez-lui une seconde fois ce mouvement, cette ligne, cette finesse qui vous a fait tressaillir, elle ne la retrouvera plus, ou elle l'aura remplacée par de l'exagération. « Quiconque » regarde, dit Le Batteux, est à l'unisson de celui qui agit, » et nous ne sommes point impunément témoins de son » embarras et de sa peine. » Diderot écrivait : « Si vous » perdez le sentiment de la différence de l'homme qui » est seul et de l'homme qu'on regarde, jetez vos pin- » ceaux au feu, vous académiserez, vous redresserez, » vous guinderez toutes vos figures. »

Oh ! que les Grecs savaient bien surprendre à la nature ces signes naïfs qui rapprochent si heureusement l'imitation de la vérité, et qui déguisent presque l'art ! Les grâces pures et naturelles étaient à leurs yeux un charme magique et vraiment séducteur, que chaque artiste s'efforçait de saisir.

Qu'on ne croie pas que la naïveté ne doive s'appliquer qu'aux actions calmes et tranquilles, et qu'elle ne s'étende pas jusqu'aux mouvemens énergiques et très-violens. Les anciens dans ce cas peuvent encore nous désabuser ; car, sans parler du gladiateur, des lutteurs et de tant d'autres statues, dont les mouvemens véhémens sont néanmoins

pleins de naïveté, nous n'avons qu'à jeter les yeux sur
les bas-reliefs, les camées, les médailles et les peintures.
Les actions les plus vigoureuses sont toujours rendues
plus expressives et plus émouvantes par cette qualité qui
n'abandonne jamais ceux qui la chérissent. Les bas-reliefs,
ainsi que les métopes du Parthénon, nous offrent des actions vigoureuses où la naïveté est éminemment étudiée;
mais les pantomimes de la colonne trajane, de l'antonine
et de la théodosienne laissent bien davantage dominer l'art
et l'énergie calculée. Que dirons-nous donc de ces imitations
des ouvrages romains, imitations exécutées par les Jules-
Romain, les Polydore, etc., dans le tems appelé le tems de
la renaissance ? Ces artistes ont voulu réchauffer le style
de l'antiquité, et l'on ne pourrait trop les critiquer, s'ils
n'avaient dans les autres parties de leurs ouvrages fait
preuve d'un talent vraiment incontestable. Que dire enfin de tous ces gestes modernes, appelés vigoureux et
animés, dont la manière a infecté jusqu'ici les écoles, et
que le public, étranger au style grec, a pris souvent pour
une imitation de l'antique ?

De la vérité du geste par la clarté de signification.

Dans le nombre des gestes que font les hommes en
général, il y en a qui laissent dans l'esprit du spectateur
une idée si claire et si nette du sentiment qui anime le
personnage agissant, qu'on en est frappé comme d'un
signe plein de valeur et d'autorité. Il est aisé de remarquer, en suivant l'analyse de l'art du geste, que cette
clarté de signification dans la pantomime d'un individu,
est indépendante des autres qualités, telles que la naïveté,
la convenance ou la beauté, et qu'elle est exclusivement

le résultat de cette justesse, de cette netteté et de cette précision dans le signe exprimant, qualités qui, ne laissant accès à aucune équivoque, le rendent parfaitement intelligible à tous ceux qui ne l'aperçoivent même qu'un instant. C'est cette qualité qui frappe de loin et au prime-abord dans tous les ouvrages des anciens, dans quelques-uns de Raphaël, de Poussin, et souvent même dans les images populaires faites sans prétention pour l'usage du vulgaire et l'amusement des enfans. Toutes ces productions que je ne crains pas d'assimiler ici, puisqu'il n'est question que d'une seule et même qualité, frapperont certainement par la grande clarté d'expression de leurs figures, parce que cette clarté était le but de leurs auteurs, et que la fausse science et les lazzis d'ateliers n'y ont influé en rien. Tel peintre qui ne compose qu'à l'aide d'un gros porte-feuille tout rempli des traductions gravées d'après l'école d'Italie, et qui s'est bien tourmenté pour donner une attitude heureuse à une figure, est tout surpris de rencontrer sur un misérable fragment antique cette clarté puissante qu'il a voulu en vain communiquer au geste de son personnage ; mais son dépit est bien plus remarquable encore, lorsqu'il retrouve cette même qualité sur de grossières enluminures, que lui et tous les demi-connaisseurs rougissent de regarder. Ces mêmes images toutes brutes peuvent cependant donner parfois d'utiles leçons à ces élèves, féconds et pétulans compositeurs, qui produisent avec une vive adresse et une légèreté précieuse de main mille et mille figures tourmentées, mais sans vie, remuant en tous sens, mais sans action, très-recherchées, mais inintelligibles. Elles pourraient servir aussi, ces mêmes figures de rebut, à démontrer aux critiques, grands louan-

geurs des œuvres classiques qui tapissent nos musées,
que le sentiment naturel d'un artiste simple, qui n'écoute
que son cœur et son jugement, est bien plus précieux que
le savoir ridicule de tant de maîtres qui ne veulent plaire
qu'aux initiés de leur parti. La fausse science de ceux-ci
fait de la peinture un art fatigant et mensonger, et par
leurs exemples ils forcent les élèves à ne compter pour
rien l'opinion d'un public qui renonce lui-même à être
juge dans un art devenu conventionnel, laissant avec indifférence discourir à leur façon des écrivains tout fiers
d'être familiers avec ce mystérieux langage d'école [1].

Il paraît que les Romains ont connu à fond cette partie
de la pantomime qui produit la clarté significative. Je
crois même qu'ils l'ont portée plus loin que les Grecs;
mais ceux-ci qui chérissaient tant la naïveté et la simplicité, ont atteint néanmoins le vrai but, tandis que les
Romains ne s'attachèrent autant à d'autres qualités qu'en
dédommagement de cette naïveté attique qui ne leur était
pas si familière. La force d'action des figures grecques
se manifeste peu à peu. Elle est, comme dans la nature,
fondue et mêlée avec la vie et la réalité. Chez les Romains,
la clarté du geste frappe toujours, il est vrai, au premier
abord et très-directement; mais il y a souvent dans cette
clarté quelque chose de grossier et de calculé que l'on ne
trouve jamais dans les ouvrages des Grecs. Néanmoins,

---

[1] Lorsqu'un très-jeune élève compose avec ce sentiment naturel d'expression qui est si rare et si envié, on le décourage la plupart du tems
et on lui tourne la tête jusqu'à ce qu'il ait saisi le style, le tour et le lazzi
de la mode régnante, ce qu'il ne manque pas de faire aux dépens de son
sentiment naturel. Raphaël n'a peut-être été si expressif, que parce que
son maître avait la conscience de remarquer en lui cette merveilleuse
faculté, et de la respecter.

malgré cette espèce de défaut, les bas-reliefs qu'on admire à Rome, soit sur les arcs de triomphe, les colonnes, les sarcophages, soit sur d'autres monumens, offrent évidemment une clarté précieuse d'action dans les figures représentées, et cette qualité portée à un aussi haut degré doit être l'objet de nos études.

Les Romains passent pour avoir été les inventeurs des grandes représentations pantomimes, et, comme nous l'avons déjà dit, ils ont eu en ce genre des acteurs d'un talent prodigieux [1].

Il n'est pas surprenant que chez un peuple où l'éclat et la pompe étaient des vertus nationales, l'affectation et même une certaine parade dans la signification, aient été portées très-loin; mais sans faire ici trop de conjectures étrangères, je crois pouvoir répéter que les Romains, ayant plus de peine à saisir et à exprimer cette naïveté attique de leurs devanciers, firent tout pour s'en dédommager en recherchant, entr'autres qualités, la force et l'éloquente clarté des signes. Ce différent degré de sensibilité que ces deux peuples manifestèrent dans les arts, provenait peut-être de la différence de leurs mœurs et de leurs idées artistiques : dans tous les cas, on reconnaît jusqu'à un certain point par le geste seul des figures qui

[1] La passion que le peuple et les personnes du plus haut rang avaient pour ce genre de spectacle, était extrême. Ce fut sous Auguste que cet art atteignit son plus haut degré de perfection, et l'usage de ces représentations ne cessa qu'avec l'empire. Je ne doute pas que l'habitude constante de voir des acteurs qui devaient être les conservateurs des anciens principes de la pantomime, n'ait influé sur les autres arts d'imitation, et je pense que cela n'a pas peu contribué à cette expression claire et forte qu'on retrouve dans les figures les plus grossières des ouvrages du moyen âge.

se voient dans les sculptures exécutées à Rome, celles qui sont sorties d'un ciseau grec, et celles qui sont purement nationales.

Les anciens ont donc recueilli, comme les mots d'un dictionnaire universel, certaines pantomimes qui par leur signification claire et déterminée pouvaient donner une idée nette des situations physiques et morales de chaque personnage en action. Il est évident que cette longue expérience acquise sur ce point par la succession des bonnes écoles et des bons modèles, les avait enrichis d'un recueil inépuisable de gestes excellens. Ces gestes étaient probablement divisés et classés par espèces, par modes et par caractères, en sorte qu'ils ne hasardaient jamais des attitudes douteuses, impropres, ou dont l'expression eût été obscure et incertaine, quoiqu'elles vinssent de la nature et qu'elles fussent offertes par des individus.

Les modernes ont-ils eu les mêmes avantages ? Ont-ils formé la langue des arts sur un modèle aussi bon que celui des anciens, et ne se sont-ils pas contentés trop souvent d'un langage équivoque, confus, barbare, conventionnel et même sans acceptions bien déterminées ou sans caractère bien reconnu ? Ne poussons pas ici plus avant ce parallèle, et continuons nos recherches sur la clarté de la pantomime.

Une pantomime peut être très-naturelle sans être très-significative, de même qu'elle peut être fort significative sans être fort naturelle; mais, s'il est du devoir d'exprimer clairement et fortement, il ne faut pas que l'effort de l'art soit aperçu en la moindre chose, et cette clarté doit sembler provenir de la nature. C'est ce déguisement de l'art qui a lieu très-rarement dans tous nos tableaux.

L'espèce d'exagération qu'on donne aux gestes des figures, passe souvent pour de la clarté et de l'énergie exprimante, tandis qu'elle n'est trop souvent qu'un moyen grossier employé par l'artiste qui a imaginé ses personnages dans des mouvemens faux et violentés, et qui a confondu la clarté artificielle et conventionnelle avec la clarté directe et si puissante de la nature.

Quintilien, en parlant du genre d'exercice oratoire qu'on appelait déclamation, fait cette comparaison. « C'est » à peu près, dit-il, ce que font les comédiens : ils ne » prennent pas tout à fait le ton de la conversation, parce » qu'il n'y aurait point d'art à cela ; ils ne s'éloignent pas » néanmoins beaucoup du naturel, parce que l'imitation » en souffrirait ; mais ils relèvent la simplicité de l'entre-» tien familier par des manières qui sont propres au théâ-» tre. (*Lib.* 2. *Cap.* 10.) »

Si l'on se met bien à la place des acteurs que l'on introduit dans le tableau, et si l'on se rappelle bien ce qu'on éprouve soi-même dans des circonstances à peu près semblables à ces situations imaginées, on sentira qu'il n'est point naturel, même à ceux qui sont le plus libres et le plus animés dans leurs gestes, de prendre des attitudes forcées et exagérées qui rappellent l'art d'étudier son extérieur, et qui ressemblent à celles des comédiens maniérés. On sent au contraire que dans de tels cas tout se passe encore plus intérieurement qu'au dehors, et que l'envie de manifester sa passion n'a lieu que dans quelques cas particuliers. « Ce sont, dit Quintilien, les sentimens qu'il » faut exprimer, et non l'image des choses. » Une pantomime pourra donner l'idée d'un homme affligé, furieux, implorant, combattant ; mais cette même pantomime

n'exprimera peut-être pas naturellement et simplement
le sentiment vrai de l'homme qui se trouverait réellement
dans ces situations. Alors l'art parle à l'esprit et peu au
cœur ; on admire, on estime même l'ouvrage, mais on
n'est pas touché ; il y a clarté d'images, et obscurité ou
affectation de sentiment ; le personnage laisse apercevoir
quelque chose de l'imposteur ; en un mot, avec beaucoup
on produit très-peu. Les artistes ne sauraient trop réfléchir sur ces points importans.

Dans l'imitation des passions violentes, le peintre craint
souvent d'être au-dessous de la chaleur de la nature ;
mais par quels moyens peut-il exprimer la force et la
clarté de ces passions ? Est-ce en outrant les signes ? Est-
ce en forçant le geste ? Est-ce en faisant du personnage
un trivial histrion ? Sur les monumens, Achille apprend
la mort de Patrocle, ou bien on vient de lui enlever la
belle Briséis ; le voit-on se tordre les bras, les étendre
et les élancer bien haut ? Le voit-on se soulever sur
les pieds comme un danseur, ou singer l'homme courrou-
cé, en affectant des mouvemens forcés du corps et de la
tête ? Non ; il ne fait point parade de son affliction ; il
paraît sans convulsions et assis ; la tête est souvent penchée, comme celle d'un homme vivement affligé ; mais
on reconnaît la douleur du héros, du guerrier dont la
vengeance sera si terrible. Dans la mort de Méléagre [1],
et surtout dans la scène de deuil [2], sujets gravés dans le
recueil de l'Admiranda [3], les personnages paraissent dans

[1] Planche 69.

[2] Planche 72.

[3] L'*Admiranda Romanarum antiquitatum*, gravé par P. S. Bartoli, est
un de ces recueils classiques qui, malgré le vice des copistes, devrait

la plus vive affliction, mais personne ne joue la comédie, personne ne feint la douleur; aussi rien de plus pathétique que ces morceaux. S'il se trouve dans les monumens antiques des figures qui font de grands mouvemens, qui élèvent les bras, etc., etc., elles le font d'une manière si simple et si naturelle, que leur état nous touche et nous rappelle la nature elle-même, tandis que toutes ces figures à gestes outrés, que tant de peintres croient bien piquans et bien énergiques par leur clarté, ne sont que d'insipides mannequins qui ne disent rien à l'ame, et dont la grossièreté nous rebute : ce sont des orateurs froids et sans verve, qui forcent leur voix pour échauffer leur éloquence. C'est donc une chose difficile que ce milieu qu'il faut tenir entre l'exagéré et l'insipide; c'est donc une qualité fort rare que cette clarté, qui paraît appartenir moins à l'art qu'à la nature, quoiqu'elle soit le résultat d'une multitude de considérations et d'une longue suite de calculs [1].

Je vais terminer cet article relatif à la clarté qui pro-

être entre les mains de tous les artistes, et qui devrait être continué par quelque habile dessinateur, moins préoccupé du luxe du burin que de l'esprit et du goût des originaux, qui sont si abondans à Rome.

[1] Un des bons moyens pratiques de s'exercer dans l'étude de cette clarté du geste, serait d'étudier diverses figures qu'on ferait passer de la plus faible signification jusqu'à la plus forte, en conservant toujours la même espèce d'expression. Il serait facile de reconnaître le point au-delà duquel le geste serait violenté, et appartiendrait plus à l'art qu'à la nature, et le point en-deçà duquel l'imitation, quoique naturelle, serait froide et sans clarté éloquente. Ce moyen est aisément praticable à l'aide de figures découpées. J'ai déjà parlé de ce moyen qui fera l'objet d'une section particulière au chapitre 285.

On consultera avec profit sur ce point dans l'ouvrage de Engel, les planches situées aux pages 190 et 228, vol. 2.

duit aussi la force significative ou la variété du geste, en
communiquant quelques réflexions qu'il importait de recueillir, et qui prouveront qu'il ne suffit pas d'imaginer
un geste plein de clarté, mais qu'il faut l'imaginer pour
la peinture, c'est-à-dire qu'il doit apparaître dans le tableau sous un aspect qui le rende très-sensible et très-
évident par sa seule exposition, aspect ou exposition qu'on
pourrait appeler silhouette.

   , Les lignes ont un langage, et ces lignes étant données
par le perspectif des objets ou par les objets vus sous
l'unique point perspectif, il est bien important que le
peintre puisse prévoir ces lignes, les juger, les obtenir ou
les modifier même à son gré, tandis que, si elles ont eu
lieu malgré le peintre et accidentellement par l'effet de
l'aspect, la justesse d'imitation ne justifiera point l'artiste,
lequel au fait expose des lignes sans caractère, sans beauté
et qui ne concourent point à l'unité des objets ni à l'intelligence du geste des figures. (Nous devons parler de cette
vraisemblance d'aspect au chap. 216; ici nous ne considérons l'aspect que sous le rapport de la clarté significative du geste.) Ainsi un peintre qui voudrait, par exemple, donner l'idée d'une figure souple, vue debout et ayant
naturellement un mouvement ondulé latéralement, doit,
pour bien la juger, la considérer non de profil, puisque de
ce côté cette souplesse sera moins sensible, mais de face
ou de trois quarts; car, s'il choisit cet aspect de profil
pour son imitation, il aura fait une gaucherie, malgré la
justesse de la représentation. Ce choix est donc bien plus
difficile à faire sur le modèle que sur la toile. En effet,
il arrive très-souvent que nous ne pouvons pas en présence de la nature nous figurer les équivoques, les incon-

venances de lignes, le défaut de clarté enfin qui en résultera, lorsque le trait sera permanent sur la superficie plate.
Dans la nature, le bras fuyant d'une figure debout, vue de
trois quarts, peut n'offrir aux yeux que six lignes d'épaisseur, sans que cela choque le spectateur : ce peu de développement optique peut suffire pour donner l'idée de
ce bras. Mais en peinture, il n'en est pas de même. D'ailleurs, si les traits perspectifs sont exacts, le ton et la
teinte le seront-ils assez pour reproduire l'apparence de
la nature, bien qu'il faille la considérer d'un seul point
fixe, pour lui comparer la plate peinture? Un peintre veut,
je suppose, exprimer le silence et la méditation : le bras,
qui élève la main vers la bouche, se trouve avoir une expression juste, la figure étant vue de trois quarts. Mais
que le peintre se place de face pour dessiner ce bras; il
peut se faire que ce bras offre une ligne droite assez insignifiante, en sorte que, malgré la justesse de l'imitation
perspective, le peintre devra éviter cet aspect. Je le répète donc, on juge bien mieux sur la toile ou sur la graphie que sur le modèle de relief, l'aspect qu'il convient de
choisir, en supposant toutefois que cette graphie sera juste
sur la toile.

C'est cette considération qui souvent a fait rejeter l'emploi des raccourcis, parce qu'ils ne laissent parfois que
des images équivoques et des mouvemens peu sensibles [1].

Tiziano a tenté diverses compositions pour son fameux

---

[1] On voit fort souvent chez les modernes, et l'on ne voit jamais chez
les anciens, des bras fuyans qui ne semblent pas appartenir au corps;
des mains sans bras, qui sortent on ne sait d'où, etc. ; le tout, parce que le
geste est imité d'après un point de vue mal choisi, tant il est vrai que
l'art de bien choisir est aussi difficile que l'art de bien représenter.

tableau du martyre de St-Pierre Dominicain, ainsi qu'on
le voit par les estampes gravées d'après son œuvre. La
figure fuyante qui paraît si animée dans son tableau,
avait été essayée vue de dos. Il s'en faut de beaucoup,
malgré les efforts du dessin, que la signification de cette
action paraisse avec autant de puissance que celle qu'il a
choisie pour son grand tableau et qui se montre sous un
aspect bien plus sensible. On peut en dire autant des statues que l'on dessine sous certains aspects, en sorte que
le peintre ne doit jamais perdre de vue qu'il s'agit non-
seulement de la clarté dans le geste du personnage vivant,
mais encore de la clarté qui résulte de son geste représenté
dans le tableau graphique et dessiné sur la superficie
plate.

De la vérité du geste par l'unité.

Si l'expression de la pantomime est une, elle sera très-
forte et très-sensible. Le grand principe de l'unité qui
explique tant de secrets dans les arts, s'applique particulièrement ici : c'est par l'unité que l'artiste fait concourir vers le but qu'il se propose, toutes les parties agissantes de sa figure, et c'est en respectant cette règle qu'il
rejette tous les mouvemens partiels qui détruiraient ou
affaibliraient l'expression générale manifestée par le geste.

Passons de suite à des exemples. Le célèbre Garrick,
qui, comme on le sait, excellait dans l'art de l'imitation
théâtrale, voyant un comédien contrefaire un homme ivre
avec beaucoup de vérité, par l'indétermination du regard,
par le désordre de ses traits et l'embarras de sa parole,
lui disait, observant que le reste de sa figure ne répondait
pas à ces expressions : « Mon ami, ta tête est véritable-
» ment ivre ; mais les pieds, tes jambes sont pleines de

» raison. » Ce reproche s'applique aisément au défaut d'unité. Parcourons d'autres exemples, et nous reconnaîtrons sans peine que, si la figure offre des parties affectées d'une manière discordante et sortant de l'unité de l'expression, ces parties affectées à contresens la détruiront, en introduisant des variétés que l'esprit rejette et dont le mauvais effet peut anéantir tout le caractère de l'expression, laquelle ne se soutient jamais que par ce principe et par cette grande force de l'unité.

Un marbre antique nous offre-t-il l'image du repos ou de la douce mollesse ; est-ce Bacchus couronné de pampres, jouissant d'une paisible volupté ; son bras, son cou, ses genoux, ses pieds et ses mains, toutes les parties de son corps enfin offrent une admirable unité dont le spectacle maîtrise notre intelligence et touche directement notre ame. Est-ce un faune joyeux dont l'agreste pétulence excite le geste et l'action ; même unité : toutes les parties en sont vives, le mouvement est partout animé, et, depuis ses sourcils arqués jusqu'à ses orteils bondissans, tout exprime le même caractère. Une seule partie, qui serait sans caractère, pourrait contribuer à neutraliser l'unité. Que serait-ce si cette partie était discordante ?

Pourquoi le pied du Laocoon fait-il frissonner ? C'est qu'il complète l'unité de l'expression. Dans cette figure, toutes les parties agissent comme de concert et tendent vers le même but. Il en résulte une force admirable : c'est l'effet du faisceau qui doit sa consistance à l'unité produite par toutes ses parties réunies.

Écoutons encore Quintilien [1]. « C'est, dit cet écrivain » judicieux, dans ces leçons de l'académie, où l'on en-

[1] *De Institut. Orat. Lib.* 1. *Cap.* 14.

» voic les enfans pour faire leurs exercices, qu'un jeune
» homme apprend à acquérir un beau maintien, à mar-
» cher avec grâce, à n'être point embarrassé de ses bras
» et de ses mains, et à ne point faire de la tête et des
» yeux de mouvemens qui ne s'accordent avec les autres
» mouvemens du corps. » Que voulait-il dire par cette
dernière phrase ? Il voulait rappeler ce précepte qui
prescrit l'unité, précepte qu'il avait peut-être lui-même
emprunté aux statuaires ou aux peintres, comme il l'a-
vait pu tenir des orateurs d'Athènes. Son expérience et
son grand sens lui en avaient démontré l'importance.

On a souvent appelé harmonie cette unité d'action;
mais l'harmonie est le but, l'unité est le moyen. Toutes
les situations qu'on exprime en peinture à l'aide de cette
unité, offrent toujours un résultat très-déterminé et très-
puissant. Aussi le sommeil et la mort sont-ils toujours
très-bien caractérisés dans les tableaux, parce que cette
unité se compose d'elle-même, naturellement et sans les
recherches de l'art. Les moindres disconvenances dans
ce cas choqueraient le peintre et le spectateur. Les paupières baissées, l'abandon des parties, la situation générale du tout, en un mot la concordance vers un point
unique qui constitue le caractère demandé, tous ces
moyens font arriver à la fin qu'on se propose.

Je crois devoir placer ici un passage de Le Batteux, dont
le sens peut très-bien s'appliquer à cette question, ce qui
prouvera de nouveau que la même loi commande et au
langage écrit et au langage du pinceau. « Une pensée
» importante, dit-il, qui passe comme un éclair, n'est
» guère qu'aperçue. Cependant, si on la répète sans art,
» elle n'a plus le mérite de la nouveauté. Que faire ? Il

» faut la présenter plusieurs fois, et chaque fois avec des
» décorations différentes, de manière que l'ame, arrêtée
» par cette sorte de prestige, s'arrête avec plaisir sur le
» même objet, et en prenne toute l'impression qu'on se
» propose de lui donner. Qu'on observe la nature, quand
» elle parle en nous et que la passion seule la gouverne ;
» la même pensée revient presque sans cesse, souvent
» même avec les mêmes termes : l'art suit la même mar-
» che, mais en variant un peu les dehors.

> » Eh quoi ! vous ne ferez nulle distinction
> » Entre l'hypocrisie et la dévotion ?
> » Vous les voulez traiter d'un semblable langage,
> » Et rendre même honneur au masque qu'au visage ?
> » Égaler l'artifice à la sincérité,
> » Confondre l'apparence avec la vérité,
> » Estimer le fantôme autant que la personne,
> » Et la fausse monnaie à l'égard de la bonne ?
>
> » (MOLIÈRE.)

» Il n'est point d'inattention qui tienne contre une
» pensée si obstinée à reparaître : il faut qu'elle entre
» dans l'esprit et qu'elle s'y établisse, malgré toute résis-
» tance. Il y a grande apparence que c'est là le *Copia*
» *rerum et sententiarum* des Latins, c'est-à-dire, cette
» abondance vigoureuse qui fait que le discours plein de
» verve roule à grands flots et emporte tout avec lui. »

Enfin Crouzas nous offre une idée qui ne sera pas de
trop ici. « Il faut, dit-il, entrer dans le cœur par l'ouver-
» ture qu'on s'est une fois faite, et ne lui laisser pas le
» tems de se refermer, au lieu qu'on cherche souvent
» très-mal à propos à s'ouvrir un autre endroit. » Parlons
de l'opposition dans le geste.

De la vérité du geste par l'effet de l'opposition.

De même que les lignes dans le dessin, comme les teintes dans le coloris, paraissent d'autant plus sensibles dans leurs divers caractères, qu'elles sont opposées à d'autres lignes et à d'autres teintes d'espèces différentes, de même dans le geste certains mouvemens se manifestent avec beaucoup plus de signification et de puissance, lorsqu'ils sont opposés à des mouvemens d'un autre caractère. Cette observation paraît contredire ce que nous venons de prescrire sur l'unité, mais nous allons voir au contraire qu'on parvient par ce moyen à rendre plus sensible et à fortifier l'unité. Exemple. Un homme se réveille après un long sommeil : où est l'unité de l'expression? C'est dans le réveil. Si l'artiste laisse apercevoir un reste de repos qui est la suite du sommeil; si les jambes, les cuisses et les pieds participent encore de l'état primitif, il est certain que par cette opposition la partie réveillée en aura d'autant plus de caractère significatif et n'en conservera pas moins son unité d'expression, etc. Second exemple. Une femme assise vient de tourner la tête et tout le buste, pour appeler quelqu'un de la main, mais l'extrémité inférieure de la figure conserve encore l'état tranquille et un reste de la situation qui a précédé. Où gît l'unité ? Dans l'action d'appeler, et le bas du corps qui n'appelle pas, contribue cependant à faire paraître très-vive et très-animée la partie qui vient de se tourner pour appeler. Cette combinaison a été très-bien nommée par Mengs, demi-chemin d'action ; mais il ne l'applique particulièrement qu'aux draperies qui conservent parfois un reste de leur situation antérieure dans le nouveau mouvement que l'artiste vient de leur donner. Ce moyen est très-ingénieux pour exprimer la vie et pour étendre le champ que le peintre laisse à l'imagination ; par là il fait voir ce que la figure vient de faire et ce qu'elle fera en- suite.

Lorsqu'on dit d'une figure qu'elle semble courir, ce n'est pas qu'elle ait le corps jeté fort en avant, les jambes très-écartées et les bras tendus ; c'est qu'on sent claire- ment qu'elle vient de courir et qu'elle continue de courir encore. L'excellence du dessin peut seule opérer ces pres- tiges, et le vrai mouvement, les vraies lignes données par les pieds, les genoux, les épaules, tout enfin y contribue. Un bras qui frappe est en peinture un bras qui va frapper, et un bras qui tire ou qui porte, est un bras qui va tirer davantage ou qui peut porter plus long-tems. Si les mem- bres sont trop tendus, il y a cessation d'action et de puissance ; c'est encore en ceci que les Grecs sont admi- rables dans leurs plus médiocres ouvrages, lesquels nous offrent toujours des leçons.

Engel, dans son ouvrage sur le geste, paraît avoir senti la force de ce moyen d'opposition, lorsqu'il cite l'exemple suivant. Il le tire, comme il le fait souvent, des mœurs populaires. « J'ai vu, dit-il (Lettre 13), un forgeron appuyé » sur son marteau, tandis que son fer refroidissait sur l'en- » clume, dévorer, la bouche béante, des nouvelles que lui » contait un tailleur : celui-ci, tenant à sa main ses ciseaux » et sa mesure, et ayant chaussé dans sa précipitation ses » pantoufles à contresens, parlait de milliers de français » belliqueux qui étaient déjà rangés en ordre de bataille » dans le pays de Kent. L'immobilité du maréchal qui » conserve l'attitude du moment où l'étonnement l'a

» frappé, est, dit Engel, un trait aussi expressif que na-
» turel. »

Mais ne perdons pas de vue les mouvemens si souvent
nobles et héroïques des figures antiques. Les anciens cherchaient pardessus tout à animer le marbre, à faire vivre
les tableaux; et à ces fins ils n'ont négligé aucun moyen,
ils ont épuisé toutes les combinaisons. La science du
contraste a été pratiquée dans leurs écoles, mais avec toute
la sagesse et toute la retenue de la philosophie. Lorsqu'on
leur compare la chaleur et la vie des ouvrages florentins
faits en imitation de ceux de Michel-Ange, c'est alors
qu'on remarque ce qui doit résulter de cet abus de moyens
grossiers, ainsi que des triviales affectations des écoles
viciées et ambitieuses. En effet, dans les figures floren-
tines, tout n'est que contraste, que contre-opposition. Où
est l'unité du mouvement, où est l'intention déterminée
et propre ? On la cherche en vain. Le geste est composé
de mille gestes divers, le mouvement de mille mouvemens
opposés. Certes, par ce moyen la matière paraît remuante,
le marbre perd sa roideur, et au premier abord on est
soi-même remué; mais l'esprit et le cœur, qu'éprouvent-
ils devant ces impostures?

Dans l'antiquité, les Romains furent les premiers qui
abusèrent des moyens de l'opposition : les têtes se retournent en contrastant avec le torse; le torse contraste
sur le bassin; les jambes sont en contraste avec les autres
parties, etc. Le principe est excellent, j'en conviens;
l'artifice est heureux; cependant la vérité et la naïveté
qui doivent déguiser l'art, paraissent être sacrifiées à ces
affectations, en sorte que le spectateur ne reconnaît point
au prime abord la nature.

Je vais encore citer Engel. Il dit (Lettre 16) d'un dessin de Gérard-Lairesse : « L'idée d'un homme près d'être » mordu par un serpent, est faussement rendue, car il » tient encore, en prenant la fuite, le pied près du reptile, » tandis qu'il aurait dû le retirer à l'aspect du danger » avec la même célérité qu'on retire le doigt du feu. » Je cite ce demi-chemin d'action comme ne convenant point dans ce sujet, puisqu'il laisse une équivoque résultant de l'immobilité de la figure représentée, et de deux unités permanentes.

On doit conclure de ces réflexions que l'opposition est un moyen qui parfois ajoute à la force significative du geste, en ce qu'il fait valoir l'expression principale de ce geste, et qu'il se rapproche de la vie et des effets naturels ; on doit aussi en conclure que cette opposition ou ce contraste doit être toujours subordonné à l'unité de l'expression dominante, et qu'il doit moins attirer l'attention lui-même et sur lui seul, qu'il ne doit la faire retourner sur le motif principal qu'il sert à faire remarquer et à rendre plus intelligible.

De la beauté optique du geste, ou de la beauté des poses et des attitudes.

La beauté des poses et des attitudes de toutes les figures antiques manifeste assez l'importance et les soins que les artistes d'autrefois mettaient à cette qualité. Elle était exigée dans les mœurs, et à plus forte raison dans les arts. L'art oratoire était soumis à ces règles, et Quintilien nous apprend (Liv. 1. Ch. 12) que la grâce dans tous les mouvemens du corps était désignée chez les Grecs par le nom très-heureusement trouvé de eurythmie. Cette grâce, il

l'exige donc de l'orateur. Il entre même dans des détails
positifs sur cette question. « C'est une règle constante
» parmi les maîtres de l'art, dit ce grand rhéteur (Liv. 11.
» Ch. 3), que la main ne doit jamais aller plus haut que
» les yeux, ni plus bas que l'estomac, d'où l'on peut ju-
» ger, ajoute-t-il, s'il est permis de l'élever jusqu'à la hau-
» teur de la tête, ou de l'abaisser jusqu'au nombril.....
» Quand on l'avance vers l'épaule gauche, il faut qu'elle
» demeure en-deçà; plus loin elle n'aurait pas de grâce.
» Mais, lorsque par un sentiment d'aversion nous portons
» la main droite vers la gauche, l'épaule du même côté
» doit se baisser un peu, pour s'accorder avec la tête qui
» dans ce moment se trouve pencher du côté droit. »

Je pourrais emprunter à cet écrivain d'autres passages
relatifs à la grâce ou au vice du geste; mais ce que je
viens de citer semble suffire pour prouver que, si les anciens mettaient tant d'importance à la beauté du geste
dans certains arts, ils en devaient mettre bien plus encore
dans celui de la peinture.

Ici nous renvoyons le lecteur à ce que nous avons
dit dans notre théorie du beau et dans les chapitres relatifs à la disposition des lignes. Il ne nous reste plus qu'à
nous occuper de la beauté intellectuelle ou de la convenance dans le geste, considéré comme moyen d'expression.

De la convenance du geste.

Lorsqu'on réfléchit sur les moyens principaux qui peuvent former un grand peintre, on ne peut s'empêcher de
reconnaître qu'il lui faut au moins autant de jugement
que de sensibilité. Une preuve de cette vérité, c'est que la
plupart des fautes dans l'art sont des fautes de convenance,

et que toute la finesse et la force de l'imagination, toute
la facilité et tout le tact de l'artiste viennent échouer contre cet écueil. C'est une qualité bien rare que cette justesse de discernement qui nous fait distinguer ce qui
convient véritablement, et c'est un don peu commun que
cette force d'esprit qui nous fait préférer ce qui est propre
et convenable à ce qui est seulement séduisant. Le mot
convenance était continuellement à la bouche des anciens,
et tous recommandent ou louent ce qui convient. On peut
dire que la convenance dans le caractère moral du geste
est un mérite qu'on ne rencontre que très-rarement dans
les ouvrages modernes de peinture et de sculpture. Nous
avons tous dans l'imagination certaines affections prédo-
minantes qui nous font incliner vers un choix exclusif,
lequel n'est souvent qu'à nous ou dépend des mœurs de
notre tems, et nous le sacrifions avec peine à la convenance réclamée par la nature, par l'art et par le bon
sens. Quoique ce choix ou cette inclination de préférence
soit vicieuse, nous ne la rectifions pas, et nous aimons
mieux supposer que, dans le cas où les modèles que nous
consultons ne nous donnent pas l'idée, l'attitude, le caractère enfin que nous exigeons, il n'en est pas moins vrai
que notre idée est juste, convenable, et notre sentiment
excellent. Qui jugera le peintre dans ce combat entre
la nature ou l'art et les inclinations personnelles de
l'artiste, entre le modèle qui lui refuse ce qu'il s'obs-
tine à croire bon et possible, et son imagination qui lui
dicte impérieusement des lois ? C'est ici que l'on reconnaît toute la puissance de la théorie et tout l'avantage des
lumières de la philosophie. Mais qu'ils sont rares les
peintres qui savent diriger leur imagination par la force

de la raison, et qui savent tempérer leur irritabilité par
un jugement éclairé ! Le neuf est préféré au convenable ;
le bizarre et l'original au beau qui est reconnu, mais qui
est devenu insipide. Cependant que veulent dire les artistes qui demandent du neuf, lorsqu'il s'agit d'imiter la
nature, et qui ambitionnent plus l'extravagance que le sens
commun ? Ignorent-ils donc que le vrai mérite consiste à
être neuf en restant dans le cercle prescrit par l'art et
par cette nature, hors de laquelle on ne saurait rien in-
venter de raisonnable ?

Les Grecs aimaient mieux répéter une idée convenable,
en l'embellissant de quelques nouveaux caractères, que
d'emprunter les bizarreries d'une imagination sans frein.
Mille fois ils se sont exercés sur des types classiques, parce
que ces types étaient propres et convenables ; car ce qui
convient est toujours bon, et ce qui n'est que neuf, n'est
que trop souvent faux et méprisable. Mais les Grecs étaient
dirigés dans leur art par les législateurs, par les prêtres et
les philosophes, tandis que les modernes sont dirigés par
la mode, le caprice des ignorans, ou le despotisme plus
ou moins déguisé des académies.

Aristote, dans le 16e chapitre de sa Poétique, s'explique
clairement sur la convenance des caractères moraux.
Quant à Horace, voici ce qu'il dit sur cette question : « Les
» savans et les ignorans riront, si les discours du per-
» sonnage ne sont pas conformes à sa fortune, car il est
» d'une grande importance pour le poète de considérer si
» le personnage qui parle est un esclave ou un héros, d'un
» âge mûr ou brûlant des passions de la jeunesse, s'il est
» femme de qualité ou nourrice bruyante, un Assyrien
» débauché ou un barbare né en Colchide, un marchand

» voyageur ou un laboureur résident, un Grec spirituel
» ou un stupide Béotien. » Nous n'avons qu'à appliquer à
la peinture ce qu'il dit du langage. Ajoutons à ceci ce que
Lucien prescrit en parlant d'un pantomime : « Il faut,
» dit-il, garder surtout la bienséance sans s'emporter au-
» delà, car il y a un vice d'affectation dans la pantomime
» comme dans l'éloquence, lorsqu'on passe la mesure
» des choses qu'on veut représenter, et lorsqu'on fait trop
» grand ou trop petit ce qui doit être petit ou grand ;
» surtout conservez bien les caractères, soit rois, princes,
» soit gens du peuple, pasteurs et autres. »

Les écrits des modernes sont loin d'avoir réparé les
pertes que nous avons faites des nombreux traités qu'a-
vaient laissés les plus célèbres peintres de l'antiquité, et
nos écrivains n'ont pas cru devoir établir d'autres règles
que celles qu'ils reconnaissaient avoir été pratiquées dans
les tableaux et dans les sculptures des artistes modernes,
en sorte que la théorie n'ayant jamais été supérieure à
l'art, celui-ci n'a pu s'élever au-dessus de son premier
élan.

Ainsi, pour faire mieux sentir l'importance de cette
convenance ou beauté intellectuelle dans le moral des figures représentées, le meilleur moyen serait de signaler
l'inconvenance des caractères sur les figures des peintres
et sculpteurs modernes. Y a-t-il rien, par exemple, de
plus inconvenant que les expressions morales de ces mille
et mille figures peintes ou sculptées que les élèves et le
public ont sans cesse sous les yeux ? Quoi de plus impropre que ces caractères, que ces attitudes de la plupart
des figures de Rubens, de Pierre de Cortone, de Michel-
Ange, de Bernini, d'Algardi, de Giordano, etc. ? Cette

impropriété de caractère est si commune, et l'insouciance
est si grande par l'effet de tant de mauvais exemples, que,
même dans les copies qu'on fait de l'antique, on en altère
les caractères : on fait l'Apollon du Belvédère plus aimable, la Diane de Paris moins austère, moins chaste, on
la voudrait même un peu voluptueuse. Celui qui a res-
tauré les bras de la Vénus Médicis, ne les a-t-il pas faits
maniérés, sans pudeur ? Il a imaginé les coudes en l'air,
les poignets bombés, etc. N'a-t-il pas gâté par cette afféterie tout le caractère de cette belle statue ?

On recommande aux élèves de mettre du mouvement
dans leurs figures ; cependant lorsque l'action de ces figures est aisée et simple, c'est une chose absurde que ce
mouvement recherché. Il détruit souvent l'unité et la
convenance, et, malgré cette prétendue chaleur, le spectateur est de glace. Souvent c'est le modèle qui trompe
l'artiste ; mais le modèle n'est pas la nature. Le modèle
est un individu, et, si voulant représenter, par exemple,
la douleur tranquille du jeune Aristée pleurant sur ses
abeilles, comme nous le dépeint Virgile, je consulte le
geste d'un modèle payé pour m'offrir la nature, je serai
dupe d'une faute aussi grossière, car le geste de ma figure
doit être simple et naïf, comme celui des bergers. Tout
ce qui rappelle l'éducation, la politesse et l'afféterie, doit
être banni de la pantomime ; et, de même que les anciens
donnaient aux pasteurs le pedum pour attribut caractéristique, de même ils leur donnaient des gestes pleins
d'innocence et de simplicité : telles sont les lois de la convenance. De plus, ce n'est point le bel Aristée qui doit ici
faire remarquer sa douleur ; ce soin est celui de l'artiste.
L'acteur représenté par l'artiste doit être affligé, comme

un individu naïf et plein de grâce, mais qui ne se croit point observé, et le spectateur doit oublier l'art et le modèle, pour ne reconnaître que le naturel.

Le peintre qui s'affranchit de la convenance, est certainement bien plus à l'aise que celui qui veut respecter les mœurs. Il est vrai que les succès de quelques tableaux très-expressifs, mais dont les gestes sont d'une impropriété choquante, ont rendu indulgens plusieurs admirateurs. Cependant le plaisir des ignorans ne doit point servir de règle.

Certains écrivains ont avancé que la recherche des convenances éteignait le génie, et qu'elle nuisait à l'expression ; mais ils n'ont dit cela que parce qu'ils regardaient certains tableaux comme le plus grand effort de l'esprit humain. Ils avançaient cette doctrine barbare, en ajoutant que le mieux est l'ennemi du bien. Cela rappelle un mot de Cochin, qui, pour justifier Paul Véronèse, dont l'usage est d'affubler tous ses personnages d'habits vénitiens et de vêtemens de caprice, nous dit que c'est à cette négligence du costume qu'on doit la grande vérité de coloris qu'on remarque dans ses étoffes.

Le grand, le sublime de l'art, c'est de peindre les mœurs, et par conséquent les caractères. Comment y parvenir sans la convenance du geste ? C'est toute la nature collective qu'il faut consulter, et non la nature individuelle seulement. Il faut séparer certains traits parmi les choses indifférentes que font les hommes en général, et ne choisir que les traits qui conviennent au caractère qu'on veut exprimer dans le tableau.

Les apôtres, les saints, les martyrs dans nos fameuses peintures, offrent des mœurs, des attitudes peu convena-

bles, indécentes, et souvent même ridicules. Pourquoi?
C'est, répondra-t-on, que ces poses ayant été consacrées
par trois siècles de beaux-arts, elles sont ainsi devenues
traditionnelles. Fort bien. Mais pourquoi Apollon, les
Muses, les Grâces sont-elles sans noblesse et sans convenance dans tant de tableaux modernes? Répondez.
C'est, vous dis-je, qu'on n'a connu ni l'antique ni les règles
antiques, et qu'on est resté dans le cercle trivial de la
routine académique. Toujours des caractères, des airs,
des poses d'école, toujours des membres placés là, et de
telle ou telle manière en dépit de la nature, le tout
presque toujours fort laid et fort étrange. Au moins,
chez les Romains dégénérés, qui oublièrent quelquefois la
nature, c'est-à-dire, la vérité, vit-on produire toujours des
images belles et des signes nobles dont la combinaison
flattait le sens de la vue et rappelait la destination des
beaux-arts; mais l'indécence et la laideur sont les produits de la barbarie.

J'ai parlé ailleurs de ces fantômes de théâtre que le
peintre prend souvent pour la nature : ici je rappelerai
ces fantômes d'atelier qui viennent l'obséder et s'emparer,
malgré lui, de son esprit. Cherche-t-il l'attitude, les
formes, le caractère d'un héros ou celui d'une nymphe
chaste et gracieuse; mille fantômes viennent grimacer à
ses yeux. Il veut penser à un caractère énergique, mais
noble, sublime et plein de beauté; il ne rencontre dans
sa mémoire que de pitoyables poses d'écoles ou de ridicules mouvemens d'atelier. Enfin ne veut-il seulement
que le caractère simple et décent du portrait d'un personnage de nos mœurs; mille gestes guindés, apprêtés,
viennent frapper, malgré lui, son imagination....

Pourquoi les tableaux modernes sont-ils chargés de ces mille et mille poses d'académie, de ces triviales et désagréables attitudes, de ces mouvemens laids et insignifians ? C'est que les élèves dans nos écoles barbares passent dix ans à copier tous les soirs ce qu'ils appellent le modèle ou l'académie, c'est-à-dire, à copier tant bien que mal des poses fausses, sans intention, sans vérité, sans beauté ; c'est qu'ayant été encouragés dans cet exercice et par leurs professeurs et par leurs condisciples, ils ont à la fin la tête toute pleine et leur porte-feuille bien meublé des combinaisons les plus laides et les plus déraisonnables en fait d'attitudes. De là ces mêmes attitudes dans leurs tableaux, à propos de certains sujets dans lesquels ces attitudes deviennent choquantes. Il faut le dire, on procède mal, on place mal, on choisit mal les modèles, et on copie mal les mouvemens, les formes et l'espèce enfin ; on confond toutes les études ; l'élève qui croit tenir au bon goût, altère son modèle et fait faux ; l'élève qui tient à la justesse, copie plus juste et retient les laideurs du modèle. Les institutions modernes d'art n'offrent donc que désordre, cahos, et barbarie honteuse pour le siècle. Et pour qu'on ne prenne pas pour une boutade cette critique, il suffira d'apercevoir ce que j'ai écrit sur l'orthographie de la figure humaine, sur la méthode de comprendre les proportions, sur la disposition et les mouvemens quant au beau, sur l'usage des figures découpées ou des changemens orthographiques, sur la justesse de représentation, sur la philosophie du dessin, ce qui comprend les modes, et enfin sur les classes dans une école complète.

Noms de quelques auteurs qui ont écrit sur le geste.

Bonnet.

Bourdelot.

Bulwer.

Burette.

Cahusac.

Calliachi.

Coguen.

Cure de La Chambre.

Delaunaye.

Engel.

Ferrarius.

Feuillet.

Francius.

Gallini.

Grimarest.

Kerndverfer.

Lefaucheur.

Meursius.

Noverre.

Requeno.

Rivery.

Voyart.

Weaver, etc., etc.

Voy. encore : A Lecture on Mimicty. Londres. 1777.

CHAPITRE 211.

DE L'EXPRESSION DES MŒURS ET DES PASSIONS PAR LA PHYSIONOMIE.

J'ai dit que le geste était le plus puissant moyen de l'expression, mais j'ai supposé que la physionomie, par son caractère et son action, n'affaiblissait en rien l'unité de la passion exprimée par le geste. Or non-seulement elle ne doit point l'affaiblir, mais elle doit le fortifier, en concordant entièrement avec lui et en ajoutant à son expression. La physionomie doit donc, par la forme qu'elle affecte, être la conséquence de cette pantomime déterminée elle-même par les mœurs et par la passion.

Cette question nous oblige à établir avant tout une espèce de parallèle entre les anciens et les modernes sur ce
point.

Celui qui n'a pas reconnu le savoir éminent, la délicatesse et tout le sentiment des anciens dans l'art d'exprimer les mœurs et les passions par la physionomie, ne peut
être qu'un homme superficiel et sans goût. Parce que les
physionomies des statues antiques sont plus délicates et
plus réservées que celles des figures de nos statues et de
nos tableaux, déciderons-nous que les premières sont sans
énergie, sans chaleur, et qu'elles se ressemblent toutes ?
Qu'est-ce donc que la chaleur sans convenance et sans
beauté ? Qu'est-ce que la hardiesse en fait de physionomie, lorsqu'elle n'est pas tempérée par le vrai et par la
décence ? Qu'est-ce que la diversité enfin, lorsqu'elle
produit des contresens de toutes espèces ? Oui, il faut
accorder que les anciens sont encore en ceci nos maîtres.
Au reste leurs écrits seuls prouveraient leur grand savoir
et leur extrême finesse en ce point. Prenons pour exemple
un passage de Sénèque, et voyons de quelle manière il a
observé le caractère et l'expression de l'œil (Ep. 106).
« N'avez-vous pas remarqué, dit-il, combien le courage
» imprime à l'œil de fierté; combien la prudence lui donne
» d'attention, la joie de sérénité; combien la sévérité lui
» communique de contrainte, et la gaîté d'aisance? Si les
» mouvemens intérieurs de l'ame vont se peindre ainsi
» dans les regards, combien leur expression sera-t-elle
» plus sensible par le caractère général de la physiono-
» mie, par son accord avec les mouvemens du corps, le
» jeu des membres, etc., etc. ! » N'est-ce pas là précisément le langage que tiendrait un peintre excellent ?

. Ajoutons ici un passage remarquable de Quintilien
(*Inst. Orat. Lib.* 11. *Cap.* 5). « Il n'y a, dit-il, sorte de
» mouvement et de passion que le visage n'exprime. Il
» menace, il caresse, il supplie, il est triste, il est gai, il
» est fier, il est humble, il témoigne aux uns de l'amitié,
». aux autres de l'aversion. Il fait entendre une infinité de
» choses, et souvent il en dit plus que n'en pourrait dire
» le discours le plus éloquent. Aussi est-ce notre visage
» que consulte d'abord l'auditeur, qu'il regarde, qu'il
» examine curieusement, dès que nous venons à paraître.
». C'est pour cela qu'au théâtre les acteurs peignent leurs
» sentimens jusques sur leurs masques, en sorte que dans
» la tragédie, Niobé nous frappe à l'instant par sa tristesse,
» Médée par sa fureur, Ajax par son étonnement, Hercule
» par son emportement et sa rage.

» Et dans la comédie, outre que chaque personnage
» est ainsi distingué par son masque, l'esclave, le parasite,
» le villageois, le militaire, la vieille, la courtisane, le vieil-
» lard austère et celui qui est né doux ; le jeune homme
» débauché, prodigue, et celui qui est sage et réglé ; la
» jeune personne, la matrone : outre ces différens carac-
» tères, ce père qui joue le principal rôle, parce qu'il est
» tantôt colère, tantôt bon et facile, nous est représenté
» sur la scène ayant un sourcil impérieusement élevé,
» l'autre composé modestement et rabaissé '. En un mot
» c'est l'usage des acteurs, et particulièrement sur notre
» théâtre, de prévenir toujours le spectateur par un cer-

' Quelques-uns ont cru que ce père changeait de masque, pour exprimer les différentes affections de son ame ; mais Quintilien fait entendre
le contraire. Il y a donc apparence que ce père se tournait tantôt d'un
côté, tantôt de l'autre, suivant qu'il voulait paraître doux et sévère.

» tain extérieur conforme au personnage qu'ils ont à
» jouer.

» Mais le visage a lui-même une partie dominante, qui
» est les yeux. C'est par eux surtout que notre ame se
» manifeste, jusque-là que, sans même qu'on les remue,
» la joie les rend plus vifs et la tristesse les couvre comme
» d'un nuage. Ajoutez que la nature elle-même leur a donné
» les larmes, ces fidèles interprètes de nos sentimens, qui
» s'ouvrent impétueusement un passage dans la douleur
» et coulent doucement dans la joie. Que si les yeux ont
» tant de pouvoir, lors même qu'ils sont immobiles, on
» peut juger qu'ils en ont bien davantage, quand ils sont
» en mouvement. C'est alors que vous les voyez tantôt
» animés, tantôt froids; tantôt fiers, tantôt doux; tantôt
» rudes et tantôt terribles ; et l'orateur prendra toutes
» ces formes suivant le besoin et l'occasion.

» Mais d'avoir des yeux effarés, ou contraints, ou lan-
» guissans, ou endormis, ou immodestes et lascifs, ou
» amoureux, ou qui semblent promettre ou demander
» quelque chose, ce sont autant de défauts qu'il faut évi-
» ter soigneusement. Car de les tenir couverts ou fermés
» en parlant, c'est une faute si grossière, qu'elle ne mé-
» rite pas d'être remarquée.

» Il n'est pas besoin non plus de dire que les paupières
» doivent concourir à ces divers mouvemens. Mais les
» sourcils demandent une attention particulière. Car,
» outre qu'ils contribuent aussi à donner une certaine
» forme à l'œil, ils gouvernent le front absolument. C'est
» par eux qu'il s'ouvre et qu'il se resserre; qu'il paraît
» tantôt fier et audacieux, tantôt bas et timide. Et comme
» si la nature eût voulu qu'une même chose fît en lui

» plusieurs effets, le sang qui est destiné à son entretien,
» semble s'accommoder aux différentes affections de l'ame.
» C'est pourquoi, quand il est échauffé par un sentiment
» de honte, il couvre le front d'une certaine rougeur. Au
» contraire dans la crainte il se retire, d'où s'ensuit la
» pâleur; et, lorsqu'il est dans un juste tempérament, il
» produit cette aimable sérénité qui est tant à désirer.

» Pour revenir aux sourcils, leur défaut le plus ordi-
» naire, c'est d'être absolument immobiles, ou trop en
» mouvement, ou inégaux, en sorte que l'un monte, et que
» l'autre descende, comme je disais tout à l'heure d'un
» masque de théâtre, ou enfin d'être dans une action qui
» s'accorde mal avec les choses dont on parle; car dans
» la colère ils se serrent et se rapprochent naturellement,
» dans la tristesse ils s'abaissent, dans la joie ils s'ouvrent
» et s'éloignent. Il y a aussi une manière de refuser et
» d'accorder, qui fait qu'ils se haussent et qu'ils se bais-
» sent.

» L'action qui vient du nez et des lèvres réussit rare-
» ment, je veux dire qu'il y a peu de choses qu'ils puissent
» exprimer avec grâce, quoiqu'ils servent d'ordinaire à
» donner des signes de dérision, de mépris et de dédain.
» Car de faire des grimaces du nez, ou de le rider, ou de
» l'enfler, ou d'y porter sans cesse les doigts, ou de se le
» tirer, ou de le retrousser avec la paume de la main, ou
» de rendre avec impétuosité par les narines l'air que
» l'on a respiré, comme font les chevaux; quand ils
» soufflent, rien de tout cela ne siéra jamais, jusque-là
» même que de se moucher souvent passe avec raison
» pour une indécence.

» A l'égard des lèvres, elles pèchent, lorsqu'elles sont

» ou fendues, ou trop avancées, ou trop serrées, ou telle-
» ment ouvertes qu'elles découvrent toutes les dents, ou
» repliées dédaigneusement l'une sur l'autre, ou noncha-
» lamment pendantes, comme si elles ne daignaient pas
» se prêter à l'articulation des mots. Il est de mauvaise
» grâce aussi de se les lécher, de se les mordre, et de les
» allonger soit en devant, soit devers l'oreille. Leur mou-
» vement doit même avoir peu de part à la prononciation,
» parce qu'il faut parler de la bouche plutôt que des
» lèvres. »

Un habile peintre grec se disait : je veux peindre la
sérénité du roi de l'Olympe ; et il parvenait à peindre le
calme des sourcils, de la bouche et des joues : je veux
peindre la sagesse de Minerve ; et les lèvres de la déesse
signifiaient la prudence, ses joues et ses yeux la plus
grande intelligence, son front la plus sublime raison. Il
savait rendre amoureux et divin le regard de Vénus, fier
et assuré celui de Mars, chaste mais enchanteur celui
des Grâces. Clio, Euterpe et Melpomène étaient représentées par cet habile peintre avec des différences pleines
de propriété, modifiées à son gré, et ménagées ou prononcées dans le ton qu'il désirait déterminer, ce qui était le
résultat évident de la science et des études analytiques.
Noble philosophie de l'art, tes effets sont de tous les tems.

Enfin les anciens rendaient l'expression de la physionomie propre à être long-tems contemplée, parce que cette
physionomie était imitée et rendue par des finesses et des
détails pleins de justesse et de propriété, et non par des
indications de fantaisie.

Le peintre savant qui connaît l'anatomie de la tête,
qui sait modeler, modifier les effets, ôter ou ajouter à

volonté et proportionnellement, qui sait enfin faire jouer
les parties sans les faire sortir de l'ordre du mécanisme,
a donc un avantage immense sur le peintre inspiré qui
ignore les secrets de l'art. La douleur virginale de la jeune
Niobé, le tendre effroi de sa mère, l'expression de la tête
de Laocoon, sont le résultat d'une science profonde et
n'ont pas été trouvés à l'improviste : l'artiste a augmenté,
diminué, étendu, creusé, retiré, fondu les formes avec
calcul, avec connaissance de cause; s'il a pu rendre l'expression de l'œil, s'il a pu saisir le jeu des paupières, le
mouvement du globe, la contraction des muscles de l'œil,
c'est parce qu'il était familier avec la connaissance de
ces détails.

Dans nos tableaux, ne craignons pas de l'avouer, une
tête est souvent par sa physionomie un grossier contresens. On veut de l'originalité et du bizarre à tout propos;
on ne veut point de philosophie dans l'art, il suffit que
le coloris et le clair-obscur flattent la vue et égaient. Les
idées sur ce point sont, ainsi que les goûts, flottantes et
incertaines, et il semble qu'on ignore que toutes les physionomies d'un tableau doivent appartenir au caractère
de la figure, au sujet, à son mode et à son unité.

L'étude de l'expression par les physionomies est longue,
subtile et délicate; il faut et une forte tête et un sentiment particulier pour arriver à des résultats transcen-
dans. Le Brun avait peu de ce sentiment, et il compara
beaucoup, espérant atteindre à de hautes connaissances
sur l'expression des lignes faciales par rapport aux passions. Mais Le Brun n'a obtenu que des indications assez
grossières, quoique curieuses et divertissantes; il n'a point
trouvé de secrets au profit de l'art. Correggio et Carracci

n'ont fait qu'indiquer avec onction, avec chaleur et verve des expressions plus ou moins claires et convenables. Dominichino sentait moins, mais employait plus le secours de la justesse d'imitation, et quelques-unes de ses expressions ont la force provenant de la naïveté. Le Sueur copia aussi avec succès ou le miroir devant lequel il se composait les traits, ou quelques individus, et il a sûrement emprunté à quelques jeunes chartreux les expressions de son St Bruno, car il ne se peut pas que sa mémoire ou son imagination l'ait aidé de tant de richesses et de traits si excellens. Enfin Poussin fit des combinaisons raisonnables et fortes par leur convenance ou leur juste application, mais il n'a pu pénétrer plus avant, faute des moyens pratiques et des recherches nécessaires; néanmoins il sentait bien au-delà du terme qu'il atteignit, et s'il s'exerça quelquefois en grand, ce fut sûrement pour mieux se rapprocher du but qui pour lui, comme pour tout grand artiste, est l'expression des passions. Très-peu de peintres chez les modernes ont donc exprimé par les physionomies la naïveté et la convenance, la beauté et la variété des caractères ou des passions; quand ils sont restés dans le naturel, ils n'ont guère produit que des à peu près, et lorsqu'ils ont monté leur imagination et exprimé avec énergie, leurs physionomies sont sans convenance et quelquefois étrangères au sujet. Cela ne pouvait guère être autrement, puisque les procédés ou les pratiques délicates par lesquelles on doit rétablir proportionnellement la beauté, ainsi que l'unité dans les formes exprimantes, leur était inconnus, ce qui les obligeait à chercher la force et le pathétique par des tâtonnemens et des exagérations qui, bien que réveillant des idées de caractères et de passions,

réveillaient trop aussi celles des mensonges de l'art et des
artifices de l'imagination.

Nous pouvons réduire ici, je crois, l'art de la physionomie à deux conditions : la vérité et la beauté. On conçoit
que par vérité on pourrait distinguer ici le vraisemblable,
le convenable, l'unité, etc.; mais ces exactes subdivisions
ne sont pas très-nécessaires. Entrons en matière.

La physionomie est bien certainement le miroir des
mœurs et des passions : aussi les enfans, qui n'ont guère
de passions, ne font-ils voir sur leur physionomie que des
mœurs. Cependant dès que leur éducation est abandonnée
et qu'on ne leur a point inspiré le sentiment de la décence, de la retenue, on voit leur physionomie s'altérer
de plus en plus. Si, outre le défaut d'éducation de l'ame
ou de l'esprit, les enfans sont élevés dans des mœurs viciées ; si, au lieu d'avoir cette retenue et cette fierté louable,
qui est le résultat de l'estime de soi-même et d'une belle
conscience, ils s'abandonnent à l'envie, à la ruse et à la
bassesse, on verra tous ces vices s'empreindre sur leur
physionomie, en sorte que celles des sauvages paraîtront
belles et intéressantes, comparées à celles des enfans de
nos cités. Diderot a dû être attristé en faisant la remarque
suivante : « J'ai vu, dit-il, au fond du faubourg St-Marceau,
» où j'ai demeuré long-tems, des enfans charmans de vi-
» sage. A l'âge de douze à treize ans, ces yeux pleins de
» douceur étaient devenus intrépides et ardens ; cette
» agréable petite bouche s'était contournée bizarrement;
» ce cou si rond était gonflé de muscles ; ces joues larges,
» unies, étaient parsemées d'élévations dures ; ils avaient
» pris la physionomie de la halle et du marché. A force
» de s'irriter, de s'injurier, de se battre, de crier, de se

» décoiffer pour un liard, ils avaient contracté, pour toute
» leur vie, l'air de l'intérêt sordide, de l'impudence et de
» la colère. »

  « On croit, dit J.-J. Rousseau dans son Émile, que la
» physionomie n'est qu'un simple développement des traits
» déjà marqués par la nature; pour moi, je penserais que,
» outre ce développement, les traits du visage d'un homme
» viennent insensiblement à se former et à prendre de la
» physionomie par l'impression fréquente et habituelle de
» certaines affections de l'ame. Ces affections se marquent
» sur le visage, rien n'est plus certain, et quand elles
» tournent en habitude, elles y doivent laisser des impres-
» sions durables. Voilà comment je conçois que la physio-
» nomie annonce le caractère, et qu'on peut quelquefois
» juger de l'un par l'autre, sans aller chercher des expli-
» cations mystérieuses, qui supposent des connaissances
» que nous n'avons pas...... De l'état habituel de l'ame
» résulte un arrangement de traits que le tems rend inef-
» façable. Cependant il n'est pas rare de voir des hommes
» changer de physionomie à différens âges. J'en ai vu
» plusieurs dans ce cas, et j'ai toujours trouvé que ceux
» que j'avais bien observés et suivis, avaient aussi changé
» de passions habituelles. »

  Si les physionomies doivent dans les tableaux rendre
témoignage des mœurs et des passions, le principe d'unité
doit être rigoureusement observé. Or il faut, pour qu'il
y ait unité d'expression dans la physionomie, que toutes
les parties qui la constituent agissent de concert et four-
nissent chacune tout ce qu'elles peuvent fournir de caractère propre et convenable à cette fin. Mais sur combien
d'individus ne remarque-t-on pas que la bouche exprime le

rire, et que les yeux sont tristes et sans caractère ? Les
joues elles-mêmes, par leur mouvement musculaire, concordent rarement dans l'ensemble; les paupières, le menton, les sourcils; toutes les parties de la tête enfin, agissent
fort rarement d'un commun accord, et souvent l'inaction
ou la fausseté d'une seule partie détruit ou dénature toute
l'expression. Cependant le peintre habile doit savoir discerner ces écarts, et dans son imitation remédier à ce
désordre. Enfin l'unité doit faire obtenir un caractère et
une expression conformé au sujet même sur ces parties
qui sont nulles, oisives, pour ainsi dire, et qui ne
servent de rien à la physionomie. Il est évident que c'est
par ce moyen que les anciens artistes ont porté à un si
haut degré d'intensité l'expression des caractères. Ces
vérités prouvent combien le choix des modèles est difficile
et important, et il est d'autant plus difficile parmi nos artistes, qu'ils repoussent les individus modèles, lorsqu'ils ne
sont pas conformés selon les belles proportions, et quoiqu'ils offrent une précieuse expression. Cependant nous
démontrerons bientôt que leur peu de beauté sous ce rapport ne doit point les faire éloigner du peintre, puisqu'il
peut aisément en corriger les défectuosités. On doit donc
dire que, même pour la peinture d'un doux sommeil qui
semble si facile à copier d'après nature, l'artiste a à se méfier des individus qu'il consulte. Il peut se faire en effet que
les muscles excités conservent leur vicieuse contrainte,
même dans le repos de la nuit. Le peintre trouverait donc
peu de modèles parfaits de sommeil, même en consultant
une foule d'individus endormis. Cette idée, qui semble
exagérée, peut seule expliquer cette différence qu'on
doit bien établir entre la nature et l'individu, entre

l'homme en général et le modèle gagé et payé pour servir d'archétype; et cependant on ne saurait peindre avec justesse et avec force une passion par le calcul seul et sans consulter les individus, car tel ou tel muscle, qu'on imagine de faire agir, n'est pas propre quelquefois à exprimer par son action telle ou telle passion. Chez un individu, par exemple, ce sera l'œil, chez un autre, ce sera la bouche qui exprimera le plus la colère. La stupeur des Niobés a été imitée d'après nature. Le plus habile artiste ne saurait imaginer des formes expressives, dont l'observation seule et l'examen analytique est déjà si difficile. Enfin toutes les têtes faites d'imagination, et dont on compose les yeux, la bouche, etc., sans s'étayer sur un individu, sont factices, quoiqu'assez bien appropriées peut-être au sujet; et cela est si vrai, que les têtes qui ont été imitées avec un grand succès et qui ont fait la réputation des artistes, ont été saisies sur la nature et nullement empruntées d'abord à l'imagination : l'imagination a seulement aidé à la nature et favorisé l'art par de savantes et d'heureuses modifications.

Si nous considérons maintenant la variété naturelle d'expression dans les physionomies des divers acteurs du tableau, nous reconnaîtrons aisément que chaque individu ayant son caractère propre et son tempérament distinct, l'expression de l'un sera différente de celle de l'autre, ce qui apportera une grande diversité. Ainsi, malgré l'état d'expression, la physionomie offre toujours son espèce propre et individuelle. Andromaque, par exemple, faisant ses adieux à Hector, sera toujours une épouse noble et pleine de tendresse, malgré l'expression de la douleur. Au milieu de ses larmes, on distinguera donc une noble

tendresse unie à la crainte. La crainte sera l'expression
dominante et propre au sujet, la tendresse sera l'expression du caractère inhérent à l'individu. Et voilà, je le
répète, comment on peut expliquer les louanges données
à certaines figures qui exprimaient diverses passions à la
fois. On a donc voulu dire au sujet de ces figures, que le
caractère propre de l'individu était conservé et qu'on
apercevait à travers l'expression principale du sujet ce
caractère de l'individu et son aptitude à telle ou telle
action ou passion en particulier. Marie de Médicis exprime la joie d'avoir mis au monde un fils, voilà l'expression du sujet ; mais elle laisse apercevoir l'état de souffrance propre à sa situation, voilà la variété secondaire
ou l'opposition.

  Le vraisemblable en fait d'expression par la physionomie conduit aussi à quelques observations importantes.
D'abord il s'agirait de s'assurer si l'expression de toutes
les physionomies du monde est interprêtée semblable-
ment par toutes les nations, et si les différences conventionnelles ou habituelles remarquées en certains pays
et pendant certain tems, ne sont point de ces exceptions
que doivent rejeter la peinture et tous les autres arts dont
le langage doit tendre à être un ou universel. Je doute
que le sauvage comprenne toutes les physionomies d'un
parisien ou d'une parisienne. Un étranger, un campa-
gnard même ne les comprend pas aisément. Ce ne sont
pas des signes généraux et communs à toute l'espèce humaine, et telle figure qui grimace à Paris, y est considérée
souvent comme sincère et expansive. Mais, si l'on remonte
à l'expression vraie et naturelle, on verra que les Grecs
ont très-bien fait de modérer ces signes conventionnels et

de n'emprunter que ceux qui appartiennent essentiellement au mécanisme général et au système nerveux dans
son état le plus un et le plus naturel.

Si les sociétés ont composé des physionomies de commande dont l'affectation est plus ou moins sensible, la
nature en a composé aussi de contradictoires, c'est-à-dire,
dont l'expression est contredite par le caractère réel de
l'individu qui en est pourvu. Ainsi un homme peut avoir les
yeux couverts et une ame franche, ·mais un peintre ne
donnera pas des yeux couverts à une figure sur laquelle
il veut exprimer la franchise. Une face allongée, dans la
forme de celle des moutons, est une physionomie stupide,
et peut cependant être celle d'un homme d'esprit ; mais
le peintre qui voudra représenter un homme d'esprit, ne
lui donnera pas cette configuration. On sait qu'il y a eu
des héros de fort mauvaise mine ; un peintre serait très-
justement répréhensible, s'il donnait une mauvaise mine
à un héros, même en en faisant le portrait. Enfin le
peintre doit, malgré les contresens ou les signes trom-
peurs offerts par les individus modèles, conserver l'unité
ou l'intégrité de l'expression adoptée.

Il y a aussi dans la conformation des parties immobiles
de la tête, certains caractères qui donnent à l'homme l'air
bon ou méchant, l'air spirituel ou stupide, conformation
qui semble indiquer des habitudes sages ou subordon-
nées, prudentes ou folles, tempérées ou sensuelles. Or
ces formes deviendront dans l'art imitateur ou des vrai-
semblances ou des invraisemblances, selon que ce qu'elles
expriment sera analogue ou contraire au sujet ou à l'expression voulue par le tableau.

Les physionomistes croient qu'un visage trop plein est

l'indication d'un caractère lent et paresseux, d'un esprit lourd, craintif, inconstant, présomptueux, d'une humeur luxurieuse : tel était Vitellius. Au contraire, un visage moyennement maigre semble indiquer la prudence, l'attachement à l'étude, un esprit actif : tels étaient Cicéron et César, et, chez les modernes, Newton, Pope, Montesquieu. Or, pour peindre un sage, on ne se servira pas d'un modèle semblable à Vitellius.

On croit qu'une petite tête est une marque de bon sens ; cependant elle devient une marque de bêtise, si elle est portée sur un long cou : elle donne à l'homme une conformation qui a du rapport avec celle de l'oie, animal vorace et stupide. La peau du front, ridée et abattue sur les sourcils est un signe de cruauté ; si elle couvre trop de graisse, elle est celui d'un esprit grossier. Des sourcils qui se touchent et s'épaississent auprès du nez, témoignent de la méchanceté ; s'ils sont extrêmement arqués, ils donnent l'expression d'un étonnement stupide et témoignent peu d'esprit ; mais, quand ils sont médiocrement épais et modérément taillés en arc, ils sont le signe d'une ame calme et d'un esprit modéré. De même, bien que ce ne soit pas une vérité physique que les hommes, dont la physionomie porte le caractère de tête de certains animaux, en aient aussi les inclinations, ce peut en être une pour l'artiste, et je ne crois pas que celui-ci doive la négliger. Jules César avait quelque chose du caractère de l'aigle. Buffon, si grand dans son style, dans ses idées, avait une tête qui pouvait ressembler à celle du lion. Quant à la conjecture suivante de Winckelmann, elle peut être contestée. Ce savant suppose que les artistes grecs ne se sont pas contentés de comparer à la

physionomie de quelques animaux celle de l'homme,
mais qu'ils ont quelquefois relevé et même embelli le
caractère de certaines figures humaines, en leur donnant
quelques traits de certains animaux. « Cette remarque,
» ajoute-t-il, qui pourrait d'abord paraître absurde, faute
» d'un examen réfléchi, frappera certainement tout ob-
» servateur attentif, et il la trouvera très-vraie au sujet des
» têtes de Jupiter et d'Hercule. Pour peu qu'on examine
» la configuration du roi des dieux, on découvre dans
» ses têtes toute la forme du lion, le roi des animaux, non-
» seulement à ses grands yeux ronds, à son front haut et
» imposant, et à son nez ressenti et puissant, mais encore
» à sa chevelure qui descend du haut de la tête, puis re-
» monte du côté du front, et se partage en s'élevant en
» arc, caractère qui n'est pas celui de la chevelure hu-
» maine, mais seulement de la crinière du lion. Quant à
» Hercule, les proportions de sa tête vers le cou nous offrent
» la forme d'un taureau indomptable. Pour indiquer dans
» ce héros une vigueur et une puissance supérieures aux
» forces humaines, on lui a donné la tête et le cou de cet
» animal, parties tout autrement proportionnées que dans
» l'homme, qui a la tête plus grosse et le cou plus petit.
» On pourrait dire encore que les cheveux courts sur le
» front d'Hercule, sont une image allégorique et relative
» aux crins courts qu'on voit sur le front du taureau. »

Il est inutile, je crois, d'ajouter que la justesse et le
choix du clair-obscur et du coloris concourent beaucoup
à la vraisemblance dans l'expression des mœurs et des
passions, et que la fausseté dans l'un ou dans l'autre ne
manque pas de suspendre l'admiration, de resserrer un
peu le cœur et de repousser l'enthousiasme. J'ai dit au

sujet de la convenance dans le clair-obscur et le coloris, qu'ils devaient concourir l'un et l'autre au mode du tableau ; mais je puis dire ici qu'ils doivent concourir au mode d'expression de la physionomie. Ainsi, par exemple, pour exprimer l'abattement, la langueur ou le demi-sommeil sur une figure, il est certain que les yeux baissés contribueront par leur clair-obscur à établir la langueur et la suavité. Les yeux ouverts et bruns animent davantage le clair-obscur, et jettent plus de vivacité par le pétillant de leur ton varié et tranchant. Aussi les figures vives à sourcils et à cils très-noirs offrent-elles, même avec les yeux baissés, moins de suavité et de langueur dans l'expression que les yeux blonds et très-doux. A la partie du clair-obscur nous examinerons sa convenance par rapport aux sujets, aux caractères et aux passions.

Si la couleur dominante d'une figure est pâle, plombée et livide, c'est l'indice d'une bile noire et d'une inclination vers la vindication, l'envie et d'autres passions qu'occasionne ce tempérament. Aussi Poussin, dans son tableau du jugement de Salomon, a-t-il choisi ces couleurs pour représenter le méchant caractère de la femme qui osait réclamer l'enfant qui ne lui appartenait pas, tandis qu'il a répandu sur le teint de la véritable mère une couleur un peu vermeille qui indique la bonté de son caractère. En effet, les personnes sanguines peuvent bien avoir des mouvemens passagers de colère, mais elles sont ordinairement incapables de haine et de méchanceté. Quand on avertit César de se défier d'Antoine et de Dolabella, il répondit qu'il ne craignait point ces teints frais et vermeils, mais bien ces hommes pâles et maigres, tels que Cassius et Brutus. A ces réflexions, qui peuvent se rapporter à la vraisemblance, nous pourrions en ajouter beaucoup d'autres relatives aux physionomies exprimant la pudeur, la crainte, la joie et la tristesse, etc., etc. Mais chacun sent trop bien ces choses, pour que nous ayons à les rechercher ici.

Il reste à parler du beau optique de la physionomie. Nous avons été assez heureux pour retrouver l'antique procédé propre à embellir les têtes individuelles, en les rapprochant proportionnellement du canon. Ce qu'il nous faut donc dire ici, c'est que ce moyen étant aisément praticable, l'artiste ne doit être préoccupé, quant au choix des modèles, qu'à rechercher ceux qui lui offrent le plus clairement l'expression dont il a besoin, et qu'il ne doit point s'embarrasser de leur laideur, à moins qu'elle ne soit si grande que les changemens qu'il serait obligé de faire, ne lui donnent à la fin une toute autre figure. Par cette méthode, il trouvera dans la nature mille expressions, mille caractères qu'il eût rejetés à cause du peu de beauté des formes. Il verra avec affection, avec enthousiasme, ce qu'il craignait de contempler, et il sera lui-même surpris des résultats et des succès qu'il obtiendra par ce travail; aussi ne saurions-nous trop recommander aux artistes l'étude de ce procédé important. Néanmoins il nous faut prévoir une objection; la voici. La structure vicieuse de certaines parties de la tête nécessite certaines configurations extraordinaires des muscles, en sorte que chaque tête, ainsi conformée, rit, pleure, est furieuse, et cela d'une façon différente et selon cette conformation particulière. Une tête dont l'os maxillaire supérieur est très-saillant, affecte un rire particulier qui tient de celui du singe. Celle dont les os zigomatiques

sont très-saillans et très-distans l'un de l'autre a aussi
une façon de rire provenant de cette structure. Le rire
d'un enfant n'est point le résultat d'un jeu musculaire,
semblable à celui du rire d'un homme fait. Cependant le
rire d'un individu enfant est souvent très-expressif et très-
fortement caractérisé à sa manière. On dira donc, contre
notre procédé, qu'on ne répétera pas en effet l'expression
d'une tête, si on en change les proportions et la forme,
puisque l'expression de cette tête était le résultat de la
première forme et qu'elle ne saurait être la même avec
une forme différente. Mais on peut répondre que, si nous
modifions, si nous tempérons la forme, nous ne la dénatu-
rons pas pour cela. Avec des maxillaires moins saillans,
on exprimera moins le rire du singe ; avec une lèvre
inférieure moins saillante, on pourra exprimer un air
moins boudeur ; et de ce que les formes ont été modifiées, il ne s'ensuit pas que l'expression ait changé, ni
même qu'elle ait été atténuée elle-même ; seulement elle
se manifestera par des formes plus rapprochées du canon.
C'est donc plutôt lorsque l'artiste opère sans notre procédé, qu'il risque de produire des contresens et des
dissonances, et de perdre l'expression naturelle. Aussi la
plupart des peintres s'embrouillent-ils dans toute cette
question, lors même qu'ils copient juste pour modifier
ensuite par sentiment et sans moyens proportionnels,
lors même enfin qu'ils se donnent la peine de modeler en
terre et de modifier la tête qu'ils se proposent de peindre.

Voici une dernière réflexion qui prouve que la théorie
du beau optique sert à préserver l'artiste de plusieurs
écueils où peuvent le jeter certaines vérités physiologiques. Un auteur anglais (Parson) a avancé, par exemple,

que dans la frayeur les hommes ouvrent ordinairement la bouche, parce qu'ils entendent mieux à l'aide d'un passage qui communique de la bouche au nerf acoustique, et il ajoute que les sourds usent de ce moyen. Cette réflexion, fort juste peut-être, est tout à fait nulle pour le peintre. Le Brun, dans sa bataille d'Arbelles, a peint sur le devant une figure effrayée et ouvrant une énorme bouche ; mais cette bouche ouverte n'est qu'une laideur. L'Héliodore de Raphaël est dans le même cas ; il produit même une équivoque. Ce fut une bouche semblable que je vis un jour, pendant quelques instans, à un homme qui au dîner eut le gosier traversé par une arête, et qui nous parut fou, jusqu'à ce que, par des signes effrayans, il nous eût fait comprendre la cause de ses souffrances et de cette longue grimace.

Tout ce que je viens de dire sur la partie métaphysique ou technique de cette question, fera regretter peut-être que je n'aie rien encore recueilli au sujet de cette inspiration et de cette faculté de s'identifier avec l'expression qu'on veut représenter, au sujet enfin de ce qu'on appelle l'ame, le sentiment, la chaleur, le génie. Mais est-il donc nécessaire d'apprendre au peintre qu'il doit s'échauffer, faire abnégation de sa propre physionomie, se monter à la hauteur du sujet, afin de juger de ce point élevé et de cet état comparatif d'exaltation le degré de puissance de ses choix et de ses expressions ? Horace l'a donc très-bien dit au poète : « Pour arracher des larmes, il faut que » tu en verses toi-même. » Cet effort ne doit point être prescrit, tant il est naturel. Aussi Quintilien, qui avait à traiter cette même question, ne dit que quelques mots sur ce point ; il les puise dans des faits véritables : « J'ai

» vu, dit-il, des acteurs qui, venant de jouer des rôles
» tristes et touchans, pleuraient encore long-tems après
» qu'ils avaient déposé le masque. » De plus, il se cite
lui-même, et dit que dans ses plaidoyers il avait souvent
versé des larmes et même pâli. Tout le secret consiste
donc en une imagination très-vive que chaque artiste doit
avoir et doit pouvoir exalter à son gré, en l'art d'exercer
cette ardente imagination dans les reproductions rapides
d'images fortes et touchantes, et en l'habitude aussi pour
l'artiste de se pénétrer entièrement de l'objet qui doit
l'occuper, et des choix qu'il lui importe de faire.

Noms de quelques auteurs qui ont écrit sur l'ex-
pression des passions.

Lavater cite, parmi les meilleurs auteurs qui ont écrit
sur la physionomie, Scipio Claramontius ; dont l'ouvrage, dit-il, mériterait d'être traduit ; et Gratarole,
médecin de Bergame, qui est, dit-il, digne d'être étudié.
Il cite encore Huart, Lachambre, Helvétius, Peuschel et
Pernetty. Mais il ne fait pas grand cas de Jacob Bohome,
de Parson, de Marbitius, qu'il appelle bavard insupportable ; de Hagen, de Ph. May, etc. Quant à Porta, sa
compilation, dit-il, fourmille de contradictions ; et il rapporte ensuite et sans méthode les opinions d'Aristote, de
Pline, de Suétone, de Polémon, d'Adamantius, de Galien,
de Trögus-Conciliator, d'Albert, de Scot, de Malétius,
d'Avicenne et de plusieurs autres. Parmi les auteurs que
nous avons cités au sujet du geste en peinture, plusieurs
ont traité de la physionomie. Il nous reste donc à indiquer :

Biondo.   Gault de St-Germain.

Galini.   Le Brun.

Le Cat.	Porta.
Mekel.	Rubeis.
Mélampius.	Schaftesbury.
Pernetty.	Spon.
Plane.	Et le n° 155 de notre Suppl.

CHAPITRE 242.

REMARQUES SUR CERTAINES MŒURS ET SUR CERTAINES PASSIONS EN PARTICULIER.

Nous avons cru convenable de placer ici quelques remarques sur certaines mœurs et sur certaines passions en particulier. Nous dirons donc deux mots sur la décence, sur la dignité, la bonté, le calme, l'affliction et la joie.

Sur la décence.

Quand on ne connaîtrait de tous les écrits anciens que les apophthegmes de Plutarque, on saurait que c'est un grave contresens de représenter un personnage décent de l'antiquité, se livrant à la fougue et au désordre des impressions de l'ame, même dans les crises les plus violentes de la nature. Quand un personnage noble, mais souffrant, ne pouvait résister au choc des affections violentes, il se couvrait le visage; il aurait cru manquer à la décence et à lui-même, en montrant un front dégradé par la douleur : au moins était-ce l'usage de le représenter ainsi. Et non-seulement cette décence était conservée au milieu du feu et du trouble des passions les plus véhémentes, mais les anciens artistes observaient cet air de

décence jusque dans leurs figures dansantes, à l'exception
cependant des Bacchantes et des Faunes. La plupart de
ces figures dansantes légèrement drapées, souvent sans
ceintures et sans aucun attribut, sont représentées exécutant une danse très-décente, de sorte que celles même de
ces antiques qui manquent de bras, indiquent par leurs
attitudes que d'une main elles soulevaient doucement une
draperie pardessus leur épaule, et que de l'autre elles la
soutenaient du côté des hanches.

« En général les anciens, dit Winckelmann, regardaient
» une allure précipitée et étourdie comme contraire à la
» décence et comme annonçant une sorte de rusticité
» dans les manières. C'est une pareille marche que Dé-
» mosthène reprochait à Nicobulus. Il renferme dans la
» même idée parler avec insolence et marcher avec vi-
» tesse. »

« Il faut, selon Cicéron, éviter également en marchant
» une certaine lenteur molle et composée, comme celle
» de ces gens qui dans les fêtes publiques portent les
» images des dieux, et une précipitation turbulente qui
» met hors d'haleine et qui change le visage, car il n'y a
» pas une plus grande marque de légèreté d'esprit. (*Offic.*
» *Lib.* 1. *Cap.* 36.) » Dans la représentation du sexe, les
artistes se conformaient au principe observé aussi par
tous les tragiques et enseigné par Aristote, de ne jamais
faire sortir les femmes de leur caractère, c'est-à-dire, de
ne jamais les faire paraître avec une intrépidité et une
cruauté trop décidées. Conformément à cette maxime,
le sujet qui représentait le meurtre d'Agamemnon, offrait
Clytemnestre écartée de l'endroit de la catastrophe et se
tenant à l'entrée d'une autre chambre, d'où elle éclairait

le meurtrier, sans tremper elle-même les mains dans le sang de son époux.

Ce n'est pas ainsi qu'en usa Rubens dans le tableau où il représenta Judith coupant elle-même la tête d'Olopherne. Il a pensé obtenir un contraste heureux entre la faiblesse ou la retenue naturelle au sexe et l'action intrépide et sanglante qu'elle fit pour l'utilité de son pays. Rubens en général avait peu l'idée de cette noble simplicité antique ; il la croyait hors d'un art qu'il considérait comme un art de fougue, de fracas et de surprise. Si l'histoire de Judith est convenablement décrite dans l'Ancien Testament, la peinture ne doit pas, en s'emparant de ce sujet, oublier la décence qui convient au langage optique qu'elle emploie dans ses images.

C'est avec cette noble et antique décence que se montra sur le rivage, selon Homère, la princesse Nausicaa au milieu des jeunes filles de sa suite ; qu'Andromaque parut environnée de ses femmes travaillant à des ouvrages de main. Ce fut encore cette même simplicité, si chaste et si naïve, dépeinte par Homère, que Zeuxis s'efforça de reproduire dans cette image fameuse de Pénélope, dont la retenue, la modestie et la rougeur ont tant illustré son savant pinceau.

Sur la dignité.

Cicéron semble indiquer deux espèces de dignité : la première dans les hommes, par le mot *dignitas*, laquelle se compose d'un air de grandeur et de noblesse qui commandent l'admiration et le respect ; la seconde dans les femmes, par *venustas*, expression dont la finesse est intraduisible, et que caractérise à la fois cet air de candeur, de modestie, de pudeur, d'élégance, de douceur, de bonne grâce, d'aisance, de fierté même qui se trouve dans leur taille, dans leur maintien et sur leur visage : beaucoup d'artistes d'autrefois avaient habilement réuni et exprimé ces qualités sur leurs figures.

L'art antique nous représente donc les hommes illustres et les personnes en dignité avec une noble assurance et une grande fermeté, tels qu'ils se présentaient aux yeux du public. Les statues des impératrices romaines ressemblent à des héroïnes éloignées de toutes espèces de mignardises dans le geste, dans l'attitude et dans l'action. Nous voyons donc en elles cette sorte de sagesse que Platon ne croyait pas être une chose perceptible par les sens. Sur les monumens, les empereurs paraissent toujours sans aucune morgue monarchique, mais comme les premiers de leurs concitoyens et comme avantagés des mêmes priviléges également distribués, car les figures qui les accompagnent paraissent être égales à celle de leur maître, distingué des autres seulement par l'action principale qui l'occupe ; aussi jamais aucune figure qui présente quelque chose à un empereur, ne le fait à genoux, excepté cependant les captifs, et jamais aucune personne ne lui parle la tête inclinée. Josué Reynolds fait une remarque fort juste à ce sujet. « Comme le peintre, dit-il, ne peut pas » faire parler son héros en grand homme, il faut qu'il lui » donne l'extérieur noble ; il est donc nécessaire qu'il » étudie et qu'il analyse bien les circonstances qui im- » priment un air de dignité et de majesté à l'homme. » Mais il faut ajouter que l'artiste doit être en état d'élever lui-même son ame jusqu'à ce sentiment de dignité et de majesté, et de discerner et d'employer les moyens d'imprimer à ses héros tout ce noble caractère.

Enfin ce que les anciens appelaient gravité était une conduite constamment assujettie aux principes sublimes puisés le plus souvent dans les écoles des stoïciens. Cette gravité, bien éloignée du sérieux empesé de quelques sots de nos tems, était le plus souvent réunie aux manières les plus douces. Nous n'avons plus de cette gravité antique, parce que nous avons des principes raisonnés toujours prêts pour toutes choses, hormis pour nos mœurs et notre conduite, en sorte que la véritable acception du mot gravité s'est perdue avec la chose même.

« Il ne faut pas, dit un moderne, accuser les grands
» maitres de froideur dans les images qu'ils nous offrent
» des actions héroïques ; j'ai vu en ma vie cinq ou six
» grandes actions, et j'ai été frappé de l'air simple des
» héros. »

Sur la bonté.

Quant au caractère de bonté, bien qu'il soit plus particulièrement l'apanage de la divinité, les arts doivent en offrir le spectacle sur toutes les figures où ils ont à représenter la vertu. Si la beauté des formes est une condition indispensable de l'art, ne peut-on pas dire que la beauté morale et que la bonté surtout doit être manifestée sur toutes les figures qu'on n'a pas voulu rendre haïssables en les privant de ce beau caractère. Au surplus, les artistes qui dans le choix de leurs sujets introduisent des personnages sans bonté, le font par principe d'opposition et de contraste, pour arriver à la même fin qui est de faire chérir cette même bonté.

Les vrais signes de la bonté étant exprimés principalement sur les statues antiques des dieux, c'est là que les artistes doivent aller les étudier. D'abord on observe qu'un

grand nombre de dieux ont la tête légèrement inclinée
en avant, comme pour écouter les vœux qui leur sont
adressés : ce mouvement est un des signes de bienveillance,
et d'ailleurs (il faut le remarquer en passant) il est propre
à faire jouir le spectateur de la vue entière de la physionomie de bonté, tandis que, si la tête restait droite, la face
se présenterait à l'œil en raccourci. Mais, outre la douce
protection indiquée par cette légère inclinaison, les grecs
ont su représenter par les traits du visage un sentiment
divin. Sur presque toutes les têtes antiques, en sculpture
et en peinture, on voit donc empreint ce caractère de la
bonté. La bonté est inhérente à la perfection de l'homme,
et cette première qualité morale, sans laquelle les autres ne
sauraient subsister, a été imitée avec intention, avec étude,
avec plaisir par tous les artistes de l'antiquité. Les modernes au contraire, ayant peu réfléchi sur les fins utiles
et morales de l'art, ont peu cherché à intéresser par ce
caractère; ils ont pensé à attirer les regards par toutes
sortes d'exagérations, d'oppositions, et surtout par la vérité et la ressemblance dans les traits de la méchanceté.
Cependant il est certain qu'on ne parviendra jamais à
peindre de belles mœurs et à les faire chérir par la peinture, si l'on néglige d'associer aux divers caractères des
figures héroïques ou divines les traits de la bienveillance
et de la bonté.

De toutes les statues que nous possédons, c'est celle de
Jupiter Mansuétus sur laquelle sont exprimés avec le
plus d'art les traits propres à caractériser la bonté : son
regard est doux, malgré sa prudence suprême; ses sourcils, dont le mouvement seul, au dire d'Homère, peut
ébranler tout l'Olympe, sont tranquilles et n'ont d'acti-

vité que celle de la toute-puissance; sa bouche exprime
cette satisfaction divine qui naît d'une volonté bienfai-
-sante; ses joues sont sereines et sans interruptions; enfin
la puissance de Jupiter est tempérée, non-seulement par
une clémence inépuisable, mais par l'épanchement de la
plus ineffable bonté, et cette bonté s'unit au caractère de
la plus auguste majesté. Au reste quel est l'observateur un
peu sensible qui n'est pas ému à l'aspect de cette bonté
qui embellit les traits de la Vénus d'Arles, de la Vénus de
Gnide, de la mère des Niobés, de Leucothoé, et de tant
d'autres admirables figures qui nous charment tous les
jours ?

Sur le calme.

« Le calme, que les Grecs paraissent avoir adopté de
» préférence dans l'expression de leurs figures, peut être
» considéré, dit Winckelmann, comme une suite de cette
» modestie qu'ils cherchaient à observer dans leur main-
» tien et dans leurs actions : les anciens regardaient un
» mouvement posé et calme du corps, comme une qualité
» qui caractérisait les ames généreuses. » Il est inutile de
faire remarquer que toute figure, dont la posture annonce
la contrainte servile, diffère de ce maintien vraiment
modeste. Si nous voulons suivre encore Winckelmann,
nous ajouterons qu'on peut établir que l'art avait banni
toutes les passions violentes des monumens publics. Chez
les modernes, il semble au contraire qu'on ne saurait rien
imaginer de louable, si l'on n'adopte pas de ces mouvemens violens, de ces scènes, de ces groupes agités, re-
muans, contrastés, et cela, parce qu'on ignore que le
calme, la retenue et la modestie sont des exemples aussi
intéressans sur le marbre que dans les livres, et que

d'ailleurs la chaleur factice est bien moins pénétrante que celle qu'on emprunte savamment à la nature. Au reste il semble, en voyant ces monumens publics à prétention, qu'il ne s'agisse nullement de leur influence morale, mais seulement de la hardiesse et de l'intrépidité de l'ouvrier.

Selon l'opinion de Platon, l'état calme de l'ame était envisagé comme mitoyen entre le plaisir et la peine. C'est pour cet effet que le calme est l'état le plus convenable pour la beauté, comme il l'est pour la mer. L'expérience montre que les beaux hommes ont ordinairement des manières douces et engageantes. L'homme vraiment grand gesticule peu et se tourmente encore moins : un trait indique la passion qui le meut; c'est pourquoi on exige cette disposition et dans l'ouvrage et dans l'artiste. L'idée de la haute beauté ne peut naître qu'au sein de la méditation, lorsque l'ame repliée sur elle-même écarte toutes les marques individuelles. De plus, le calme dans l'homme est cet état qui le rend capable d'examiner et de connaître la nature et la propriété des choses : c'est ainsi qu'on ne découvre le fond des fleuves et de la mer que quand l'état en est calme et tranquille.

Le regard serein et calme a été donné non-seulement aux figures intelligentes et supérieures, mais encore aux dieux subalternes de la mer. L'Apollon du Vatican nous offre ce dieu dans un mouvement d'indignation contre le serpent Pithon, qu'il tua à coups de flèches, et dans un sentiment de mépris pour une victoire si au-dessous d'une divinité. Le savant artiste qui se proposait de figurer le plus beau des dieux, s'est contenté de placer la colère dans le nez, qui en est le siége, selon les anciens poètes, et le dédain sur les lèvres; il a exprimé la colère

par le gonflement des narines, et le dédain par l'élévation
de la lèvre inférieure, ce qui cause le même mouvement
sur le menton.

Cependant ce calme et cet état de tranquillité ne pouvant avoir lieu lorsque des figures sont en action, et les
figures divines ne pouvant être représentées que sous des
figures humaines, il n'était guère possible de leur imprimer constamment ce caractère de la haute beauté. L'expression fut, pour ainsi dire, calculée et donnée par poids
et mesure à la beauté, car, dans l'art ancien, la beauté
était la juste balance de l'expression. Par conséquent la
beauté, qui était le principal objet des artistes, prédomi-
nait dans leurs compositions, comme le clavecin qui
dirige tous les instrumens, quoiqu'il semble en être couvert, prédomine un concert de musique. Sans l'expression
la beauté serait insignifiante, et sans la beauté l'expression
serait désagréable; c'est de l'action et de la réaction de
ces deux qualités que naît le beau touchant et intéressant.

Ce calme et cette sérénité de l'ame qui se peint si déli-
cieusement sur les belles têtes antiques, sont très-difficiles
à retrouver aujourd'hui à cause de l'irritabilité des modèles et de leurs passions sociales. L'habitude même des
petites passions sillonne un peu et modèle les masses du
visage, tandis que l'habitude du calme intérieur répand
un doux repos sur toute la physionomie. Aussi peut-on
dire que rien n'est si rare dans les grandes villes que ces
physionomies tranquilles, simples, décentes, qui annoncent la paix et le bonheur; et les artistes qui ont voulu
représenter ce calme, en le prescrivant à leurs modèles
pris dans ces mêmes villes, ont toujours exprimé une
certaine affectation et même une certaine coquetterie, que

décèlent des émotions musculaires qui trahissent la contention du modèle.

« La gravité et la décence de maintien, dit Buffon,
» semblent appartenir particulièrement aux peuples doués
» de la plus grande beauté. Les Géorgiens, parmi lesquels
» on ne trouve pas un laid visage, sont graves et modérés,
» et ne se mettent que très-rarement en colère, quoiqu'ils
» soient ennemis irréconciliables et qu'ils aient beaucoup
» d'autres vices. »

Au reste ce calme sera toujours peu recherché parmi
les modernes, tant que l'on ne saura pas animer, comme
les anciens, les images toutes simples empruntées à la
nature. On redoutera toujours le calme, parce qu'on lui
attribuera la froideur, résultat de la fausseté de l'image ;
on lui préférera donc une fausse violence. « Les hommes,
» dit Winckelmann, ont toujours plus de penchant pour le
» fracas que pour le silence. » Horace nous dit aussi que
» dans les Champs-Élysées les ombres même sont moins
» attentives aux vers touchans de Sapho qu'aux accens
» belliqueux d'Alcée qui chante les combats et l'expulsion
» des tyrans. » Et nous, dès notre jeunesse, nous sommes
plus charmés d'entendre la narration des exploits bruyans
que d'écouter le récit des aventures pacifiques de la sagesse.
De là vient que le jeune dessinateur est plus disposé à se
laisser conduire par Mars sur le champ de bataille, que
par Minerve dans la compagnie tranquille des sages. Dans
le dessin de ses figures, il goûte aussi peu les préceptes
du calme et du repos que la jeunesse en général goûte
ceux de la sagesse et de la vertu, préceptes qui répugnent,
mais qui sont nécessaires. Hippocrate veut que l'on commence la guérison des maux de pieds par le repos ; de

même il faut commencer la guérison de ces sortes d'artistes en leur prescrivant le calme.

Écoutons Diderot. « Rien n'est si facile pour la pan-
» tomime, dit-il, que de se livrer à la fureur, aux injures,
» aux emportemens ; que de nous montrer un fils tout
» dégoûtant du meurtre de son père, et sa tête à la main
» demandant son salaire. Mais, ce qu'il est difficile de
» bien rendre, c'est : prends un siége Cinna. C'est lorsque
» la passion retenue, couverte, dissimulée, bouillonne se-
» crètement au fond du cœur, comme le feu dans la
» chaudière souterraine des volcans ; c'est dans le mo-
» ment qui précède l'explosion ; c'est quelquefois dans le
» moment qui la suit, que je vois ce qu'un homme sait
» faire. »

Sur l'affliction et le pleurer.

Dans l'affliction et le pleurer les arts savent conserver
la beauté physique et morale : la beauté morale, en faisant voir l'homme supérieur à la douleur, et la beauté
physique, en conservant la décence et la dignité du
maintien, même au milieu des plus douloureuses angoises.
C'est encore ici que se manifeste l'utilité morale et l'influence précieuse des beaux-arts. Si des figures subalternes, en proie aux souffrances, laissent apercevoir dans
une composition leur faiblesse par des convulsions et des
mouvemens indignes de l'homme, ces attitudes, ces contorsions, ces grimaces contribuent par leur contraste à
rendre plus admirable le courageux maintien et la force
morale des personnages qui montrent une résistance héroïque à la douleur. Winckelmann est le premier qui ait
fait d'une manière remarquable l'application aux beaux-
arts de cette force morale si recommandée par les philo-

sophes. C'était remettre au jour une grande et belle question que plusieurs écrivains ont su reprendre depuis cet
illustre antiquaire. M. Ém. David, dans ses Recherches
sur l'art statuaire, s'exprime ainsi à ce sujet : « ......Les
» passions au contraire ne servant à notre bonheur que
» lorsque la sagesse les modère, la vue des passions irritées
» a rarement des attraits pour nous. Leur turbulence
» nous alarme. Ce que nous recherchons le plus dans le
» spectacle qu'elles nous présentent, ce n'est pas de les
» voir déployer leurs transports, ce ne sont pas les pas-
» sions elles-mêmes, c'est de voir la vertu les contenir.

» Enfin en troublant la paix de l'ame, les passions vio-
» lentes altèrent l'état naturel du corps ; en modérant les
» passions, la vertu entretient l'harmonie de l'une et de
» l'autre : il arrive de là que, lorsqu'un homme se trouve
» dans une crise douloureuse, si sa beauté se conserve
» encore, si ses mouvemens extérieurs ont de la grâce et
» de la dignité, nous regardons, sans nous en rendre
» compte, et, pour ainsi dire, malgré nous, cette conser-
» vation de sa beauté comme un témoignage de l'excel-
» lence de ses qualités morales, et c'est cette opinion in-
» volontaire qui porte au plus haut degré notre amour et
» notre pitié pour lui, en joignant à l'intérêt que nous
» inspire son malheur, l'admiration que l'instinct nous
» commande pour les vertus les plus utiles à l'humanité.

» Ce principe dirige tous les jours nos jugemens. Des
» mouvemens désordonnés, des contorsions, des cris, des
» grimaces, attiédissent notre pitié, au lieu de la réchauf-
» fer, en décelant ou une humeur violente qui repousse-
» rait nos secours, ou une ame faible qui les recevrait
» sans profit. La joie immodérée nous paraît une faiblesse ;

» le rire même nous déplaît, lorsqu'il altère la beauté.
» Nous voulons que dans les tourmens les plus aigus, que
» jusque dans l'agonie, jusqu'après la mort, l'homme
» conserve sur son extérieur le repos, la sérénité qui an-
» nonce une ame supérieure à la douleur et à la mort
» même. Au moral comme au physique, dans les plaisirs
» comme dans les souffrances, nous voulons enfin que
» l'homme soit complètement homme, et l'état le plus
» sublime où puisse s'élever à nos yeux l'ame d'un mortel,
» est cette paix inaltérable que nous regardons comme un
» apanage de la divinité.

» Nous avons des témoignages positifs de l'opinion des
» artistes grecs à ce sujet. Voyez, ô jeune homme, dit
» Philostrate, l'image de Panthée; la douleur n'a point
» altéré sa beauté. Voyez Ménœcée mourant; il semble
» s'endormir. Voyez Antiloque mort; on dirait que son
» ame l'a quitté dans un moment où il était heureux.

» La modération de l'expression offre un grand avan-
» tage relativement à l'effet que l'artiste veut produire,
» c'est que l'action des membres n'étant pas portée jus-
» qu'au dernier terme possible, l'esprit du spectateur
» conçoit un état plus violent que celui qu'exprime la
» figure, et peut croire la voir sur le point de faire ce
» dernier et douloureux effort. Il jouit ainsi davantage
» du moment présent, en prévoyant celui qui pourra
» suivre. L'artiste a exprimé un sentiment élevé; il a
» augmenté la force de l'expression en la modérant; il en
» a rendu l'effet tout à la fois plus profond et moins pé-
» nible. »

» Le ciseau d'Agazandre, dit Milizia, semble avoir été
» dirigé par Socrate qui fut sculpteur aussi et qui sut si

» bien souffrir et mourir. Il faut certes une grande dose
» de philosophie pour exprimer avec tant de noblesse de
» si horribles tourmens ; à l'extérieur ils ne sauraient se
» montrer plus grands, mais ils y sont comme les tempêtes
» sur la mer : un ouragan furieux agite la surface de l'o-
» céan, le calme est dans son sein.

   » Si la souffrance dégradait entièrement la beauté noble
» de ses traits, Laocoon intéresserait moins ; ce ne serait
» plus un héros souffrant, ce serait un esclave à la tor-
» ture. » M. Lévêque dit avoir fait cette même remarque
avant d'avoir lu ce qu'avait écrit Winckelmann.

   Mais écoutons Winckelmann lui-même. « Les anciens,
» dit-il, exprimaient dans les afflictions de l'ame la con-
» tenance d'un homme sage qui sait en réprimer les
» éclats, qui ne laisse échapper que quelques étincelles
» du feu qui le dévore. Il en est de même des discours que
» les poètes mettent dans la bouche du sage, ils portent
» toujours le caractère de cette même présence d'esprit.
» C'est pourquoi Homère compare les paroles d'Ulysse
» aux flocons de neige qui tombent à terre abondamment,
» mais doucement. D'ailleurs les anciens artistes étaient
» persuadés que la grandeur d'ame est ordinairement ac-
» compagnée d'une noble simplicité, ainsi que l'exprime
» Thucydide ; c'est ainsi que paraît Achille, dont le ca-
» ractère éclate au milieu de l'excès de sa colère et de
» son inflexibilité : ses paroles annoncent une ame pleine
» de franchise et incapable de dissimulation.

   » Laocoon est l'image de la plus vive douleur qui puisse
» agir sur les muscles et les nerfs. Le sang en efferves-
» cence par les morsures des serpens se porte avec rapi-
» dité aux veines, et toutes les parties en contention ex-

» priment les plus cruelles souffrances, artifice par lequel
» le statuaire a mis en jeu tous les ressorts de la nature
» et a fait connaître toute l'étude de son savoir. Mais dans
» la représentation de ces affreux tourmens, vous voyez
» paraître l'ame ferme d'un grand homme qui lutte contre
» ses maux et qui veut réprimer l'éclat de la douleur.

» Il en est de même par rapport à Philoctète. Les ar-
» tistes de l'antiquité ont toujours préféré de nous figurer
» ce héros, plutôt d'après les principes de la sagesse que
» d'après les images de la poésie. Les poètes nous le repré-
» sentent s'exhalant en plaintes et faisant retentir l'air de
» cris, de pleurs, de sanglots et de frémissemens, pendant
» que les figures de ce héros, exécutées en marbre et en
» pierres gravées, nous l'offrent avec une douleur con-
» centrée.

» Quant à Ajax, le célèbre peintre Timomaque ne l'a-
» vait pas représenté au moment de ses fureurs, lorsqu'il
» égorge un bélier qu'il prend pour le chef des Grecs,
» mais il avait choisi l'instant où le héros, dans ce tran-
» quille désespoir qui ressemble à l'apathie, réfléchit sur
» son erreur. C'est encore ainsi qu'il est figuré sur la
» Table Isiaque au Capitole, et sur plusieurs pierres gra-
» vées; une seule pâte antique le représente tuant un
» bélier.

» Les filles de Niobé, contre lesquelles Diane a dirigé
» ses flèches meurtrières, sont représentées dans cette
» anxiété indicible, dans cet engourdissement des sens
» que cause la présence inévitable de la mort, et qui ravit
» à l'ame jusqu'à la faculté de penser. La fable nous donne
» une image de cette stupeur et de cette privation de tous
» sentimens, dans la métamorphose de Niobé en rocher.

» De là Échyle, dans sa tragédie de Niobé, la fait paraître
» gardant un profond silence. Une pareille situation qui
» suspend le sentiment et la réflexion, et qui ressemble
» presqu'à l'indifférence, n'altère point les traits de la
» physionomie. Par conséquent le savant artiste pouvait
» imprimer à ses figures la plus haute beauté, ainsi qu'il
» l'a fait. Aussi Niobé et ses filles sont et seront toujours
» les modèles du vrai beau. »

Si de l'affliction nous passons à la terreur, un passage
de Winckelmann servira encore à nous éclairer.

« La Méduse du palais Rondinini à Rome, nous offre,
» dit-il, une image bien plus déchirante de la malédiction
» des dieux que les grotesques contorsions que lui ont
» données les modernes. La beauté ravissante des formes
» de cette tête, en rappelant l'attentat de Neptune, con-
» traste avec l'effet terrible de la colère de Minerve. Une
» espèce de gaîté stupide et farouche montre l'aliénation
» de l'esprit, et son regard cynique et cruel semble com-
» muniquer le venin des serpens de son horrible coiffure.
» Que de connaissances il a fallu accumuler pour enchaî-
» ner la beauté à cet amas d'horreurs, et la contraindre
» à en être l'organe ! »

Sur la joie et le rire.

Maintenant parlons de la modération dans la joie, et
faisons quelques réflexions sur le rire.

La joie extrême doit être réprimée chez l'homme qui
sait se commander ; elle ne doit, pas plus que la douleur
extrême, être exhalée toute entière au-dehors.

Si l'on recherche pourquoi les anciens n'ont pas exprimé le rire dans leurs figures, on verra que c'est parce

que le rire sort des mœurs nobles et décentes. Cette raison est facile à reconnaître. D'ailleurs, si nous ne voyons que l'art en ceci, et que nous ne considérions que la beauté optique, nous reconnaîtrons que le rire produit un si grand désordre dans la disposition des parties ou des masses de la figure, qu'il n'est point étonnant que les anciens ne l'aient exprimé que sur les Faunes ou les Satyres, et cela dans l'intention de peindre l'intempérance et la folie. En effet, la bouche ne rit pas seule comme quelques artistes maladroits la représentent faussement ; les yeux, les joues, le nez, les sourcils rient en même tems, et le dérangement de toute l'économie est extrême dans le rire. Comment l'artiste peut-il se résoudre, par exemple, à rendre la forme d'un œil à demi recouvert par les paupières, et surtout par l'inférieure qui se sillonne quelquefois par en bas, même dans les individus jeunes, et à baisser les sourcils de manière à diminuer la masse de l'orbite en la faisant paraître oblongue ? Que devient le caractère grand, simple et si essentiel de la joue, lorsqu'on en reporte la partie saillante vers le centre, de manière à détruire toute la puissance de son unité par les divisions que l'on est forcé d'y établir pour répéter cet état enlaidi de contraction musculaire ? C'était donc assez d'exprimer les émotions fines et délicates d'un demi-sourire par de très-légères altérations dans les plans, et il fallait s'en tenir à ce point où les affections de joie, comme celles de souffrance, n'altèrent point la beauté. Les artistes de l'antiquité ont bien vu au surplus que l'art ne faisait que gagner à ce sacrifice, puisque la force de l'expression ne consiste pas dans le choix d'un extrême, mais dans le choix et l'imitation d'un caractère convenable et beau.

Écoutons même à ce sujet les réflexions d'un peintre de miniatures. « Si l'on voulait considérer, dit Violet, » que le rire continuel est une grimace qui décompose » les traits, les force et les vieillit, on ne tourmenterait » pas les peintres autant qu'on le fait. Je suppose, ajoute- » t-il, qu'un génie malfaisaisant s'introduise dans un cer- » cle où la grosse gaîté aurait gagné tous les assistans, et » que fixant leurs traits dans l'état où ils seraient au » moment de l'accès du rire, il les condamnât à y rester » toute leur vie, comme un portrait qui ne change ja- » mais d'expression : je demande si ces mêmes personnes » éparses ensuite en différens lieux, ne seraient pas regar- » dées comme des imbécilles ou des fous ? »

« Pour être aimable par la gaîté, dit Bonstetten, il faut » cesser de rire lorsqu'on a cessé de sentir, comme il faut » cesser de parler lorsqu'on n'a plus rien à dire. » En effet, le rire qui va au-delà de ce qu'on sent, devient grimace.

Il serait encore superflu, je crois, de faire remarquer que le rire est plus commun chez les personnes communi- catives et sanguines ; de faire savoir aux peintres que les enfans ne rient qu'après le quarantième jour ; que c'est l'action du zigomatique, du buccinateur et du risorius de Santorini, qui écartent les angles des lèvres dans le rire, et autres particularités de ce genre.

Je ne rappelerai pas non plus le principe de l'unité, sans lequel le rire ne saurait acquérir son ensemble et son accord complet, accord que recherchait Léonard de Vinci, lorsque, pour l'exprimer sur la figure de Lisa-Joconda, il rassemblait des musiciens à ses ordres, afin de l'entretenir dans une constante et douce hilarité.

Il ne sera rien dit ici au sujet de la colère, passion qui fait gonfler les narines, ni au sujet de la moquerie par laquelle les narines se relèvent.

. Laissons toutes ces remarques à faire au peintre observateur ; ces diverses questions rentrent dans la connaissance des objets, connaissance indéfinie et qui sort du domaine de notre traité.

CHAPITRE 213.

DÉSIGNATION DE QUELQUES CARACTÈRES CONSACRÉS PAR LA MYTHOLÓGIE.

QUAND nous avons parlé des variétés dans l'espèce humaine, nous avons remonté et nous nous sommes arrêtés à l'espèce divinisée, dans laquelle les anciens ont distingué les héros et les dieux. Nous devons maintenant reprendre cette distinction qui sépare des hommes ordinaires les héros et les dieux, distinction très-bien établie dans l'antiquité, mais que les modernes semblent avoir, pour ainsi dire, méconnue. En effet, on n'aperçoit que peu ou point de différence dans les caractères des figures qui composent les tableaux et les bas-reliefs de nos musées. Cette critique ne semblera pas forcée, lorsqu'on pensera que, pendant quarante ans, l'académie de peinture de Paris, par exemple, n'a.eu qu'un seul modèle.vivant à offrir aux artistes. Les peintres et les sculpteurs en général ont donc répété le même caractère de formes sur toutes leurs figures, et, à l'exception de la vieillesse et de la jeunesse, ils ont tout confondu. Aussi dans les études du soir, faites d'après

nature,. voit-on les élèves traduire à leur façon les formes
du modèle nu placé devant eux, et faire de cet individu,
tantôt un Hercule, tantôt un berger, méthode qui est devenue pour eux un besoin, puisqu'ils n'ont que rarement
la faculté de choisir des modèles dont le caractère soit déterminé, puisqu'ils n'ont pas même une idée nette de ces
caractères, et qu'ils ignorent d'ailleurs les moyens réguliers
de parvenir aux proportions héroïques ou divines dont ils
ont besoin pour leur tableau. Cette habitude de convertir
toujours très-faussement l'individu modèle en telle ou
telle figure, les rend d'ailleurs insoucians sur ce choix
qui doit être justement approprié aux caractères, et aujourd'hui même ils perpétuent des à peu près plus ou
moins monotones, qu'ils cherchent à faire passer à l'aide
de la hardiesse d'effet et de la facilité de l'exécution.

Nous avons déjà dit, et nous l'expliquerons expressé-
ment à son lieu, que les artistes doivent se faire des canons
particuliers adaptés aux caractères de héros ou de dieux,
afin de rapporter à ce canon déterminé les corrections
qu'ils ont à faire sur l'individu. Il était nécessaire de
rappeler l'attention sur ce moyen, et de faire comprendre
ici, à l'aide d'une courte explication, comment il est
possible qu'on obtienne la beauté et la convenance que
détermine ou l'antique mythologie ou nos propres tradi-
tions poétiques. Disons donc que le peintre ayant choisi
le modèle qui lui paraît le plus rapproché du caractère
archétype qu'il a dans l'imagination et qui est conforme
aux idées reçues, le dessine et le mesure d'abord dans
l'état droit et sans action, afin de pouvoir dans cette position lui restituer le manque de proportion qu'il manifeste sur toutes ses parties défectueuses. Puis à l'aide de

ce canon, l'artiste représentera son modèle dans le mouvement et l'action qu'il a adoptés, se conformant à ce canon, tant dans les parties raccourcies optiquement, que dans les parties dont les formes ont varié par l'effet de ce mouvement ou de cette action adoptée. En dire plus ici ce serait anticiper sur ce qui sera développé suffisamment lorsqu'il sera question des embellissemens.

Quant à la diversité de caractères que certains louangeurs soutiendront être évidente sur plusieurs tableaux modernes, je soutiens moi qu'elle n'existe pas dans le fait, bien qu'ils offrent assez souvent les figures de plusieurs individus. Au Vatican, à la Farnésine, Raphaël ne fait point remarquer cette savante variété. Il l'a mieux observée, il est vrai, sur les têtes et les physionomies, mais fort mal sur les figures. Toutes ses divinités de la Farnésine semblent sortir du même moule, ainsi que celles de Michel-Ange, de Rubens, de Carracci, de Guido et même de Poussin. Dans les tableaux de ce dernier, comme dans ceux de Le Brun, ne voit-on pas toujours les mêmes jambes, toujours les mêmes mollets, les mêmes pieds et les mêmes bras ? L'heureuse imagination de ces peintres a déguisé cette monotonie par l'action, l'ajustement, la physionomie ; mais, déclarons-le de bonne foi, ils n'entendaient rien à cette partie de l'art. L'étude seule de l'antique pouvait ouvrir les yeux des dessinateurs sur cette science des caractères, et c'est grâce à cette étude commencée théoriquement par les Winckelmann, fort heureusement pratiquée par les David, que nos artistes d'aujourd'hui reconnaissent, recherchent et expriment quelquefois les divers caractères du nu ou des proportions dans les personnages de leurs tableaux. Mais combien peu

parmi eux marchent avec résolution par cette route nouvelle, et s'appliquent savamment à ces études philoso-
phiques ! Puissent les communications que je fais dans ce
traité des moyens pratiques relatifs à ces recherches, être
utiles à ces jeunes élèves pleins de zèle et d'amour pour
la vérité et pour les plus importantes beautés de l'art,
élèves indépendans par leur position des tyrannies de la
mode et des ateliers, et pouvant à loisir cultiver noblement la peinture !

CHAPITRE 214.

DES CARACTÈRES GÉNÉRAUX AFFECTÉS AUX HÉROS.

Les héros étaient des êtres intermédiaires entre les
hommes et les dieux. Leur caractère est de la même
espèce que les dieux, mais moins élevé et plus rapproché
de la nature ordinaire.

« Comme Diomède, dit Winckelmann, les héros atta-
» queraient même le dieu Mars ; leur vieillesse majes-
» tueuse n'offre aucun signe de décrépitude : on voit
» qu'elle est encore loin de la destruction ; elle n'a plus
» la vivacité de la jeunesse, ni la force de l'âge viril, mais
» elle a l'empire de la sagesse. »

Les héros, appelés aussi demi-dieux, sont des hommes
qu'on suppose excellens au physique et au moral, mais
excellens surtout par quelques facultés particulières et
distinctes. Leurs mœurs sont donc déterminées et sont
susceptibles d'être mises en action par la peinture, en sorte
que cette action doit être selon leurs mœurs. Les poètes

d'autrefois semblent avoir été d'accord avec les artistes
dans la représentation des héros, comme dans celle des
dieux : c'est ainsi qu'ils ont dépeint la vélocité d'Achille
aux pieds légers, la haute stature et l'agilité d'Hèctor,
la vigueur et la vaillance de Diomède, etc.

Les modernes, fort étrangers à ces distinctions, ont
prescrit des préceptes faux au sujet des héros. Par exemple, la description que fait Watelet des héros et des demi-
dieux, est tout à fait opposée aux principes que nous offrent
les statues antiques. Au reste, on peut dire qu'en général
ce ne sont point les monumens antiques que l'on a consultés à ce sujet, mais plutôt les tableaux, les sculptures,
les jetons et les gravures de mauvais goût, produits sous
l'influence des académies. « Les héros, selon cet écrivain,
» ont donc les articulations des membres bien nouées,
» serrées, peu couvertes de chair ; les héros ont la tête
» petite, le cou nerveux, les épaules larges et hautes, la
» poitrine élevée, les hanches et le ventre petits, les cuisses
» musclées, les principaux muscles relevés et détachés,
» les jambes sèches par en bas, les pieds minces et la
» plante des pieds creuse. » Cette description un peu bizarre fut copiée au reste par Watelet, d'après H. Testelin,
et Winckelmann l'a attaquée avec raison ; Falconet l'a
mal défendue.

Une autre idée fausse des artistes modernes au sujet
des héros, c'est de leur supposer presque toujours des
formes exagérées et herculéennes, en sorte que le caractère qu'il faut ménager pour Hercule, ils le prodiguent à
tous les êtres vigoureux illustrés par la mythologie. L'inspection des monumens antiques ne nous fait cependant
point remarquer cette exagération sur les images des

héros ; plusieurs d'entr'eux sont au contraire de proportion élégante et d'une nature quelquefois plutôt svelte que grosse et pesante : le Méléagre du Vatican, le Thésée peint d'Herculanum, et tant d'autres viennent à l'appui de cette observation.

CHAPITRE 215.

DES CARACTÈRES GÉNÉRAUX AFFECTÉS AUX DIEUX.

Il ne s'agit pas ici de distinguer, comme ont pu le faire les anciens, les divinités d'un ordre supérieur, et de les placer selon le rang qu'elles occupent, puis de nommer les divinités inférieures divisées elles-mêmes en plusieurs classes ; il s'agit seulement de spécifier le caractère des dieux en général, caractère qui dans les imitations par les arts, ainsi que dans la mythologie, les distinguent des héros et des hommes.

La plus haute beauté était l'apanage des dieux, selon les idées des anciens, et cette beauté devait toujours décorer les caractères propres aux vertus par lesquelles se distinguait chaque divinité, en sorte que les figures d'Hercule, de Vulcain, de Vénus et des Parques, devaient être aussi belles que le leur permettait leur caractère particulier.

Il faut considérer la conformation des dieux comme la conformation humaine, c'est-à-dire, relativement aux diverses facultés humaines, quoique divinisées. Ainsi, Mars sera le dieu de la guerre, Mercure le dieu des palestres, Hercule le dieu des lutteurs, etc. Ce sont ces distinctions

mythologiques qui avaient fait composer par les peintres
et les statuaires anciens divers canons de divinités. Les
individus modèles qu'ils consultaient étaient choisis selon
ces mêmes caractères, en sorte que l'artiste, pour établir
un canon, n'avait qu'à rétablir l'unité sur la figure de ce
modèle et à en perfectionner la beauté. La grande habitude que ces artistes avaient de reconnaître les propriétés
physiques, les rendaient capables en ceci d'un discernement particulier qui serait assez rare aujourd'hui. A l'inspection d'un individu, ils reconnaissaient aussitôt à quel
caractère il était propre, et leurs observations relatives
aux variétés mythologiques et exigées, donnaient une
grande fixité à leurs idées sur ce point. Ces connaissances
des mythes antiques devait être d'une étude assez longue
et beaucoup plus étendue que n'est pour nous celle de
l'Ancien et du Nouveau Testament. On sait, par exemple,
qu'Apollon était désigné sous plus de cent cinquante noms
divers. La plupart de ces noms devaient se rapporter à
des caractères que les arts étaient chargés de rendre, soit
par les proportions et les formes du corps, soit par les
attributs, etc.

. Il nous faudrait aujourd'hui de nombreuses confronta-
tions faites sur les monumens, pour retrouver les antiques
proportions caractéristiques des divinités. De telles études,
que l'on ne pourrait suivre qu'à l'aide d'essais produits par
les canons particuliers, seraient très-utiles aux artistes et
les familiariseraient avec la connaissance de la nature. Il
n'y a en effet que l'art d'observer et la force constante du
peintre dans la recherche et l'expression des qualités et
des caractères de la nature qui puissent le conduire à la
perfection, c'est-à-dire, au beau. Cette persévérance élève

l'artiste par des améliorations successives : telle est et
telle doit être la marche du véritable talent. Un jour vien-
dra peut-être où, en exigeant des arts tout le fruit qu'ils
peuvent produire, on organisera des institutions dans lesquelles les grandes et utiles questions de la peinture et
de la sculpture seront traitées et enseignées méthodiquement aux élèves.

Tout ce qui a été écrit sur le caractère surhumain des
divinités, sur la beauté et la jeunesse éternelle de leurs
formes, sur leur aliment céleste consistant en nectar et
en ambroisie, et sur cette marche éthérée, qui, au lieu de
leur faire fouler la terre, les soutient légèrement et les
fait voguer et comme planer au-dessus du sol, toutes ces
descriptions, dis-je, poétiques et gracieuses sans doute,
peuvent cependant jeter parfois l'artiste dans l'erreur,
s'il ne se rattache pas à la nature, au vrai et au vraisemblable. Par exemple, cette marche légère, divine et éthérée, ne doit pas empêcher, ainsi que nous l'avons déjà
fait remarquer, que le mécanisme humain ne soit exactement répété, en sorte que, s'il convient de ne pas exprimer tout le poids du corps portant sur le pied qui
pose, l'artiste ne peut guère cependant s'éloigner du possible et de ce qu'exigent la vraie mécanique et la structure naturelle.

Une observation analogue peut se faire au sujet de
l'embellissement des formes. Nous avons démontré au
sujet du terme beau idéal, que ce n'était point dans
les régions des êtres incorporels ou dans les cieux qu'il
fallait aller puiser les divines proportions des êtres mythologiques. Les Grecs, en élevant leurs héros jusque vers
la divinité, en les déifiant enfin, ne pouvaient sortir de

la nature que nous connaissons tous ; en effet, ils parlaient
à des hommes, et les signes de leur art devaient être hu-
mains, et non chimériques. C'étaient les vertus humaines
qu'ils célébraient, et non des vertus fantastiques et idéales.
Il fallait prendre des modèles parmi les hommes, et représenter Jupiter comme un homme ; mais il convenait qu'il
fût plus beau qu'aucun homme en particulier, et qu'il fût
l'archétype de la beauté divine, selon les idées des hommes,
et selon les idées qu'ils ont de la force, de l'agilité et de la
majesté. Cependant il fallait quelque chose de plus que
cette beauté corporelle, pour signifier des dieux ; il fallait
des combinaisons optiques, analogues à cette idée de beauté
et de majesté ; il fallait des draperies, des accessoires, des
ajustemens, une disposition optique en rapport avec ces
êtres divins. Bien des spectateurs frappés de la beauté des
formes divines, sont dans le même cas que Paul-Émile,
qui, en voyant le Jupiter Olympien, s'écriait, au dire de
Plutarque : Phidias a égalé Homère ! De tels admirateurs
n'imaginent pas qu'au milieu de tout cet ensemble imposant, les formes des bras, des doigts, du nez, des paupières, sont prises sur des individus, et qu'elles n'ont rien
d'idéal, en sorte qu'en dépouillant ce Jupiter et en le
replaçant debout, droit, et les bras pendans, comme une
statue égyptienne, il ne ressemblerait qu'à un bel homme
sain, vigoureux et d'un caractère très-simple. La beauté
du spectacle fait donc prendre le change, et ces admirateurs pensent que le modèle n'a pu être emprunté ici-bas.

Je sais très-bien que, lorsqu'on approche d'une main,
d'un pied, d'un ongle, d'un pectoral, de quelque belle
statue antique de Jupiter, on est frappé de la simplicité
du ciseau qui a évité avec dignité les pauvretés de la

peau, les rugosités de l'épiderme, et je conviens qu'un accent imposant nous surprend dans tout ce langage de l'art. Cependant nous sommes forcés de dire, comme Hérodote, que les figures des dieux ont des formes semblables à celles du corps humain. Au reste, c'est parce que l'image des dieux était humaine et naturelle, que les peuples en sentaient la beauté, et quand on dit, au sujet d'un très-bel individu, qu'il est beau comme un dieu, on ne sort pas de cette comparaison établie sur la nature. Dion raconte que le peuple, pour flatter Néron, s'écriait : Que César est beau ! C'est Apollon lui-même ! Auguste est à nos yeux comme un autre Apollon ! — Selon eux, Apollon devait donc avoir des formes humaines. Au reste, une étude bien entendue des statues antiques, et même le simple bon sens, suffit pour redresser les idées sur ce point.

CHAPITRE 216.

DU VRAISEMBLABLE DANS LE DESSIN, SOIT PAR LE CHOIX DES OBJETS ET DE LEUR POSITION OU MOUVEMENT, SOIT PAR LE CHOIX DES ASPECTS FAVORABLES A CE VRAISEMBLABLE.

Il y a dans cette question deux choses à distinguer : 1° le choix des objets propres à être représentés, à cause de leur caractère non équivoque et très-déterminé, et à cause du mouvement et de la position respective de ces objets ; 2° le choix de l'aspect sous lequel il convient le mieux de présenter à la vue ces objets par rapport à la

clarté et à l'unité que cet aspect produit sur l'œil et sur
l'esprit. Parlons d'abord de la première condition.

Il existe des objets qui, bien qu'ils soient tels que la
nature a dû les faire, c'est-à-dire, constitués de toute leur
unité, ne sont pas cependant aussi vivement sensibles à
l'œil et à l'esprit, ni aussi frappans les uns que les autres.
N'oublions pas qu'il s'agit ici d'un art de clarté et d'é-
vidence, d'un art d'expression et d'excitation enfin, et
que, s'il est vrai que certains objets naturels, quoique
privés de cette force d'évidence, soient cependant très-
bien compris par nos sens et notre esprit, lorsque nous
les considérons avec sagacité et persévérance, lorsque
nous les retournons sur toutes leurs faces, et qu'ainsi
nous parvenons successivement à en saisir les finesses et
les beautés, n'oublions pas, dis-je, qu'il n'en est pas moins
certain que le choix de ces objets dénués de cette évidence
de caractère ne sera pas aussi propre à la peinture ou à ce
qu'on appelle l'image et l'idée du vrai, que le choix d'objets
plus manifestés, et, comme on peut le dire dans ce cas,
plus caractérisés. Ainsi, le peintre ne choisira pas pour ses
imitations des objets qu'on ne saurait comprendre au prime
abord ; il ne choisira pas des objets, je ne dirai pas équivoques (car alors ils ne seraient pas ce qu'ils doivent être
pour subsister, et je suppose avant tout que les objets
peuvent exister), mais je veux dire qu'il ne fera pas voir
dans ses peintures de ces sortes d'objets qui semblent
n'être rien que des masses, des objets qui n'apportent aucune idée nette, vive et prompte à l'esprit, de ces objets
qu'on voit sans vouloir les examiner, qu'on rencontre même
sans les voir, et dont on ne conserve ni souvenir ni image
après qu'on les a regardés. C'est ainsi, pour prendre des

exemples quelconques, que des draperies qui ne permettent point l'expression du dessous qui les supporte, ne
sont pour l'œil et l'esprit que des amas d'étoffes ; c'est
ainsi qu'un arbre confus et informe est moins un arbre
en peinture que ne le serait un arbre bien débrouillé,
très-distinct et caractérisé ; c'est ainsi encore que des
cheveux mal choisis, sans formes ni mouvement, ne sont
point une chevelure dans un tableau, mais un objet trivial, incertain et déplaisant : et l'on voit que je pourrais
parler ici non-seulement d'objets inanimés, mais aussi
d'objets vivans et de figures vivantes.

Pour me faire mieux comprendre, j'emploierai une
supposition. Admettons qu'un peintre fasse mouler en
plâtre la main droite, par exemple, de deux différens
modèles, n'ayant point tenu compte de la règle que je recommande ici. Il aura donc seulement considéré ces mains
d'abord sous le rapport des proportions et du caractère,
et les ayant adoptées comme modèle, il les aura moulées
toutes les deux dans la même position. Mais qu'arrivera-
t-il, bien que toutes les deux conviennent à son sujet et
par leur caractère, et par elles-mêmes ? Il arrivera qu'elles
ne conviendront point également à l'art par leur évidence
et leur force de caractère. L'une paraîtra peut-être sentie,
prononcée et très-évidente ; l'autre paraîtra, comme on
dit, froide, insignifiante, sans force de vraisemblance et
sans expression. Pourquoi ? C'est qu'il ne les a pas choisies en peintre, mais seulement en naturaliste ; c'est qu'il
a peut-être eu des vues microscopiques, et qu'il n'a nullement songé à ce langage optique, simple, fort par le
vraisemblable, et qui atteint de loin. Je suppose donc
encore que le peintre ne comprenant pas le pourquoi de

cet effet qui ne le satisfait que peu, recommence l'opération, et qu'il moule de nouveau les mêmes mains en
changeant la position ou le mouvement de celle qui lui
semble la moins propre à son but ; que surviendra-t-il
selon mon hypothèse ? Il surviendra peut-être que cette
main, qui paraissait la moins caractérisée, sera au contraire celle qui développera le plus de caractère dans la
nouvelle pose que lui aura donnée le peintre pour la mouler. Or comment cela aura-t-il lieu ? Je vais l'expliquer.
Il avait adopté une position ou un mouvement peu favorable au développement des caractères. La plus belle
main des deux ne pouvait donc être que celle qui était la
plus prononcée, la plus sentie géométriquement, comme
je l'ai dit. Mais il vient de changer le mouvement de celle
qui paraissait froide, et il l'a convertie en une main très-
vivante, très-expressive, remuante et agissante enfin. Ce
n'est pas la propriété de l'action nouvelle qu'il vient de lui
donner, qui est cause du changement : non, car le premier
mouvement convenait aussi, et était propre au sujet et à
la pantomime ; mais c'est qu'il a disposé cette main de
manière que son mécanisme osseux et musculaire est facilement aperçu et senti, de manière que l'espèce de chair
est bien évidemment reconnue par l'œil et par l'esprit.
Dans le premier choix, les os étaient disposés sans qu'on
pût aisément suivre leur jeu et la beauté de leur construction, si variée, si admirable ; dans ce nouveau choix
au contraire, on voit ce qu'est une main et ce qu'est cette
main. La chair, si froidement étendue sur la première, et
si peu propre à faire valoir les propriétés générales et
caractéristiques de la chair qui est naturellement élastique, douce, plus ou moins compressible et délicate, la

chair, dis-je, semble être sur cette nouvelle main ce qu'elle doit être en effet : alors le spectateur, qui reconnaît mieux une main, l'appelera belle, vraie, vivante, intéressante, et cependant tout à l'heure cette même main lui paraissait insignifiante et sans caractère de vie et de beauté. Ceci explique en même tems pourquoi tant de mains moulées fort exactement sur nature, mais mal disposées, sont infiniment moins belles que les mains de l'original.

Ces réflexions nous font voir en même tems combien les comparaisons sont nécessaires pour déterminer le meilleur choix, et combien serait vain l'artiste qui prétendrait devoir représenter ce que par son sentiment seul il aurait inconsidérément adopté.

Ce que je viens de dire au sujet d'une main peut se dire tout aussi bien de toute la figure humaine. Les Grecs, nos maîtres dans l'art, pensaient avant tout à montrer l'homme dans leurs statues. On voyait dans leurs images particulières l'image générale de l'homme. C'est ainsi que cette main, mieux posée, mieux disposée, nous a fait connaître non-seulement cette main particulière, mais aussi nous a donné l'image et l'idée générale de la main.

Au reste, sans mouler de main en plâtre, chacun peut vérifier cette doctrine. Qu'on se pose les mains de diverses manières, dans l'intention d'étudier cette loi, on en retrouvera le principe. Mais combien d'autres idées s'associeront à celle-ci ! La beauté optique de disposition, le choix d'aspect ou de point de vue, le choix de lumière, la couleur, la naïveté ou la convenance, mille idées embrouilleront en ce point l'esprit de celui qui rejette et méprise la méthode et l'analyse, et qui ne s'aide pas des jalons de la division et des appuis empruntés à une bonne théorie.

Il resterait à parler du choix d'objets invraisemblables, naturels, et qui, bien qu'ils soient possibles, paraissent néanmoins être hors de la nature : telle serait la dimension extraordinairement grande de certains objets, la forme, par exemple, de quelques nuages, forme qui peut être très-bizarre, très-extraordinaire, mais que jamais le peintre ne doit choisir telle. Je ne parle pas des formes accidentelles et monstrueuses de la figure humaine, puisque l'utilité et la bonne conformation des parties ou le beau servent de règles en ce point. On ne donnera pas le nom d'invraisemblances à de telles fautes de conformation, on les appelera toujours des laideurs et des difformités. Ainsi les recherches qu'on pourrait faire sur cette question appartiennent au vrai et au possible, c'est-à-dire, à l'anatomie, à la physiologie, et à la beauté optique et intellectuelle.

Je conclus que ce qu'on appelle le vraisemblable se rapporte au choix, et que dans le choix notre but ne doit pas être seulement de donner l'idée particulière du sujet, mais bien l'idée générale et surtout celle de l'homme, dont l'image constitue l'intérêt principal des tableaux, en sorte que, exposant aux yeux un homme dans telle ou telle action, il faut, pour la plus grande vérité ou vraisemblance, que cette peinture d'un individu soit aussi celle de l'homme en général, qu'elle le fasse reconnaître sous ses principaux rapports et le fasse voir avec le plus grand développement possible de ses caractères. N'est-ce pas ainsi qu'au milieu des plaines de l'Asie, l'éléphant ou le lion se font connaître et admirer ? Animés l'un et l'autre par l'ardeur du climat, développant en liberté le mécanisme de tout leur être, ils semblent se montrer complè-

tement aux hommes, qui alors seulement les connaissent,
mais qui les connaissent si peu, lorsqu'ils ne les considèrent
qu'à travers les grilles de nos étroites ménageries, et sous
nos climats moins propres à les faire exister qu'à hâter
leur destruction.

Il nous reste à parler maintenant de la seconde condition du vraisemblable, c'est-à-dire, du choix de l'aspect
ou du point de vue, choix très-important, puisque dans
la nature, bien que les choses vues soient souvent unes et
complètes, elles nous paraissent sous certaines directions
visuelles toutes différentes de ce qu'elles sont en effet.

La vraisemblance, qu'ici nous considérons comme étant
l'apparence non équivoque et bien débrouillée de la vérité,
s'obtient donc par un choix ingénieux de l'aspect de ces
objets, puisqu'il y a de ces aspects sous lesquels les objets
les plus déterminés apparaissent de manière à laisser du
doute sur leur position, sur leur situation, sur leur degré
d'éloignement, sur leur forme particulière et sur leur
caractère. Or, si à l'aide de la vue et des efforts de l'organe, on ne distingue pas toujours facilement et au prime
abord les rapports de ces objets aperçus sous certains
points, il est certain que ces mêmes aspects répétés et
rendus permanens par la peinture, laisseront bien plus
d'incertitude encore.

C'est le cas de rappeler ce que Léonard de Vinci disait
au sujet des raccourcis. « Il faut les éviter, écrivait-il,
» pour que le peintre ne soit pas sans cesse en questions
» avec ceux qui n'ont pas l'intelligence de la perspective. »

Je sais que les peintres en général évitent des aspects
qui produisent de singulières équivoques; cependant l'habitude que les dessinateurs se sont faite de considérer et

d'imiter les objets sous toutes sortes de visions, leur rendent moins choquantes certaines équivoques moindres, qu'il est cependant fort nécessaire d'éviter, vu la propriété de l'art, et ils doivent avoir à cet égard le même soin et la même attention que les écrivains qui se méfient des équivoques dans les mots dont la présence pourrait ou apporter un autre sens ou rendre la pensée inintelligible. On sait que ces équivoques en peinture sont de mille espèces. Je ne chercherai pas à en rassembler ici : il y en a de bizarres, il y en a de contraires à l'objet, il y en a de désagréables et qui sont opposées à la beauté du dessin ; enfin il y en a d'inintelligibles, qui rendent la vérité indiscernable, parce qu'elles décomposent le géométrique ou la forme réelle des objets.

Ne serait-il pas ridicule, par exemple, de représenter dans un paysage une figure située précisément au-dessus d'un piédestal, et comme en apparaîtrait la statue, quoique ce piédestal soit plus près de nous de vingt pieds que cette figure ? Est-il sage de représenter une figure tellement de trois quarts, et, comme on dit, en profil perdu, que du milieu de la joue fuyante semble sortir le petit bout du nez ? Ou bien, si l'original d'un portrait a le nez très-proéminent, est-il ingénieux de faire voir la tête de face et renversée un peu en arrière ? N'est-ce donc pas assez d'avoir à combattre le mécontentement de tant de spectateurs qui voudraient toujours voir les deux oreilles d'une tête placée de trois quarts, et qui se plaignent toujours de la peinture, parce qu'elle ne peut offrir qu'une seule face ? Si vous avez à représenter un obélisque posé par terre, serait-il ingénieux de poser le petit bout près du cadre et le gros bout fuyant ? Non, parce que le gros bout, diminuant en apparence par son éloignement, deviendrait sur le tableau d'une grosseur presqu'égale au petit, et détruirait ainsi l'idée du géométrique de cet objet, qui est plus large à sa base qu'à son sommet. Ainsi, quand même on ne considérerait la peinture que comme signe, et non comme une répétition de la nature, ces signes n'en doivent pas moins être très-clairs et purgés de toutes équivoques et de toutes invraisemblances. Mais ce ne sont pas des signes, ce sont les choses elles-mêmes qu'il faut montrer, et qu'on doit pouvoir juger sans hésiter en présence de l'imitation.

On objectera peut-être que, si la perspective des lignes est absolument juste, l'imitation de tous les aspects, quels qu'ils soient, sera naturelle. J'accorde beaucoup en supposant que le perpectif soit sans erreurs ; mais le clair-obscur ou le modelé qui donne aussi l'idée de la forme, sera-t-il sans erreurs ? La teinte sera-t-elle exactement celle de la nature, et l'air sera-t-il vraiment exprimé, etc., etc. ? Si donc, pour être vrai, il faut la perfection de tant de moyens, il est assez raisonnable de regarder la condition du vraisemblable comme une de celles qu'il est important de bien remplir, puisque l'imitation demande de la part de l'artiste tant d'attention et de sagacité.

Nous avons touché cette question du vraisemblable au chapitre de la division de la peinture, et nous aurons occasion de le considérer plus tard sous le rapport du clair-obscur et du coloris; mais il convient qu'en ce chapitre-ci, où nous appliquons pour la première fois le vraisemblable à un des moyens de la peinture, c'est-à-dire, au dessin, nous entrions en quelques explications qui mettent encore mieux les artistes sur la voie.

On peut mettre en principe que la vue suspend souvent les décisions de l'intelligence et les fait même changer, et que l'intelligence ou l'esprit suspend le sentiment de la perception oculaire et la rend incertaine, et c'est ce qui fait que, quoique l'effet de sensation des objets éloignés soit répété par les calculs et les résultats de la perspective, l'idée de ce qui est géométriquement et réellement peint et appliqué sur la toile, vient détruire le résultat de cette sensation.

Quand nous voyons les objets dans la nature, nous avons deux façons de voir : l'une par l'esprit, le souvenir ou la connaissance de ce que sont les objets que nous apercevons; l'autre par la vue ou le sentiment de leur apparence, en sorte que les objets nous offrent autant l'idée de leur géométrique qu'ils nous offrent la sensation de leur vision. Un homme en habit rouge est-il à deux cents pas de nous; il semble à notre vue très-petit de dimension et d'un rouge très-affaibli; cependant, malgré cette sensation, il nous donne l'idée d'un homme grand vêtu d'un rouge vif. Représentez cet homme sur un tableau et vu à cette distance; l'idée d'un homme de dimension très-petite et vêtu d'un rouge très-affaibli ou sali, frappera toujours notre esprit, parce que la toile et le cadre sont toujours là, quoiqu'ait pu faire le peintre; enfin l'illusion optique aurait même lieu que l'illusion de l'esprit serait loin d'être complète.

On comprend que le but étant de satisfaire autant l'esprit que la vue par l'art de la peinture, l'artiste doit ménager l'un autant que l'autre, et doit, pour arriver au vraisemblable, employer certains calculs, certaines graduations et certaines oppositions propres à cette fin.

Souvent les enfans sont embarrassés dans leur jugement, parce que, les sensations qu'ils éprouvent variant selon les situations de l'œil, un objet leur semble tantôt grand, tantôt petit, tantôt immobile, tantôt mobile. En effet, s'ils approchent d'une borne, elle leur semble grosse ; s'ils s'en éloignent, elle leur semble petite ; et cependant, malgré ces différences de sensations, leur esprit les porte à reconnaître la grosseur fixe et réelle de cette borne. De même, s'ils vont rapidement en voiture ou en bateau, les arbres et le rivage fuient à leurs yeux, et ils ont de la peine à croire que ce sont leurs yeux qui fuient. S'il y a complication dans les rapports, il y a encore plus d'embarras dans leur entendement, et, pour ne pas quitter ce même exemple, si la lune luit et qu'ils fuient, ils croient que la lune fuit avec eux, et cela, parce que les autres objets leur semblent fuir eux-mêmes.

Enfin l'œil n'est que pour une moitié dans la perspective, et l'esprit y est pour une autre moitié ; l'œil voit la chose perspectivement, et l'intelligence ou l'esprit la voit géométriquement, et de ces deux cas il se compose un résultat moitié géométrique quant à l'idée, et moitié perspectif quant à la vue, et même plus souvent géométrique pour l'esprit que perspectif pour l'œil.

Passons à un autre exemple. Placez en plein air et au haut d'un bâton deux cartes, une noire, et l'autre un peu moins noire ; espacez-les à six pieds l'une de l'autre, la plus noire étant la plus éloignée ; faites placer quelqu'un à six pieds de la plus proche, et situez-le de-manière que ces cartes ne lui apparaissent pas au-dessus ni vis-à-vis l'une de l'autre, mais bien un peu écartées ; puis dites à ce regardant que ces cartes sont également noires : il le croira, malgré sa sensation, et peut-être le croira-t-il même, si vous mettez, sans qu'il le sache, la grise à la place de la noire. Mais voulez-vous qu'il change d'idée ; faites-le placer de manière qu'il voie les deux cartes en opposition et en contact apparent l'une au-dessus de l'autre : sa sensation, qui sera changée par cette comparaison, fera changer de même son idée. Alors seulement il aura jugé juste. Les choses étant ainsi en ce qui concerne les sens et l'esprit, il faut en conclure que tout spectateur sait en voyant un tableau qu'il est en présence d'une surface plate et de couleurs apposées sur cette surface, en sorte que, malgré la justesse de la représentation par ces couleurs, son idée vient détruire l'effet de sa sensation.

Il convient de conclure de plus que le peintre doit, par des moyens trouvés dans l'art de la vraisemblance, restituer à l'esprit l'espèce d'illusion qu'il a perdue par son raisonnement, et qu'il lui faut tromper l'esprit, comme il trompe la vue. Ainsi, toute altération considérable produite par la perspective, telle que la diminution des lignes et des couleurs, ne doit pas être amenée trop brusquement et sans intermédiaires ou associations d'objets diminués, mais sembler insensiblement altérés, en sorte que l'esprit ne soit point surpris par le souvenir et la comparaison du géométrique, je veux dire, des objets tels qu'ils sont dans leur véritable dimension et couleur. Cette règle rappelle l'éloge qu'on fit dans l'antiquité de ce tableau de poissons qui étaient représentés s'échappant de plus en plus à la vue à travers l'eau par l'effet de leur enfoncement ingénieusement gradué. De même le peintre doit employer des oppositions qui contribuent à faire disparaître l'effet intellectuel des diminutions et altérations.

Nous aurons occasion de parler en particulier de ces
moyens. Tout ceci se rapporte uniquement au premier
point de ce chapitre, qui est le choix des objets : au second
se rapporte le choix d'aspect. Nous avons donc voulu prouver qu'il faut en peinture aider à la nature, favoriser l'intelligence de ses caractères, et les rendre très-sensibles à
l'œil et à l'esprit.

Enfin une des qualités qui distinguent très-sensible-
ment le peintureur du peintre, ou bien l'art de répéter et
de copier de l'art libéral et philosophique, c'est la vraisemblance. En effet, le premier ne s'attache qu'aux simi-
litudes individuelles isolées et sans choix ni combinaisons;
l'autre s'occupe avant tout de ce choix imitateur, puis il
passe à la justesse mathématique de représentation.

FIN DU CINQUIÈME VOLUME.

TABLE

DU CINQUIÈME VOLUME.

DESSIN.

TABLE.

www.ingramcontent.com/pod-product-compliance
Lightning Source LLC
Chambersburg PA
CBHW051339220526
45469CB00001B/33